21 世纪高等学校教材

普通高等教育“十一五”汽车类专业（方向）规划教材

汽车检测与故障诊断

主　编　戴耀辉　于建国

副主编　阎　岩　刘文霞　齐晓杰

参　编　夏晶晶　程　波

主　审　黄海波

机 械 工 业 出 版 社

本书系统地介绍了汽车检测与故障诊断的基础知识，检测方法、标准，诊断方法以及现代汽车检测设备的原理和应用。本书内容包括汽车检测和诊断基础知识，发动机、底盘及整车技术状况的检测方法，汽车常见故障的诊断方法等。本书力求结构合理，内容上既有较强的理论基础又加强了针对性和应用性，突出新设备、新技术和新标准的应用，侧重检测和诊断结果的分析，以培养学生分析问题和解决问题的能力。

本书为高等院校交通运输专业、汽车服务工程专业以及车辆工程专业本科生教材，也可供汽车维修企业和汽车检测站技术人员在工程实践中参考。

图书在版编目（CIP）数据

汽车检测与故障诊断 / 戴耀辉，于建国主编. —北京：机械工业出版社，2006.10（2019.1 重印）

21 世纪高等学校教材. 普通高等教育“十一五”汽车类专业（方向）规划教材

ISBN 978-7-111-20147-2

Ⅰ. 汽...　Ⅱ. ①戴...②于...　Ⅲ. ①汽车－故障检测－高等学校：技术学校－教材②汽车－故障诊断－高等学校：技术学校－教材　Ⅳ. U472.9

中国版本图书馆 CIP 数据核字（2006）第 124708 号

机械工业出版社（北京市百万庄大街 22 号　邮政编码 100037）

责任编辑：赵爱宁　版式设计：霍永明　责任校对：王　欣

封面设计：王伟光　责任印制：乔　宇

三河市国英印务有限公司印刷

2019 年 1 月第 1 版第 11 次印刷

184mm × 260mm · 16印张 · 393千字

标准书号：ISBN 978-7-111-20147-2

定价：24.00 元

凡购本书，如有缺页、倒页、脱页，由本社发行部调换

电话服务

服务咨询热线：010－88379833

读者购书热线：010－88379649

网络服务

机 工 官 网：www. cmpbook. com

机 工 官 博：weibo. com/cmp1952

教育服务网：www. cmpedu. com

金 书 网：www. golden-book. com

普通高等教育汽车类专业（方向）

教材编审委员会

序

汽车被称为“改变世界的机器”。由于汽车工业具有很强的产业关联度，因而被视为一个国家经济发展水平的重要标志。近10年来，我国汽车工业快速而稳步发展，汽车产量年均增长15%，是同期世界汽车产量增长量的10倍。汽车工业正在成为拉动我国经济增长的发动机。汽车工业的繁荣，使汽车及其相关产业的人才需求量大幅度增长。与此相应地，作为人才培养主要基地的汽车工业高等教育也得到了长足发展。据不完全统计，迄今全国开办汽车类专业的高等院校已达百余所。

从未来发展趋势看，打造我国自主品牌、开发核心技术是我国汽车工业的必然选择，但当前我国汽车工业还处在以技术引进、加工制造为主的阶段，这就要求在人才培养时既要具有前瞻性，又要与我国实际情况相结合。要在注重培养具有自主开发能力的研究型人才的同时，大力培养知识、能力、素质结构具有鲜明的“理论基础扎实，专业知识面广，实践能力强，综合素质高，有较强的科技运用、推广、转换能力”特点的应用型人才。这也意味着对我国高等教育的办学体制、机制、模式和人才培养理念等提出了全新的要求。

为了满足新形势下对汽车类高等工程技术人才培养的需求，在中国机械工业教育协会机械工程及自动化学科教学委员会车辆工程学科组的领导下，成立了教材编审委员会，组织制定了多个系列的普通高等教育规划教材。其中，为了解决高等教育应用型人才培养中教材短缺、滞后等问题，组织编写了“普通高等教育‘十一五’汽车类专业（方向）规划教材”。

本系列教材在学科体系上适应普通高等院校培养应用型人才的需求；在内容上注重介绍新技术和新工艺，强调实用性和工程概念，减少理论推导；在教学上强调加强实践环节。此外，本系列教材将力求做到：

(1) 全面性。目前本系列教材包括汽车设计与制造、汽车运用与维修、汽车服务工程、物流工程等专业方向，今后还将扩展其他专业领域，更全面地涵盖汽车类专业方向。

(2) 完整性。对于每一个专业方向的系列教材，今后还将继续根据行业变化对教学提出的要求进行填平补齐，使之更加完善。

(3) 优质性。在教材编审委员会的领导下，继续优化每一本教材的规划、编审、出版和修订过程，让教材的生产过程逐步实现优质和高效。

(4) 服务性。根据需要，为教材配备CAI课件和教学辅助教材，召开新教材讲习班，在相应网站开设研讨专栏等。

相信本系列教材的出版将对我国汽车类专业的高等教育产生积极影响，为我国汽车行业应用型人才培养模式作出有益的探索。由于我国汽车工业还处于快速发展阶段，对人才不断提出新的要求，这也就决定了高等教育的人才培养模式和教材建设也处于不断变革之中。我们衷心希望更多的高等院校加入本系列教材建设的队伍中来，使教材体系更加完善，以更好地为高等教育培养汽车专业人才服务。

中国汽车工程学会　常务理事

中国机械工业教育协会车辆工程学科组　副　主　任

林　逸

前　言

本书是根据全国高等院校应用型本科交通运输、车辆工程专业教材编写委员会第一届一次会议确定的应用型本科交通运输、车辆工程专业教材编写计划编写的。本教材编写大纲广泛征求了有关院校的意见，符合国家教育部对应用型本科学生的要求，可作为应用型本科交通运输、汽车服务工程及车辆工程等专业的教材，亦可作为从事汽车运用、交通管理、汽车维修和汽车检测工作的工程技术人员的参考书。

汽车检测与故障诊断技术已经应用于汽车运用、汽车维修、交通管理和环境保护等各个领域。近年来，由于汽车上高新技术的广泛应用以及电子化程度的不断提高，汽车检测与故障诊断所包含的知识、涉及的范围、应用的设备和采取的方法不断发生变化。基于这种情况，编者参阅了大量技术资料，根据多年教学经验，力求教材结构合理；内容上既有较强的理论基础又加强针对性和应用性，突出了新设备、新技术和新标准的应用，努力把传授知识和能力培养结合起来；侧重了检测和诊断结果的分析，以培养学生分析问题和解决问题的能力。

本书由黑龙江工程学院戴耀辉、东北林业大学于建国任主编，青岛理工大学阎岩、黑龙江工程学院刘文霞、齐晓杰任副主编。编写分工是：刘文霞编写第一章、第二章、第三章；阎岩编写第四章；夏晶晶编写第五章；齐晓杰、于建国编写第六章；程波编写第七章；戴耀辉编写第八章。

本书由西华大学黄海波教授任主审，对全书进行了认真审阅，并提出了许多宝贵意见，编者在此表示衷心的感谢。

本书在编写过程中得到了许多专家和汽车检测站及汽车维修企业技术人员的大力支持，全书还参阅了许多国内公开出版、发表的文献和检测设备使用说明书，在此一并致谢。

由于时间仓促和编者水平所限，本书难免有不当甚至谬误之处，恳请使用本教材的师生和读者批评指正。

编　者

目　录

第一篇

汽车检测与诊断基础知识

第一章　概　　论

第一节　汽车检测与诊断概述

汽车在使用过程中，随着行驶里程的增加，汽车技术状况逐渐变差，出现动力性、经济性下降，排放污染物增加，使用的可靠性降低，故障率上升等现象，严重时汽车不能正常运行。

汽车技术状况是定量测得的，是表征某一时刻汽车外观和性能的参数值的总和。及时检测和诊断影响汽车技术状况的原因，排除汽车故障，是提高汽车完好率，延长汽车使用寿命的重要措施。

汽车检测是在整车不解体条件下，运用检测工具和仪器对汽车技术状况或工作能力进行的检查和测量；汽车诊断是指在整车不解体（或仅卸下部分零件）条件下，通过检测数据对汽车技术状况或故障部位和原因进行的检查、分析和判断。

一、汽车检测与诊断的目的和作用

汽车检测与诊断的目的是为了确定在用汽车的技术状况是否良好或有无故障。根据检测与诊断的结果维护或修理汽车，使其恢复正常。在实际工作中，汽车检测与诊断的目的因检测项目的不同而有差异。

1. 汽车安全、环保性能检测

对汽车实行定期和不定期的安全和环保性能检测，目的在于确保汽车具有符合要求的外观、良好的安全性能和符合法规要求的污染物排放量，以建立安全和环保的监控体系，强化汽车的安全管理。

2. 汽车综合性能检测

对汽车实行定期和不定期的综合性能检测，目的是在整车不解体情况下，确定运输车辆的工作能力和技术状况；对维修车辆实行质量监督，以保证运输车辆具有良好的动力经济性、安全性、可靠性等使用性能及控制汽车对环境的污染，以创造更大的经济效益和社会效益。

3. 汽车故障的检测诊断

对汽车故障的检测诊断，目的是在整车不解体（或仅卸下部分零件）情况下，查明故障产生的原因和故障的部位，确定故障的排除方法，提高排除故障的效率，使汽车尽快恢复正常。

4. 汽车维修时的检测

汽车维修前的检测，目的是判别汽车技术状况与标准值相差的程度，以此确定维护附加项目，掌握汽车技术状况变化规律，并通过对汽车的检测诊断和技术鉴定，确定汽车是否需要大修，以实现视情修理；汽车维修过程中的检测，目的是确定故障的部位和原因，确保维修质量及提高维修效率；汽车维修后的检测，目的是检验汽车的使用性能是否得到恢复，以确认维修质量。

总而言之，汽车检测诊断有两个不同的目的：一是对显现出故障的汽车，通过检测诊断查找故障的确切部位和发生的原因，从而确定排除故障的方法；二是对汽车技术状况进行全面检查，确定汽车技术状况是否满足有关技术标准的要求及与标准相差的程度，以决定汽车是否继续行驶或采取何种措施延长汽车的使用寿命。对汽车运行中故障的检测诊断和汽车维修前及维修过程中的检测诊断，属于前一种检测诊断。汽车维修作业后的竣工检验和定期或不定期进行的安全、环保性能检测诊断、综合性能检测诊断，则属于后一种检测诊断。

二、汽车检测与诊断的方法

汽车诊断是由检查、分析、判断等一系列活动完成的。从完成这些活动的方式看，汽车诊断的基本方法有以下几种。

1. 人工经验诊断法

人工经验诊断法是通过路试和对汽车或总成工作情况的观察，凭借诊断人员丰富的实践经验和一定的理论知识，利用简单工具，在不解体汽车或局部解体情况下，根据汽车在工作中表现出来的外部异常状况，通过眼看、手摸、耳听等手段，边检查、边试验、边分析，进而对汽车技术状况进行定性分析或对故障部位和原因进行判断的一种诊断方法。

人工经验诊断法不需要专用仪器设备，可随时随地应用。但存在着诊断速度慢，准确性差及不能进行定量分析等缺点，并要求诊断者具有丰富的实践经验和较高的技术水平。

2. 现代仪器设备诊断法

现代仪器设备诊断法是在人工经验诊断法的基础上发展起来的诊断方法。该法可在不解体情况下，利用建立在机械、电子、流体、振动、声学、光学等技术基础上的专用仪器设备，对汽车、总成或机构进行测试，并通过对诊断参数测试值、变化特性曲线、波形等的分析判断，定量确定汽车的技术状况。采用微型计算机（以下简称微机）控制的专用仪器设备能够自动分析、判断、打印诊断结果。

现代仪器设备诊断法的优点是诊断速度快、准确性高、能定量分析，缺点是投资大、占用固定厂房等。

3. 自诊断法

自诊断法是利用汽车电控单元的自诊断功能进行故障诊断的一种方法。自诊断的功能是利用监测电路检测传感器、执行器以及微处理器的各种实际参数，并将其与存储器中的标准数据进行比较，从而判定系统是否存在故障。当判定系统存在故障时，电控单元将故障信息以故障码的形式存入存储器，并控制警告灯向驾驶员发出警示信号。自诊断法的过程是通过一定的操作方式，把汽车电控系统中电控单元的故障码提取出来，然后通过查阅相应的“故障码表”来确定故障的部位和原因。

在实际检测诊断工作中，上述三种方法不是相互独立的，而是相辅相成的。人工经验诊断法是检测诊断的基础，它在汽车诊断的任何时期均具有十分重要的实用价值，即使汽车专家诊断系统，它也是把人脑的分析、判断通过计算机语言转化成计算机的分析判断。现代仪器设备诊断法是在人工经验诊断法基础上发展起来的诊断方法，它在汽车检测诊断中所占的比例日益增大，使用现代仪器设备诊断法是汽车检测诊断技术发展的必然趋势。自诊断法，对于汽车各大电子控制系统十分有效，而且快捷准确，这是其他方法无可比拟的，随着计算机控制技术的发展和在汽车上的广泛应用，自诊断法将会显示出更大的优势，发挥更大的作用。

第二节 汽车检测与诊断技术的发展概况

汽车检测与诊断技术是现代化生产发展的产物，它是随着汽车技术的不断多功能化和自动化而发展起来的。随着汽车技术的发展，汽车的结构越来越复杂，电子化程度越来越高，因而对汽车故障的诊断、排除的难度就越来越大，人们对检测不断提出新的要求，刺激着汽车检测与诊断技术的向前发展，同时发展了的汽车检测与诊断技术，不仅减少维修汽车所需的劳动量，提高维修汽车的经济效益，而且能对汽车产品质量或维修质量作出客观评价，为汽车设计技术、制造技术和维修技术的合理改进提供基础数据，促进汽车工业和维修业的发展。而汽车检测与诊断技术则跟随汽车技术的发展而不断提出新的要求，以适应汽车维修市场的需要。汽车检测与诊断技术的发展远景是智能化寻找故障，提高诊断、检测的准确程度，以最小的劳动消耗实现高的可靠性。

一、国外汽车检测与诊断技术的发展概况

国外一些发达国家，早在20世纪40～50年代就研制成功一些功能单一的检测或诊断设备，发展成为以故障诊断和性能调试为主的单项检测诊断技术。进入20世纪60年代，检测设备应用技术获得较大发展，设备使用率大大增加，逐渐将单项检测诊断技术连线建站（出现汽车检测站），成为既能进行维修诊断，又能进行安全环保检测的综合检测技术。随着微机的发展，不仅单个检测设备实现了微机控制，而且于20世纪70年代初出现了检测控制、数据采集、数据处理自动化及检测结果自动存储并打印的现代综合检测技术，其检测效率大为提高。20世纪80年代后，一些先进国家的现代检测诊断技术已达到广泛应用的程度，不仅社会上的汽车检测站众多，而且汽车制造厂装配线终端和汽车维修企业内部也都建有汽车检测线，给交通安全、环境保护、节约能源、降低运输成本和提高运力等方面，带来了明显的社会效益和经济效益。20世纪90年代后，国外汽车诊断设备发展的重要特征是直接采用各种自动化的综合诊断技术，增加诊断项目，扩大诊断范围，提高对复杂故障的诊断能力，开发汽车诊断专家系统，使汽车诊断技术向新的高度发展。

二、我国汽车检测与诊断技术的发展概况

我国的汽车检测与诊断技术起步较晚。在20世纪60～70年代，国家有关部门虽然也从国外引进过少量检测设备，国内不少科研单位和企业对检测设备也组织过研制，但由于种种原因，该项技术一直发展缓慢。20世纪80年代以后，随着国民经济的发展，特别是随着汽车制造业、公路交通运输业的发展和进口车辆增多，我国的机动车保有量迅速增加。车辆增加必然带来一系列社会问题，如何保证这些车辆安全运行和降低社会公害，逐渐提到政府有关部门的议事日程上来，因而促进了汽车检测与诊断技术的发展，使之成为国家“六五”期间重点推广的项目，并视为推进汽车维修现代化管理的一项重要技术措施。交通部门自1980年开始，有计划地在全国公路运输系统筹建汽车综合性能检测站，取得了很大成绩。

公安部门在全国的中等以上城市中，也建成了许多安全性能检测站。到20世纪90年代初，除交通、公安两部门外，机械、石油、冶金、煤炭、林业和外贸等系统和部分大专院校，也建成了相当数量的汽车检测站。可以说，进入21世纪的中国已基本形成了初具规模的全国性汽车检测网。不仅如此，全国各地的汽车维修企业使用的检测诊断设备，也日益增多。

可以预见，随着公路交通运输企业、汽车维修企业、汽车制造企业和整个国民经济的发展，我国的汽车检测诊断技术，在21世纪必将获得进一步发展，而且会取得更加明显的经济效益和社会效益。

第二章　汽车检测与诊断基础

第一节　汽车故障及诊断分析方法

一、汽车故障及其主要类型

1. 汽车故障及主要故障现象

汽车故障是指汽车部分或完全丧失工作能力的现象。

汽车工作能力是指汽车按技术文件规定的使用性能指标，执行规定功能的能力。

汽车故障的具体表现叫做汽车故障现象。主要有以下几种：

异响：汽车总成或机构在工作中产生的超过技术文件规定的不正常响声。

泄漏：汽车上有密封要求的部位漏气（液）量超过技术文件规定的现象。

过热：汽车总成或机构的工作温度超过技术文件规定的现象。

失控：汽车、总成或机构工作时，出现操纵失灵，无法控制的现象。

乏力：汽车运行过程中，动力明显不足的现象。

污染超限：汽车运行过程中产生的有害排放物和噪声超过技术文件规定的现象。

费油：汽车燃料、润滑油消耗超过技术文件规定的现象。

振抖：汽车工作中产生技术文件所不允许的自身抖动的现象。

2. 汽车故障类型

(1) 按汽车故障对汽车性能的影响程度分为完全故障、局部故障、致命故障、严重故障和一般故障。

完全故障：汽车完全丧失工作能力，不能行驶的故障。

局部故障：汽车部分丧失工作能力，即降低了使用性能的故障。

致命故障：导致汽车、总成重大损坏的故障。

严重故障：汽车运行中无法排除的完全故障。

一般故障：汽车运行中能及时排除的故障，或不能排除的局部故障。

(2) 按故障形成的速度可分为突发性故障和渐发性故障　突发性故障是指发生前无任何征兆的故障，它不能靠早期的诊断来预测，其故障的发生具有偶然性。如汽车行驶时，铁钉刺破轮胎。突发性故障尽管难以预测，但它一般容易排除。而渐发性故障是指汽车技术状况连续变化，最终导致恶化而引起的故障，这种故障常有一个逐渐发展的过程，其故障的发生具有必然性，因此能够通过早期诊断来预测。如发动机气缸磨损或曲轴轴颈磨损而出现的异响，就属于渐发性故障。渐发性故障一经发生，就标志着产品的寿命要走向终结，对于汽车而言，则往往是需要大修的标志。

(3) 按故障的存在时间可分为间歇性故障和永久性故障　间歇性故障有时发生，有时消失；而永久性故障则只有更换或修复某些零部件后，才能使得故障排除，功能恢复。如汽油机供油系气阻故障是一种典型的间歇性故障；而曲轴轴瓦烧损、发动机拉缸则是永久性故障。

(4) 按故障显现的情况可分为功能故障和潜在故障　导致汽车功能丧失或性能下降的故障称为功能故障，这类故障可通过直接感受或测定其输出参数而判定，如发动机不能起动或发动机输出功率下降均属功能故障；潜在故障是指正在逐渐发展但尚未对功能产生影响的故障。如曲轴、连杆的裂纹，当尚未扩展到极限程度使其断裂时，为潜在故障。

故障的分类方法很多，上述故障的分类是相互交叉的，随着故障的发展，一种类型的故障可以转化为另一种类型故障。

二、汽车故障形成及汽车技术状况变化

1. 汽车故障形成

汽车产生的故障是由某些零件失效引起的。引发汽车零件失效的因素很多，主要包括工作条件恶劣、设计制造存在缺陷以及使用维修不当等三个方面。

汽车零件工作条件包括零件的受力状况和工作环境。若作用于零件的载荷超过其允许承受的能力，则导致零件失效。在实际工作过程中，汽车零件往往不是承受一种载荷的作用，而是同时承受几种类型载荷的综合作用，绝大多数汽车零件是在动态应力下工作，由于汽车起步、停车以及速度经常变化，使汽车零件承受着冲击、交变应力，从而加速零件的磨损或变形而引发故障。汽车零件在不同的介质和不同的温度下工作，容易引起零件的腐蚀磨损、磨料磨损以及热应力引起的热变形、热疲劳等失效。某些工作介质还可以使汽车零件材料脆化、高分子材料老化而引发故障。

设计制造缺陷主要是指零件因设计不合理、选材不当、制造工艺不良而存在的先天不足。设计不合理是汽车零件失效的主要原因之一，例如轴的台阶处过渡圆角过小，会造成应力集中，这些应力可能会成为汽车零件破坏的起源。花键、键槽、油孔、销钉孔等设计时如果没有充分考虑到这些形状对截面削弱而造成的应力集中，也将会引起零件早期疲劳损坏。材料选择不当及制造工艺过程中因操作不当而使零件产生的裂纹、较大的残余内应力以及较差的表面质量都将可能成为零件失效的原因。某些过盈配合零件的装配精度不够，可能导致相配合零件之间的滑移和变形，将会产生微动磨损，加速零件的失效。

汽车在使用过程中的超载、润滑不良、滤清效果不好、违反操作规程、汽车维护和修理不当等，都会引起汽车零件的早期损坏。

2. 汽车技术状况变化

表征汽车技术状况的参数分为两大类，一类是结构参数，另一类是技术状况参数。结构参数是表征汽车结构的各种特性的物理量，如几何尺寸、声学、电学和热学的参数等。汽车技术状况参数是评价汽车使用性能的物理量和化学量。如发动机的输出功率、转矩、油耗、声响、排放限值和踏板自由行程等。

汽车完好技术状况是指汽车完全符合技术文件规定要求的状况，即技术状况的各种参数值，既包括主要使用性能的参数值，也包括外观、外形等次要参数值，都完全符合技术文件的规定。处于完好技术状况的汽车，完全能正常发挥汽车的全部功能。

汽车不良技术状况是指汽车不符合技术文件规定的任一要求的状况。处于不良技术状况的汽车，可能是主要使用性能指标不符合技术文件的规定，不能完全发挥汽车应有的功能；

也可能是主要使用性能指标完全符合技术文件之规定，仅外观、外形及其他次要性能的参数值不符合技术文件的规定，而又不致影响汽车完全发挥自身的功能，如前照灯的损坏并不影响汽车白天的正常行驶。

汽车技术状况参数达到了技术文件规定的极限值的状况称为汽车极限技术状况。

汽车技术状况变化往往是汽车处于工作能力状况又同时处在故障状况或者完全失去工作能力，汽车技术状况变差的主要外观症状有：

1）汽车动力性变差。如接近大修里程的汽车的加速时间将增加 25%～35%，发动机的有效功率和有效转矩低于原设计规定的 75%。

2）汽车燃料消耗量和润滑油耗量显著增加。

3）汽车的制动性能变差。

4）汽车的操纵稳定性能变差。

5）汽车排放值和噪声超限。

6）汽车在行驶中出现异响和异常振动，存在着引起交通事故或机械事故的隐患。

7）汽车的可靠性变差，使汽车因故障停驶的时间增加。

三、汽车故障分析方法

汽车是由多个不同功能的子系统构成的复杂系统，其故障产生的原因往往较为复杂，因此采用故障树分析法进行汽车故障诊断效果较好。

1. 故障树分析法的基本概念

故障树分析（Fault Tree Analysis——FTA）法，简称 FTA 法，是一种将系统故障形成的原因由总体至部分逐级细化的分析方法。由于用于表示故障因素间逻辑关系的图形很像树枝而得名。

故障树分析法产生于 20 世纪 60 年代初期，它是对复杂系统进行可靠性分析的有效工具，其目的在于判明基本故障，确定故障原因和故障发生的概率。

故障树分析法就是把所研究系统的最不希望发生的故障状态作为故障分析的目标，然后寻找直接导致这一故障发生的全部因素，再找出造成下一级事件发生的全部直接因素，一直追查到那些原始的、勿需再深究的因素为止。通常把最不希望发生的事件即故障事件称为顶事件，勿需深究的形成系统故障的基本事件称为底事件或初始事件，介于顶事件与底事件之间的一切事件称为中间事件。用相应的符号代表这些事件，再用适当的逻辑门符号把顶事件、中间事件和底事件连接成树形图。这样的树形图就称为故障树，它可以清楚地表示系统的特定事件与其各个子系统或各个部件故障事件之间的逻辑关系。以故障树为工具，分析系统发生故障的各个可靠性特征量，可以对汽车故障进行预测和诊断，并对系统的安全性或可靠性进行评价。

2. 故障树分析过程

应用故障树分析故障时，其过程如下：

1）给系统明确的定义，选定可能发生的不希望事件作为顶事件。

2）对系统的故障进行定义，分析故障形成的各种原因。

3）作出故障树逻辑图。

4）对故障树结构作定性分析。

5）对故障树结构作定量分析。

3. 故障树的建立

在故障树图中，为表明事件与原因之间的因果、逻辑关系，常使用一些符号表示。故障树分析法中常用的符号可分作两类，即：代表故障事件的符号，以及联系事件之间的逻辑门符号。故障树分析法的常用符号及其含义见表 2-1。

表 2-1　故障树分析法的常用符号

符号类别	符　号	名　称	含　义
事件符号	 矩形符号	故障事件	包括除基本事件外所有要分析的故障事件和引发故障事件的原因（中间事件）
	 圆形符号	基本事件	不能再分解的故障事件，表示故障发生的基本原因
	 屋形符号	非故障事件	表示事件是偶然发生的
	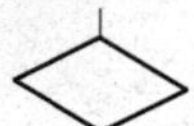 棱形符号	省略事件	表示暂时不分析或发生概率极小的事件
逻辑符号	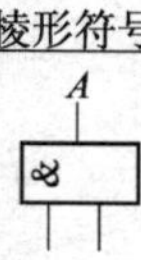 x_1，x_2，…，x_n 与门符号	“与”逻辑关系	事件 x_1，x_2，…，x_n 同时发生，事件 A 才发生
	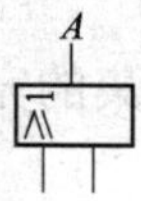 x_1，x_2，…，x_n 或门符号	“或”逻辑关系	事件 x_1，x_2，…，x_n 有一个发生，事件 A 就会发生

图 2-1 所示为发动机不能起动的故障树。建立故障树时，首先把要分析的顶事件即故障事件扼要地写在矩形框内，置于故障树的最上端，并用“T”表示作为故障树的第一级；在顶事件下面，通过分析写出引起顶事件直接原因的事件，作为故障树的第二级，用“A”表示，省略事件用“D”表示；以下继续分析还可列出第三级、第四级、……，直到列出最基本原因的初始事件为止，并用“X”表示，上、下级事件之间有着“或”、“与”关系，用逻辑门符号联系，于是就形成了故障树。在故障树图中，每一级事件都是上一级事件的直接原因，同时又是下一级事件的直接结果。

4. 故障树的定性分析

定性分析的目的是弄清系统出现某种故障（顶事件）有多少种可能性，这可通过分析故障树，确定系统的最小割集来解决。

若故障树的某几个底事件的集合发生时，将引起顶事件发生，则这个集合就称为割集。在故障树的割集中，若去掉其中任一底事件后就不再是割集的，称为最小割集。由于最小割

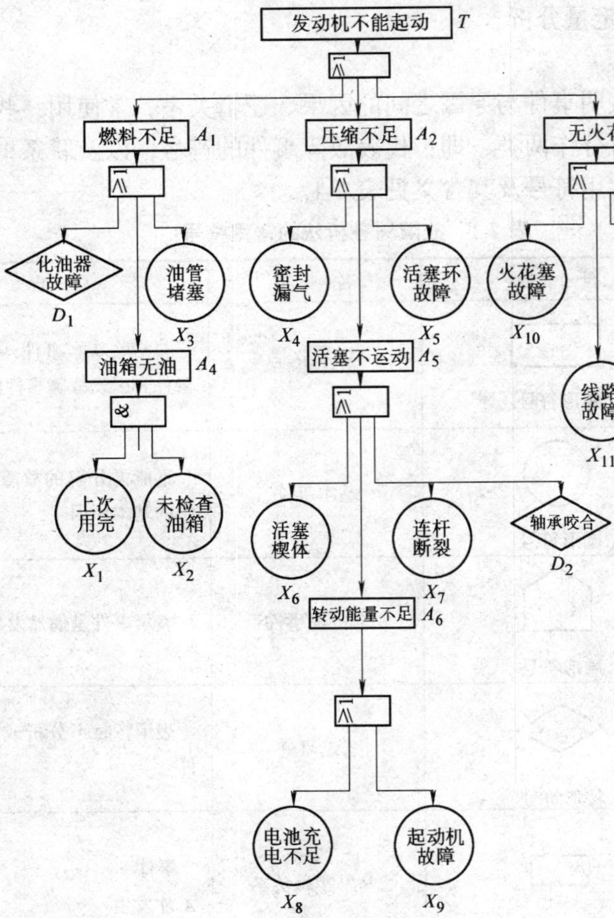

图 2-1 发动机不能起动的故障树

集发生时，其顶事件必然发生，因此，故障树的全部最小割集的完整集合则代表了顶事件发生的所有可能性。

在故障诊断中，最小割集的意义就在于它描绘出了消除顶事件（即故障事件），维修最少应做的那些工作。同时，研究最小割集可以发现系统的最薄弱环节，找出系统维修工作的重点。

5. 故障树的定量分析

定量分析的目的是估计故障事件（顶事件）出现的概率，以评价系统的可靠性。

汽车故障的发生具有随机性，属偶然事件，其发生的可能性大小可用发生概率的大小度量。因此，可以根据系统中各基本事件发生的概率，按故障树的逻辑结构，应用逻辑与、或的概率计算公式逐级向上运算，直至求出故障事件（顶事件）发生的概率。

若输入事件 x_1、x_2、…、x_n 间相互独立，并已知发生的概率为 $P(x_i)$，则输出事件 X 发生的概率可按下列方法计算。

当逻辑关系为“与”连接时，事件 $X = x_1 x_2 \cdots x_n$ 的发生概率为

$$P(X) = \prod_{i=1}^{n} P(x_i)$$

当逻辑关系为“或”连接时，事件 $X = x_1 + x_2 + \cdots + x_n$ 的发生概率为

$$P(X) = 1 - \prod_{i=1}^{n}[1 - P(x_i)]$$

第二节　汽车诊断参数和诊断标准

对于汽车的性能检测与故障诊断，不仅要求有完善的检测、分析、判断的手段和方法，而且要有正确的理论指导。为此，在检测诊断汽车技术状况时，必须选择合适的诊断参数，确定合理的诊断参数标准和最佳诊断周期。

诊断参数、诊断参数标准、最佳诊断周期是从事汽车检测诊断工作必须掌握的基础理论。

一、汽车诊断参数

1. 诊断参数概述

参数，是表明某一种重要性质的量。诊断参数，是供诊断用的，表征汽车、总成及机构技术状况的量。有些结构参数（如磨损量、间隙量等）可以表征技术状况，但在整车不解体情况下，直接测量汽车、总成和机构的结构参数往往受到限制。如气缸间隙、气缸磨损量、曲轴和凸轮轴各轴承间隙、曲轴和凸轮轴各道轴颈磨损量、各齿轮间隙及磨损量、各轴向间隙及磨损量等，都无法在整车不解体情况下直接测量。因此，在检测诊断汽车技术状况时，需要采用一种与结构参数有关而又能表征技术状况的间接指标（量），该间接指标（量）称为诊断参数。可以看出，诊断参数既与结构参数紧密相关，又能够反映汽车的技术状况，是一些可测的物理量和化学量。

汽车诊断参数包括工作过程参数、伴随过程参数和几何尺寸参数。

（1）工作过程参数　该参数是汽车、总成、机构工作过程中输出的一些可供测量的物理量和化学量。例如，发动机功率、驱动车轮输出功率或驱动力、汽车燃料消耗量、制动距离或制动力或制动减速度、滑行距离等，往往能表征诊断对象总的技术状况，适合于总体诊断。例如，通过检测得知底盘输出功率符合要求，这说明汽车动力性符合要求，也说明发动机技术状况和传动系统技术状况均符合要求；反之，通过检测得知底盘输出功率不符合要求，说明汽车动力性不符合要求，也说明发动机输出功率不足或传动系统损失功率太大。因此，可以整体上确定汽车和总成的技术状况，为深入诊断提供依据。

汽车不工作时，工作过程参数无法测得。

（2）伴随过程参数　该参数是伴随汽车、总成、机构工作过程输出的一些可测量。例如，工作过程中出现的振动、噪声、异响、过热等，可提供诊断对象的局部信息，常用于复杂系统的深入诊断。

汽车不工作（过热除外）时，伴随过程参数无法测得。

（3）几何尺寸参数　该参数可提供总成、机构中配合零件之间或独立零件的技术状况。如间隙、自由行程、车轮定位值等，都可以作为诊断参数来使用。它们提供的信息量虽然有限，但却能表征诊断对象的具体状态。

虽然每一类诊断参数都有不同的含义，但在确定汽车技术状况或判断某些复杂故障时，需采用不同的诊断参数进行综合诊断。

汽车常用诊断参数见表 2-2。

表 2-2　汽车常用诊断参数

诊断对象	诊断参数（单位）
汽车整车	最高车速（km/h） 最大爬坡度（%） 0～100km/h 的加速时间（s） 驱动车轮输出功率（kW） 驱动车轮驱动力（N） 汽车燃料消耗量［L/（100km），L/（100t·km）］
发动机总成	额定转速（r/min） 怠速转速（r/min） 功率（kW） 燃料消耗量（L/h） 单缸断火（油）时功率下降率（%） 汽油车废气成分，体积分数（%） 柴油车排气中可见污染物（消光系数）
曲柄连杆机构	气缸压力（MPa） 气缸间隙（mm） 曲轴箱窜气量（L/min） 气缸漏气量（kPa） 气缸漏气率（%） 进气管真空度（kPa）
点火系统	蓄电池电压（V） 一次电路电压（V） 各缸点火电压（kV） 各缸短路点火电压（kV） 各缸断路点火电压（kV） 断电器触点间隙（mm） 断电器触点闭合角（°） 各缸点火波形重叠角（°） 点火提前角（°） 电容器容量（μF）
润滑系统	机油压力（kPa） 机油温度（℃） 理化性能指标变化量 清净性系数变化量 介电常数变化量 金属微粒的含量，质量分数（%） 机油消耗量（kg）
冷却系统	冷却液温度（℃） 散热器冷却液入口与出口温度（℃） 风扇传动带张力（N/mm）
传动系统	传动系统游动角度（°） 传动系统机械传动效率（%） 传动系统功率损失（kW） 滑行距离（m） 传动系统噪声（dB） 总成工作温度（℃）
配气机构	气门间隙（mm） 配气相位（°）
汽油机供给系统	汽油泵出口关闭压力（kPa） 化油器浮子室液面高度（mm） 空燃比或燃空比 过量空气系数 电喷发动机喷油器的喷油量（mL） 电喷发动机各缸喷油不均匀度（%）
柴油机供给系统	输出泵输油压力（kPa） 喷油泵高压油管最高压力（kPa） 喷油泵高压油管残余压力（kPa） 喷油器针阀开启压力（kPa） 喷油器针阀关闭压力（kPa） 喷油器针阀升程（mm） 各缸供油不均匀度（%） 喷油提前角（°） 各缸供油间隔（°） 每一工作循环供油量（mL/工作循环）
制动系统	制动距离（m） 制动力（N） 左右制动力差值（N） 制动阻滞力（N） 制动减速度（m/s²） 制动系统协调时间（s） 制动完全释放时间（s）
转向系统	车轮侧滑量（m/km） 车轮前束（mm） 车轮外倾角（°） 主销后倾角（°） 主销内倾角（°） 转向盘最大自由转动量（°） 转向盘外缘最大切向力（N）
行驶系统	车轮静不平衡量（g） 车轮动不平衡量（g） 车轮端面圆跳动量（mm） 车轮径向圆跳动量（mm）
其他	前照灯发光强度（cd） 前照灯光轴偏斜量（mm） 车速表允许误差范围（%） 喇叭声级（A 声级）（dB） 车外最大加速噪声级（A 声级）（dB） 车内噪声级（A 声级）（dB）

2. 诊断参数的选择原则

在汽车的使用过程中，诊断参数的变化规律与汽车技术状况变化规律之间有一定的关系。能够表征汽车技术状况的参数有很多，为了保证诊断结果的可信性和准确性，应该选择那些符合下列要求或具有下列特性的诊断参数。选用原则如下：

(1) 灵敏性　灵敏性用灵敏度评价，灵敏度是指诊断对象的技术状况在从正常状态到进入故障状态之前的整个使用期内，诊断参数相对于技术状况参数的变化率。灵敏度越高诊断参数的灵敏性越好。选用灵敏度高的诊断参数诊断汽车的技术状况时，可使诊断的可靠性提高。

(2) 单值性　单值性是指汽车技术状况参数从开始值变化到终了值的范围内，诊断参数的变化不应出现极值，否则，同一诊断参数将对应两个不同的技术状况参数，给诊断技术状况带来困难。所以，具有非单值的诊断参数没有实际意义。

(3) 稳定性　稳定性是指在相同的测试条件下，多次测得同一诊断参数得到的测量值，具有良好的一致性（重复性）。诊断参数的稳定性越好，其测量值的离散度（或方差）越小。稳定性不好的诊断参数，其灵敏性也降低。

(4) 信息性　信息性是指诊断参数对汽车技术状况具有的表征性。表征性好的诊断参数，能表明和揭示汽车技术状况的特征和现象，反映汽车技术状况的全部信息。所以，诊断参数的信息性越好，包含汽车技术状况的信息量越高，得出的诊断结论越可靠。

(5) 经济性　经济性是指获得诊断参数的测量值所需要的诊断作业费用的多少，包括人员、工时、场地、设备和能源消耗等项费用。经济性高的诊断参数，所需要的诊断作业费用低。如果诊断作业费用很高，这种诊断参数是不可取的，它没有经济意义。

(6) 方便性　方便性是指所确定的诊断参数在用于实际诊断时，其设备简单，工艺简便，测量容易。

3. 诊断参数与测量条件和测量方法的关系

诊断参数与测量条件和测量方法是不可分割的整体。不同的测量条件和不同的测量方法，可以测得不同的诊断参数值。测量条件中，一般有温度条件、速度条件、负荷条件等。多数诊断参数的测得需要汽车运行至正常工作温度，只有少数诊断参数可在冷温下进行。除了温度条件外，速度条件和负荷条件也很重要。如发动机功率的检测，需在一定的转速和节气门开度下进行；汽车制动距离的检测，需在一定的制动初速度和载荷（空载或满载）下进行。对诊断参数的测量方法也有规定，如对在用汽油车排放污染物的测量采用双怠速法，规定排气的主要组分采用不分光红外线检测仪进行检测；柴油车自由加速烟度的测量采用滤纸烟度法，规定采用滤纸式烟度计进行检测等。没有规范的测量条件和测量方法无法统一尺度，因而测得的诊断参数值也就无法评价汽车的技术状况。所以，要把诊断参数及其测量条件、测量方法看成是一个不可分割的整体。

二、汽车诊断标准

诊断标准是汽车技术标准中的一部分。诊断标准是对汽车诊断的方法、技术要求和限值等的统一规定，而诊断参数标准仅是对诊断参数限值的统一规定，有时也简称为诊断标准。诊断标准中包括诊断参数标准。

1. 诊断标准的类型

汽车诊断标准与其他技术标准一样，分为国家标准、行业标准、地方标准和企业标准四种类型。

（1）国家标准　国家标准是国家制定的标准，冠以中华人民共和国国家标准字样。国家标准一般由某行业部、委提出，由国家质量技术监督局批准、发布，全国各级各有关单位和个人都要贯彻执行，具有强制性和权威性（推荐性标准除外）。

（2）行业标准　该标准也称为部、委标准，是部级或国家委员会级制定、发布并经国家质量技术监督局备案的标准，在部、委系统内或行业内贯彻执行，一般冠以中华人民共和国某某部或某某行业标准，也在一定范围内具有强制性和权威性，有关单位和个人也必须贯彻执行。

（3）地方标准　该标准是省（直辖市、自治区）级、市地级、市县级制定并发布的标准，在地方范围内贯彻执行，也在一定范围内具有强制性和权威性，所属范围内的单位和个人必须贯彻执行。省、市地、市县三级除贯彻执行上级标准外，可根据本地具体情况制定地方标准或率先制定上级没有制定的标准。地方标准中的限值可能比上级标准中的限值要求还要严格。

（4）企业标准　该标准包括汽车制造厂推荐的标准、汽车运输企业和汽车维修企业内部制定的标准和检测设备制造厂推荐的参考性标准三部分。

汽车制造厂推荐的标准是汽车制造厂在汽车使用说明书中公布的汽车使用性能参数、结构参数、调整数据和使用极限等，从中选择一部分作为诊断参数标准来使用。该种标准是汽车制造厂根据设计要求、制造水平，为保证汽车的使用性能和技术状况而制定的。

汽车运输企业和汽车维修企业的标准是汽车运输企业、汽车维修企业内部制定的标准，只在企业内部贯彻执行。有条件的企业除贯彻执行上级标准外，往往还能根据本企业的具体情况，制定企业标准或率先制定上级没有制定的标准。企业标准中有些诊断参数的限值要比上级标准要严格，以保证汽车维修质量和树立良好的企业形象。一般情况下，企业标准应达到国家标准和上级标准的要求，一般应严于国家标准和上级标准的要求。

检测设备制造厂推荐的参考性标准是检测设备制造厂针对本设备所检测的诊断参数，在尚没有国家标准和行业标准的情况下制定的诊断参数限值，通过检测设备使用说明书提供给使用单位作参考性标准。

任何一级标准的制定和修订，都要既考虑技术性和经济性，又要考虑先进性，并尽量靠拢同类型国际标准。

2. 诊断参数标准的组成

为了定量地评价汽车、总成及机构的技术状况，确定维护、修理的范围和深度，预报无故障工作里程，单有诊断参数是不够的，还必须建立诊断参数标准，提供一个比较尺度。这样，在检测到诊断参数值后与诊断参数标准值对照，即可确定汽车是继续运行还是进厂（场）维修。

诊断参数标准一般由初始值 P_f、许用值 P_d 和极限值 P_n 三部分组成。

（1）初始值 P_f　此值相当于无故障新车和大修车诊断参数值的大小，往往是最佳值，可作为新车和大修车的诊断标准。当诊断参数测量值处于初始值范围内时，表明诊断对象技术状况良好，无需维修便可继续运行。

(2) 许用值 P_d　诊断参数测量值若在此值范围内，则诊断对象技术状况虽发生变化但尚属正常，无需修理（但应按时维护）可继续运行到下一个诊断周期。

(3) 极限值 P_n　诊断参数测量值超过此值后，诊断对象技术状况严重恶化，汽车须立即停驶修理。此时，汽车的动力性、经济性和排气净化性大大降低，行驶安全性得不到保证，有关机件磨损严重，甚至可能发生机械事故。所以，汽车必须立即停驶修理，否则将造成更大损失。

可以看出，通过对汽车进行检测，当诊断参数测量值在许用值以内，汽车可继续运行；当诊断参数测量值超过极限值，须停止运行进厂修理；诊断参数测量值在许用值 P_d 与极限值 P_n 之间，汽车勉强可用，但应及时安排维修，否则，汽车带病行车，故障率上升，可能行驶不到下一个诊断周期。

因此，将诊断参数测量值与诊断参数标准值比较，就可得知汽车技术状况，并做出相应的决断。

诊断参数标准的初始值、许用值和极限值，可能是一个单一的数值，也可能是一个数值范围。

三、诊断标准的制定

诊断参数标准的制定，既要有利于汽车技术状况的提高，又要以经济为基础，进行综合考虑。标准制定的严格了，汽车的动力性、经济性、安全性、排气净化性等性能必定得到提高，即汽车整体技术状况得到提高，但汽车维护与修理的费用也会相应增加。反之，标准制定的宽松了，维护与修理的费用下降，但汽车整体技术状况也会降低。随着我国国民经济的快速发展和对安全、节能、排放等方面的要求越来越高，标准的制定与修正必定会越来越严格，并且越来越向国际标准靠拢。

诊断参数标准的制定是个比较复杂的过程，既要考虑技术、经济、安全等方面的因素，又要考虑标准是否适应大多数汽车的诊断，同时还应与国际标准接轨。确定诊断标准的一般方法如下：

1. 统计法

是通过找出相当数量的在用汽车在正常状况下诊断参数的分布规律（如正态分布或 γ 分布），然后经综合考虑而制定的并能使大多数在用汽车合格的标准。较常见的做法是随机选择相当数量的在用车辆，其中技术状况良好的车辆要占有一定数量，然后对某一诊断参数进行测量，数值从 P_0 到 P_x，再把 P_0 到 P_x 的数值分成若干个区间，把对应各区间的汽车占有量算出，然后制成直方图，描出曲线，如图 2-2 所示，类似正态分布密度函数曲线。

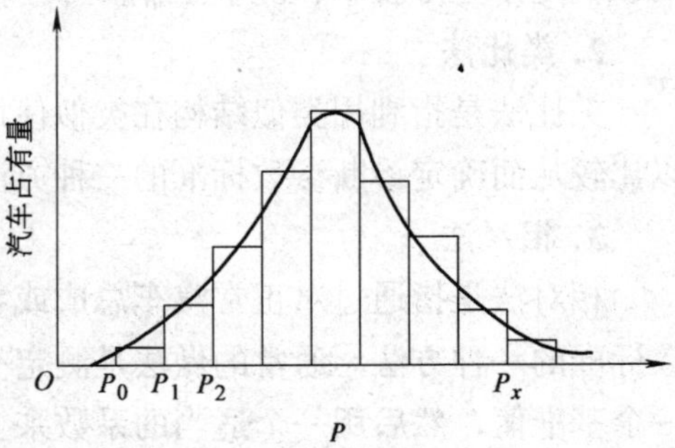

图 2-2　用统计法确定诊断参数的分布规律

在测量的诊断参数中，相对完好技术状况的诊断参数值是散布的，分散在最佳值的两侧。同样，相对故障状况的诊断参数值也是散布的。故障状况的诊断参数值可能与完好技术状况的诊断参数值交叉或重叠。在知道诊断参数的分布规律后，可以对诊断参数散布的允许范围加以限制，并要符合完好工作概率水平。用这种方法获得的诊断参数限值，便是诊断参数标准，分以下三种情况。

（1）上下均有限值的诊断参数标准　这种情况是以正态分布均值为中心，取汽车正常概率为 85% 和 95% 的参数范围为诊断参数标准，如图 2-3b 所示。所有在散布范围 $A_{0.85}$ 内的诊断参数值视为处于技术状况完好状态，所有超出散布范围 $A_{0.95}$ 外的诊断参数值视为处于有故障状态。当诊断参数值处于 $A_{0.85} \sim A_{0.95}$ 之间时，视为技术状况可能是完好的，也可能是有故障的，两种概率相等。可以看出，当诊断参数值变化到散布范围 $A_{0.85}$ 时，可作为许用标准 P_d；当诊断参数值变化到散布范围 $A_{0.95}$ 时，可作为极限标准 P_n。用这种方法确定的诊断参数标准，将能保证有 85% 的车辆处于完好技术状况下工作。如诊断参数标准不符合实际情况，还可以修正诊断参数的散布范围。

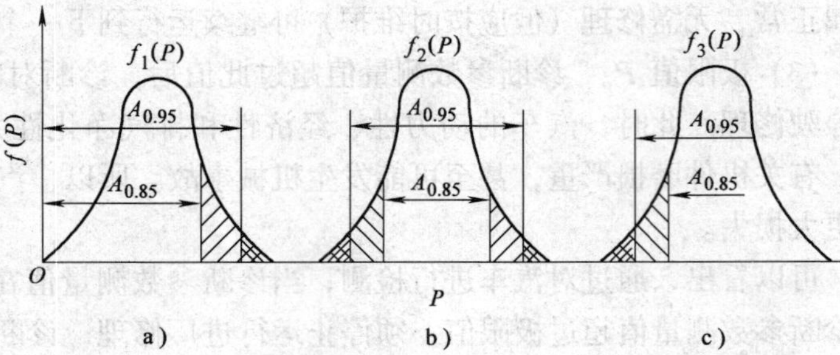

图 2-3　诊断参数标准的确定

（2）仅要求上限值的诊断参数标准　这种情况是取正态分布函数曲线右侧某个数值作为限值，而对左边不作任何限制。一般是取汽车正常概率为 85% 和 95% 的诊断参数值作为诊断参数标准，如图 2-3a 所示。同样，当诊断参数值变化到散布范围 $A_{0.85}$ 时，可作为许用标准 P_d；当诊断参数值变化到散布范围 $A_{0.95}$ 时，可作为极限标准 P_n。将能保证有 85% 的车辆处于完好技术状况下工作。

（3）仅要求下限值的诊断参数标准　这种情况是取正态分布函数曲线左侧某个数值作为限值即可，而对右边不作任何限制。一般是取汽车正常概率为 85% 和 95% 的诊断参数值作为诊断参数标准，如图 2-3c 所示。同样，当诊断参数值变化到散布范围 $A_{0.85}$ 时，可作为许用标准 P_d；当诊断参数值变化到散布范围 $A_{0.95}$ 时，可作为极限标准 P_n；将能保证有 85% 的车辆处于完好技术状况下工作。

2. 类比法

类比法是指利用类似结构在类似使用条件下已建立的诊断标准，根据自己的实际情况加以比较从而确定诊断参数标准的一种方法。类比法在实际工作中得到了广泛的应用。

3. 相对法

相对法是指通过对正常汽车总成或零部件进行测试后，采用一定的处理措施确定诊断参数标准的一种方法。通常的做法是测定一定数量的正常汽车总成或零部件的运行参数，确定一个基准值，然后用一个适当的系数乘上基准值即可得到诊断参数标准。在实际工作中，这种方法具有实用价值。由于受技术水平和经济实力的限制，一个产品投入使用后，不可能立即对一些渐变故障的破坏特征有十分清楚的了解。然而，为了能对一些重要部件进行监测与诊断，可用相对法确定诊断参数标准。

不管采用哪种方法制定的诊断参数标准，都要经过试行、修改后才能确定下来。但经数年以至十几年后，随着经济的发展、技术的进步和社会需求的提高，诊断参数标准还要不断修正才能满足需要。

四、汽车诊断周期

诊断周期是汽车诊断的间隔期，以行驶里程或使用时间（月或日）表示。诊断周期的确定，应满足技术和经济两方面的条件，获得最佳诊断周期。最佳诊断周期，是能保证车辆的完好率最高而消耗的费用最少的诊断周期。

确定最佳诊断周期的工作是非常重要的，它既要使车辆在无故障状态下运行，又要使我国维修制度中“定期检测、强制维护、视情修理”的费用降至最低，因此要在“定期”上做好文章。

1. 制定最佳诊断周期应考虑的因素

制定最佳诊断周期，应考虑汽车技术状况，汽车使用条件，汽车检测诊断、维护修理、停驶损耗的费用等项因素。

(1) 汽车技术状况　在汽车新旧程度不一，行驶里程不一，技术状况等级不一，甚至还有使用性能、结构特点、故障规律、配件质量等不一样情况下，制定的最佳诊断周期也不会一样。凡是新车或大修车、行驶里程较少的车、技术状况等级为一级的车，其最佳诊断周期应长，反之则应短。

(2) 汽车使用条件　它包括气候条件、道路条件、装载条件、驾驶技术、是否拖挂、燃润料质量等条件。凡是气候恶劣、道路状况极差、经常超载、驾驶技术不佳、拖挂行驶、燃润料质量得不到保障的汽车，其最佳诊断周期应短，反之则应长。

(3) 费用　它包括检测诊断、维护修理、停驶损耗的费用。若使检测诊断、维护修理费用降低，则应使最佳诊断周期延长，但汽车因故障停驶的损耗费用增加；若使停驶损耗的费用降低，则应使最佳诊断周期缩短，但检测诊断、维护修理的费用增加。

2. 制定最佳诊断周期的方法

大量统计资料表明，实现单位里程费用最小和技术完好率最高，两者是可以求得一致的。如果下列条件成立，就可以确定最佳诊断周期，即

$$\frac{\mathrm{d}}{\mathrm{d}t}\left(\frac{M[U(\tau)]}{M[V(\tau)]}\right)=0$$

式中，$M[U(\tau)]$ 是在诊断周期 τ 下，检测诊断和维修费用的数学期望值；$M[V(\tau)]$ 是在诊断周期 τ 下，在计划检测诊断和维修费用下的系统（车辆或机构）工作时间的数学期望值。

上式经处理后，可得到确定最佳诊断周期的一般方程式：

$$\frac{F'(\tau)}{[1-F(\tau)]^2}\int_0^{\tau}[1-F(l)]\mathrm{d}l+\ln[1-F(\tau)]-\frac{C_z}{C_x}=0$$

式中，C_z 是完成检测诊断和维护的费用；C_x 是完成小修的费用；τ 是所求的最佳诊断周期；l 是故障间行程。

利用上式计算比较繁琐，如用图解法确定最佳诊断周期是比较方便的。为此，要引入一个最佳系数 t，$t=\tau/\bar{l}$，即最佳诊断周期 τ 与故障间平均行程 $\bar{l}$ 的比值。t 表示 τ 对 $\bar{l}$ 的大小。当 $\tau=\bar{l}$ 时，$t=1$。一般情况下，$t=(0.75\sim0.90)\bar{l}$，通常取 τ 不大于 $0.90\bar{l}$。不能取 $t=1$，即 $\tau=\bar{l}$，此时最佳诊断周期等于故障间平均行程。

汽车经过走合期后建立的使用状况能经历一个相当长的稳定的使用期。在这一使用期

内，虽然发生故障的具体磨损特性不同，但是按指数规律相关的形式分布。最佳系数 t 与费用比 C_z/C_x 曲线也按指数规律分布，而且直观、明了。只要从统计资料中得知费用比 C_z/C_x 值，即可从图 2-4 中查出对应的 t 值，然后按 $\tau=t/\lambda$ 计算最佳诊断周期 τ 值，其中的 λ 为单位时间（里程）内发生故障的比率。

例如：$C_z/C_x=0.28$，$\lambda=10^{-4}\text{km}^{-1}$，从图中查得 $t=0.67$，经计算

$$\tau=t/\lambda=0.67/10^{-4}\text{km}=6700\text{km}$$

计算出的最佳诊断周期 τ，还要根据前述因素进行分析、修正后试用。

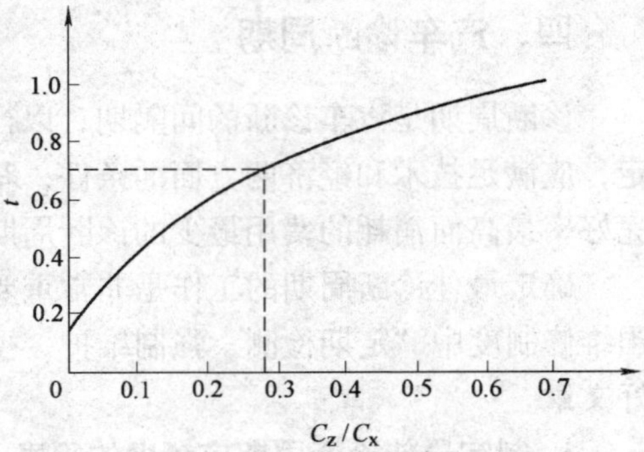

图 2-4 指数分布规律的费用比与最佳系数的关系曲线

根据交通部《汽车运输业技术管理规定》，运输业汽车实行“定期检测、强制维护、视情修理”的制度。该规定要求车辆二级维护前应进行检测诊断和技术评定，根据结果，确定附加作业或修理项目，结合二级维护一并进行。又规定车辆修理应贯彻视情修理的原则，即根据车辆检测诊断和技术鉴定的结果，视情按不同作业范围和深度进行，既要防止拖延修理造成车况恶化，又要防止提前修理造成浪费。

从上述规定中可以看出，二级维护前和车辆大修前都要进行检测诊断。其中，大修前的检测诊断，一般在大修间隔里程行将结束时结合二级维护前的检测诊断进行。既然规定在二级维护前进行检测诊断，则二级维护周期（间隔里程）就是我国目前的最佳诊断周期。根据中华人民共和国交通行业标准 JT/T 201—1995《汽车维护工艺规范》的规定，二级维护周期在 10000～15000km 范围内依据各地条件不同选定。

在大规模的汽车运输企业中，由于车辆多，汽车类型和使用年限不同，而且使用条件相差很大，因此汽车的无故障行驶里程在很宽的范围内变化，在制定汽车的诊断周期时，应按车种、使用年限及使用条件分成若干类别，使每一类车的无故障行驶里程相差不大，并据此分别确立每一类车的诊断周期。

第三章　汽车检测站

第一节　汽车检测站概述

汽车检测站是从事汽车检测的企业。它运用现代检测技术，对汽车实施不解体检测、诊断。它具有现代的检测设备和检测方法，能在室内检测出车辆的各种参数并诊断出可能出现的故障，为全面、准确评价汽车的使用性能和技术状况提供可靠的依据。

一、检测站的任务和类型

按中华人民共和国交通部令第 29 号《汽车运输业车辆综合性能检测站管理办法》的规定，汽车检测站的主要任务如下：

（1）对在用运输车辆的技术状况进行检测诊断。

（2）对汽车维修行业的维修车辆进行质量检测。

（3）接受委托，对车辆改装、改造、报废及其有关新工艺、新技术、新产品、科研成果等项目进行检测，提供检测结果。

（4）接受公安、环保、商检、计量和保险等部门的委托进行有关项目的检测，提供检测结果。

检测站根据其服务功能，可分为安全检测站、维修检测站和综合检测站三种类型；根据其工作职能，可分为 A 级站、B 级站和 C 级站三种类型。对于不同类型的检测站，其作用也有所不同。

安全检测站是国家的执法机构，它按照国家规定的车检法规，定期检测车辆中与安全和环保有关的项目，以判别受检车辆的安全技术状况和排放状况是否符合相关法规要求。这种检测站对检测结果往往只显示“合格”、“不合格”两种，而不作具体数据显示和故障分析，因而检测速度快、效率高。如果自动化程度比较高，其年度检车量可达数万辆次。检测合格的车辆凭检测结果报告单办理年审签证，在有效期内准予车辆行驶。

维修检测站主要是从车辆使用和维修的角度，担负车辆维修前、后的技术状况检测。它能检测车辆的主要使用性能，并能进行故障分析与诊断。

综合检测站既能担负安全环保检测，又能担负车辆使用、维修企业的技术状况诊断，还能承接科研或教学方面的性能试验和参数测试。这种检测站检测设备多，自动化程度高，数据处理迅速准确，因而功能齐全，检测项目广且深度大，可为合理制定诊断参数标准、诊断周期以及为科研、教学、设计、制造和维修等部门或单位提供可靠依据，并能担负对检测设备的精度测试。

A 级站：能全面承担检测站的任务，即能检测车辆的制动、侧滑、灯光、转向、前轮定位、车速、车轮动平衡、底盘输出功率、燃料消耗、发动机功率和点火系统状况以及异响、磨损、变形、裂纹、噪声、废气排放等状况。

B级站：能承担在用车辆技术状况和车辆维修质量的检测，即能检测车辆的制动、侧滑、灯光、转向、车轮动平衡、燃料消耗、发动机功率和点火系统状况以及异响、变形、噪声、废气排放等状况。

C级站：能承担在用车辆技术状况的检测，即能检测车辆的制动、侧滑、灯光、转向、车轮动平衡、燃料消耗、发动机功率以及异响、噪声、废气排放等状况。

二、检测站的组成

1. 检测站的组成

检测站主要由一条至数条检测线组成。对于独立而完整的检测站，除检测线外，还应包括停车场、清洗站、泵气站、维修车间、办公区和生活区等设施。

(1) 安全检测站　一般由一条至数条安全环保检测线组成。

(2) 维修检测站　一般由一条至数条综合检测线组成。

(3) 综合检测站　一般由安全环保检测线和综合检测线组成，可以各为一条，也可以各为数条。国内交通系统建成的检测站大多属于综合检测站，一般由一条安全环保检测线和一条综合检测线组成。

2. 检测线的工位设置

不管是安全环保检测线，还是综合检测线，都由多个检测工位组成，布置形式多为直线通道式，检测工位则是按一定顺序分布在直线通道上，如图 3-1 所示。

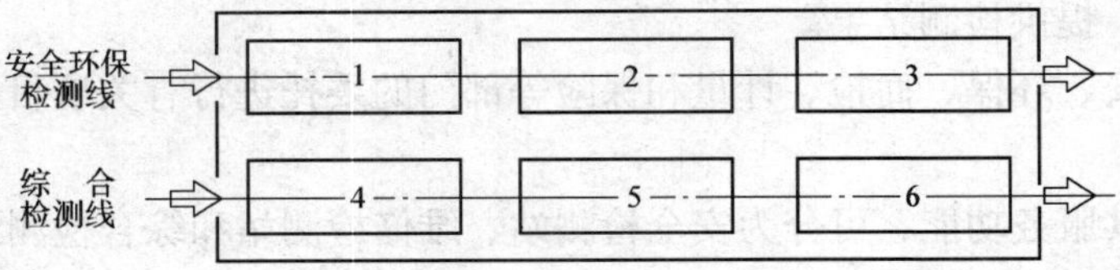

图 3-1　综合检测站（双线）检测线工位布置示意图

1—外观检查工位　2—侧滑制动车速表工位　3—灯光尾气工位

4—外观检查及车轮定位工位　5—制动工位　6—底盘测功工位

手动和半自动的安全环保检测线，一般由外观检查（人工检查）工位、侧滑制动车速表工位和灯光尾气（排气）工位三个工位组成。其中，外观检查工位带有地沟。全自动安全环保检测线一般由汽车资料输入及安全装置检查工位、侧滑制动车速表工位、灯光尾气工位、车底检查工位（带有地沟）、综合判定及主控制室工位五个工位组成。

对于安全环保检测线，不管是三工位还是五工位，也不管工位顺序如何编排，其检测项目是固定的，因而均布置成直线通道式，以利于进行流水作业。

A级站的综合检测线一般有两种类型：一种是全能综合检测线，另一种是一般综合检测线。全能综合检测线设有包括安全环保检测线主要检测设备在内的比较齐全的工位，而一般综合检测线设置的工位不包括安全环保检测线的主要检测设备。

全能综合检测线，由外观检查及车轮定位工位、制动工位和底盘测功工位组成，能对车辆技术状况进行全面检测诊断，必要时也能对车辆进行安全环保检测。这种检测线的检测设备多，检测项目齐全，与安全环保检测线互不干扰，因而检测效率相对较高，但建站费用也高。

一般综合检测线主要由底盘测功工位组成，能承担除安全环保检测以外项目的检测诊断，国内已建成的综合检测站有相当多是属于这种类型。与全能综合检测线相比，一般综合检测线设备少，建站费用低，但检测效率也低。

综合检测线上各工位的车辆，由于检测诊断项目不一、检测诊断深度不同，很难在相同的时间内检测诊断完毕。很有可能前边工位的车辆工作量大，而后边工位的车辆工作量小，但后边车辆又无法逾越，因而影响了工作效率。当综合检测线采用直线通道式布置，而又允许在线上进行故障诊断和调试作业时，将不可避免地遇到上述问题。在这种情况下，也可以将综合检测线的各工位横向布置成尽头式、穿过式或其他形式，以适合实际需要，提高检测效率。

三、汽车检测站的设备与检测项目

1. 安全环保检测线

五工位全自动安全环保检测线的主要设备有：

(1) 汽车资料输入及安全装置检查工位 本工位除将汽车资料输入登录微机并发送给检测线主控制微机外，还进行汽车上部的灯光和安全装置等项目的外观检查（Lamps and Safety Device lnspection），可简称为 L 工位。

1）主要设备：进线指示灯、汽车资料登录微机、键盘及显示器、工位测控微机、检验程序指示器、轮胎自动充气机、轮胎花纹测量器、检测手锤、不合格项目输入键盘、电视摄像机、光电开关等。

2）检查项目：由检查人员人工检查汽车上部的灯光、安全装置、防护装置、操纵装置、工作仪表和车身等是否装备齐全、工作正常、连接可靠和符合规定等。检查的重点是灯光和安全装置。具体检查项目如下：

远光灯、近光灯、制动灯、倒车灯、牌照灯、示宽灯、辅助灯、标志灯、室内灯、车厢、座位、车门、车窗、车身、漆面、后视镜、下视镜、侧视镜、风窗玻璃、刮水器、喇叭、轮胎、轮胎螺栓、离合器、变速器、制动踏板自由行程、驻车制动操纵杆、转向器自由转动量、油箱、油箱盖、挡泥板、防护网及连接装置、电器导线、起动机、发电机、蓄电池、灭火器、仪表、仪表灯、机油低压报警器、半轴螺栓、座椅安全带。

(2) 侧滑制动车速表工位 本工位承担侧滑检测（A1ignment lnspection）、轴重检测（weight lnspection）、制动检测（Brake Test）和车速表检测（Speedometer Test）等检测项目，简称 ABS 工位。

1）主要设备：工位测控微机、侧滑试验台、轴重计或轮重仪（与反力式滚筒制动试验台配套使用。如反力式滚筒制动试验台本身配备轴重测量装置或采用惯性式平板制动试验台，则不必再配备轴重计或轮重仪）、制动试验台、车速表试验台及车速检测申报开关（或遥控器）、检验程序指示器、光电开关、反光镜等。

2）检测项目：检测前轮侧滑量、各轴轴重、各轮制动拖滞力和制动力、驻车制动力、车速表指示误差等。

(3) 灯光尾气工位 本工位主要承担前照灯检测（Head Light Test）、排气检测（Exhaust Gas Test）、烟度检测（Diesel Smoke Test）和喇叭声级检测（Noise Test）等检测项目，简称 HX 工位。

1）主要设备：工位测控微机、前照灯检测仪、排气分析仪、烟度计、声级计、检验程序指示器、停车位置指示器、光电开关、反光镜等。

2）检测项目：检测前照灯发光强度和光轴偏斜量、汽油车怠速排放污染物或柴油车自由加速烟度、喇叭声级等。

(4) 车底检查工位　车底检查（Pit Inspection）工位，可简称为P工位。

1）主要设备：工位测控微机、检验程序指示器、地沟内举升平台、检测手锤、不合格项目输入键盘、对讲话筒及扬声器、光电开关、车辆到位报警灯或报警器、地沟内电视摄像机等。

2）检测项目：本工位是车辆底部的外观检查，由检测人员在地沟内人工检查底盘各装置及发动机的连接是否牢固可靠，有无弯扭断裂、松旷及漏油、漏水、漏气、漏电现象等。具体检查项目如下：

发动机及其连接是否稳固和正常，车架、前梁、转向系统的转向轴及其万向节、转向支架、转向垂臂、转向器、转向主销及其轴承、纵横拉杆、前悬架连接、前吊耳销子、后悬架连接、后吊耳销子、储气筒、传动轴、万向节、伸缩节、中间支承、离合器及操纵机构、变速器、主减速器、减振器、钢板弹簧夹及U形螺栓、排气管及消声器、制动系拉杆、驻车制动器、后桥壳、缓冲器、保险杠、牵引钩和各部杆系，以及各种管路是否漏油、漏水、漏气和漏电，油箱和蓄电池等是否连接固定。

(5) 综合判定及主控制室工位

1）主要设备：主控制微机、键盘及显示器、打印机、监视器（电视摄像机显示器）、控制台及主控制键盘、稳压电源、不间断电源等。

2）检测项目：汽车到达本工位时检测项目已全部检测完毕，主控制微机对各工位检测结果进行综合判定后，由打印机集中打印机动车安全检验记录单（参见附录），交给车辆送检人。

2. 综合检测线

以三工位全能综合检测线为例介绍综合检测线。

(1) 外观检查及车轮定位工位　该工位包括车上、车底外观检查和前轮定位检测。

1）主要设备：轮胎自动充气机、轮胎花纹测量器、检测手锤、地沟内举升平台、地沟上举升器、就车式车轮平衡机、声发射探伤仪、侧滑试验台、四轮定位仪或车轮定位检测仪、转向盘自由转动量检测仪、转向盘转向力检测仪、传动系游动角度检测仪、底盘间隙检测仪等。

2）检测项目：车上、车底外观检查项目同于全自动安全环保检测线。

就车检测车轮不平衡量、对转向节枢轴等安全机件进行探伤，检测前轮侧滑量、前轮最大转向角、主销后倾角、主销内倾角，并视需要检测前轮前束值和前轮外倾角，检测后轮前束值和后轮外倾角、转向盘自由转动量、转向盘转向力、传动系统游动角度及轮毂轴承、转向节主销、纵横拉杆和钢板弹簧销等处的松旷量等。

(2) 制动工位

1）主要设备：轴重计或轮重仪（与反力式滚筒制动试验台配套使用。如反力式滚筒制动试验台本身配备轴重测量装置或采用惯性式平板制动试验台，则不必再配备轴重计或轮重仪）、制动试验台等。

2）检测项目：检测各轴轴重、各轮制动拖滞力和制动力，按制动曲线分析制动过程、驻车制动力等。

（3）底盘测功工位　本工位能模拟汽车道路行驶，因而可组织较多的检测设备同时或交叉地对汽车发动机、底盘、电气设备和车身等进行动态综合检测诊断。配备的设备越多，能检测诊断的项目也越多。

1）主要设备：底盘测功试验台、发动机综合参数测试仪、电控系统检测仪、电器综合测试仪、气缸压力测试仪或气缸压力表、气缸漏气量（率）测试仪、真空表或真空测试仪、油耗计、五气体分析仪、烟度计、声级计、机油清净性分析仪、发动机无负荷加速测功仪、发动机异响分析仪、传动系异响分析仪、温度计或温度仪等。

2）检测项目：检测驱动车轮的输出功率或驱动力，模拟车辆各种行驶速度行驶，进行加速性能、等速性能和滑行性能等性能试验，检测百公里耗油量和经济车速等。

对点火系统、供油系统、冷却系统、润滑系统、传动系统、设备、车身等的技术状况进行检测、分析和判断。

对装配点燃式发动机的车辆，根据不同类型进行怠速试验、双怠速试验和加速模拟工况试验。根据怠速或其他工况排放的 CO、HC、NO_x、CO_2 和 O_2 浓度，分析空燃比、燃烧、气缸密封性和排放等状况。

对装配压燃式发动机的车辆，根据不同类型，进行自由加速排气可见污染物试验、自由加速烟度试验，分析空燃比、燃烧、气缸密封性和污染等状况。

检测、分析并判断发动机和传动系统异响。

检测各总成温度和发动机排气温度。

当该工位上的有些项目检测时间过长时，也可在前面的工位上提前进行。例如，机油清净性分析完全可以在第一工位上对机油取样，接着到分析仪上进行分析，以平衡与其他项目的检测进度。

在综合检测线上，允许对车辆做必要的调试。如调试时间太长，应出线在维修（或调试）车间内进行。

当在综合检测线上进行安全环保检测时，应按安全环保检测线规定的项目进行。

四、汽车检测站工艺流程

汽车进入检测站后，在站内、线内只有按照规定的检测工艺路线和检测工艺程序进行检测，才能完成整个检测过程。

1. 检测站工艺路线

对于机动车安全检测站，汽车进站后的工艺路线流程如图 3-2 所示。

2. 检测线工艺路线

检测线的工位布置是固定的，进线检测的汽车按工位顺序流水作业。

（1）安全环保检测线　全自动安全环保检测线工艺路线流程如图 3-3 所示。

（2）综合检测线　全能综合检测线工艺路线流程如图 3-4 所示。

以上所介绍的安全环保检测线与综合检测线的工艺路线，均为全工位检测工艺路线。经维修、调试后复检的车辆，只需检测不合格项目，因而往往在有关的工位上就有关项目再检测一次即可，无需再全面检测一遍。在综合检测线上，并不一定所有的车辆都执行全工位检

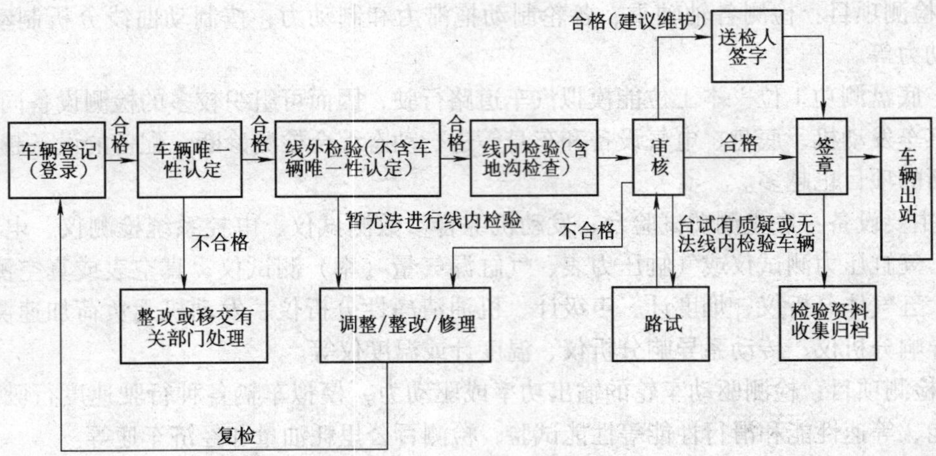

图 3-2 机动车安全检测站工艺流程图

测工艺路线。若根据车辆状况或应车主要求只进行单工位或双工位检测时，仅制定单工位或双工位检测工艺路线即可，不必制定全工位检测工艺路线。

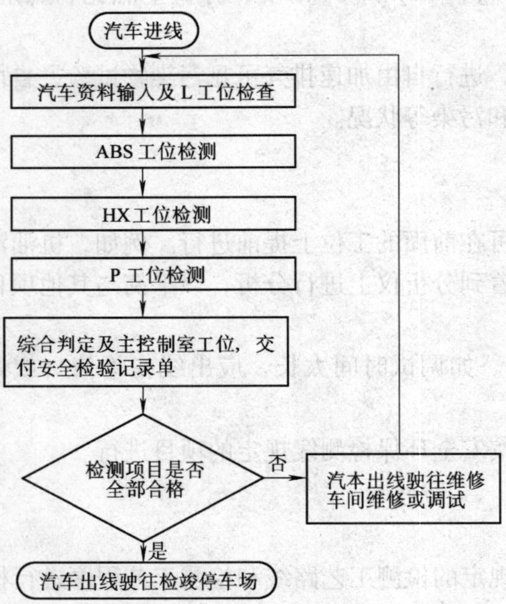

图 3-3 全自动安全环保检测线工艺路线流程图

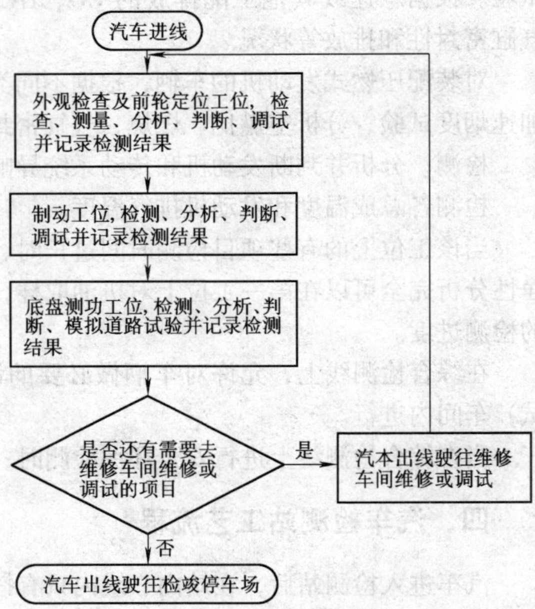

图 3-4 全能综合检测线工艺路线流程图

第二节 汽车检测线的微机控制系统

全自动检测线与手动检测线的最大区别，在于增加了一套微机控制系统。

一、微机控制系统的功能和要求

1. 功能

1）输入、传输、存储、查询、打印汽车资料。

2）除车上、车底外观检查，汽车资料输入，插入与取出排气分析仪（或烟度计）探头，以及移动声级计等工作仍需人工操作外，其余各检测项目均能由微机实现全自动控制。即检测设备的运行自动控制，数据的采集、处理、判定、显示、打印、存储、统计等，均能自动进行。

3）检测结果既能在主控制室的微机显示器上以数据、图表、曲线等方式进行动态显示，同时又能在微机显示器和工位检验程序指示器上（合格以“○”、不合格以“×”或直接用文字）显示，并能集中打印检测结果报告单。

4）主控制室能对全线实行监控和调度。

5）具有指令汽车驾驶员（或汽车引车员）操作的检验程序指示器（灯箱、彩色显示器或电子灯阵）。

6）具有丰富的软件功能。

2. 要求

1）可靠性高。要求微机控制系统的平均无故障时间能达到数千小时以上，并设有自检和自诊断系统，以便故障出现后有利于实现快速诊断。

2）适应性强。检测线内的工作环境比较恶劣，表现为电源电压波动、各用电设备相互干扰、汽车运转造成振动与噪声污染、排气污染、尘埃污染以及温度和湿度不易控制等，因而微机控制系统应有较强的环境适应性，在恶劣环境中仍能正常工作。另外，汽车种类繁多，检测线类型设计不一，微机控制系统还应能满足多种类型汽车的检测诊断，并能根据用户要求装配成不同工位安排、不同检测诊断项目、不同检测诊断工艺、不同规模和不同档次的系统。

3）使用方便性好。微机控制系统应能满足人机对话方便，操作简单易学，显示直观明了，能汉字显示，数据易存、易查，组线灵活以及维修、管理方便等要求。

4）经济性好。在不影响功能的前提下，微机控制系统要尽量降低造价，提高检测效率，缩短汽车在线时间，并尽量使用国产器材。

5）在实时响应、系统配套、系统扩充、系统通信和软件支持等方面，微机控制系统应有较强的功能。

6）除微机控制系统对全线的自动控制外，尚应在主控制室内的主控制键盘上，设置自动/手动开关和一套手动操作键盘，以便必要时对前照灯检测仪辅助操作和当无法实现全自动检测时对全线检测设备实施手动控制。

二、微机控制系统的组成

微机控制系统由硬件部分和软件部分组成。硬件部分由微机设备和辅助设备组成。其中，微机设备由主控制微机、工位测控微机、汽车资料登录微机和打印机等组成；辅助设备由控制台及主控制键盘、稳压电源、不间断电源、摄像机及显示器、工位检验程序指示器、光电开关、停车位置指示器、报警灯或报警器、不合格项目输入键盘、车速申报开关或遥控器、进线指示灯、工作台与座椅等组成。

软件部分中除检测程序外，一般还包括数据库管理、设备标定程序、检测诊断标准修正程序和系统自检、自诊断与维护等程序。其中，数据库管理能将已经检测过的全部车辆的数据存档，能按照检测序号、牌照号码或检测日期等进行查询、检索、统计和打印。

三、微机控制系统的控制方式

微机控制系统有集中式、接力式和分级分布式等控制方式。

1. 集中式

这种控制方式由主控制微机单独完成。除汽车资料输入由登录微机完成并发往主控制微机外，各工位的检测信号经放大后也都直接送往主控制微机，因而全线的数据采集、处理、判定、显示、打印、存储、统计和检测过程控制等全部工作均由主控制微机完成。这种方式的优点是结构简单，价格低廉；缺点是主控制微机负担重，可靠性差，发生故障后易造成全线停止工作。

2. 接力式

这种控制方式由各工位测控微机完成。工位测控微机分布在各工位上，因而也可以称为分布式控制方式，各工位检测信号经放大后送入工位测控微机处理、判定，然后在检验程序指示器显示，并按顺序传送至末级工位测控微机。全线检测数据和检测结果由末级工位测控微机显示并打印出检测结果报告单。这种方式的优点是结构简单，价格也较低廉，可靠性也较好；缺点是功能稍差，对较高程度的自动控制和较复杂的检测对象适应性差。

3. 分级分布式

分级分布式控制方式是应用较为广泛的一种控制方式。常用二级分布式控制方式，其第一级为测控现场控制级，由分布在各工位上的测控微机完成，主要担负检测设备运行控制、数据采集和通信等任务；第二级为管理级，由主控微机完成，具有安排检测程序，担负全线调度，综合判定检测结果，存储并集中打印检测结果报告单和管理数据库等功能。

第二篇

汽车技术状况检测

第四章　发动机技术状况的检测

第一节　发动机功率的检测

一、发动机的稳态测功和动态测功

发动机的有效功率是曲轴对外输出的净功率，是发动机的一个综合性评价指标。发动机有效功率是汽车动力性最主要的诊断参数，是汽车不解体检验最基本的检测诊断参数之一。发动机功率的检测有稳态测功和动态测功两种方法。

1. 稳态测功

稳态测功是指发动机在节气门开度一定，转速一定和其他参数都保持不变的稳定状态下，在测功器上测定发动机功率的一种方法。常见的测功器有水力测功器、电力测功器和电涡流测功器三种。测功器能测出的发动机转速和转矩为

$$P_e = \frac{M_e n}{9550} \tag{4-1}$$

式中，P_e是发动机有效功率（kW）；n是发动机转速（r/min）；M_e是发动机有效转矩（N·m）。

稳态测定发动机的额定功率是在节气门全开的情况下，由测功器向发动机的曲轴施加额定负荷，使其在额定转速下稳定运转，测出其对应的转矩。无论发动机的行程数和型式如何，均可用上式计算出有效功率。

稳态测功的结果比较准确、可靠，多为发动机设计、制造、科研单位和院校做性能试验所采用。缺点是测功时费时费力、成本较高，并且需要大型、固定安装的测功器。由于稳态测功时，需要对发动机施加外部负荷，所以也称为有负荷测功或有外载测功。

2. 动态测功

动态测功是指发动机在节气门开度和转速等参数均处于变动的状态下，测定发动机功率的一种方法。动态测功时无须对发动机施加外部载荷，又称为无负荷测功或无外载测功。这种测功的基本方法是：当发动机在怠速或空载某一转速下，突然全开节气门，使发动机克服自身惯性和内部各种运转阻力而加速运转时，其加速性能的好坏能直接反映发动机功率的大小。因此，只要测出发动机在加速过程中的某一相关参数，就可得出相应的最大加速功率。

动态测功可以在汽车不解体条件下进行就车测定发动机功率，其特点是：所用仪器轻便，测功速度快，方法简单，但测功精度较低，多为汽车运输企业、汽车维修企业和汽车检测站所采用。

二、发动机无负荷测功原理

无负荷测功是基于动力学的原理：当发动机与传动系统分开时，将发动机从怠速或某一低转速急加速至节气门最大开度，发动机产生的动力除克服系统各种内部阻力矩和本身运动

件的惯性力矩外，迅速加速发动机并使之达到空载最大转速。对于某一结构的发动机，其运动件及附件的转动惯量可以认为是一定值，通过测出发动机在指定转速范围内急加速时的平均加速度，或加速时间，或者通过测量某一定转速时的瞬时角加速度，就可以确定发动机功率的大小。

1. 测角加速度

转矩与角加速度的关系为

$$M_e = J\frac{d\omega}{dt} = J\left(\frac{\pi}{30}\right)\left(\frac{dn}{dt}\right) \tag{4-2}$$

式中，J 是曲轴全部运动机件与附件对曲轴中心线的当量转动惯量（$kg\cdot m^2$）；$\frac{d\omega}{dt}$是曲轴的角加速度（rad/s^2）；$\frac{dn}{dt}$是曲轴转速变化率$[r/(min\cdot s^{-1})]$；ω 是曲轴角速度（rad/s）。

将 M_e 代入式（4-1）得

$$P_e = \frac{\pi}{30}\frac{J}{9550}n\frac{dn}{dt}$$

令
$$C_1 = \frac{\pi}{30}\frac{J}{9550}$$

则
$$P_e = C_1 n\frac{dn}{dt} \tag{4-3}$$

设动态测量时功率的修正系数为 K，这是因为在变工况下测试发动机功率时，发动机进气、燃烧状况与稳态时不同，其有效功率要小，则

$$P_e = KC_1 n\frac{dn}{dt}$$

令
$$C_2 = KC_1$$

则
$$P_e = C_2 n\frac{dn}{dt} \tag{4-4}$$

式（4-4）表明，汽车发动机在加速过程中，在某一转速下的有效功率与该转速下的瞬时加速度成正比。因此，只要测出加速过程中的转速与对应的加速度，即可求出该转速下的有效功率。对于一定型号的发动机，转动惯量为常数。系数 K 可以通过稳态测功与动态测功对比试验得出。

2. 测加速时间

通过测出发动机在指定转速范围（$n_1 \sim n_2$）内加速时的加速时间，可测出在指定转速范围内的平均有效加速功率。可将式（4-4）变换成

$$P_{eav} = C_2 n_{av}\left(\frac{dn}{dt}\right)_{av}$$

经积分、推导后，上式变为

$$P_{eav} = \frac{1}{2}C_2\ (n_2^2 - n_1^2)\ \frac{1}{t}$$

令
$$C_3 = \frac{1}{2}C_2\ (n_2^2 - n_1^2)$$

则
$$P_{eav} = C_3\frac{1}{t} \tag{4-5}$$

式中，P_{eav}是平均有效加速功率（kW）；n_{av}是平均转速（r/min）；$\left(\frac{dn}{dt}\right)_{av}$ 是平均加速度

(1/s²)；n_1、n_2 是设定的起止转速（r/min）；t 是起止转速范围内的加速时间（s）。

从式（4-5）中可以看出，平均功率与加速时间成反比，即节气门突然全开时，发动机由转速 n_1 加速到转速 n_2 的时间越长，表明发动机功率越小；加速时间越短，表明发动机功率越大。因此，测量出某一转速范围内的加速时间便可间接测得了发动机的动力性能。

三、发动机无负荷测功仪的原理

1. 测瞬时加速度仪器的原理

发动机无负荷加速度测功仪由传感器、脉冲整形电路、时间信号发生器、加速度计数器、功率指示表和转速表等组成，如图 4-1 所示。从电磁感应传感器输出的转速脉冲信号，输入到整形放大电路整形放大后，变成矩形触发脉冲信号，并将脉冲信号的频率放大 2 ~ 4 倍以提高仪器的灵敏性。只有发动机转速达到规定值 n_1 时，整形装置才输出触发脉冲信号，该触发脉冲信号输入到加速度计数器。触发脉冲信号通过控制装置触发加速度计数器工作，计算一定时间间隔内整形电路输入到计数器的脉冲数，并把这些脉冲数累加起来，直至终止转速 n_2。时间间隔由时间信号发生器控制，每一时间间隔的脉冲数与发动机转数成正比，后一时间间隔和前一时间间隔脉冲数的差值与发动机加速度成正比，加速度又与发动机功率成正比。转换分析器把计数器输出的脉冲，亦即与发动机功率成正比的相对加速度脉冲信号变成直流电压信号，并把它输入到已按功率单位标定的电压表显示被测发动机的功率。时间间隔取得越小，所测出的有效功率越接近瞬时有效功率。

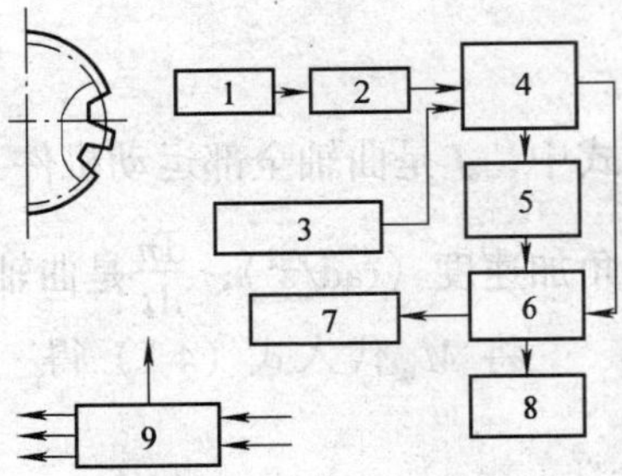

图 4-1 无负荷加速度测功仪工作原理框图

1—传感器 2—整形电路 3—时间信号发生器 4—加速度计数器与控制装置 5—转换分析器 6—转换开关 7—功率指示表 8—转速表 9—电源

2. 测加速时间仪器的原理

图 4-2 为发动机无负荷加速时间测功仪原理框图。发动机转速信号脉冲经整形电路整形为矩形触发脉冲，并转变为平均电压信号。在发动机加速过程中，当转速达到起始转速 n_1 时，此时与 n_1 对应的电压信号通过 n_1 触发器触发计算与控制电路，使时标信号进入计数器并寄存。当发动机加速到终止转速 n_2 时，与 n_2 对应的电压信号通过 n_2 触发器又去触发计算与控制电路，使时标信号停止进入计数器，并把寄存器中时标脉冲数经数模转换成电信号，通过显示装置显示出加速时间或直接标定成功率单位显示。

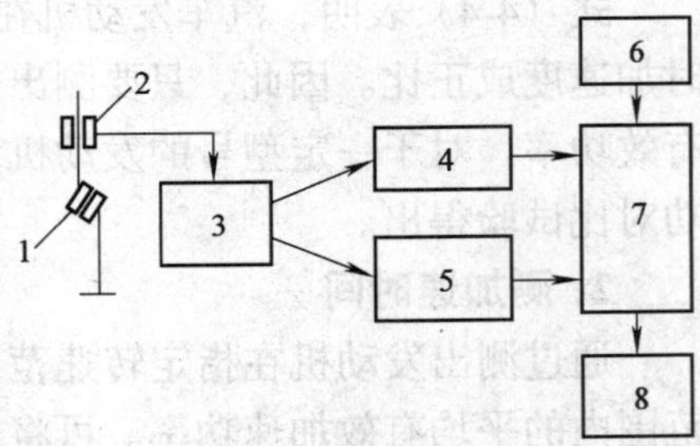

图 4-2 无负荷加速时间测功仪原理框图

1—断电器触点 2—传感器 3—转速脉冲整形电路 4—起始转速 n_1 触发器 5—终止转速 n_2 触发器 6—时标 7—计算与控制装置 8—显示装置

四、无负荷测功方法

由上所述，发动机无负荷测功可采用通过测试加速时间来测定平均功率，如济南 WFJ—1 型发动机检测仪；也可采用通过测角加速度测定瞬时功率，如天津 YT—416 型发动机检测仪。无负荷测功仪既可以制成单一功能的便携式测功仪，又可与其他测试仪表组合制成发动机综合检测仪。发动机综合检测仪是一种测试项目较多的综合性仪器，常具有无负荷测功的功能。无负荷测功仪的一般使用方法如下。

1. 准备工作

准备工作包括仪器准备和发动机准备。

1）调整发动机配气机构、供油系统和点火系统，使之处于技术完好状态；预热发动机至正常工作温度（80～90℃）；调整发动机怠速，使之在规定范围内稳定运转。

2）接通电源，预热仪器并调零，把传感器按要求连接在规定部位。

3）对测加速时间—平均功率的仪器，应按要求把 n_1、n_2 调好。

4）需置入转动惯量的仪器，把被测发动机的转动惯量置入仪器内。若被测发动机的转动惯量未知时，则应先测定其转动惯量。

5）操作其他必要的键位，如机型（汽油机、柴油机）选择键、缸数选择键和测试键等。

2. 总功率测试方法

常用的测试方法有怠速加速法和起动法两种。

1）怠速加速法是发动机在怠速下稳定运转，然后突然将节气门开到最大位置，发动机转速急速上升，当转速达到所确定的测试转速（测瞬时功率）或超过终止转速 n_2 时，仪表显示出所测功率值。此后应立即松开加速踏板，以避免发动机长时间高速运转。

记下或打印出读数后，按“复零”键使指示装置复零。为保证测试结果可靠，一般重复测量 3 次取平均值。该测试方法既适用于汽油机，又适用于柴油机。

2）起动法是首先将节气门开至最大位置，再起动发动机加速运转，当转速达到确定值或超过终止转速后，仪表显示出测试值。起动法可用于化油器式汽油机，由于排除了化油器加速泵的附加供油作用，因此还可检查化油器的调整状况。

3. 单缸功率的检测方法

检查各个气缸的功率及各缸动力性能是否一致是动力性检测的重要内容。在发动机正常工作情况下，发动机输出功率应等于各缸功率之和，各缸输出功率应大致相等。这样，发动机才能具有良好的动力性，其运转才能平稳。另一方面，在测得的发动机有效功率较小时，测试发动机单缸功率，可以发现发动机动力性下降的具体原因和部位。利用无负荷测功仪检测单缸功率的方法是：首先测出各缸都工作时的发动机功率，然后在所测气缸断火（油）情况下测出所测气缸不工作时的发动机功率，两功率之差即为断火（油）气缸的单缸功率。

另外，也可以利用断火试验或断油试验时的发动机转速下降值来判断单缸动力性。发动机以某一转速稳定运转时，如果交替使各缸点火短路或断油，则每次短路或断油后发动机功率下降、转速下降。若各气缸工作状况良好，则每次转速下降的幅度应大致相等。若某缸断火后，发动机转速变化不明显，则可断定该缸不工作或工作状况不良。

五、发动机功率诊断参数标准

发动机功率诊断参数标准应依据国家标准 GB 7258—2004《机动车运行安全技术条件》和 GB/T 15746.2—1995《汽车修理质量检查评定标准 发动机大修》附录 B 的规定：在用车发动机功率不得低于原标定功率的 75%，大修竣工后发动机最大功率不得低于原设计标定值的 90%。如果发动机功率偏低，一般是燃料系统调整状况不佳、点火系统技术状况不佳或气缸密封性不良等原因造成的，应进一步深入诊断找出具体原因，进行调整或维修。

六、发动机功率检测结果分析

对发动机动力性能评价的常用指标是发动机的最大功率和单缸转速降。一般要求发动机的最大功率不低于其标定功率的 80%；在发动机转速为 1200r/min 时，单缸转速降应大于 90r/min，各缸转速降差值不应超过 25%。若达不到上述要求，则应视情况确定作业项目。

发动机功率是反映发动机总体技术状况的一个综合指标。若发动机功率不足，难以立即确定故障部位和原因，因为引起发动机功率不足的因素很多，几乎涉及到发动机各个系统和结构。因此，若测得发动机功率过低，应进行深入诊断。为提高故障诊断效率，在进行发动机测功时，应注意发动机运行工况的人工观察，发现并排除一些较易发觉的故障，如发动机过热、机油压力异常、排气管放炮、严重异响和尾气烟色明显异常等。在以上工作基础上，借助发动机检测分析仪器进行深入诊断，确定故障部位和原因。诊断过程随所用检测分析仪器和设备不同而异。以发动机功率不足为例，一般诊断流程如图 4-3 所示。

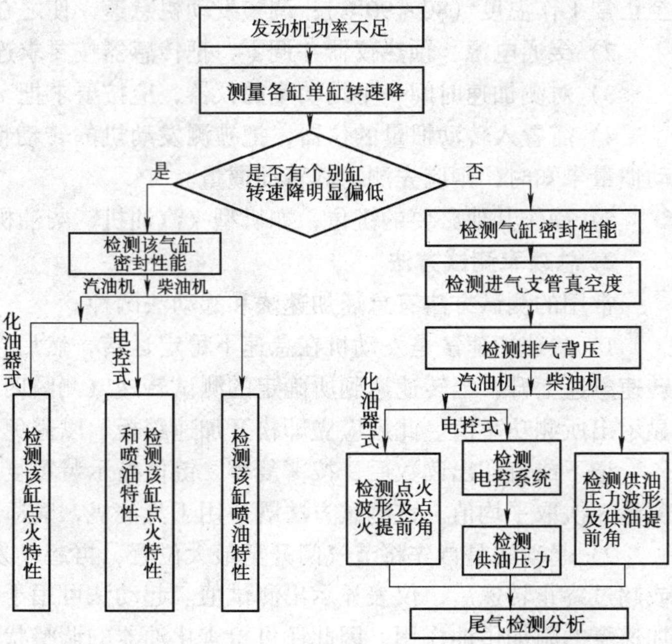

图 4-3　发动机功率不足故障诊断流程

七、发动机综合性能检测仪及其使用

发动机综合性能检测仪，也称为发动机综合性能分析仪或发动机综合参数测试仪，是发动机检测设备中，检测项目最多，功能最全，涉及面最广的一种仪器。它不仅能检测、分析、判断发动机静态、动态的工作性能和技术状况，而且现代一些仪器还超出了发动机检测的范畴，增加了对 ABS 防抱死制动装置和 SRS、安全气囊装置等的检测诊断。

1. 检测仪类型

发动机综合性能检测仪，是以示波器为核心的测试仪器。它适当配合多种传感器（包括夹持器、测试探头和测针等），能实现对多种电量、非电量参数（温度、压力、真空、转速等）进行检测、分析与判断。

检测仪的类型，按使用方式，可分为台式移动式和便携式两种类型；按示波器型式，可分为模拟示波器式和数字示波器式两种类型；按控制方式，可分为电子控制式、微机控制式和模块控制式三种类型；按使用的电源，可分为交流 220V 式、直流 12V 式和直流电池式三种类型。

2. 检测仪的功能

检测仪具有下述功能：

1）对汽油机可对点火系统进行检测，可观测、分析点火系统的平列波、并列波、重叠波、单缸波、重叠角、断电器触点闭合角、点火高压值和点火提前角等；可进行无负荷测功、动力平衡分析、转速稳定性分析、温度检测、进气管真空度检测、起动机与发电机检测、废气分析（须附带废气分析仪）；还具有数字万用表功能。

2）对柴油机可检测喷油压力数据，观测、分析供油压力波形，检测喷油压力提前角；可进行无负荷测功、烟度检测（须附带烟度计）、起动机与发电机检测、转速稳定性分析；还具有数字万用表功能。

3）对电控燃抽喷射发动机可进行空气流量检测、转速检测、温度检测、进气管真空度检测、节气门位置检测、爆燃信号检测、氧传感器检测、喷油脉冲信号检测。

4）故障分析功能可进行故障查询，信号回放与分析。

5）具有参数设定功能。

6）数字示波器，能够显示波形和数值。

检测仪具有下述功能特点：

1）具有动态测试功能。检测仪的信号采集系统，能迅速、准确地捕获发动机运转中各瞬变参数随时间变化的函数曲线。这些动态参数，是对发动机工作性能和技术状况进行准确判断的科学依据。

2）具有普遍性和通用性。由于检测仪的测试、分析过程不依据被测发动机的数据卡，只针对发动机基本结构和工作原理的实际情况进行。因此，检测结果具有良好的普遍性，检测方法具有广泛的通用性。

3）具有主动性。检测仪不仅能适时采集发动机的动态参数，而且还能主动地发出某些指令干预发动机的工作，以完成某些特定的试验程序，如发动机断缸试验等。

3. 检测仪基本结构与工作原理

发动机综合性能检测仪，一般是由信号提取系统、信息处理系统和采控显示系统三部分组成，国产元征EA—1000型发动机综合测试仪外形如图4-4所示。

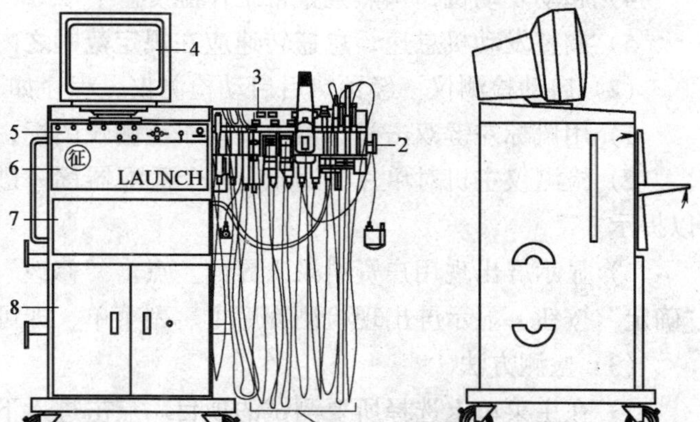

图4-4　元征EA—1000型发动机综合测试仪外形图

1—信号提取系统　2—传感器挂架　3—前端处理器　4—高速采集、处理与显示系统　5—热键板　6—主机柜与键盘柜　7—打印机柜　8—排放仪柜

信号提取系统为各种传感器，包括：电流传感器，压力传感器，温度传感器等。

信息处理系统能将所采集的信号进行衰减、滤波、放大、整形等预处理，然后以脉冲信号或数字信号直接输入CPU的高速输入端进行处理。图4-5所示为元征EA—1000型发动机综合测试仪的信号处理系统。

采控显示系统主要是微型计算机。

4. 检测仪使用方法

各种发动机综合性能检测仪使用方法大同小异，基本方法如下：

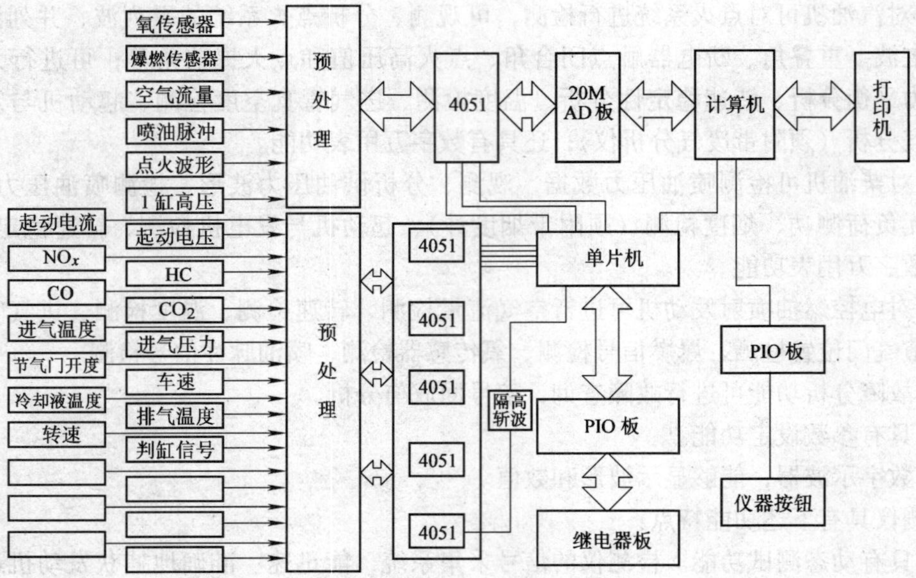

图 4-5 元征 EA—1000 型发动机综合测试仪的信号处理系统框图

（1）准备工作　包括检测仪准备和发动机准备。

1）接通电源，打开检测仪总开关、微机主机开关和微机显示器开关，暖机 20min。

2）在发动机不工作和点火系统关闭的情况下，将信号提取系统连接到被测发动机上。

3）电源线必须可靠接地，在测试电控燃油喷射发动机电子控制器 ECU 时，除仪器电源接地外，仪器地线必须与发动机共地，测试人员必须随时与汽车车身接触。

4）起动发动机，预热至正常工作温度。

5）调整发动机怠速，怠速转速应在规定范围之内。

（2）启动检测仪　经预热后启动检测仪，程序如下：

1）用鼠标左键双击显示器上发动机检测仪图标，启动检测仪综合性能检测程序。

2）检测仪主机对单片机通讯、8 个适配器逐一进行自检。自检通过为绿，未通过将给以提示。

3）显示屏出现用户资料录入界面。点击“修改”按钮，录入汽车用户资料，然后点击“确定”按钮，显示屏出现检测程序主、副菜单，即可按菜单进行操作。

（3）检测方法

1）在主菜单上选择所要测试的项目。点击进入下一级菜单。

2）在下一级菜单中选择要选择的测试项，点击进入测试界面。

3）按测试界面上的要求操作。

第二节　气缸密封性的检测

一、气缸密封性对发动机工作的影响

发动机的动力性取决于发动机各气缸内平均压缩压力，气缸的密封性是保证发动机缸内

压力正常，保证有足够的动力输出和能正常工作的基本条件。如气缸密封性变差，则发动机动力性下降。其主要现象是：发动机起动困难甚至不能起动、最高车速下降、加速距离延长、爬坡能力下降、燃料与机油消耗增加、排烟增多且有异常气味等。检测气缸密封性最简便的手段就是测量气缸压缩终了压力（以下简称气缸压力）。汽车发动机在压缩比已定的条件下，气缸压缩行程终了的压力大小，反映了气缸与活塞组零件的配合间隙和磨损情况、气缸垫的密封性、配气机构调整的准确性以及气门关闭是否严密等。此外还与燃烧室积炭、活塞顶积炭、机油粘度等有关。另外还可通过测定气缸漏气率、曲轴箱窜气量和进气管真空度来做进一步的诊断。

二、气缸压力的测量

1. 用气缸压力表测定气缸压力

由于仪表具有价格低廉、轻便小巧、实用性强和检测方法简便等优点，在汽车维修企业中应用非常广泛。

气缸压力表是一种气体专用压力表。它一般由压力表头、导管、单向阀和接头等组成。压力表头多为鲍登管（Bourdon-tube）式，其驱动元件是一根扁平的弯曲成圆圈状的管子，一端为固定端，另一端为活动端。活动端通过杠杆、齿轮机构与指针相连。当气体压力进入弯管时，弯管伸直。于是，通过杠杆、齿轮机构带动指针运动，在表盘上指示出压力的大小。气缸压力表的接头有两种形式：一种为螺纹管接头，可以拧紧在火花塞或喷油器螺纹孔内；另一种为锥型或阶梯型的橡胶接头，可以压紧在火花塞或喷油器孔上。接头通过导管与压力表头相连通。导管也有两种，一种为软导管，另一种为金属硬导管。软导管适用于螺纹管接头与压力表头的连接，硬导管适用于橡胶接头与表头的连接。

气缸压力表还装有能通大气的单向阀。当单向阀处于关闭位置时，可保持压力表指针位置以便于读数。当单向阀处于打开位置时，可使压力表指针回零。气缸压力表外形如图 4-6 所示。

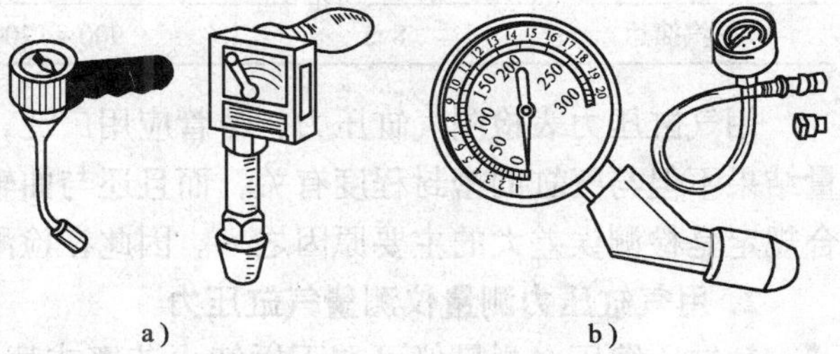
a）　　b）

图 4-6　气缸压力表

a）汽油机气缸压力表　b）柴油机气缸压力表

测量气缸压力应在发动机运行至正常温度后，使发动机熄火，拧出各缸火花塞或喷油嘴，使节气门和阻风门处在全开位置，将气缸压力表锥形橡胶头压紧在火花塞安装孔上，如图 4-7 所示。柴油机则应将压力表接在喷油器安装孔上，用起动机带动发动机在一定转速下运转 3～5s，测量气缸压力，每缸测 2～3 次，取其读数的平均数进行分析。

不能起动的发动机在测量气缸压力前，至少应用手摇柄摇转发动机数十圈，或用起动机带动发动机运转 20～30s，使气缸、活塞零件得到润滑。气缸压力测量完毕后，根据其读数可分析发动机的技术状况。通常根据以下几种情况作出判断：

1）有的气缸在 2～3 次测量中，压力读数时高时低，相差较大，说明气门有时关闭不严密。

2）相邻两缸压力读数偏低或很低，而其他缸正常，是由于相邻两缸间气缸垫漏气或缸盖螺栓未拧紧所致。

3）二缸或数缸压力读数偏低，可以用清洁而粘度较大的机油 20～30mL 注入气压偏低的缸内，再测量气缸压力。若压力读数上升说明气缸与活塞组零件磨损过大，如读数基本上无变化说明气门关闭不严。

4）一缸或数缸压力偏高，汽车行驶中伴随出现过热或爆燃现象，则属于积炭过多或压缩比过大。

5）由于发动机结构和压缩比的不同，各车型发动机气缸压缩压力的标准值不尽相同，几种车型发动机气缸压缩压力标准值见表 4-1。根据 GB/T 15746.2—1995《汽车修理质量检查评定标准　发动机大修》附录 B 的规定，发动机大修竣工后，气缸压力应符合原设计规定：每缸压力与各缸平均压力的差，汽油机小于 8%，柴油机小于 10%。

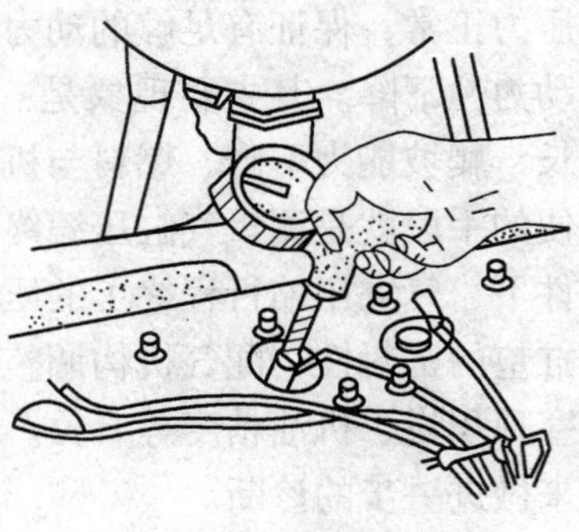

图 4-7　用气缸压力表测定气缸压力

表 4-1　几种车型发动机的气缸压缩压力标准

车　型	压 缩 比	气缸压力/kPa	测定转速/（r·min⁻¹）
解放 CA1091	7.4	930	100～150
东风 EQ1090E	7.00	＞833（各缸差＜147）	100～150
跃进 NJ1041	7.5	980	200～250
天津大发	9.00	1225	200～250
上海桑塔纳	8.2～8.5	1000～1300	200～250
三菱柴油车	17.5	2600	200～250
北京切诺基	8.6	1068～1275（各缸差＜206）	200～250
一汽捷达	8.5	900～1200（各缸差＜300）	200～250

用气缸压力表检测气缸压力，尽管应用广泛，但存在测量误差大的缺点。气缸压力的测量结果不但与气缸的密封程度有关，而且还与曲轴的转速有关，研究表明，检测转速是否符合规定是检测误差大的主要原因之一。因此在检测气缸压力时，应该对曲轴转速进行监测。

2. 用气缸压力测量仪测量气缸压力

气缸压缩压力测量仪可在不拆卸火花塞或喷油器的情况下，测定发动机各缸的压缩压力。其原理是利用示波器记录的起动机电流曲线来测定发动机各缸压缩压力。用起动机驱动发动机曲轴所需的转矩 M 与起动机电流 I_S，有一定的函数关系，即

$$M = f(I_S)$$

M 与 I_S 近似为线性关系。发动机起动阻力矩是由机械阻力矩和气缸内压缩空气的反力矩两部分组成。在正常情况下前者可以认为是常数，后者是随气缸压缩过程而波动的变量，利用示波器可直接记录起动机的电流曲线，如图 4-8 所示。

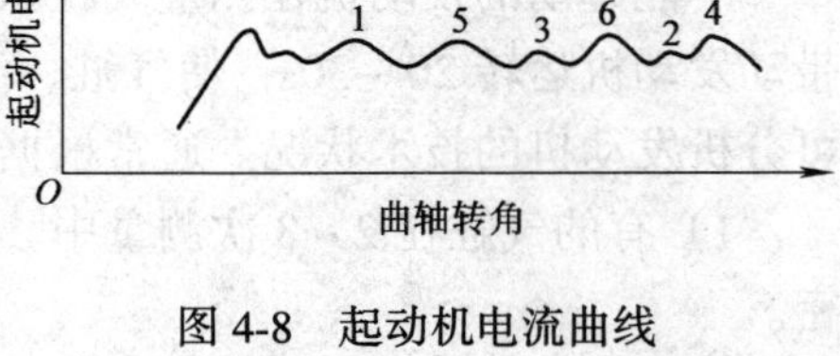

图 4-8　起动机电流曲线

由曲线可以看出，曲线的波动部分类似一个正弦波形，它是因压缩压力的波动而引起的，波形各段的峰值与各缸的最大压缩压力成正比。如果能确定某一电流峰值所对应的气缸，则可按点火次

序确定各缸所对应的起动电流峰值，其大小可代表相应气缸最大压缩压力值。通常各缸电流波形峰值所对应的缸号是通过点火传感器或喷油传感器先确定第一缸波形位置而推得的。

若检测时显示的各缸电流波形振幅一致，且峰值又在规定范围内，说明各缸压缩压力符合要求；若各缸波形振幅不一致，对应某缸电流峰值低于规定范围，则说明该缸压缩压力不足。

三、气缸漏气量（率）的测定

测量气缸工作行程的漏气量（或漏气率），可以了解气缸、活塞组件、气门、气缸垫的综合密封状况。检测时，发动机不运转，活塞处于压缩行程上止点；把具有一定压力的压缩空气从火花塞或喷油器孔充入气缸，通过压力的变化即可检测气缸的密封性，还可用气缸漏气量（率）检测仪检测。

1. 气缸漏气量检测仪的结构和工作原理

国产 QLY—1 型气缸漏气量检测仪，主要由调压阀、进气压力表、测量表、校正孔板、橡胶软管、快换管接头和充气嘴等组成，如图 4-9 所示。此外，还得配备外部气源、指示活塞位置的指针和活塞定位盘。

外部气源的压力应相当于气缸压缩压力，一般应为 600～900kPa。压缩空气按箭头方向进入气缸漏气量检测仪，测试时，检测仪的充气嘴安装于所测气缸的火花塞孔上，该缸活塞处于上止点位置。外接气源的具体压力值由进气压力表显示，经调压阀调压至某一确定压力 p_1（400kPa）后，压缩空气经过校正孔板上的量孔及快换管接头、充气嘴进入气缸。当气缸密封不严时，压缩空气就会从不密封处溢漏出去，校正孔板量孔后的空气压力下降为 p_2。p_1 和 p_2 的关系为

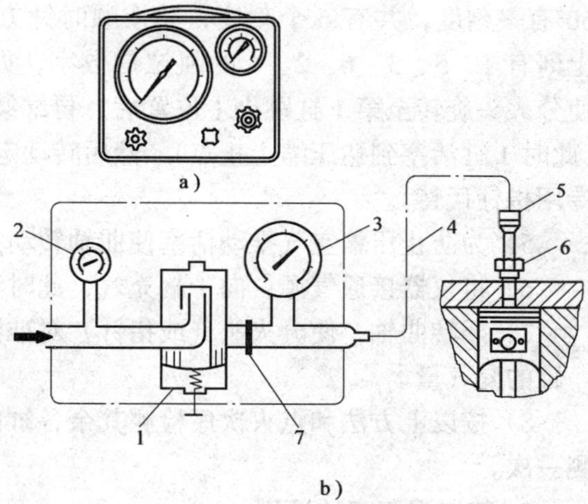

图 4-9　气缸漏气量检测仪

a）仪器外形图　b）工作原理图

1—调压阀　2—进气压力表　3—测量表　4—橡胶软管　5—快换接头　6—充气嘴　7—校正孔板

$$p_1 - p_2 = \rho Q^2/(2\phi^2 A^2)$$

式中，Q 是空气流量；A 是量孔截面积；ρ 是空气密度；ϕ 是流量系数，$\phi = 1/\sqrt{1+\xi}$，ξ 为量孔局部阻力系数。

当校正孔板量孔截面积和结构一定时，A 和 ϕ 为常数，而进气压力 p_1 及测试时的环境温度一定时，空气密度 ρ 亦为常数，因此校正孔板量孔后的压力 p_2（由测量表指示）取决于经过量孔的空气流量 Q。显然，空气流量 Q 的大小（漏气量）与气缸的密封程度有关。由于气缸、活塞、活塞环和气门、气门座等处磨损过大或因故障密封不良时，漏气量 Q 增大而使测量表指示压力 p_2 低于进气压力 p_1 的量增大。因此，根据测量表压力下降值即可判断气缸的漏气量，并据此检测气缸的密封性。通过气缸漏气量检测，发现某一缸的密封性不良后，可进一步在化油器、排气消声器出口、水箱加水口和机油加注口等处，察听有无漏气声，以判断气缸的漏气部位。

2. 气缸漏气量检测仪检测方法

1）发动机预热至正常工作温度。

2）用压缩空气吹净火花塞周围，清除脏物，而后拧下所有气缸的火花塞，并在火花塞孔上装好充气嘴。

3）接好压缩空气源，在检测仪出气口堵塞的情况下，用调压阀调节进气压力，使测量表指针指示 400kPa。

4）卸下分电器盖和分火头，装上指针和活塞定位盘。指针可用旧分火头改制，仍装在原来的位置上。活塞定位盘用较薄的板材制成，其上按缸数进行刻度，并按分火头的旋转方向和点火次序刻有缸号。假设是 6 缸发动机，分火头顺时针方向旋转，点火次序为 1-5-3-6-2-4，则活塞定位盘上每 60°有一刻度，共有 6 个刻度，并按顺时针方向在每个刻度上刻有 1、5、3、6、2、4 的阿拉伯数字，如图 4-10 所示。使分火头旋转至第 1 缸跳火Ⅰ位置后，再继续旋转至Ⅱ位置（此时 1 缸活塞到达压缩上止点），然后转动定位盘使刻度 1 对准分火头尖端（分火头也可用专用指针代替）。

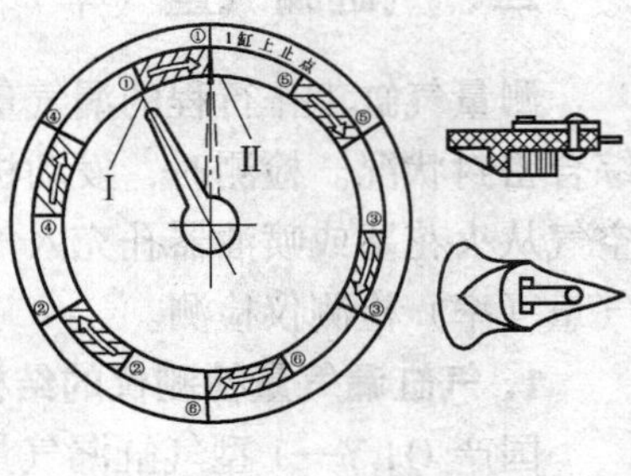

图 4-10 活塞定位盘

5）为防止压缩空气推动活塞使曲轴转动，变速器挂高速挡，拉紧手制动。

6）将仪器接通气源，向 1 缸充气，此时测量表上的压力读数便反映了该缸的密封性。

7）摇转曲轴，使分火头（或指针）对准活塞定位盘下一缸刻度线，按以上方法检测下一缸的漏气量。

8）按以上方法和点火次序检测其余各缸的漏气量，为使检测结果可靠，各缸应重复检测一次。

3. 气缸漏气率的检测

气缸漏气率的检测所使用的方法，判断故障的方法，都与气缸漏气量的检测基本一致。所不同的是气缸漏气量的测量表以 kPa 或 MPa 为单位，而气缸漏气率测量表的标定单位为百分数，如图 4-11 所示。

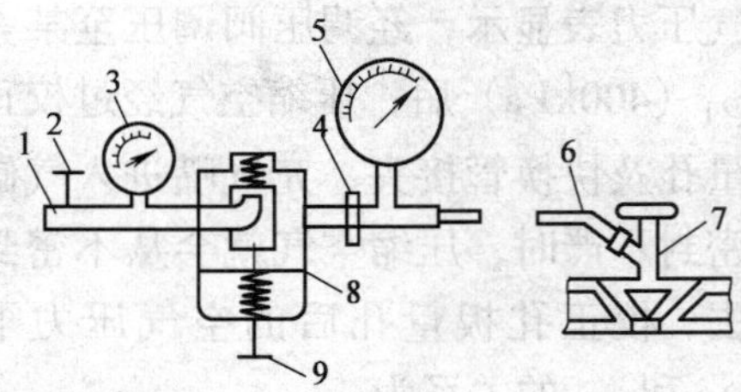

图 4-11 气缸漏气率测试仪工作原理

1—软管 2—进气压力调节螺塞
3—进气气压表 4—量孔 5—压力指示表
6—软管 7—锥形塞
8—减压阀 9—调节螺塞

测量时，压缩空气由软管 1 经进气压力调节螺塞 2、减压阀 8 和量孔 4、软管 6 到锥形塞 7、通过气缸火花塞孔进入气缸内。首先，用进气气压调节螺塞 2 调节进气压力，使它相当于气缸压缩压力，其压缩空气压力由进气气压表 3 显示。用调节螺塞 9 来调节减压阀，当锥形塞 7 全封闭时，压力指示表 5 的读数为“0”，表示漏气率为 0；当锥形塞全开时，压缩空气可经量孔 4 全部漏出，压力指示表 5 的读数为 100，表示漏气率为 100%。在 0～100 之间等分 100 份，每一份即为 1%的漏气量。

4. 检测标准

气缸漏气量（率）检测标准应根据发动机种类、缸径、磨损情况等因素通过试验确定。气缸漏气量检测标准可参考表 4-2，对于缸径为 102mm 左右的汽油发动机，用 QLY—1 型气缸漏气量检测仪检测时，若测量表上的压力指示值大于 250kPa，则密封性良好；而当测量表压力指示值小于250kPa时，说明密封性较差，应进一步察听漏气部位，找出故障原因。

表4-2　气缸漏气量参考值

气缸密封状况	仪器读数值/kPa	气缸密封状况	仪器读数值/kPa
合格	≥250	不合格	<250

气缸漏气率检测标准可参考表4-3。当气缸漏气率达30%～40%时，若能确认进排气门、气缸衬垫、气缸盖等处均不漏气，则说明气缸活塞摩擦副的磨损临近极限值。气缸漏气量（率）的检测虽然比较麻烦、费时，但检测全面、指示直观，比用气缸压缩压力检测值反映气缸密封性精确。

表4-3　气缸漏气率参考值

气缸密封状况	仪器读数值（%）	气缸密封状况	仪器读数值（%）
良好	0～10	较差	20～30
一般	10～20	换环或镗缸	30～40

四、曲轴箱窜气量的检测

测定曲轴箱窜气量是检测气缸密封性的重要手段，气缸—活塞组配合副磨损，间隙增大，或活塞环对口、断裂及拉缸时，窜入曲轴箱的气体量将会增加，发动机动力性会随之下降。国外资料介绍，新发动机曲轴箱窜气量约为15～20L/min，磨损后的发动机窜气量高达80～130L/min。所以，采用曲轴箱窜气量作为诊断参数，间接了解气缸—活塞组结构参数的变化状况，并诊断其故障是很重要的技术手段。曲轴箱窜气量还与发动机的负荷、转速及曲轴箱的密封性有关，因而在测定这项参数时，应注意密封曲轴箱和选择适当的发动机负荷与转速范围。

1. 检测仪器的基本原理与结构

测头和测量接头如图4-12a所示，测头基于节流原理。测量时将接头下端与机油加注口严密相接，测头传感线与表相接。B孔与大气相通。当发动机曲轴箱有气体窜出时，窜气以速度v通过中心孔排入大气。由于中心孔有气体流过，A点压力p_A便低于大气压力，B点为大气压力p_0。于是，在支管中的A、B两端便产生压力差p_0-p_A，它使空气由B点流向A点。大气压力p_0是一个定值，而A点压力p_A是随中心孔窜气流速v的变化而变化，即窜气量的大小决定着支管中空气流速的大小，这样只要测出支管中空气流量的大小，便可得出曲轴箱窜气量。为达到这一目的，

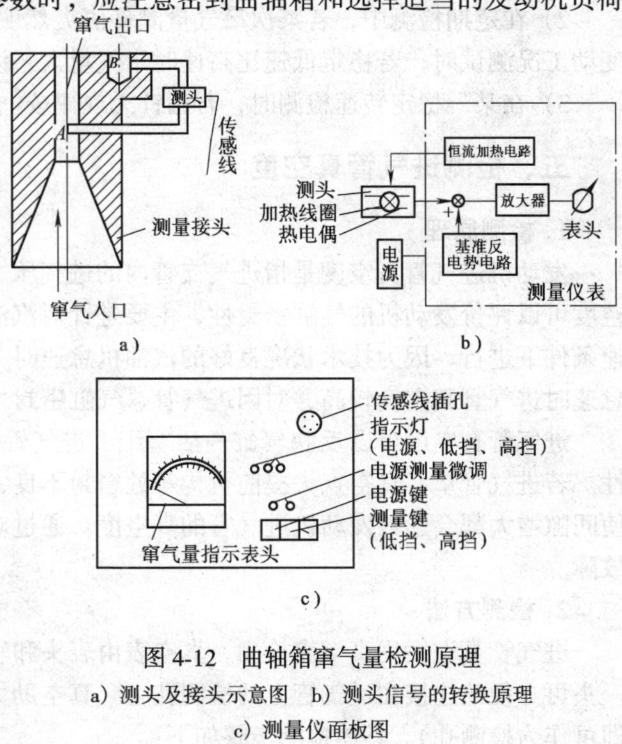

图4-12　曲轴箱窜气量检测原理

a）测头及接头示意图　b）测头信号的转换原理

c）测量仪面板图

在支管中串联一个灵敏度很高的测头。

测头信号的转换原理如图 4-12b 所示，其测头为热敏元件，当一恒定电流通过加热线圈时，其热敏元件内温度升高并于静止空气中达到一定数值。此时，其内测量元件热电偶产生相应的热电势，并被传送到测量指示系统。此热电势与电路中产生的基准反电势互相抵消，使输出信号为零，仪表即指在零位。若测头热敏元件有空气流过时，因热交换使热电偶热电势发生变化，并与基准电势比较后产生微弱差值信号，它经仪表内放大器放大推动表头工作，显示窜出气量的大小。因这种传感方式测头不接触发动机的窜气，可避免对测头的污染，同时保证了测量精度。

测量仪表由放大电路、表头、按键、微调器、指示灯和传感器线插孔等组成，如图 4-12c所示。放大电路的作用是将传感器的信号放大处理后传给表头并转换成窜气量值显示。当电源键按下时，电源指示灯亮，未检测时表头指针应指向零位，否则，可通过电源微调钮调整。按键分两挡，按低挡时检测值在表头的上行刻度显示，按高挡则在下行刻度显示。

2. 测试过程

1）调整测量表头。按下电源键和低挡键，传感器线插入插孔，测量接头平放，中心孔无气流通过，将表头指针调整到零位。

2）堵塞曲轴箱各通风孔、油尺孔等，仅保留加机油口为窜气孔。

3）气压制动汽车的发动机须拆除空气压缩机，以免气体通过回油孔充入曲轴箱，影响窜气量的测量。

4）起动发动机，在正常热状态下开始测试。

3. 测试结果分析

1）在用发动机的曲轴箱窜气量应符合标准。标准一般为同车型测量积累数据。

2）在定期检测中，若某次窜气量测量值突然明显增加，则可能是活塞环对口所致；在变动工况测试时，若稳定低速比高速时窜气量大，说明活塞环磨损已接近使用极限。

3）在某一稳定转速检测时，若指针无规律按一定幅度摆动，说明有拉缸或断环故障。

五、检测进气管真空度

1. 检测原理

发动机进气管真空度是指进气支管内的进气压力与外界大气压力之差值。进气支管的真空度可以评价发动机的气缸密封性，主要是针对汽油机而言。检测进气管真空度，一般在怠速条件下进行，因为技术状况良好的汽油机怠速时，进气管真空度有一较为稳定的值，同时怠速时进气管真空度较高，对因进气管、气缸密封性不良引起的真空度下降较为敏感。

进气管真空度可以反映气缸—活塞组、进气管（包括与燃料供给系的连接处）的密封性。若进气管垫、真空点火提前机构等处密封不良，气缸—活塞组、配气机构因磨损或故障使间隙增大都会影响发动机进气管的真空度。通过对进气管真空度的检测可发现这些部位的故障。

2. 检测方法

进气管真空度用真空表检测，真空表由表头和软管构成，软管一头固定在真空表上，另一头可方便地连接在进气管上的检测孔上（真空助力或真空控制装置从进气管取真空的孔，即可作为检测孔）。具体检测步骤如下：

1）发动机预热至正常工作温度。

2）把真空表软管与进气支管上的检测孔连接。

3）变速器置于空挡，发动机怠速稳定运转。

4）在真空表上读取真空度读数。

3. 检测结果分析

一般进气管真空度怠速时都有规定的正常值，通过对进气管真空度检测结果的分析，可判断发动机的技术状况和故障。

1）在海平面高度发动机怠速运转时，若真空表指针稳定在57～70kPa之间，表明气缸密封性正常，海拔每升高500m，真空度应相应降低4～5kPa，密封性正常时如图4-13a所示（白针表示稳定，黑针表示漂移量）。

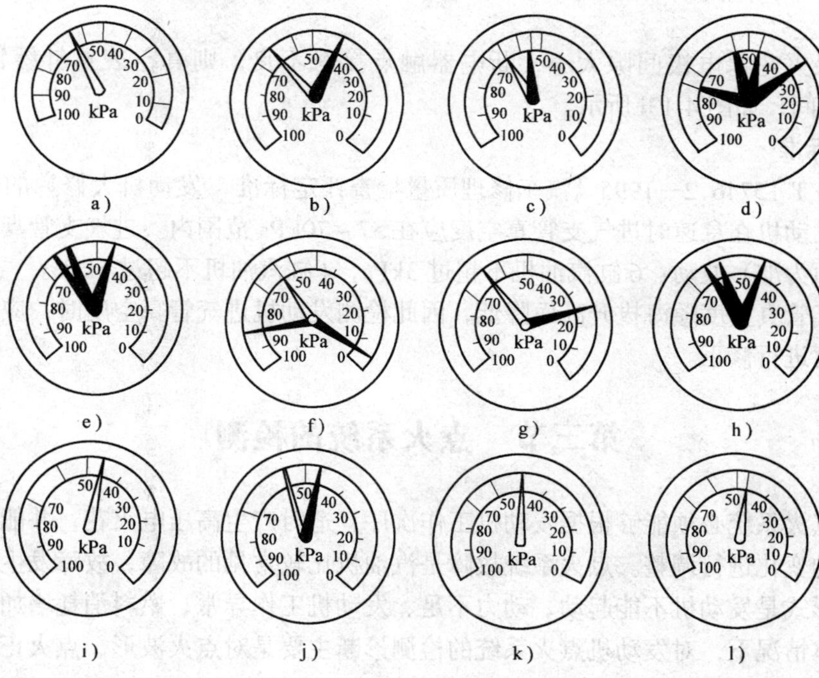

图4-13　真空表测试结果

2）怠速时，指针在50.66～67.55kPa间有规律地摆动，表示气门粘滞或点火系统有故障，如图4-13b所示。

3）当气门关闭时，指针有规律地迅速跌落10～16kPa，表明气门与导管卡滞，如图4-13c所示。

4）如果气门弹簧折断或弹力不足，发动机在500r/min左右运转，则真空表指针在33～74kPa范围内迅速摆动，某一个气门弹簧折断，指针将相应地产生快速波动，如图4-13d所示。

5）如果气门导管磨损松旷，则真空表读数较正常值低10～13kPa，且缓慢地在47～60kPa范围内摆动，如图4-13e所示。

6）如果活塞环磨损严重，则发动机转速升至2000r/min时，突然关闭节气门，真空表指针迅速跌落至6～16kPa以下；当节气门关闭时，指针不能回到83kPa，如图4-13f所示。

当迅速开启节气门时，指针不低于6~16kPa，则活塞环工作良好。

7）如果气缸垫窜气，真空表读数会从正常值突然跌落至33kPa，当泄漏气缸在工作行程时，指针又恢复正常值，如图4-13g所示。

8）如果混合气过稀，则指针不规则跌落，如果混合气过浓，则指针缓慢摆动，如图4-13h所示。

9）进气支管衬垫漏气与排气系统堵塞。进气支管漏气时，真空表指示值比正常值低10~30kPa；排气系统堵塞时，发动机转速升至2000r/min，突然关闭节气门，真空表指针从83kPa跌落至6kPa以下，并迅速回至正常，如图4-13i所示。

10）如果点火过迟，则真空表指针稳定地指示在47~57kPa之间，如图4-13j所示。

11）如果气门开启过迟，则真空表指针稳定地指示在27~50kPa之间，如图4-13k所示。

12）如果火花塞电极间隙太小，断电器触点接触不良，则真空表指针缓慢地摆动在47~54kPa之间，如图4-13i所示。

4. 检测标准

根据GB/T 15746.2—1995《汽车修理质量检查评定标准　发动机大修》的规定，大修竣工的汽油发动机在怠速时进气支管真空度应在57~70kPa范围内。进气支管真空度（大气压力以海平面为准）波动：6缸汽油机不超过3kPa，4缸汽油机不超过5kPa。

由于进气管真空度随海拔升高而降低，因此检测发动机进气管真空度时，应根据测试所在地海拔高度进行修正。

第三节　点火系统的检测

汽油机点火系统必须能够根据发动机工作次序，适时产生高压电火花，并能根据发动机工况及转速的变化进行调整。点火系统故障是汽油机比较常见的故障，故障发生突然，原因复杂。表现形式是发动机不能起动、动力不足、发动机工作异常、燃料消耗增加、运行熄火等。在不解体情况下，对发动机点火系统的检测诊断主要是对点火波形、点火正时的检测。

一、点火电压波形检测与分析

不论是传统的点火系统还是无触点电子点火或计算机控制的点火系统，都是由点火线圈通过互感作用把低压电转变为高压电，通过火花塞跳火点燃混合气作功的。点火系统低压部分、高压部分的变化过程是有规律的。因此，把实际测得的点火系统点火电压波形与正常工作情况下的点火电压波形进行比较并分析，即可判断点火系统的技术状况好坏及故障所在。用示波器的波形直观诊断点火系统故障是汽车维修常用的手段，汽油机点火系统的技术状况，可通过汽车专用示波器或发动机综合性能分析仪上的示波器来观察分析。下面以用示波器为例说明点火系统故障检测与分析方法。

1. 示波器工作原理

示波器主要由传感器、中间处理电路和显示器等部分组成。其中显示器可分为阴极射线管式和液晶式两种。阴极射线管由电子枪、偏转板和荧光屏组成，如图4-14所示。在管内的电子枪将电子束射至管前的荧光屏上，能产生一个光亮点。在管子内部有两组金属板，水平的两块称为垂直偏转板，垂直的两块称为水平偏转板。当从示波器电路得到电荷时，水平偏转板会使电子束在管内的水平方向上产生弯曲，从而使在荧光屏上显示光亮点的电子束从左至右横掠屏幕扫出一条光亮的线条，然后再从右至左变暗回扫。由于光的速度非常快，以致光亮点以一条实线出现在观察者眼前。当示波器接上运转的发动机点火系统时，垂直偏转板可通过示波器电路接受到电荷，且此电荷的大小与点火系统电压的瞬时变化成比例。随着电子束从左到右的扫描，变化着的电荷使其在垂直方向产生弯曲，因而光亮点在阴极射线管的屏幕上扫出一条曲线图形。该曲线图形与点火系统电荷的大小相对应，并代表了点火系统中电压随时间的变化。

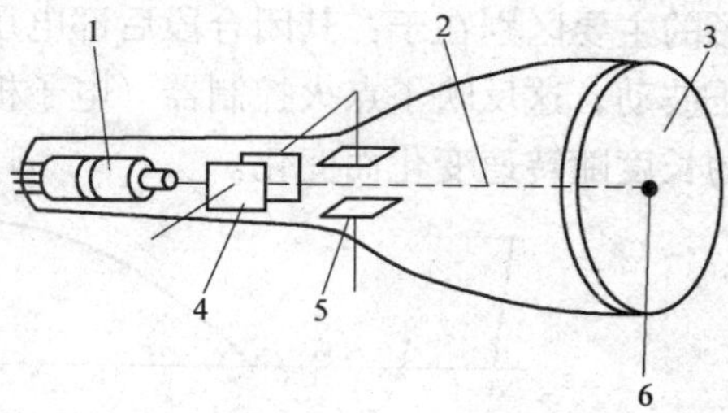

图 4-14　示波器上的阴极射线管

1—电子枪　2—电子束　3—荧光屏
4—水平偏转板　5—垂直偏转板　6—光亮点

示波器屏幕上的曲线图形，在垂直方向上表示电压，在水平方向上表示时间，走向从左至右，并且，以基线为准，向上为正电压，向下为负电压。

发动机诊断专用示波器，既可以制成单一功能的专用示波器，如采集点火信号显示点火波形的发动机点火示波器；也可以制成带有多种传感器显示多种波形的多功能示波器，如显示点火波形、柴油机高压油管压力波形、喷油器针阀升程波形、总成或零件的异响波形等；也可以和其他仪表，如转速表、电压表、电流表、无负荷测功仪、点火提前角测试仪、供油提前角测试仪、气缸压力测试仪等组合成多功能综合测试仪。

2. 检测方法

传感器的连接方法和检测步骤如下：

传统点火系统一次点火波形信号是从断电器触点两端采集到的，故又称为白金波形；而二次点火波形是从点火线圈高压线上采集到的。

在电子点火装置中，一次电流流经点火线圈一次绕组后，不流经分电器，而是通过点火控制器搭铁。因此，低压点火传感器的鳄鱼夹应夹在点火线圈的负接柱线上。

1）按发动机点火示波器或发动机综合检测仪使用说明书的要求，对仪器通电预热，检查校正。

2）起动发动机并预热至正常工作温度。

3）按要求正确联机，即把各类传感器连接在发动机有关部位。

4）通过按键或输入操作码可分别测得发动机的重叠波、并列波、平列波和单缸选缸波。调节检测仪上的“亮度”、“对比度”、“水平位置”、“水平幅度”、“垂直位置”、“垂直幅度”、“示波同步”等旋钮，可使荧光屏上的亮度、对比度、波形位置、波形幅度等符合观测要求。同时，观测波形时，应使发动机在规定转速下运转。

3. 波形分析

利用示波器可显示发动机点火过程的波形图，包括一次电流、一次电压和二次电压，如图 4-15 所示。波形分析是指把汽车发动机点火系统实际点火波形与标准波形比较以判断点火系统故障的过程。

(1) 点火波形介绍　传统触点式一次、二次点火电压、一次电流波形如图 4-15 所示，电子点火系统的波形如图 4-16 所示。电子点火系统的二次点火波形与传统点火系统点火波形的主要区别在于：其闭合段后部电压略有上升，有的波形在闭合段中间也有一个微小的电压波动，这反映了点火控制器（电子模块）中限流电路的作用。另外，电子点火波形闭合段的长度随转速变化而变化。

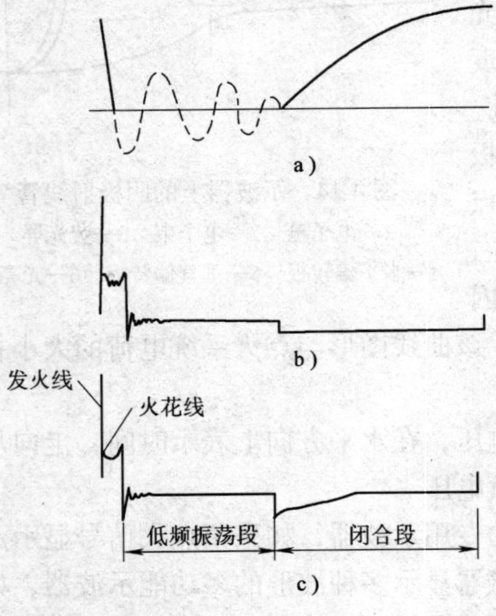

图 4-15　发动机点火过程波形图

a）一次电流　b）一次电压　c）二次电压

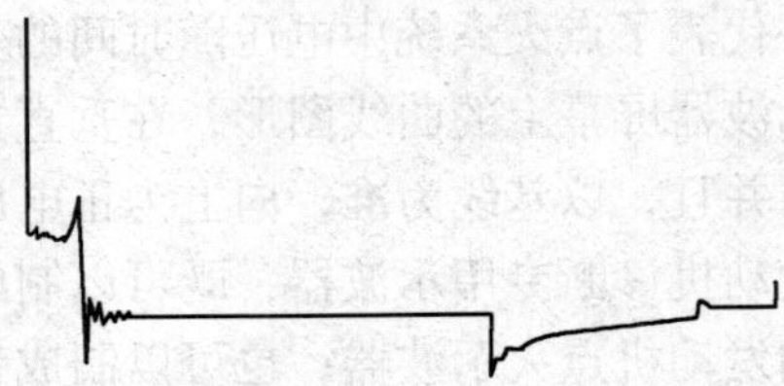

图 4-16　电子点火波形

点火波形在示波器上可以显示如下四类波形：

1）多缸平列波。多缸平列波是按点火次序从左至右首尾相连的波形，如图 4-17 所示。它用于诊断点火系统一次、二次电路接触情况以及电容器、低压线、高压线和火花塞等元件的性能。

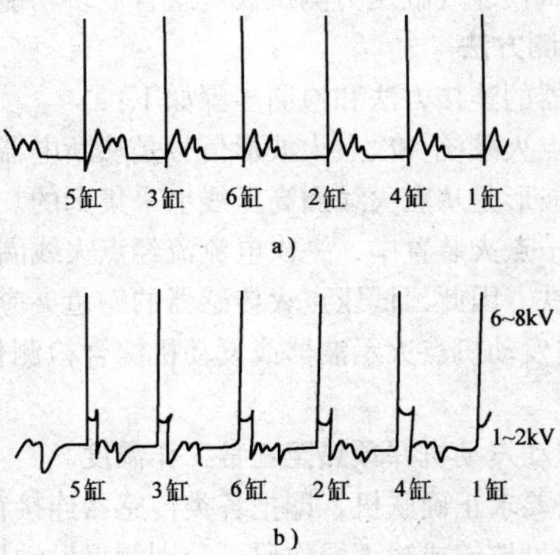

图 4-17　多缸平列波

a）标准一次平列波　b）标准二次平列波

2）多缸并列波。多缸并列波是按点火次序从下到上排列的波形，如图 4-18 所示。它可以比较火花线长度和一次电路闭合区间的长度。

3）多缸重叠波。多缸重叠波是将多缸发动机各缸点火过程的曲线重叠到同一图形上的波形，如图 4-19 所示。它可以比较各缸点火周期、闭合区间和断开区间的差异。

4）单缸标准波形。图 4-20 所示为单缸标准二次电压波形图，它反映了一个气缸点火工作的情况。波形上各段的意义如下：

a. 断电器触点打开，一次电流下降，而二次电压急剧上升。

b. 火花通过时间。这时二次电压输送到火花塞上，一旦火花塞电极间放电，二次电压

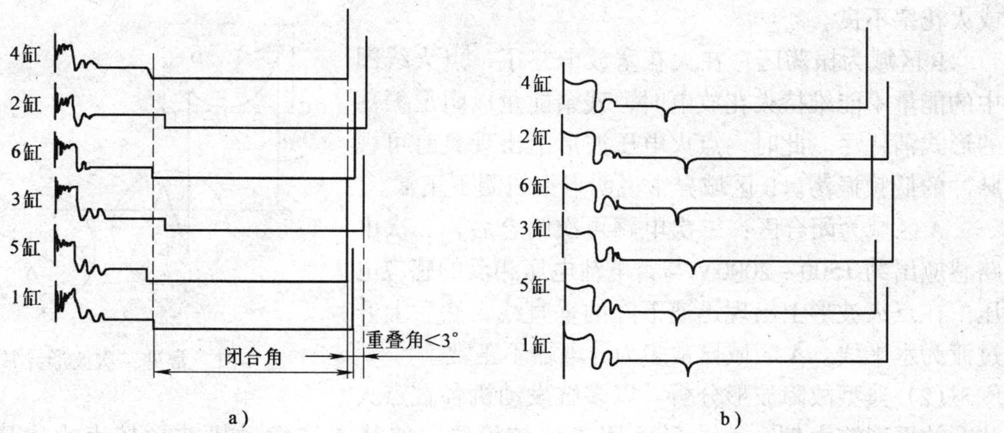

图 4-18　多缸并列波

a）标准一次并列波　b）标准二次并列波

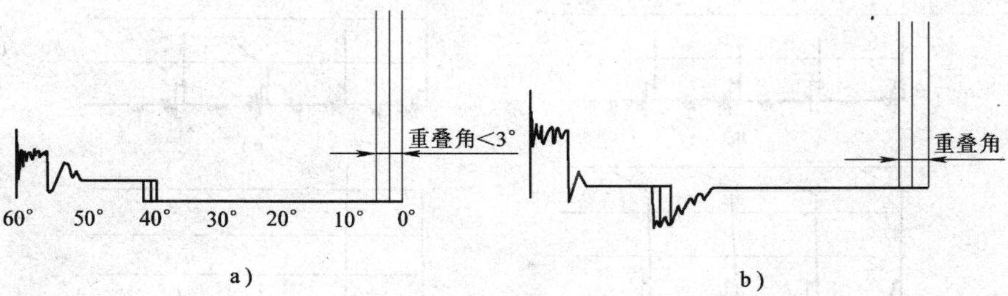

图 4-19　多缸重叠波

a）标准一次重叠波　b）标准二次重叠波

便随之下降，并保持在火花塞电极间放电所要求的电压值。

c. 第一次振荡波。当保持火花塞持续放电的能量消耗完毕，电火花消失后点火线圈中的残余能量以阻尼振荡的形式耗完。

d. 断电器触点闭合，这时点火线圈的一次电路有电流通过，而在二次电路中导致一个反向电压。

e. 断电器触点打开的全部时间。

f. 断电器触点闭合的全部时间，水平直线表示点火线圈与一次电路接通，形成磁场和积蓄能量，为下一周期的工作作准备。

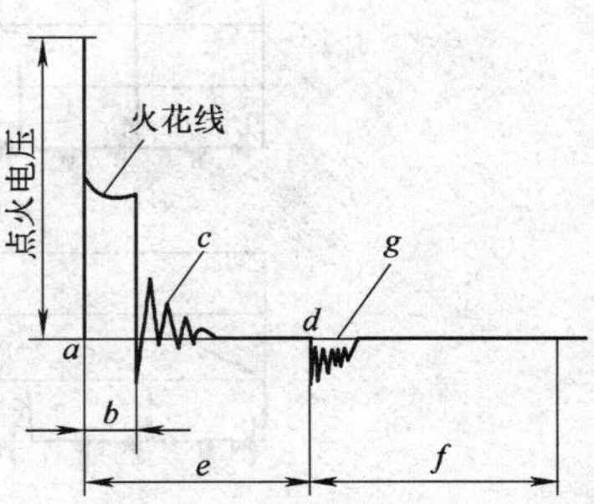

图 4-20　单缸标准二次电压波形

g. 第二次振荡波，即点火线圈的磁化曲线。

如果所测波形曲线与标准波形有差异，这些差异可能出现在四个区域，如图 4-21 所示。

C 区域为点火区：当一次电路切断时，点火线圈一次绕组内电流迅速降低，所产生的磁场迅速衰减，在二次绕组中产生高压电（15000～20000V），火花塞间隙被击穿时，二次电压随之下降。C 区域异常说明电容器或断电器触点不良。

D 区域为燃烧区：当火花塞电极间隙被击穿后，电极间形成电弧使混合气点燃。火花放电过程一般持续 0.6～1.5ms，在二次点火电压波形上形成火花线。D 区域异常说明分电器或火花塞不良。

B 区域为振荡区：在火花塞放电终了，点火线圈中的能量不能维持火花放电时，残余能量以阻尼振荡的形式消耗尽。此时，点火电压波形上出现具有可视脉冲的低频振荡。B 区域异常说明点火线圈不正常。

A 区域为闭合区：二次电路再次闭合后，二次电路感应出约 1500～2000V 与蓄电池电压相反的感应电压。在点火波形上出现迅速下降的垂直线，然后上升过渡为水平线。A 区域异常多为分电器不正常。

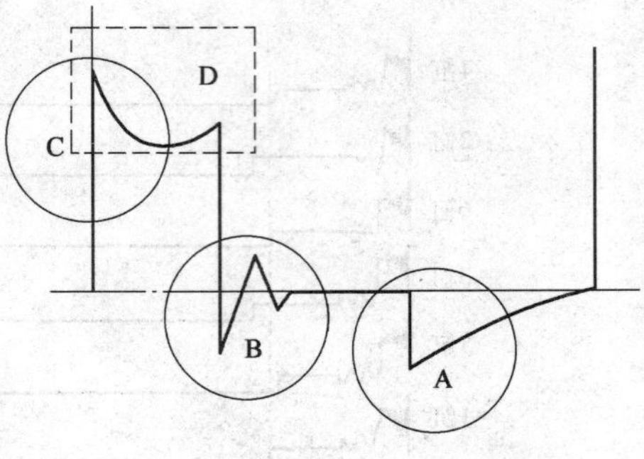

图 4-21 常见二次波形异常区域

(2) 典型故障波形分析 以多缸发动机各缸点火状况的平列波为例，该波形可用于比较检测。如某 4 缸发动机波形按点火次序排列为：1-2-4-3，图 4-22 为该 4 缸发动机常见的几种故障波形。

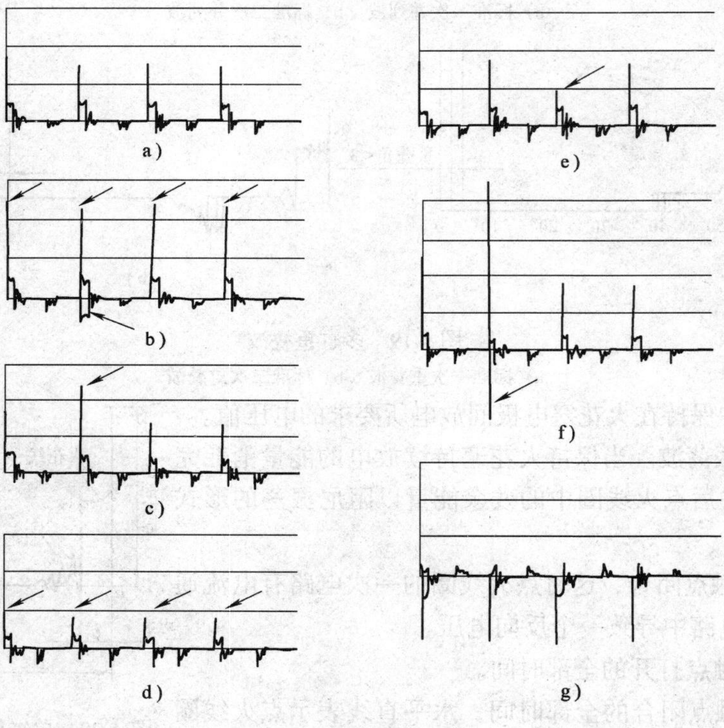

图 4-22 4 缸发动机常见的几种故障波形

1) 4 缸发动机正常平列波形，见图 4-22a。

2) 各缸点火电压均高于标准值，如图 4-22b，说明高压回路有高阻，多为点火线圈的高压线插孔、分电器高压线插孔及分火头等有积炭，或高压线内有高阻（断线、接插不牢固）等。个别缸在点火线下端出现多余波形，为该缸火花塞故障（如图中第 2 缸），火花塞电极烧毁或间隙增大。

3) 个别缸点火电压过高，如图 4-22c 中第 2 缸，为该缸火花塞间隙偏大，或高压线接触不良，以及分火头与该缸高压线接触刷间隙过大。

4) 全部气缸点火电压低于标准，如图 4-22d，为火花塞脏污或间隙太小。

5）个别缸点火电压低，如图 4-22e 中第 4 缸为该缸火花塞间隙小或脏污，以及该缸高压线（绝缘损坏）或火花塞（瓷芯破裂）有漏电等情况。

6）为诊断点火线圈发火能力，可拔掉某缸高压线（图 4-22f 中第 2 缸）。此时，该缸点火电压应高达 20kV 以上为点火线圈性能良好，而且点火电压线下端伸长应为上端的 1/2 左右。

7）全部平列波上下颠倒（图 4-22g），为点火线圈极性接反所致。

4. 闭合角检测

利用并列波可以诊断出分电器凸轮磨损情况和断电器触点闭合角。

汽油机点火过程中，一次电路导通阶段所对应的凸轮轴转角称为闭合角。

对于传统的点火系统，闭合角为白金触点闭合时期所占的凸轮轴转角；对于电子点火系统，则是晶体管导通所占的凸轮轴转角。利用一次并列波（见图 4-18）可方便地观测各缸的闭合角，其闭合角大小应为：3 缸发动机 60°～66°；4 缸发动机 50°～54°；6 缸发动机 38°～42°；8 缸发动机 29°～32°。

对于传统有触点点火系统而言，若测出的闭合角过小，说明触点间隙太大，触点闭合时间短，一次电流增长不到需要的数值，会使点火能量不足；若闭合角太大，说明触点间隙小，会使触点间发生电弧放电，反而消弱了点火能量，不利于正常点火。

在闭合角相同时，发动机转速高则闭合时间短，转速低则闭合时间长。因此，为保证点火可靠，闭合角应随发动机转速而变化。电子点火系统中的点火控制器可对闭合角的大小进行控制和调节：低速时，减小闭合角；高速时，增大闭合角。

5. 重叠角检测

各缸点火波形首端对齐，最长波形与最短波形长度之差所占的凸轮轴转角称为重叠角（见图 4-19），重叠角不应大于点火间隔的 5%，具体数据是：4 缸发动机≤4.5°；6 缸发动机≤3°；8 缸发动机≤2.5°。

重叠角的大小反映多缸发动机点火间隔的一致程度，重叠角越大，则点火间隔越不均匀。这不仅会影响发动机的动力性、经济性，还影响发动机运转的稳定性。重叠角太大是由分电器凸轮磨损不匀或分电器轴磨损松旷、弯曲变形等原因造成的。

6. 电子点火系统示波器检测波形与传统点火系统的区别

电子点火系统用示波器检测其波形，其检测原理和方法与触点式点火系统基本相同，但有以下区别：

1）电子点火系统的一次和各种二次电压波形与传统的触点式点火系统的波形相似，由于电子点火系统除了少数配有电容器，用于抑制点火时的高频振荡波对无线电的干扰外，大都无电容器，故其振荡波会比传统点火系统少些。

2）电子点火系统无触点、电容等，有的电子点火系统无分电器。因此，与这些有关的故障原因就没有了。

3）目前的一些电子点火器都具有闭合角可控功能，故在检测闭合角时，闭合角度变化是正常的，而不变化则说明电子点火器闭合角可控电路已失效。因此，在检测前应了解电子点火系统是否有闭合角可控功能。

4）对于不同的电子点火系统，其正常的电压波形会有一些差异。为了在检测时能够迅速而准确地进行判断，平时应注意查看各型汽车维修手册上的点火电压波形说明，或用示波器记录下各型汽车在正常工作状态下的点火电压波形。

二、点火正时的检测

点火正时，指最佳的点火时间，一般用点火提前角来表示，即用点火开始至活塞到达上止点时，曲轴所转过的角度来表示。该角度对发动机的动力性、经济性和排放性有很大影响。凭经验可对发动机的点火正时进行粗略检查并校正，但点火提前角的精确检测必须借助于仪器。常用的检测方法有频闪法和缸压法。

1. 频闪法

用频闪法检测点火提前角使用的点火正时仪又称为正时灯，如图 4-23 所示。该仪器由闪光灯、传感器、整形装置、延时触发装置和显示装置构成。其基本工作原理建立在频闪原理的基础上，即如果在精确的确定时刻，用一束短暂（约 1/5000s）的且频率与旋转零件转动频率相同的光脉冲，照射相对转动的零件，由于人们视力的生理惯性，似乎觉得零件是不转动的。点火正时仪工作原理：在发动机飞轮或曲轴带轮上，一般都刻有正时标记，在与之相邻的固定机壳上也刻有标记。曲轴旋转至活动标记与固定标记对齐时，第一缸活塞刚好到达上止点。如果用第一缸的点火信号触发闪光灯，并使之发出短暂光脉冲，当用闪光灯照射刻有活动定时标记的飞轮或曲轴带轮时，若发动机转速稳定，则活动标记与闪光灯闪光在光学上是相对静止的，活动标记似乎不动。当闪光灯在第一缸点火信号发生的同时闪光时，一缸活塞尚未到达上止点，活动标记与固定标记尚未对齐，此时两标记之间所对应的发动机曲轴转角即为点火提前角，如图 4-24 所示。

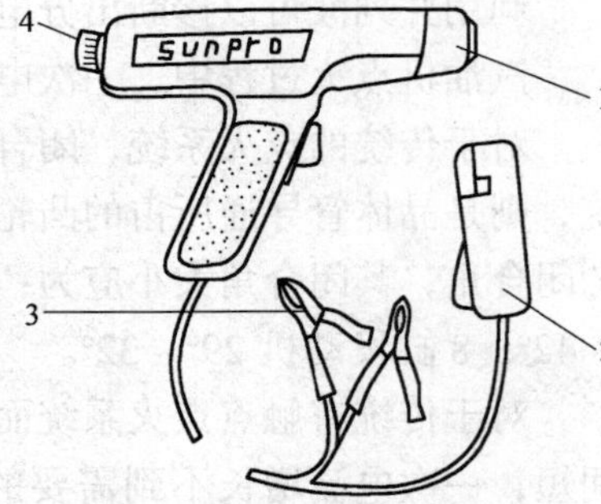

图 4-23　点火正时仪

1—闪光灯　2—点火脉冲传感器

3—电源夹　4—电位计旋钮

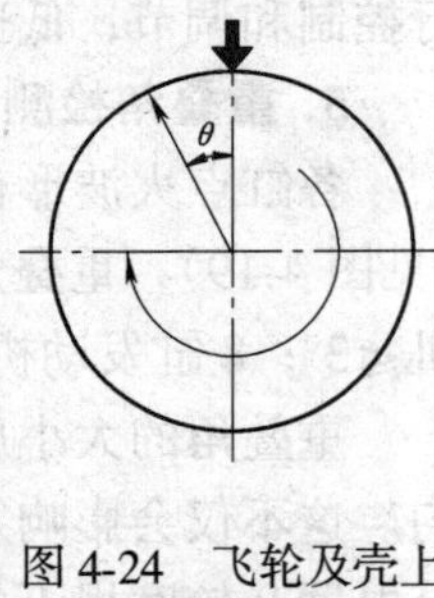

图 4-24　飞轮及壳上的标记和点火提前角

检测时，先接上正时灯，再把点火脉冲传感器串接在一缸火花塞与高压线间或外卡在一缸高压线上（感应式传感器），擦拭飞轮或曲轴带轮使正时标记显露。发动机于怠速工况下运转，打开正时灯并使之对准正时标记，调整电位计旋钮，使活动标记与固定标记对齐，此时所显示的读数即为怠速工况下的点火提前角。

发动机怠速运转时，离心式和真空式点火提前装置未起作用或作用很小，此时测得的点火提前角为初始提前角。测出的各工况下的点火提前角若符合规定，说明初始点火提前角调整正确，同时说明离心点火提前装置和真空点火提前装置工作正常。利用频闪法，也可对各种工况下的离心提前角和真空提前角进行测试。拆下分电器真空提前装置的真空软管，用在真空提前装置不起作用时各种转速下的点火提前角减去初始点火提前角，即可得到在各种转速下的离心提前角；在连接真空提前装置真空软管的情况下，用在同样转速下测得的点火提前角减去离心提前角和初始提前角，则又可得到真空点火提前角。

对于计算机控制电子点火系统而言，其点火提前角的检测应按制造厂规定的校准点火正时的步骤进行。检测时，一般应先把发动机罩下的点火正时检验接线柱搭铁，使计算机控制点火提前不起作用。首先检测基本提前角（即发动机自动控制点火提前装置不起作用时的点火提前角），检测完后再把搭铁导线拆除，具体检测方法和步骤应查阅说明书。

2. 缸压法

当某缸活塞到达压缩行程上止点时，气缸内压缩压力最高。用缸压传感器检测出这一时刻，同时用点火传感器检测出同一缸的点火时刻，二者间所对应的曲轴转角即为点火提前角。用缸压法制成的点火正时仪，由缸压传感器、点火传感器、处理装置和指示装置等构成。如果正时仪带有油压传感器，还可以用来检测柴油机的供油提前角。图 4-25 为缸压法检测发动机点火提前角或供油提前角的原理图。

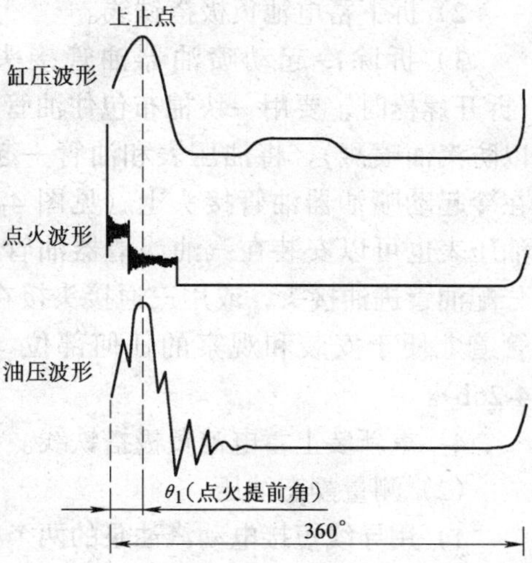

图 4-25　缸压法检测点火、供油提前角原理图

发动机点火提前角的检测步骤如下：

1）运转发动机使其达到正常工作温度后停机。

2）拆下某一缸的火花塞，把缸压传感器装在火花塞孔内。

3）把拆下的火花塞固定在机体上使之搭铁（注意：中心电极不能与机体相碰），并把点火传感器插接在火花塞上，连接好该缸的高压线。此时，该缸火花塞可缸外点火。

4）起动发动机运转，由于被测缸不工作，该缸压信号反映气缸压缩压力大小，其最大值产生于活塞压缩终了上止点，连接在该缸火花塞上的点火传感器输出点火脉冲信号或点火电压波形信号。

5）按仪器使用说明书的要求操作，测得怠速、规定转速或任一转速下的点火提前角。

缸压法与频闪法一样，可测得初始点火提前角和不同工况下的总提前角、离心提前角、真空提前角以及计算机控制电子点火系统的基本点火提前角。检测点火正时时，一般只测一个缸（如 1 缸），其他缸的点火提前角决定于点火间隔，而点火间隔可从示波器屏幕上显示的并列波上得到。当各缸点火波形的重叠角很小时，可认为各缸的点火间隔相等，因而其他缸的点火提前角与被测缸相同，此时被测缸的点火提前角即是整台发动机的点火提前角。

第四节　汽油机燃油供给系统的检测

一、燃油的压力和电控喷油信号的检测

1. 检测燃油压力

检测发动机运转时燃油管路内的静态、运转状态和保持油压，可以判断电动汽油泵或油压调节器有无故障，如汽油滤清器是否堵塞、各部位密封性等。检测燃油压力时，应准备一个量程为 1MPa 左右的油压表及专用的油管接头，按如下步骤检测燃油压力。

（1）油压表的安装

1）将燃油系统卸压。起动发动机，在发动机运转中拔下电动汽油泵继电器（或拔下电动汽油泵电源插头），待发动机自行熄火后，再转动起动开关，起动发动机 2～3 次，燃油压力即可完全释放，然后将点火开关置于 OFF 位置，装上电动汽油泵继电器（或插上电动汽

油泵电源接线）。

2）拆下蓄电池负极搭铁线。

3）拆除冷起动喷油器油管接头螺栓（拆开螺栓时，要用一块棉布包住油管接头，以防汽油喷溅），将油压表和油管一起安装在冷起动喷油器油管接头上（见图 4-26a）。油压表也可以安装在汽油滤清器油管接头，分配油管进油接头，或用三通接头接在燃油管道上便于安装和观察的任何部位（见图 4-26b）。

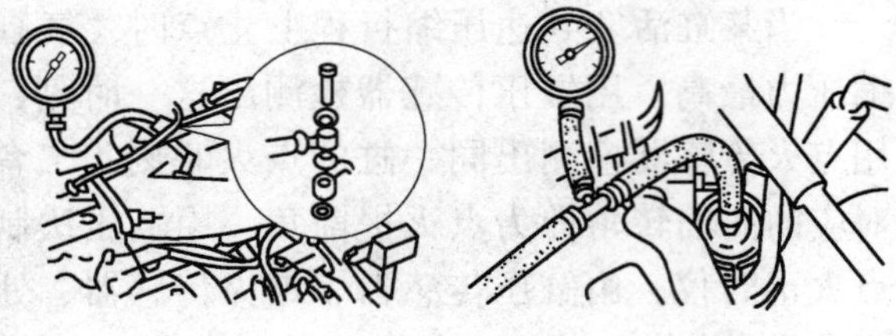

a） b）

图 4-26 油压表的安装

4）重新装上蓄电池负极搭铁线。

（2）测量静态油压

1）用导线短接电动汽油泵的两个检测插孔。

2）将点火开关转至 ON 位置（但不要起动发动机），让电动汽油泵运转。

3）测量燃油压力。其正常油压应为 300kPa 左右。若油压过高，应检查油压调节器；若油压过低，应检查电动汽油泵、汽油滤清器和油压调节器。

4）拔掉电动汽油泵检测插孔的短接线，将点火开关转至 OFF 位置。

（3）测量保持压力 测量静态油压结束 5min 后，再观察油压表指示的油压。此时的压力称为燃油系统保持压力，其值应不小于 147kPa。若油压过低，应进一步检查电动汽油泵保持压力、油压调节器保持压力及喷油器有无泄漏。

（4）测量运转时燃油压力

1）起动发动机。

2）让发动机怠速运转，测量此时的燃油压力（见图 4-27a）。

3）缓慢开大节气门（踩下加速踏板），测量在节气门接近全开时的燃油压力。

4）拔下油压调节器上的真空软管，并用手堵住（见图 4-27b），让发动机怠速运转，测量此时的燃油压力。该压力应和节气门全开时的燃油压力基本相等。

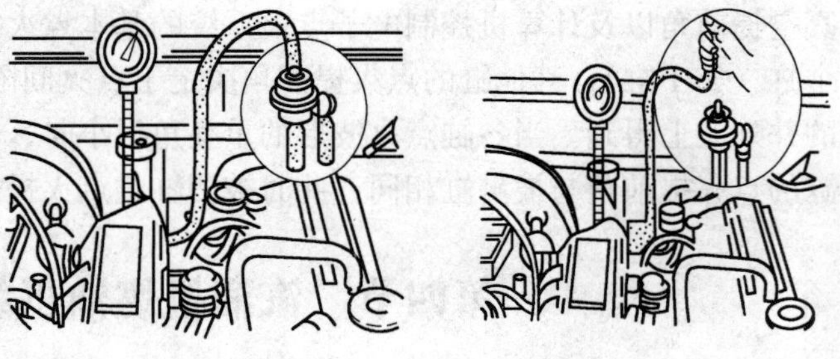

a） b）

图 4-27 燃油压力的测量

a）测量怠速及节气门全开时的燃油压力

b）测量拔下油压调节器真空软管后的燃油压力

不同车型燃油系统的燃油压力各不相同，请参阅具体车型维修手册。若测得油压过高，应检查油压调节器及其真空软管；若测得的油压过低，则应检查电动汽油泵，汽油滤清器及油压调节器。

（5）测量电动汽油泵最大压力和保持压力

1）将燃油系统卸压。

2）拆下蓄电池负极搭铁线。

3）将油压表接在燃油管路上，并将出油口塞住（图 4-28）。

4）接上蓄电池负极搭铁线。

5）使用一根导线将电动气油泵的两个检测插孔短接。

6）将点火开关转至 ON 位置，持续 10s 左右（不要起动发动机），使电动汽油泵工作，同时读出油压表的压力，该压力称为电动汽油泵的最大压力。它应当比发动机运转时的燃油压力高 200～300kPa，通常可达 490～640kPa。如不符合标准值，应更换电动汽油泵。

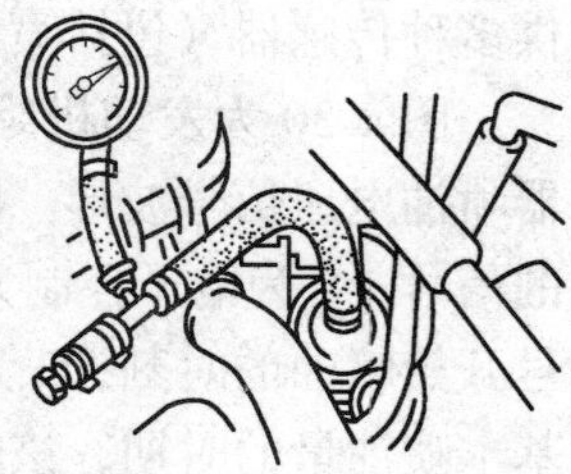

图 4-28 测量汽油泵的最大压力和保持压力

7）将点火开关转至 OFF 位置，5min 后再观察油压表的压力，此时的压力称为电动汽油泵的保持压力。其值应大于 340kPa。如不符合标准值，应更换电动汽油泵。

8）拆下油压表。

（6）测量油压调节器保持压力　当燃油系统保持压力不符合标准值（≥147kPa）时，应作此项检查，以便找出故障原因。其检查方法如下：

1）将油压表接入燃油管路。

2）用一根短导线将电动汽油泵的两个检测插孔短接。

3）将点火开关旋至 ON 位置，并保持 10s，让电动汽油泵运转。

4）将点火开关旋至 OFF 位置，拔去电动汽油泵检测插孔上的短接导线。

5）用包上软布的钳子将油压调节器的回油管夹紧。

6）5min 后观察燃油压力，该压力称为油压调节器保持压力。

（7）油压表的拆卸

1）释放燃油系统的油压。

2）拆下蓄电池负极搭铁线。

3）拆下油压表。

4）重新装好油管接头。

5）接好蓄电池负极搭铁线。

6）建立燃油系统的油压。

7）检查油管各处有无漏油。

2. 检测喷油信号

对于电控燃油喷射系统而言，燃油压力由调节器控制，使其与进气支管的压力之差为恒定值，则从喷油器喷出的燃油量仅取决于喷油器的开启时间，该时间是由微处理器向喷油器电磁线圈发出指令信号控制的。

为测得电控喷油系统的喷油压力脉冲信号，可拆开喷油器电路插头，中间接入专用 T 形接头。其一端接喷油器，另一端接电路插头，中间引出端接发动机综合检测仪（或示波器）的信号提取系统的信号探针，如图 4-29 所示。该 T 形接头有两种型式，图 4-29a 为直接插头引出式，图 4-29b 为鱼夹引出式，可

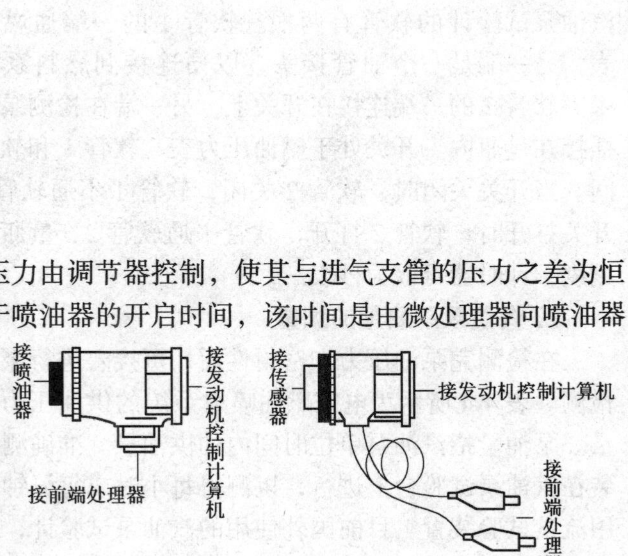

图 4-29 T 形接头的连接

a）直接插头引出式　b）鱼夹引出式

供多种传感器（包括喷油器）信号引出之用。

图 4-30 为发动机综合检测仪采集到的喷油器喷油电压信号波形。图中：1 为喷油器关闭时的信号；2 为电子控制元件（ECU）给出喷油信号开始喷油的时刻；3 为针阀全开提供给发动机基本喷油量的时期，该时期长短由 ECU 根据传感器输送的空气流量、发动机冷却液温度、进气温度、进气压力等信号计算确定，一般为 0.8～1.1ms；4 为基本供油电压信号终止时刻，喷油器线圈因自感而产生约 35V 的电压脉冲；5 为补偿加浓时期，该时期长短由 ECU 根据各种传感器输送的有关转速、负荷、进气温度、进气支管压力的信息计算确定，一般约为 1.2～2.5ms；6 与 4 相似，为补偿加浓电压信号终止时在喷油器线圈中产生的自感电压脉冲，一般为 30V。

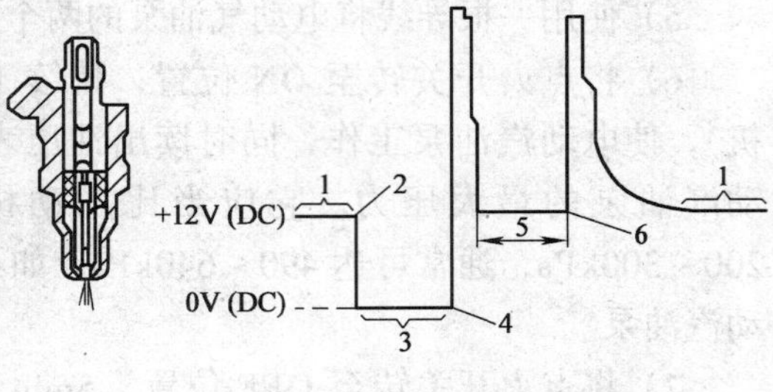

图 4-30 喷油器喷油电压信号波形

二、电动汽油泵的检测

现代汽车使用的电动汽油泵须检测其泵油压力、密封性和泵油量，以确定其技术状况。电动汽油泵的泵油压力和密封性检测方法见前所述，泵油量的检测须采用汽油泵试验计进行。

1. 汽油泵试验计基本结构

汽油泵试验计由燃油压力表、二通接头、三通接头、软管 1、软管 2、开关、量瓶和计时器组成，如图 4-31 所示（部分组成未绘出）。燃油压力表用于显示燃油压力。汽油泵试验计的软管有两根。软管 1 的一端通燃油压力表，另一端是一个油管接头，以便连接到燃料系的油路中。软管 2 的一端连接在开关上，另一端在检测泵油量时插接在量瓶内。开关处于燃油压力表、软管 1 和软管 2 之间。当开关关闭时，软管 2 关闭，软管 1 不通软管 2；当开关打开时，软管 2 打开，软管 1 通软管 2。量瓶上带有刻度，计时器可以为秒表。

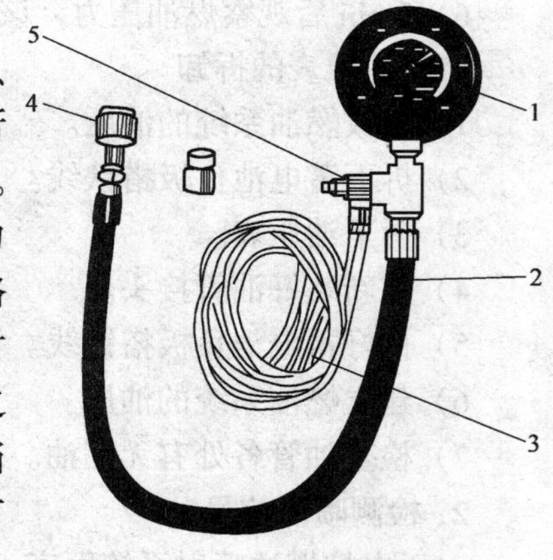

图 4-31 汽油泵试验计

1—燃油压力表 2—软管 1

3—软管 2 4—油管接头 5—开关

2. 汽油泵泵油量的测量

在检测完泵油压力和密封性后，可接着进行泵油量的检测。表 4-4 所示为电控燃油喷射系统的供油压力和供油量。泵油量指汽油泵单位时间内的供油量。准确测量时，需把汽油泵从发动机上拆下后再安装在汽油泵试验台上进行，以测得每小时或每分钟的泵油量。就车检测泵油量时，需采用专用流量试验装置。目前国外使用的汽油泵试验计，既能检测泵油压力和密封性，又能检测泵油量。汽油泵泵油量的测量步骤如下：

1）将汽油泵试验计软管 1 的二通接头连接在汽油泵出口接头上，软管 2 插入量瓶内。

2）起动发动机，立即调整发动机转速至泵油量的测量转速，打开汽油泵试验计开关并同时启动计时器，观察汽油泵泵出的燃油全部经软管 2 流入量瓶中。

3）发动机停转，汽油泵停止泵油时，应立即停止计时器计时。

表 4-4　电控燃油喷射系统的供油压力和供油量

<table>
<tr><th>类　型</th><th colspan="2">测 试 项 目</th><th>压力值/MPa</th><th>测 试 条 件</th></tr>
<tr><td rowspan="7">MPI 型电控燃油喷射系统</td><td colspan="2">系统压力</td><td>0.25～0.35</td><td>油泵运转或怠速</td></tr>
<tr><td colspan="2">调节压力</td><td>0.20～0.26</td><td></td></tr>
<tr><td rowspan="2">系统保持压力</td><td>10min 后</td><td>大于 0.20</td><td rowspan="2">熄火后，开始计时</td></tr>
<tr><td>20min 后</td><td>大于 0.15</td></tr>
<tr><td colspan="2">油泵压力</td><td>0.5～0.7</td><td>油泵运转</td></tr>
<tr><td colspan="2">油泵保持压力</td><td>0.35</td><td>油泵运转</td></tr>
<tr><td colspan="2">油泵供油量/（$L\cdot min^{-1}$）</td><td>1.2～1.6</td><td>油泵运转</td></tr>
<tr><td rowspan="5">SPI 型电控燃油喷射系统</td><td colspan="2">系统压力</td><td>0.07～0.1</td><td>油泵运转或怠速</td></tr>
<tr><td colspan="2">调节压力</td><td>0.1</td><td></td></tr>
<tr><td colspan="2">调节保持压力</td><td>0.05</td><td></td></tr>
<tr><td colspan="2">油泵压力</td><td>0.3</td><td>油泵运转</td></tr>
<tr><td colspan="2">油泵供油量/（$L\cdot min^{-1}$）</td><td>0.83～1.5</td><td>油泵运转</td></tr>
</table>

4）读取量瓶内燃油量和计时器秒数，计算出单位时间内的泵油量（L/s、L/min 或 L/h)。在泵油压力和密封性正常的情况下，汽油泵的泵油量往往数倍于喷油器的需油量。因此，泵油量的检测也可不予进行。

第五节　柴油机燃油供给系统的检测

因柴油机具有热效率高、可靠性强、排气污染少和较大功率范围内的适应性等优点，在汽车上的应用愈来愈广泛。与汽油机相比，柴油机最大的不同点是所用燃料和燃料供给、着火方式的不同。汽油机吸入气缸中的混合气是由电火花点燃的，而柴油机采用压燃点火，即：在压缩行程接近终了时，把柴油喷入气缸，使之与空气混合成可燃混合气，并利用空气压缩所形成的高温、高压使其自行发火燃烧。柴油机燃油供给系统的作用是根据柴油机各种工况的需要，将适量的柴油在适当的时间并以合理的空间形态喷入燃烧室，即对燃油喷入量、喷油时间和油束的空间形态三方面进行有效控制。柴油机燃油供给系统的技术状况对于混合气的形成及燃烧过程的组织具有重要作用，是对发动机的动力性和经济性影响最大的因素。

一、混合气质量检测

柴油机燃油供给系统供给气缸的混合气质量可采用两种方法测定：①直接测定，即分别测出进入气缸的空气量和燃油量，计算出混合气的空燃比或过量空气系数；②测试柴油机排放废气的烟度，根据空燃比或过量空气系数与烟度的关系对混合气质量进行分析评价。本节主要介绍第二种方法。

在一定工况下，发动机的过量空气系数取决于进入气缸的空气量和喷油器的喷油量。对于柴油机而言，过量空气系数 α 只能通过改变供油量调整，即 α 主要与供油量的多少有关。

一般情况下，柴油机每一工况对应于一确定的 α 值（称冒烟界限)。低于该值时，混合气过浓，燃烧不完全，烟度增大。若进气系统工作状况正常，则由冒烟界限决定了柴油机在各种工况下的极限供油量。由于在不同转速下，冒烟界限有所不同，因此不同转速下的极限供油量也会有所不同。如果在任何转速下，喷油泵和喷油器的供油量均低于极限供油量，柴油机排放废气的烟度就较低。

图 4-32 为柴油机所排放废气中 CO 的体积分数和烟度（哈特里季烟度 R_H）的关系。由图可见，烟度（R_H）与过量空气系数几乎成线性关系。因此，可根据测得的柴油机排放废气的烟度值反映混合气质量好坏以及过量空气系数是否适当；同时，可在对排放烟度值进行监测的条件下，对喷油泵的循环供油量进行精确调整，以改善可燃混合气质量，提高柴油机的动力性、经济性和排放性能。

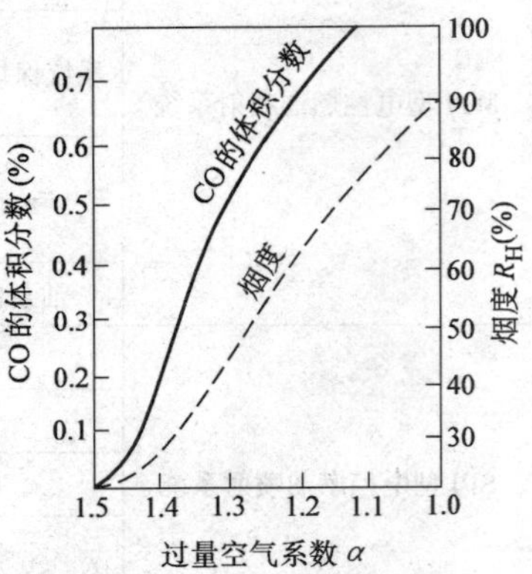

图 4-32　柴油机废气中 CO 的体积分数和烟度与过量空气系数的关系

二、喷油压力波形分析

柴油机喷油泵和喷油器的技术状况决定了燃油的喷射质量，从而对柴油机的工作性能有很大影响，在不解体情况下，可以通过燃油喷射过程中高压油管中的压力变化来检测柴油机燃油供给系统的技术状况。因为当燃油供给系统某一主要零部件工作不良时，必然会对燃油喷射过程产生影响，其喷油压力波形也就会发生变化。因此，根据测得的喷油压力波形的特征并与标准波形进行比较，就可以据此判断燃油供给系统的故障原因。

1. 燃油喷射过程

图 4-33 为在有负荷情况下实测得到的高压油管内压力 p 和喷油器针阀升程 S 随凸轮轴转角 θ 变化的关系曲线。由于在高压油管内靠近喷油泵端和靠近喷油器端的压力并不完全相同，因此分别给出了燃油喷射过程中该两端的压力变化曲线。

图 4-33 中，高压油管中的压力 p_o、p_{max}、p_b、p_r 分别表示针阀开启压力、最高压力、针阀关闭压力和油管中的残余压力。整个燃油喷射过程中，高压油管中的压力变化可分为三个阶段：第 I 阶段为喷油延时阶段，对应于从喷油泵泵油压力上升，超过高压油管内的残余压力 p_r，燃油进入油管使油压升高到针阀开启压力 p_o 的一段时间，即喷油泵供油始点至喷油器喷油始点的一段时间。若针阀开启压力 p_o 过高、高压油管渗漏，出油阀偶件或喷油器针阀偶件不密封而使残余压力 p_r 下降，以及增加油管长度或增加高压油系统的总容积，均会使喷油延时阶段延长；第 II 阶段为主喷油阶段，其长短取决于喷油泵柱塞的有效供油行程，并随发动机负荷大小而变化，负荷越大，则该阶段越长；第 III 阶段为自由膨胀阶段，当柱塞有效行

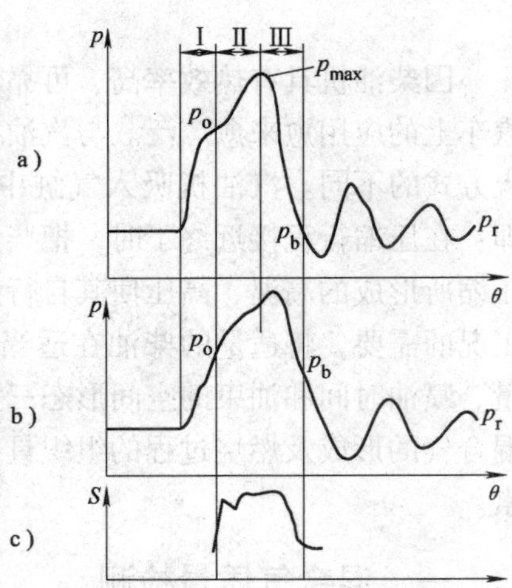

图 4-33　高压油管内压力曲线和针阀升程曲线
a）喷油泵端压力曲线　b）喷油器端压力曲线　c）针阀升程曲线

程结束、出油阀关闭后，尽管燃油不再进入油管，但由于油管中的压力仍高于针阀关闭压力 p_b，燃油会继续从喷孔中喷出。若油管中最大压力 p_{max}不足，该阶段缩短，反之则该阶段延长。

由图可见，喷油泵的实际供油阶段为第Ⅰ、Ⅱ阶段，喷油器的实际喷油阶段为Ⅱ、Ⅲ阶段。若循环供油量即柱塞有效行程一定，则第Ⅰ阶段延长和第Ⅲ阶段缩短时，喷油器针阀开启所对应凸轮轴转角减少，喷油量减少；反之，若第Ⅰ阶段缩短、第Ⅲ阶段延长，则喷油量增大。因此，压力曲线上三个阶段的长短，对发动机工作状况的好坏会产生影响。对多缸发动机而言，若各缸供油压力曲线上的Ⅰ、Ⅱ、Ⅲ段不一致，则对发动机工作性能的影响会更大。

2. 压力波形检测

采用柴油机专用示波器和柴油机综合测试仪、汽柴油机综合测试仪等，均能在柴油机不解体情况下，检测各缸高压油管中的压力波形和喷油器针阀升程波形。通过波形分析，不但可以得到最高压力 p_{max}，针阀开启压力 p_o、关闭压力 p_b 以及残余压力 p_r，还可判断喷油泵、喷油器故障和各缸喷油过程的一致性。

常用的检测仪器有 CFC—1 型柴油发动机测试仪、QFC—4 型发动机综合测试仪和 WFJ—1 型微电脑发动机检测仪等。

检测时，检测仪经预热、自校、调试后，把串接式油压传感器按使用要求安装在高压油管与喷油器之间或把外卡式油压传感器按要求卡在高压油管上，将发动机转速稳定在 800～1000r/min。

高压油管内的压力波形，可通过按键选择用全周期单缸波、多缸平列波、多缸并列波和多缸重叠波四种方式进行观测。

1）全周期单缸波（图 4-34）指喷油泵凸轮轴旋转 360°时某单缸高压油管中的压力变化波形。

2）6 缸平列波（图 4-35）是以各缸高压油管中的残余压力 p_r 为基线，按发火次序把各缸压力波形从左到右首尾相接所形成的波形，利用该波形可比较各缸的 p_o、p_b 和 p_{max}的大小是否一致。

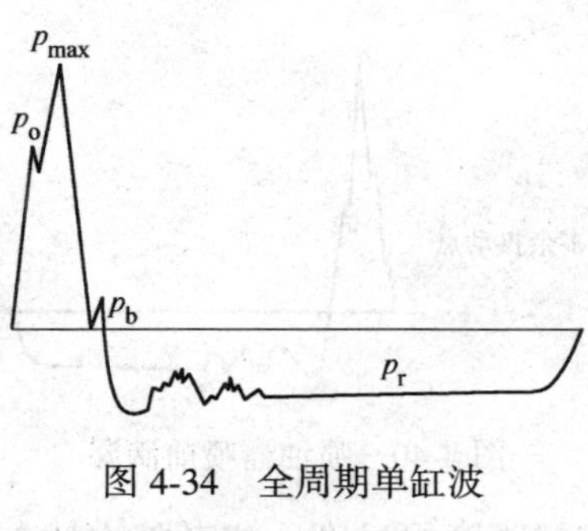

图 4-34　全周期单缸波

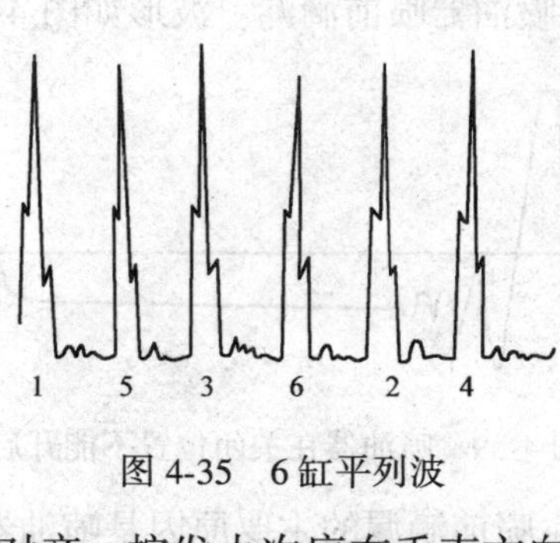

图 4-35　6 缸平列波

3）6 缸并列波（图 4-36）指把各缸压力波形首部对齐，按发火次序在垂直方向自下而上排列所形成的波形，通过比较各缸压力波形三个阶段面积的大小，可判断各缸喷油量的一致性。

4）6 缸重叠波（图 4-37）是将各缸压力波形首部对齐重叠在一起所形成的波形，利用重叠波可比较各缸压力波形的高度、长度、面积和各缸 p_o、p_b、p_{max}、p_r 的一致性。

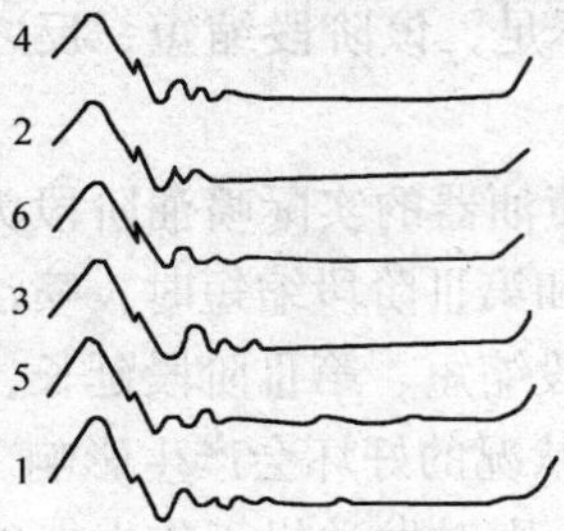

图 4-36　6 缸并列波

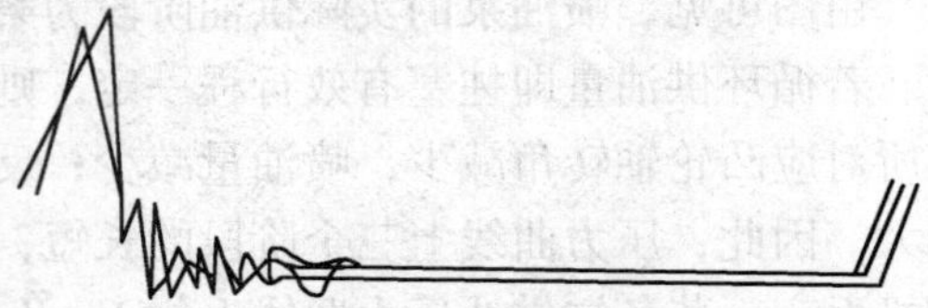

图 4-37　6 缸重叠波

5）观测针阀升程波形时，应拆下所测喷油器的回油管，并旋入针阀传感器。当传感器触杆被顶起时，把传感器锁紧，按使用要求通过按键选择，被测缸的针阀升程波形则会显示在屏幕上。必要时，可把该缸针阀升程波形和压力波形同时显示在屏幕上，以便对照观测。

3. 压力波形分析

压力波形分析主要包括典型故障波形分析、油压检测分析、各缸供油量一致性分析和针阀升程波形分析等。

（1）典型故障波形分析　这是把所测压力波形与典型供油压力波形比较的分析方法，可判断喷油泵或喷油器故障，使用 WFJ—1 型微机发动机检测仪测得的常见故障波形如下：

1）喷油泵不泵油或喷油器针阀在开启位置“咬死”，不能关闭。此时的故障波形如图 4-38 所示。

图 4-38　喷油泵不泵油或喷油器针阀在开启位置“咬死”

主要原因是喷油泵柱塞弹簧折断或因其他原因而使喷油泵不泵油或泵油很少，高压油管内的压力很低，喷油器针阀在开启位置“咬死”不能落座关闭时，高压油管内同样不能建立起足够高的喷油压力。

2）喷油器在关闭位置不能开启。波形如图 4-39 所示。

产生该故障的主要原因是针阀开启压力调整过高或喷油器针阀被高温烧结而“咬死”。此时，喷油泵正常供油但喷油器不喷油，反映在油压波形曲线上，则曲线光滑无抖动。

3）喷油器喷前滴漏。波形如图 4-40 所示。

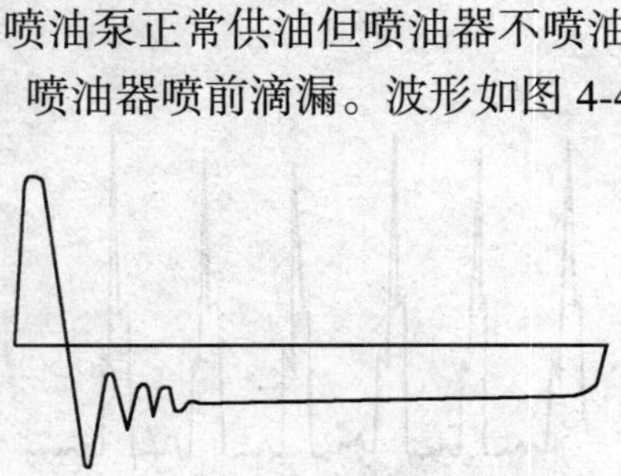

图 4-39　喷油器在关闭位置不能开启

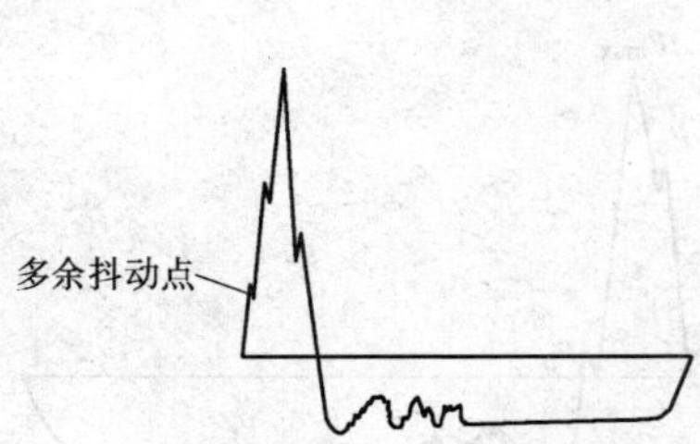

图 4-40　喷油器喷前滴漏

产生喷前滴漏的主要原因是喷油器针阀密封不严或针阀磨损过度，或者脏物粘在针阀密封面，在油压波形曲线上，表现为上升阶段有两个抖动点。

4）高压油路密封不严。波形如图 4-41 所示。

主要原因是高压油路密封不严，油压波形曲线残余压力部分呈窄幅波动并逐渐降低。

5）喷油器隔次喷射。波形如图 4-42 所示。

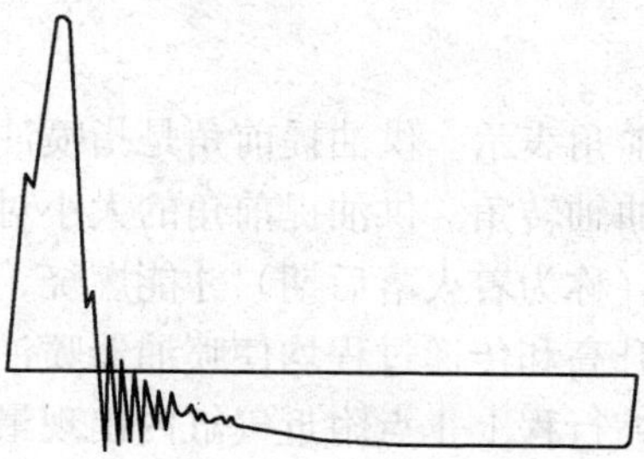

图 4-41　高压油路密封不严

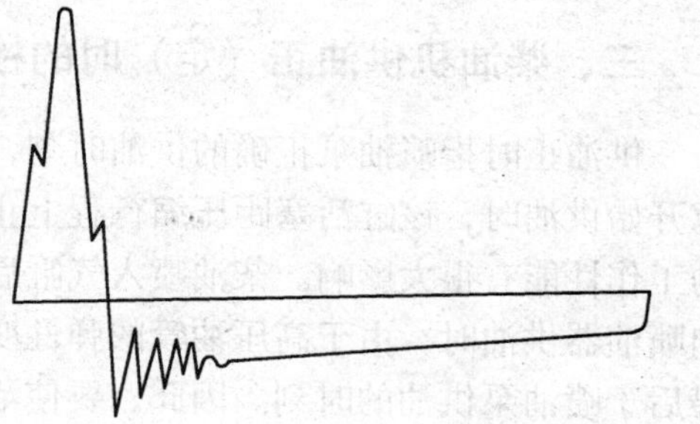

图 4-42　喷油器隔次喷射

隔次喷射指某次喷射后，油管内残余压力低，而下一次供油量又很小，高压油管中产生的油压不足以使喷油器针阀开启，于是燃油储存在油管中，直到第二次供油时针阀才开启，使两次供油一次喷出。隔次喷射一般在供油量较小、喷油器弹簧压力较高时发生。反映在油压波形曲线上，则残余压力部分上下抖动。

（2）油压检测分析　为使柴油发动机有良好的工作性能，在发动机各缸油压波形曲线上观测到的最高压力 p_{max}、针阀开启压力 p_o、针阀关闭压力 p_b、油管中的残余压力 p_r 应基本相等，并符合规定要求。表 4-5 列出了常见车型的喷油器喷油压力（喷油器针阀开启压力）。若喷油压力低于规定值时，应在专用喷油器试验台上对喷油器进行调试。

表 4-5　常见柴油汽车的喷油器喷油压力

车型或发动机型号	喷油压力/MPa	车型或发动机型号	喷油压力/MPa
EQ6110	22	五十铃 TXD50、TD72LD、TD50A-D	9.8
EQ6105	18.5	日野 KL 系、KM400	11.8
黄河 JN162	21	三菱扶桑 T653BL	11.8
T138、太脱拉 T148、T815	16.66	日产 CWL50P	19.6
斯太尔 91 系列	22.5	依法 H6	9.8
东风 6102QB	19.5	沃尔沃 GB—88	18.1
		N86—44S	15.4
红岩 6140	21.5	斯康尼亚 L1105	19.6
斯柯达 706、706R	13.7	斯柯达 RT	17.2

（3）各缸供油量一致性分析　在各缸压力 p_o、p_{max}、p_b、p_r 基本一致的前提下，可通过波形比较来检测各缸供油量的一致性。波形比较时，先把发动机转速调整至中、高速，而后利用并列波或重叠波比较各缸油压波形的一致性。若波形三阶段的重叠均较好，则说明各缸供油量比较一致；若某一缸波形窄，则说明该缸供油量小；若波形宽，则说明该缸供油量大。

（4）针阀升程波形分析　针阀升程波形的观测和分析可对针阀开启、关闭时刻及针阀跳动和不正常喷射现象作出正确判断，喷油器隔次喷射、针阀“咬死”不喷射或喷油泵不供油引起的不喷射、针阀抖动等都会反映在针阀升程波形中。其中，隔次喷射或不喷射在喷油量较小的怠速或低速情况下发生较为频繁。此时，压力波形蜂值 p_{max} 和残余压力 p_r 均发生变化，针阀升程波形表现为时有时无或升程时大时小。

三、柴油机供油正（定）时的检测

供油正时指喷抽泵正确的供油时刻，可用供油提前角表示。供油提前角是指喷油泵的柱塞开始供油时，该缸活塞距压缩行程上止点所对应的曲轴转角。供油提前角的大小对柴油机的工作性能有很大影响。柴油喷入气缸后过一段时间（称为着火落后期）才能燃烧，喷油泵向喷油器供油时，由于高压油管的弹性变形、压力的升高和传递过程均使喷油器喷油的时刻滞后于喷油泵供油的时刻。因此，要使活塞在通过压缩行程上止点附近气缸内出现最高爆发压力，以获得最佳燃烧效率，喷油泵必须在上止点前开始供油。供油提前角过大时，气缸内燃油的速燃期在上止点前发生，活塞到达上止点前，气缸内压力升高速率过大或出现压力峰值，将使发动机工作粗暴、功率下降、油耗增加、怠速不良、加速不灵及起动困难。当供油提前角过小时，气缸内燃油的速燃期在活塞越过上止点下行后逐渐发生，将使爆发压力峰值降低，也会使发动机功率下降、油耗增多、加速无力，同时会因补燃增多而使发动机过热。供油提前角的最佳值应能在供油量和转速一定的情况下，获得最大功率和最小油耗。柴油机的最佳供油提前角应能随转速和负荷变化而变化。转速升高或供油量增大时，供油提前角也应相应增大。有些喷油泵上装有供油提前角调节器，可在初始供油提前角的基础上，随转速变化而自动调节。供油提前角的检测有人工经验检查校正、发动机综合测试仪检测和柴油机供油正时灯检测三种方法。

1. 人工经验检查校正

人工经验检查校正的步骤如下：

1）摇转曲轴使1缸活塞处于压缩行程的上止点，此时，应对准正时标记。

2）检查喷油泵联轴器，从动盘上的刻线记号是否与泵壳前端面上的刻线对齐，如图4-43所示。若二者对齐，说明喷油器供油时刻正确；若从动盘刻线位于泵壳前端固定刻线之前，则1缸供油迟；反之，则1缸供油早。

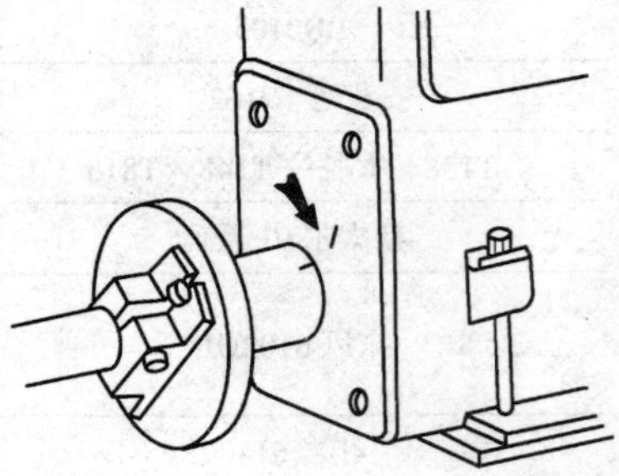

图4-43 喷油泵1缸开始供油记号

3）当1缸供油过早或过晚时，松开喷油泵连轴器固定螺钉，使活动记号与固定记号对齐后紧固，并起动发动机进行路试。

4）选择平坦、坚硬的直线道路或专用跑道作为供油提前角的试验道路，待汽车走热后以最高挡、最低稳定车速行驶，而后将加速踏板猛踩到底使汽车急加速。如果此时柴油机有轻微的着火敲击声，并能在短时期内自行消失，则供油提前角正确；若着火敲击声强烈，且在短时间内不能自行消失，则供油提前角太大；若听不到着火敲击声，且加速无力、排气管冒白烟，则供油提前角太小。当发动机供油提前角过大或过小时，可停车松开喷油器联轴器固定螺栓，使喷油泵凸轮轴逆转动方向或顺转动方向转动少许后固定，反复试车调试直到供油时刻正确为止。

2. 缸压法

使用发动机综合检测仪，采用缸压法可快速检测发动机某缸的供油提前角，其基本原理是：用缸压传感器确定某缸压缩压力最大点（即该缸活塞上止点），用油压传感器确定该缸的供油时刻。二者之间所对应的曲轴转角即是该缸供油提前角的数值，见图 4-25 所示。测量时，拆下所测缸的喷油器，并在其座孔上安装缸压传感器，把油压传感器按要求连接在所测缸的喷油器和高压油管之间，使喷油器向外喷油，把发动机转速稳定在规定转速（800 ~ 1000r/min），根据仪器使用说明书的要求选择按键，即可在屏幕上显示出所测缸供油提前角的检测值。

3. 频闪法

在频闪原理基础上制成的柴油机供油正时仪，其组成、工作原理和使用方法与汽油机点火正时仪基本相同，可参照本章第三节。

检测时，供油正时仪的油压传感器串接于 1 缸高压油管与喷油器之间或外卡于高压油管，使油压脉冲信号转变为电信号，并触发正时灯闪光。闪光一次，则 1 缸供油一次，二者具有相同频率。用正时灯对准 1 缸压缩终了上止点标记，并与供油时刻同步闪光时，可看到运转飞轮或曲轴带轮上的供油提前角记号位于固定记号之前，说明 1 缸供油时，活塞尚未到达上止点，供油时刻在活塞到达上止点前。为测得供油提前角的大小，可调整正时灯上的电位计，使频闪时刻延时于供油时刻，逐渐使转动部件上的供油提前角标记接近固定标记，并使二标记对齐，闪光延时的时间即为供油提前的时间，经仪器变换为供油提前角数值后，即可在指示装置上显示出来。

调整供油提前角的方法如前所述，调整后的供油提前角应符合原厂规定。可采用供油正时仪边检测边调整，以使供油提前角达到规定值。

四、喷油器技术状况检测

喷油器的技术状况决定柴油机燃油的喷射质量，因此对柴油机的燃烧过程和技术性能有重大影响。喷油器技术状况的检测应在专用试验器上进行，如图 4-44 所示。试验器由手压泵、油箱及压力表组成。油箱内的柴油经滤清后流入手压油泵的油腔，压动手压抽油泵泵油时，高压油经油阀流入喷油器，使喷油器喷油，同时在压力表上显示出油压。

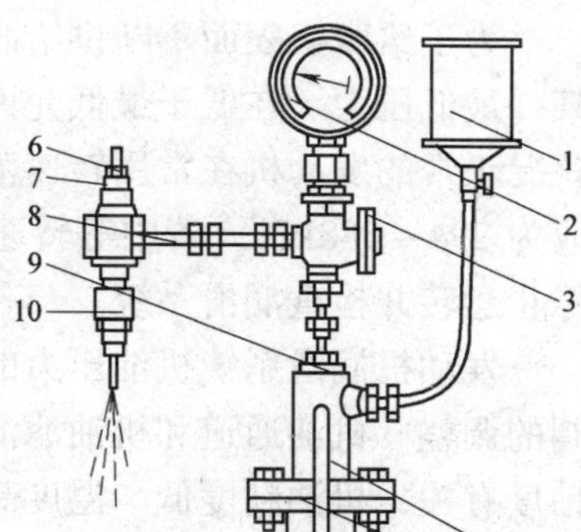

图 4-44　喷油器试验

1—油箱　2—压力表　3—开关　4—高压油泵　5—手柄　6—调节螺钉　7—锁紧螺母　8—高压油管　9—放气螺塞　10—喷油器

1. 喷油压力测试

拆下试验器的锁紧螺母，旋松调节螺钉，然后把喷油器装在试验器上，压动试验器手柄，排出留在油管和喷油器中的空气和脏物。

以 60 次/min 的速度按压试验器手柄，同时观察喷油器喷油过程中压力表上的读数。各缸喷油器的喷油压力应相同，并符合制造厂的规定标准。如果喷油器的喷油压力不符合规定，可通过增、减喷油器调压弹簧处的垫片或调整喷油器调压螺钉的旋入量调节喷油压力。旋入调压螺钉时，压力应提高；反之，则应降低压力。

调整喷油器后，应旋紧试验器锁紧螺母，再次进行喷油压力试验，直至调整到符合标准值。

2. 喷雾质量检查

以 120 次/min 的速度按压试验器手柄，喷油器喷出的油雾束应细小均匀呈雾状，油束的锥角、喷射方向应符合要求。

3. 喷油滴漏现象的检查

当以较慢的速度按压试验器手柄，或在低于标准喷油压力时停止按压时，喷油器喷孔处不应有油滴流出。

第六节　润滑系统的检测

运动副之间的摩擦阻力是发动机起动和运转时的主要内部阻力，为此，必须重视改善发动机的润滑状况，提高发动机输出的有效功率；同时，润滑状况不良时，发动机作相对运动的配合副磨损加剧，正常配合间隙被破坏，还容易产生发动机“拉缸”或“烧瓦”等破坏性故障。润滑系统检测的主要参数为：机油压力、机油消耗量和机油品质。这些参数既可表征润滑系统的技术状况，又可反映曲柄连杆机构有关配合副的技术状况。

一、机油压力的检测

润滑系统的机油压力值可由汽车仪表盘上的机油压力表显示出来，但由于机油压力和油压传感器不能保证必要的测量精度，因此在定期检测时，应采用专用检验油压表。检测时，首先拆下发动机润滑油道上的油压传感器，装上油压表，然后起动发动机使其在规定转速下运转，此时油压表上的指示值即为润滑系统的机油压力。

为了给摩擦表面不断供给润滑油，使摩擦副保持可靠润滑，润滑系统的机油压力应高于某一最低压力。在低于最低允许压力时，由于润滑不良会使零件磨损加剧而早期损坏。技术状况正常的发动机在常用转速范围内，汽油机机油压力应为 196 ~ 392kPa，柴油机机油压力应为 294 ~ 588kPa。若中等转速下的机油压力低于 147kPa，怠速时低于 49kPa，则发动机应停止运转并检查润滑系统。

发动机润滑系统机油压力的高低首先取决于润滑系统的技术状况，如机油泵性能、限压阀的调整、机油通道和机油滤清器的阻力等。同时，机油压力还与机油品质和机油的温度、粘度有关，机油粘度低、温度高，则机油压力变小；反之，则油压升高。此外，机油压力还与曲轴主轴承、连杆轴承和凸轮轴轴承的间隙有关，轴承磨损间隙增大时，轴承间隙处机油泄漏量增大而使机油压力下降，因此机油压力也常常作为诊断相关轴承间隙的重要参数。若机油泵技术状况正常，则机油压力降低主要是由曲轴主轴颈和连杆轴颈磨损过大而引起。试验表明，曲轴主轴承间隙每增加 0.01mm 时，其机油压力大约降低 10kPa。

二、机油品质检测与分析

在机油使用过程中，由于杂质污染、燃油稀释、高温氧化、添加剂消耗等原因，其品质会逐渐变坏。在外观上，还表现为颜色变黑、粘度上升或下降。

引起机油污染的杂质主要来自摩擦表面的磨损微粒、外界尘埃以及积炭等；发动机工作不正常、不完全燃烧或缺火可使未燃燃油流入油底壳使机油受到稀释；发动机工作过程中产生的高温，特别是当发动机气缸活塞组磨损严重而间隙增大，在燃烧行程有高温、高压气体窜入曲轴箱时，会加剧机油氧化，生成氧化产物和氧化聚合物而使机油变质。机油中的清净分散剂是机油的一种重要添加剂，具有从发动机摩擦表面分散、移走磨损微粒、积炭等的能力，使之悬浮在机油中而不沉淀在摩擦表面，以减轻摩擦表面的磨损。由于机油在使用过程中清净分散剂的消耗及性能降低，也会逐渐失去其清净分散作用。

机油品质变坏会使发动机润滑变差、磨损加剧，甚至引发严重机械故障，因而应加强对发动机机油品质的定期检测与分析，实行按质换油，以保证发动机良好润滑。更为重要的是，通过对机油品质的检测，可分析并监控发动机技术状况的变化。

机油品质检测与分析的常用方法有，机油不透光度分析法、介电常数分析法、滤纸油斑试验法和光谱分析法等。

1. 机油不透光度分析法

发动机在使用过程中，润滑油的品质逐渐变坏，杂质含量增多，粘度下降或增加，添加剂性能丧失。从外表看，润滑油会逐渐变黑。机油污染程度越大，变黑的程度也越大。根据这一现象，可通过测量一定厚度机油膜的不透光度来检测机油的污染程度。

机油污染测定仪的结构原理见图 4-45 所示。稳压电源保证光源和电桥电路的电压稳定。油池由两块玻璃构成，具有确定的间隙，以放入机油样形成确定厚度的机油膜。电桥的一个臂上装有光导管，当电源发出的光线透过油膜照射到光导管上时，作为一个桥臂的光电管电阻发生相应变化。

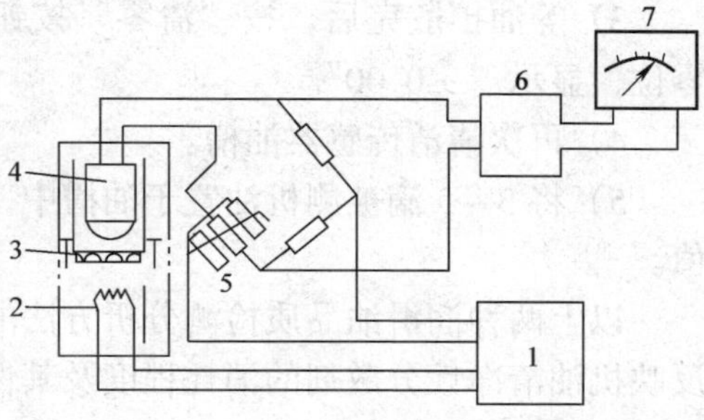

图 4-45　机油污染测定仪结构原理

1—稳压电源　2—光源　3—油池　4—光导管　5—参比电阻　6—直流放大器　7—透光度计

测定机油污染程度时，首先在油池内放入所测机油的标准油样（清洁机油），调整参比电阻使电桥平衡，此时透光度计指示为零，然后把发动机刚停车后曲轴箱油尺上的机油作为测试油样滴入油池，由于测试油样已受到污染，油池内测试油样油膜与标准油样有差异，光源照到光导管上的光线强度也有差异，从而引起光导管阻值的变化使电桥失去平衡。测试油样污染程度越大，电桥不平衡程度越大，电桥输出的电流越强，透光度计指针偏转越大，从而就反映出了机油的污染程度。

2. 介电常数分析法

电容的电容值除与两极板间的面积和极板间的距离有关外，还与极板间填充的物质有关。对于一个已经确定了极板面积和距离的电容，极板间充填物质对于电容值的影响可用一个系数反映，称为介电常数 ε，即

$$C=\varepsilon S/\delta$$

式中，C 是电容；S 是极板间相互覆盖的面积；δ 是极板间距离；ε 是介电常数。

每种物质都有其自身的介电常数，润滑油也不例外。清洁机油不含有杂质，有其较为稳定的介电常数，而使用中的机油，由于污染程度不同，机油中所含杂质成分和数量不同，其介电常数也会发生变化。因此，介电常数值可反映润滑油的污染程度。被测机油的介电常数与清洁机油介电常数的差别越大，表明机油的污染程度越大。

国产 RZJ—2A 型润滑油质量微机检测仪是按上述原理制成的，其外形见图 4-46。该检测仪的关键元件为安装在油槽底部的螺旋状电容。测试时，机油作为电容介质。当机油污染后，其介电常数发生变化，引起该电容的电容值变化。以该电容作为传感器并使其作为检测仪测试电路的一部分，传感器电容的变化引起测试电路中电量的变化，电信号通过专用数字

电路转变为数字信号，送入微机处理并与参考信号比较。当数字显示屏显示值为零时，表明所测机油无污染；显示值不为零时，表明所测机油有污染；显示值越大，表明机油污染程度越大。用 RZJ—2A 型润滑油质量微机检测仪测试机油污染程度时，所推荐的换油标准为：汽油机油的显示值＞4.2～4.7；柴油机油的显示值＞5.0～5.5。

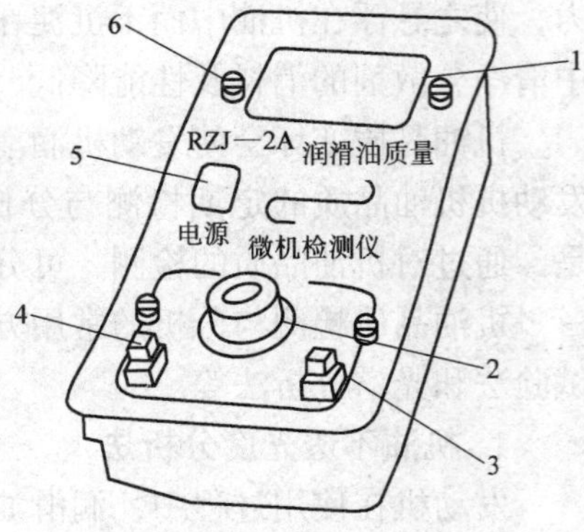

图 4-46 机油介电常数分析仪面板示意图

1—数字显示屏 2—机油传感器
3—清零按键 4—测量按键
5—电源开关 6—固定螺钉

用 RZJ—2A 型润滑油质量微机检测仪测试机油污染程度的操作步骤为：

1）用脱脂棉彻底清洁传感器油槽。

2）将 3～5 滴与被测机油同牌号的清洁机油置于油槽中，使油充满油槽底部。

3）等油扩散完后，按“清零”按钮，仪器自动标定零位，显示“±0.00”。

4）再次清洁传感器油槽。

5）将 3～5 滴被测机油置于油槽中，等油扩散完后，按“测量”按钮，即可显示出测量值。

以上两种润滑油品质检测分析方法的共同特点是，仅能检测润滑油的污染程度，但不能反映机油清净性分散剂的消耗程度及其性能，也难以判断引起机油污染杂质的种类。

3．滤纸油斑试验法

滤纸油斑试验法利用现代电测方法可快速测定机油的污染程度和清净性添加剂的消耗程度及性能，但不能对机油中各种杂质的成分进行测定。

滤纸油斑试验法是把使用中的机油按规定要求滴在专用滤纸上，油滴逐渐向四周浸润扩散，最终形成中央有深色核心的颜色深浅不同的多圈环形油斑，见图 4-47。若机油所含杂质的浓度和粒度不同及清净分散能力不同，所形成油斑每一环形区域的颜色深浅亦有不同。如果机油中杂质粒度小，且清净分散剂性能良好，则杂质颗粒就会扩散到较远处，中心区与扩散区的杂质浓度及颜色深浅程度差别较小；若机油中杂质粒度大，且清净分散剂性能丧失，则机油中杂质就越来越集中于中心区，中心区与扩散区的杂质浓度和颜色深浅程度的差别也就越大。因此，油斑上中心区杂质浓度反映机油的总污染程度，而中心区单位面积的杂质浓度与扩散区单位面积杂质浓度之差可反映机油中残余清净分散剂的清净分散能力，为了实际测定机油油斑中心区杂质浓度及扩散区杂质浓度，必须控制油斑尺寸并确定油斑的尺寸规律。对实际油斑尺寸的统计分析表明，油滴在滤纸上扩散终了时，扩散区的最大半径 r_{max} 取决于滴棒的尺寸（直径），所以应使用统一规格的滴棒，并使滴棒尺寸保证使油斑的尺寸等于光度计的感光内半径。

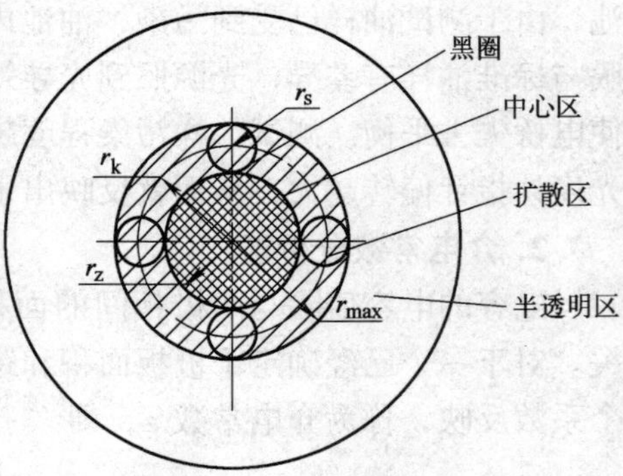

图 4-47 油斑痕迹

为了比较中心区杂质浓度和扩散区杂质浓度，根据试验确定中心区中心圆半径 r_z，一般略小于中心区平均尺寸。同时在扩散区上确定四个均匀分布的半径为 r_s 的小圆，其圆心

都在 $r_z \sim r_{max}$之间，同心圆半径为 r_k 的圆周上，四个小圆的面积之和等于中心圆的面积，即

$$\pi r_z^2 = 4\pi r_s^2$$

设中心区杂质平均浓度为 δ_1，扩散区杂质平均浓度为 δ_2。$\delta_1 = \delta_2$ 时，表明机油的分散清净性极好；而 $\delta_1 \gg \delta_2$ 时，表示机油的分散清净能力不佳；$\delta_1 + \delta_2$ 则反映总杂质浓度。

定义清净性系数 D_d 为

$$D_d = \frac{\delta_1 - \delta_2}{\delta_1 + \delta_2}$$

定义清净性质量系数 Δ 为

$$\Delta = 1 - D_d = \frac{2\delta_2}{\delta_1 + \delta_2}$$

当 $\delta_1 = \delta_2$ 时，$D_d = 0$、$\Delta = 1$，表示机油的分散清净性极好；而 $\delta_2 = 0$ 时，$D_d = 1$、$\Delta = 0$，表示机油的分散清净性极差。因此，机油的分散清净性好坏可用 0 ~ 1 间的数字表示。

油斑中心区和扩散区的杂质浓度可用两区域的不透光度评价。不透光度小，则杂质浓度小；反之，则杂质浓度大。测试两区域不透光度所采用的滤纸油斑检验光度计的原理见图 4-48。

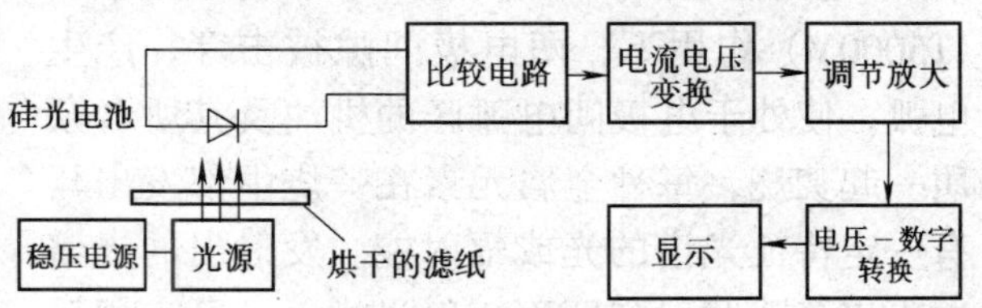

图 4-48　滤纸油斑检验光度计框图

测试时，从发动机正常热工况下取出油样放入试管，用规定尺寸的滴棒（直径 2mm、长度 150mm 尖端光滑的金属棒）插入试管油面下一定深度，取出滴棒后，把第三滴油滴在专用滤纸上，形成油斑并置于烘干箱中保温以加速油滴扩散，待油滴扩散终了滤纸烘干后，把滤纸放在光度计测试平台上压紧，硅光电池制成的传感器正对油斑。传感器可装两种遮光片，一种具有直径为 r_z 的中心孔，另一种具有圆心在半径为 r_k 的圆周上、半径为 r_s 的均布小孔。使用中心孔半径为 r_z 的遮光片时，光源发出的光线透过中心区照在硅光电池上，硅光电池产生的电压经放大后在显示器上显示出来，从而测得中心区的不透光度 O_1，采用四小孔遮光片时，光线透过扩散区上与中心区相同面积的区域照在光电池上，从而测得扩散区的不透光度 O_2。然后采用下式计算出机油用不透光度表达的清净性质量系数 Δ，即

$$\Delta = \frac{2O_2}{O_1 + O_2}$$

仪器标定时，光线完全通过，不透光度为 0；光线被完全阻挡时，不透光度为 100。当中心区和扩散区的不透光度无差别时，$\Delta = 1$，表示机油的分散清净性好；反之，当 $O_2 = 0$，$\Delta = 0$ 时，说明机油已无分散清净能力。

关于清净性质量系数 Δ 的诊断标准，则应通过试验确定。即利用大量达到换油污染程度的机油样品实际测定 Δ 的值，然后经统计分析合理确定其许用值。

4. 光谱分析法

发动机工作时，摩擦表面的磨损微粒被循环工作的机油带至油底壳并悬浮在机油中，其磨损微粒在机油中的含量与机件磨损量直接相关。因此，检测机油中金属微粒的含量，不仅能表明机油被机械杂质污染的程度，还可用来确定机件磨损的程度，同时，机油中金属微粒

含量的变化速度又可反映有关零件摩擦表面的磨损速度。

由于机油中金属微粒的含量很低且种类多，一般采用灵敏度高的光谱分析法测定机油中的金属微粒含量。

光谱分析法是利用机油中金属元素微粒受电能或热能激发后发出特征光谱的性质，根据金属元素发射出的相应特征光谱光线的强度，对机油中金属元素的种类和含量进行定量分析的方法。在这里，不同金属元素激发后发出的特征光谱是分辨机油中金属微粒种类的基础，而所发出特征光谱光线的强度是确定相应金属微粒在机油中含量的依据。

图 4-49 为机油光谱测定分析仪原理图。测试时，被测油样放于油样槽中，回转石墨圆盘浸入油样并作为高压激发源的一个电极，其外圆表面距高压激发源杆式电极的距离为 1.5～2mm，当石墨电极回转时，机油不断地被带入到两电极之间，在高压激发源高电压（15000V）作用下，两电极间隙被击穿，产生电弧，使处于电极间电弧区的机油及其所含杂质一起焚烧，每种金属元素在焚烧中都发出具有一定特征光谱的光或辐射能。发射出的光谱由入口缝隙照射到凹面衍射光栅上，经光栅反射后把入射光线分解成具有不同特征光谱的单色光光线，每种特征光谱对应于一种金属元素焚烧时发出的光谱。反射分解后的不同单色光线聚集于焦点曲线，经出口缝隙照在相应光电传感器上，传感器输出的电信号强度与具有相应特征光谱的光线强度有关，而不同特征光谱的光线强度取决于焚烧机油中相应金属元素的浓度。因此，传感器输出的电信号可反映机油中相应金属元素的浓度。光电传感器输出的电信号传输到信号积分仪、信号处理仪放大并处理后，可由打印机打印出油样中每种金属的含量。

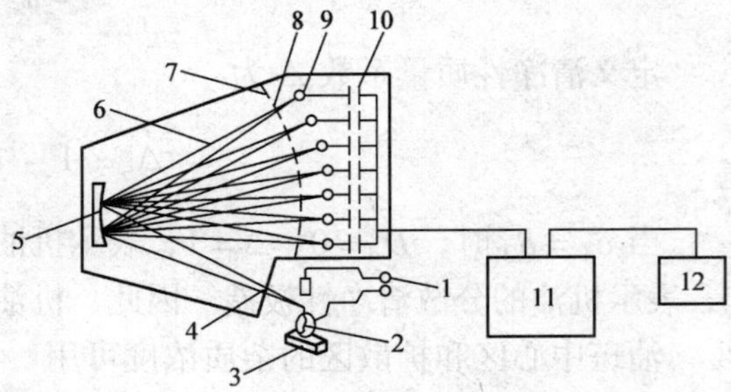

图 4-49　光谱测定分析仪原理图

1—高压激发源　2—回转石墨盘　3—油样池　4—入口缝隙　5—光栅　6—特征光谱　7—焦点曲线　8—出口缝隙　9—光电传感器　10—信号积分仪　11—信号处理仪　12—打印机

光谱分析的测试步骤如下：

1）按使用说明书的要求对仪器预热、调零。

2）发动机运转至正常热工况后停车。

3）用专用注射器从机油加注口吸取 100～150g 油样，放入量筒中，并贴上标签，写明油样粘度、汽车车牌号和行驶里程等。

4）测试前，反复摇晃油样或用超声波处理使所含杂质在机油中均匀分布，然后取 6～8g 机油油样放入油样池。

5）按使用说明书的要求操作仪器，打印出测试结果。

光谱分析仪能确定所测油样中金属元素的种类和含量，并不能反映金属微粒产生的原因、部位及有关摩擦表面的磨损程度。因此必须对测试结果进行进一步的分析。

试验表明，发动机气缸与活塞环配合副的磨损产物，约占机油中全部金属微粒的 85%。所以，机油中铁含量过高时，说明气缸与活塞环磨损严重；其次，当曲轴、凸轮轴的各轴颈和挺杆与凸轮配合副磨损时，也使机油中铁含量增加；若缸套镀铬或活塞环镀铬，则当机油中铬含量增加时，也可表明气缸、活塞环的磨损情况。但铬含量远比铁含量要小。活塞磨损使机油中铝含量增加。

发动机曲轴和凸轮轴使用的滑动轴承多为锡基、铅基、铜基、铝基铸造合金，当机油中锡、铅、铜、铝等元素增多时，若可知发动机的轴承材料配方，即可判断滑动轴承的磨损情况。

机油中硅含量增多时，表明发动机空气滤清器和曲轴箱强制通风滤清器工作欠佳。

机油中某金属元素含量突然增加时，说明发动机内有关摩擦副异常磨损，应视为紧急情况进行处理，待排除故障后，发动机才能继续使用，以免引起破坏性故障或使发动机寿命急剧缩短。

定期用机油中金属微粒含量多少评价发动机磨损速度和磨损程度是有效的，但该法对磨损程度的评价，只能表明摩擦表面磨损量的总值，而无法确切知道磨损量在具体部位的分布情况和磨损部位尺寸、形状及强度等方面的变化情况。

三、机油消耗量检测

机油消耗量的影响因素很多，润滑系统渗漏、空气压缩机工作不正常、机油规格不符、气缸活塞组磨损等都会影响机油消耗量。因此，机油消耗量除可反映发动机润滑系统技术状况外，还可据此判断发动机气缸活塞组的磨损情况。因为在所用机油牌号正确且其他机构技术状况正常的情况下，气缸活塞组磨损过多、间隙增大、机油窜入燃烧室燃烧等，是机油消耗量增大的重要原因。

汽车正常使用时发动机机油消耗量并不大，磨损小、工作正常的发动机，机油消耗量为0.1～0.5L/（100km），发动机磨损严重时，可达1L/（100km）或更多。

测定机油消耗量时，只需把汽车行驶一定里程（1000～1500km）后机油的实际消耗量（L）换算为汽车每百公里的平均机油消耗量［L/（100km）］即可。

第七节 发动机异响的检测与诊断

发动机运转过程中，允许有轻微均匀的排气声和噪声，但发动机技术状况不良时，会产生与发动机正常运转时发出的噪声有所不同的异常声响，这表明发动机某部位发生了故障，必须尽快根据故障类型分析产生原因找出故障部位，予以排除。

一、发动机异响概述

1. 异响类型

发动机运转时的声音不是纯声，而是一组复杂噪声。依照噪声的来源可分为机械噪声、燃烧噪声、空气动力噪声和电磁噪声。发动机种类、转速和负荷不同时，占主导地位的噪声成分也不同。无负荷时，汽油机的主要噪声是机械噪声，而柴油机由于燃烧过程工作粗暴，主要噪声是燃烧噪声。各种噪声尽管来源不同，却都混杂在一起。发动机技术状况不正常时，即发出的异常声响与各种噪声叠加在一起，形成了连续声谱。

发动机的工作过程是周期性循环的，因此发动机工作时发出的各种噪声和异响也是周期性重复出现的，发动机工作时发出的各种噪声在向外传播过程中，若遇到缸体、缸盖、气门罩、油底壳的阻挡，不可避免地会转化为这些部件外表面的振动。由于各种噪声混杂在一起，由此引起的表面振动也是交织在一起的。

机械异响主要是运动副配合间隙太大或配合面有损伤，运动中引起冲击和振动造成的。因磨损、松动或调整不当造成运动副配合间隙太大时，运转中将引起冲击和振动，产生声波，并通过机体和空气传给人耳，于是听到了响声。如曲轴主轴承响、连杆轴承响、凸轮轴轴承响、活塞敲缸响、活塞销响、加速踏板响、定时齿轮响等，多是因配合间隙太大造成的。有时有些异响也可能是配合面（如定时齿轮齿面）有损伤或其他原因造成的。

燃烧异响主要是发动机不正常燃烧造成的。如汽油发动机产生爆燃或表面点火时，柴油发动机工作粗暴时，气缸内均会产生极高的压力波。这些压力波相互撞击并撞击燃烧室壁和活塞顶，发出了强烈的类似敲击金属的声响，是典型的燃烧异响。

空气动力异响主要是在发动机进气口、排气口和运转中的风扇处，因气流振动而引起的。

电磁异响主要是发电机、电动机和某些电磁器件内，由于磁场的交替变化，引起机械中某些部件或某一部分空间产生振动而造成的。

2. 发动机异响的特征

要分辨发动机工作时发出的声响是正常声响还是异常噪声，以及区分各类异响，确定发出异响的部位，需要对异响的特征进行研究。主要研究振动频率和振幅及其相位。

振动物体发出的声音以波的形式向外传播，因此有波动频率和波动幅度两个要素，分别决定于声波振动的快慢和强度。这样，声波所导致的发动机外表面的振动也具有与声波的频率和振幅相对应的振动频率和振幅。研究表明：发动机每种敲击响声即声源引起的振动并非单一的，而是常常由一组频率不同的振动组成，但每种声响所引起的一组频率不同的振动之中也常含有一个或多个区别于其他声响的振动频率，称为信息频率或特征频率。信息频率取决于声源的物理特征。因此对同类发动机而言，同一声源所导致的振动的信息频率是近似的。所以，可以根据信息频率判断发出异响的声源或异响部位。

当发动机运动（配合）副间由于磨损间隙增大时，配合副相互冲撞加剧，所产生声响的声强或声压增大，由此引起的表面振动的振幅也增大。因此，振幅的大小可反映配合副的技术状况好坏。

发动机各缸按一定次序周期性工作，各缸燃烧后所产生的最高压力也以该次序产生。因此，尽管各缸同类部件发出异响的特征频率相同或类似，但出现的相位不同，各缸异响信号间也存在时间上的差异。同样，同一缸不同部位所产生的异响也存在相位上的差异，即出现于不同曲轴转角处，如气门响则是与进、排气时刻相对应。虽然许多部位发出的异响出现在作功行程，如活塞敲缸、活塞销响、连杆轴承响、曲轴轴承响。但由于作用力传递过程的时间差异，不同部位的异响也存在相位上的差异，即异响发生时刻所对应的曲轴转角不同。

3. 异响的影响因素和诊断条件

发动机的异响与其转速、温度、负荷和润滑条件等有关。

一般情况下，转速越高机械异响越强烈（活塞敲缸响是个例外）。尽管如此，在高速时各种响声混杂在一起，听诊某些异响反而不易辨清。所以，诊断时的转速不一定是高速，要具体异响具体对待。如听诊气门响和活塞敲缸响时，在怠速下或低速下就能听得非常明显；当主轴承响、连杆轴承响和活塞销响较为严重时，在怠速和低速下也能听到。总之，诊断异响应在响声最明显的转速下进行，并尽量在低转速下进行，以便于听诊并减小不必要的噪声和损耗。

有些异响与发动机温度有关，而有些异响与发动机温度无关或关系不大。在机械异响诊断中，对于线膨胀系数较大的配合副要特别注意发动机的热状况，最典型的例子是铝活塞敲缸。在发动机冷起动后，该异响非常明显，然而一旦温度升高，响声即减弱或消失。柴油发动机温度过低时，往往产生着火敲击声（工作粗暴）。

许多异响与发动机的负荷有关。如曲轴主轴承响、连杆轴承响、活塞销响、活塞敲缸响、气缸漏气响、汽油机点火敲击响等，均随负荷增大而增强，随负荷减小而减弱，柴油机着火敲击声随负荷增大而减小。但是，也有些异响与负荷无关，如气门响、凸轮轴轴承响和定时齿轮响等，负荷变化时异响并不变化。

润滑条件对于机械异响影响很大，当润滑条件不良时，异响一般都显得比较明显。发动机异响，是发动机内声源发生振动产生声波而传播的。在发动机内，不同的机件、不同的部位和不同工况下，声源所产生的振动是不相同的，因而发出的异响在音调、音高、音频、音强，出现的位置和次数等方面也是不相同的。利用异响的这些特点和规律，在一定的诊断条件下，即可将发动机异响诊断出来。

发动机发生异响的部位由发动机的结构确定，但异响的能量随离开声源的距离越远越弱，即声波的声强或声波在发动机外表面所引起的振动的振幅，随检测点距声源的远近而变化。因此，为了准确测得异响信号或获得足够强的异响信号，异响检测点应距声源越近越好。此外，测量点变化后所测得的振动信号的强弱变化，也有助于判断异响产生的部位。

二、发动机异响的仪器诊断

使用发动机异响诊断仪可以用来检测发动机的异响，它主要是根据异响的振动波形、振幅、频率来进行诊断的。如采用带相位选择的示波器显示异响诊断仪或具有异响诊断功能的发动机综合检测仪检测，通过对异响振动波形的检测对发动机异响故障进行诊断。

1. 便携式异响诊断仪

便携式异响诊断仪由传感器、前置放大器、双T型选频网络、功率放大器和显示仪表五部分组成，其方案框图见图4-50。

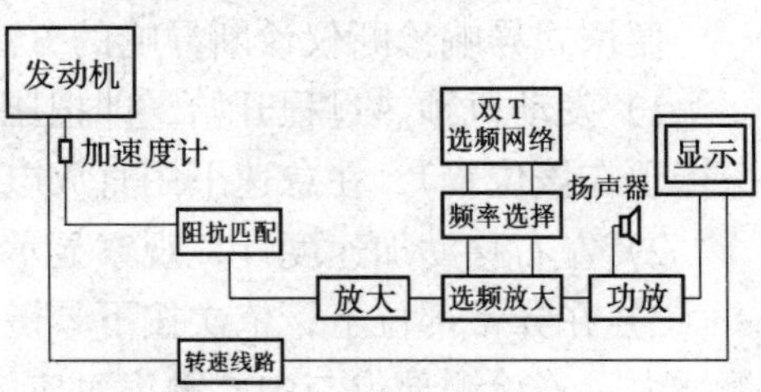

图4-50　便携式异响诊断仪方案框图

异响诊断仪的传感器通常采用压电式加速度计，其结构见图4-51所示。传感器中由两片压电材料（如石英晶体或锆钛酸铅压电陶瓷）组成。压电材料片上置一铜制质量块，并用弹簧对质量块预加负荷。整个组件装于金属壳体内，壳体和中心引出端为二输出端。

当压电材料受到外力作用时，不仅其几何尺寸发生变化，而且内部极化，表面上有电荷出现，形成电场，当外力去掉时，其又恢复到原来状态，这种现象称为压电效应。当加速度计受到振动时，质量块随之振动，同时会有一个因振动而产生的惯性力作用于压电材料片上，其惯性力 F 的大小与振动加速度 a 与质量块的质量 m 有关，即

$$F = ma$$

作用于压电材料片上的惯性力使表面产生电荷。在表面所积聚的电荷量与惯性力成正比，即

$$q = DF$$

式中，q 是电荷量；F 是惯性力；D 是压电常数。

因此

$$q = Dma$$

传感器结构一定时，D 和 m 均为常数，因此电荷量 q 与振动加速度成正比。显然，对于振动加速度来说，其大小、方向是周期性变化的，因此电荷量 q 也是周期性变化的。这样，带电表面与壳体间就会出现周期性变化的电压。其变化频率取决于振动频率，振幅越大，振动加速度越大，压电材料表面产生的电荷量越大，输出电压越高。因此，输出电压信号的变化频率可表示振动频率，而电压高低反映振动幅度。若振动由异响引起，则电压值就可反映异响的强弱。

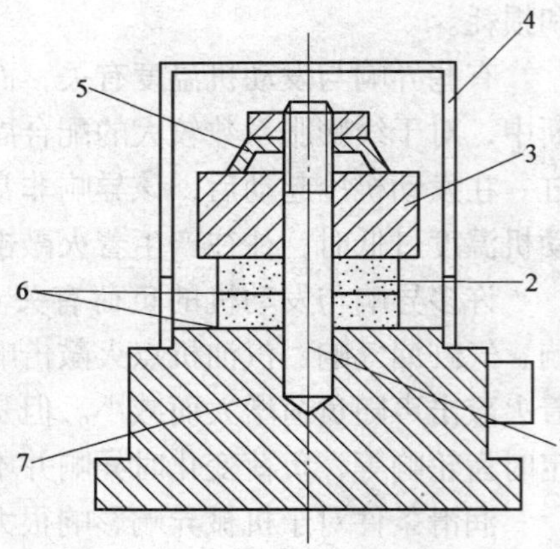

图 4-51 压电加速度计结构示意图

1—螺栓 2—压电片 3—质量块
4—壳体 5—弹簧
6—输出端 7—磁性基座

压电加速度计常制成两种类型：一是具有磁座，可将其吸附在发动机壳体上；二是制成手握式，通过与加速度计相连的探棒接触检测部位并传递振动。

为了诊断异响，必须把异响振动所产生的电压信号从各种不同噪声振动所产生的信号中分离出来。为此，压电加速度计输出信号经屏蔽导线连接到有高输入阻抗的前置放大器输入端，再经差动放大器放大后输入双 T 型选频网络。该网络实质上是一组具有不同中心频率的选频放大器，而且中心频率可用琴键开关变换对应于经试验研究确定的发动机各主要异响的特征频率。选频放大器的功能是放大电压信号中与中心频率相一致的部分，削弱或滤去与中心频率不一致的成分。经过选频放大，异响特征频率电压信号强度加强，再经功率放大输送给扬声器或耳机，同时由电压表指示电压信号峰值，电压表又用作转速表。

便携式异响诊断仪诊断异响的方法和步骤如下：

1）发动机预热过程开始，即把压电加速度计放在发动机缸盖上部气缸轴线位置（或用探棒顶在该位置），在怠速下用直放电路（不接通选频网络）检测有无金属敲击异常声响。

2）左右移动加速度计，观察显示仪表指示值有无明显增加的异常部位。

3）在异常部位上，依次按下琴键开关，观察在何种异常的特征频率下，仪表指示值显著增大。若检测部位与中心频率对应的异响部位相对应，则可初步判断该异响由该特征频率对应的部件引起。如果仪表读数较大，但检测部位与中心频率所对应的异响部位不符，可上下移动加速度计，直至二者相符。

4）在异响最为明显的转速、温度测试条件下及最有利的检测位置，仪表读数超过正常统计数据的位置即为异响振源。

2. 示波器显示异响诊断仪

图 4-52 是带相位选择的示波器显示异响诊断仪方案框图，其特点是相位选择在一定时刻让信号通过诊断装置，该时刻对应于故障机件出现异响振动的时刻，即把异响振动与曲轴转角联系起来，同时，异响振动波形可在示波器上显示出来。

由于某缸配合机件的敲击振动总在该缸点火后发生，某一时刻结束，因此对于汽油机而言，可用转速传感器从一缸点火高压线上获得点火脉冲信号，用点火脉冲信号触发示波器的

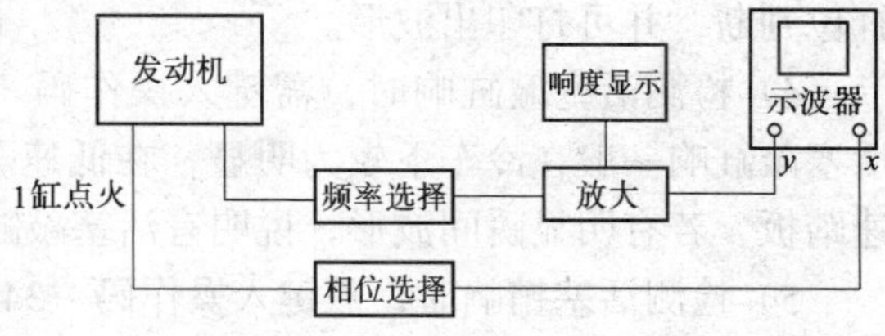

图 4-52　相位选择示波器异响诊断原理框图

扫描装置，在开始点火的时刻使经选频后的异响振动电压信号导通。导通的相位和导通的时刻可以均匀调节。这样，相位选择装置便从时间及相位上的差异分辨异响得以实现，通过选频的振动信号输送到示波器垂直偏转放大器输入端，同时来自一缸高压线的点火脉冲信号触发相位选择器以控制示波器的扫描装置，从而在示波器屏幕上显示出经过相、频选择的振动波形，可用于直接观察振动波形的振幅、相位和延时。

国产 QFC—3 型、QFC—4 型和 WFJ—1 型等发动机综合检测仪，均带有示波器，具有显示发动机异响振动波形的功能。

一般情况下，在点火提前角正常时，活塞销响的异响故障波形出现在整个波形的前部（或中部），活塞敲缸异响故障波形出现在整个波形的中部（或前部），连杆轴承响出现在中后部，曲轴轴承响出现在波形最后部。因各种异响对应着不同振动频率，同时振动中的振幅大小变化过程存在差异，因此显示在示波器上的振动波形所对应的凸轮轴转角和形状有所不同。图 4-53 为活塞销响、活塞敲缸、连杆轴承响和曲轴主轴承响的故障波形。

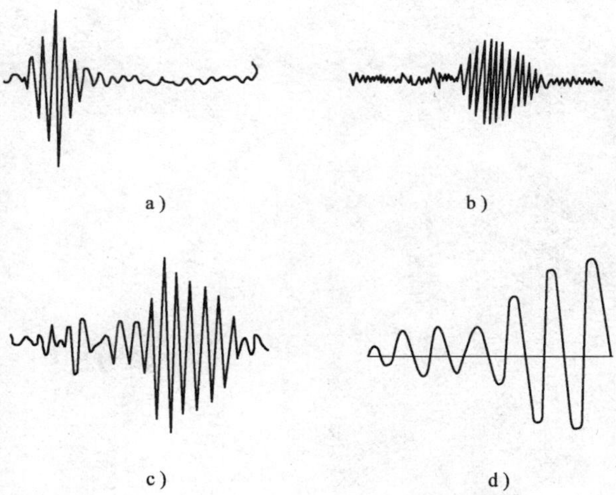

图 4-53　常见发动机异响故障波形
a）活塞销响　b）活塞敲缸
c）连杆轴承响　d）曲轴主轴承响

采用带相位选择的示波器显示异响诊断仪或具有异响诊断功能的发动机综合检测仪，可通过对异响振动波形的检测对发动机异响进行诊断。在检测异响振动波形前，应首先阅读所使用仪器的使用说明书，按说明书的要求进行操作。下面以 WFJ—I 型微机发动机检测仪为例介绍异响波形的检测方法。

1）在第一缸安装转速传感器。

2）检测曲轴主轴承响时，键入操作码“33”，压电加速度计探棒垂直顶在振动最明显部位，一般应在油底壳上。先把发动机转速稳定在 600 ~ 800r/min 之间，然后抖动加速踏板，若有明显瞬时波形，则说明曲轴轴承响。在抖动加速踏板的同时，按一下“存储”键，则主轴承响的振动波形存储在仪器中，复位后键入“8※”（※代表发动机的缸数)，可在屏幕上重显存入的波形。按下“全缸”键，屏幕上显示出各个气缸曲轴主轴承响波形，从中确定振动波形幅度最大的气缸；再按下“单缸”键，可依次单独显示出各缸波形，以判断异响出现的部位及异响波形的幅度。按下“打印”键，还可打印出上述波形。

3）检测连杆轴承响时，仍键入操作码“33”，加速度计探棒触在缸体侧面，对准缸套的上部。提高发动机转速，找到异响明显的转速，并在该转速下抖动加速踏板，若有瞬时高峰波形出现，则说明连杆轴承响。可按检测曲轴主轴承的方法进行波形存储、全缸波形重显和缸位判断，并可打印出波形。

4）检测活塞敲缸响时，需键入操作码“33”，或“34”，加速度计抵在气缸体的上部。活塞敲缸响一般在冷车下较为明显，在低速下较为清晰。在800r/min以下的转速下轻抖加速踏板，若有明显瞬间波形，说明有活塞敲缸响。

5）检测活塞销响时，需键入操作码“34”或“35”，加速度计抵在缸盖、缸体结合处，中高速下抖动加速踏板，若有窄而尖的瞬间波形出现，说明活塞销响。

6）检测气门响时，需键入操作码“36”，加速度计触在进、排气门附近，发动机在1200r/min左右的转速下运转。若波形幅度明显增大，说明气门响。

第五章　底盘技术状况的检测

汽车底盘包括传动系统、行驶系统、转向系统和制动系统。底盘的技术状况直接关系到整车行驶的操纵稳定性和安全性，同时还影响发动机动力的传递和燃油的消耗。因此，汽车底盘是汽车诊断与检测的重点。

汽车底盘的技术状况既可以通过道路试验检测和诊断，又可以采用室内台架试验检测和诊断。本章主要介绍汽车底盘常用诊断参数的台架试验方法。

第一节　底盘输出功率的测定

底盘输出功率检测又称底盘测功，指对汽车驱动轮输出功率的检测。底盘测功的主要目的是为了获得驱动轮的输出功率或驱动力，以便评价汽车的动力性；同时，可以用驱动轮输出功率与发动机输出功率进行对比，求出传动效率以评价汽车传动系统的技术状况。底盘输出功率的检测在底盘测功试验台上进行。

汽车底盘测功试验台是一种不解体检验汽车性能的检测设备，它是通过在室内台架上汽车模拟道路行驶工况的方法来检测汽车的动力性，而且还可以测量多工况排放指标及油耗。同时能方便地进行汽车的加载调试和诊断汽车在负载条件下出现的故障等。由于汽车底盘测功机在试验时能通过控制试验条件，使周围环境影响减至最小，同时通过功率吸收加载装置来模拟道路行驶阻力，控制行驶状况，故能进行符合实际的复杂循环试验，因而得到广泛应用。

按照不同的分类方法，底盘测功试验台可以分出不同的类型。如果按测功装置的形式不同，底盘测功试验台可以分为水力式、电力式、电涡流式三种；如果按冷却方式不同，底盘测功试验台可以分为风冷式、水冷式、油冷式三种；如果按滚筒装置承载能力不同，底盘测功试验台又可以分为小型式、中型式、大型式、特大型式四种。

一、汽车底盘测功试验台的结构与工作原理

1. 汽车底盘测功试验台的结构

底盘测功试验台一般由滚筒装置、测功装置、飞轮机构、测速装置、控制与指示装置等构成。其机械部分的结构见图 5-1。

（1）滚筒装置　测功试验时，汽车驱动轮在滚筒上滚动，驱动滚筒旋转。因此，滚筒装置的作用相当于能够连续移动的路面。底盘测功机的滚筒装置有单滚筒和双滚筒两种类型，如图 5-2 所示。

单滚筒试验台指支承两边驱动车轮的滚筒各为单个的试验台，它的滚筒直径较大，多在 1500 ~ 2500mm 之间，有的可达 4000mm。滚筒直径愈大，滚筒表面曲率愈小，车轮在滚筒上滚动时就像在平路上行驶，轮胎与滚筒表面间的滑转率小，行驶阻力小，因而测试精度高。但大滚筒试验台制造成本大，占地面积大，同时对车轮在滚筒上的安放定位要求严格，

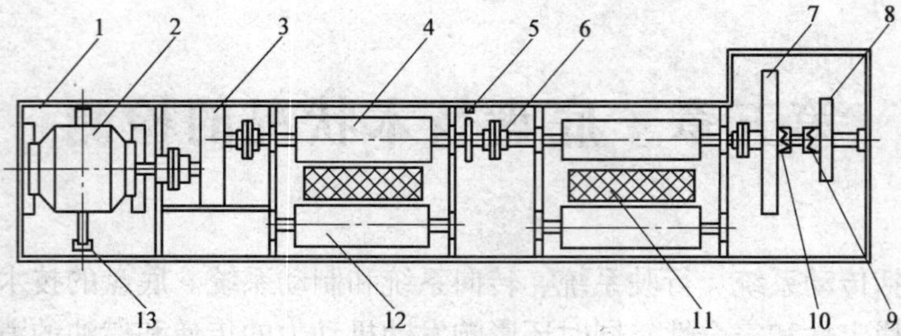

图 5-1 底盘测功试验台机械部分结构示意图

1—框架 2—电涡流测功器 3—变速器 4—主动滚筒 5—速度传感器
6—联轴器 7、8—飞轮 9、10—电磁离合器 11—举升器 12—从动滚筒 13—压力传感器

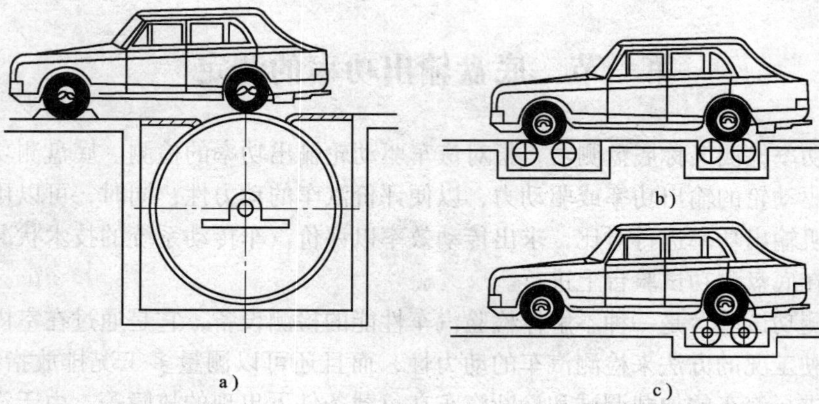

图 5-2 滚筒装置的结构类型

a）单轮单滚筒式 b）双轮双滚筒式 c）单轮双滚筒式

而车轮中心与滚筒中心在垂直平面内的对中又比较困难，故使用不方便。因此，单滚筒底盘测功机一般用于科研单位、大专院校和汽车制造部门，较少用于汽车维修企业、汽车检测站等生产单位。

双滚筒试验台指支承两边驱动车轮的滚筒各为两个的试验台，其中与测功器相连的是主滚筒，左右两个主滚筒之间装有联轴器，左右两边的从动滚筒处于自由状态。双滚筒试验台的滚筒直径一般在 185～400mm 之间，由于曲率半径小，滚筒表面曲率大，因而轮胎与滚筒表面的接触面积较在平路上行驶时小得多。接触面间比压和变形大，滑转率大，从而使滚动阻力增大，测试精度低。据有关资料介绍，在较高试验车速下，轮胎的滚动功率损失可达到所传递功率的 15%～20%。但双滚筒底盘测功机具有车轮在滚筒上安放定位方便和制造成本低等优点，因而适用于汽车维修企业、汽车检测站等生产单位，尤其是单轮双滚筒式试验台应用广泛。

单滚筒试验台的滚筒多采用硬质木料或钢板制成，并采用空心结构。双滚筒试验台的滚筒多采用钢质材料制成，也是采用空心结构。双滚筒试验台的滚筒按其表面形状不同，可以分为光滑式、滚花式、沟槽式和涂覆层式多种形式，其中涂覆层式是在滚筒表面涂覆摩擦因数与道路实际情况接近的材料制成的，是比较理想的一种形式。

（2）测功装置 测功装置用于吸收和测量汽车驱动轮的输出功率，通常称为测功器。测功装置由加载装置和测力装置组成，加载装置可模拟汽车在道路上行驶时所受的各种阻力，使车辆受力情况如同在道路上行驶时一样。

底盘测功机常用的测功器有水力测功器、电力测功器和电涡流测功器三类。由于一般水力测功器的可控性比较差，电力测功器的成本比较高，而电涡流测功器具有测量精度高、振动小、结构简单、易于调控和测量的转速范围和功率范围大等优点。因此国内生产的汽车底盘测功机大多数采用电涡流测功器。图5-3为水冷电涡流测功器的结构示意图。

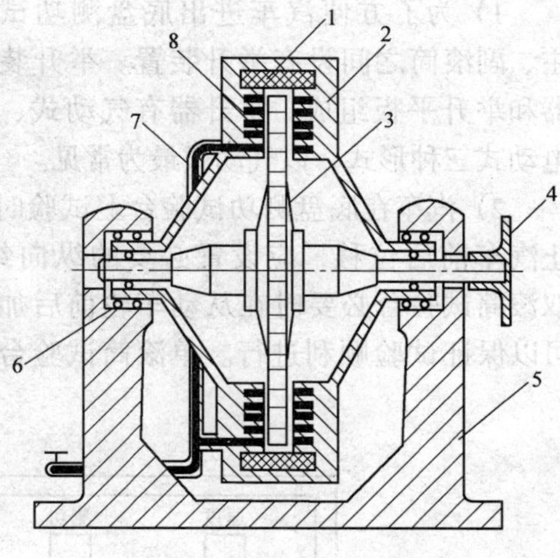

图5-3　水冷电涡流测功器结构示意图

1—励磁线圈　2—定子　3—转子　4—联轴器　5—底座　6—轴承　7—冷却水管　8—冷却室水沟

电涡流测功器加载装置主要由定子和转子构成，转子与滚筒相连，定子可绕其主轴线摆动。定子内部沿圆周布置有励磁线圈和涡流环，转子的外圆上加工有或镶有均匀分布的齿与槽，齿顶与涡流环间留有一定的空气隙。

当励磁线圈通以直流电时，在其周围形成磁场，磁场产生的磁力线通过转子、空气隙、涡流环和定子形成闭合磁路，通过转子齿顶处的磁通密度大，而通过转子齿槽处的磁通密度小。当转子旋转时，这些疏密相间的磁力线也同步旋转，造成通过涡流环任一点的磁通密度呈周期性变化，因而在涡流环上感生涡电流。该涡电流与产生它的磁场相互作用而产生了对转子的制动力矩，因而测功器吸收了驱动车轮的输出功率，同时也对滚筒加载。通过改变励磁电流，可以控制测功器产生的制动力矩。

测力装置能测出驱动车轮产生的驱动力。在定子外壳上装有一定长度的测力杠杆，并与安装在杠杆下方的测力传感器构成测力装置。驱动车轮对滚筒施加的驱动力所形成的转矩，由定子与转子间的制动作用而传给可摆动的定子，定子则通过测力杠杆传给测力传感器，测力传感器将测力杠杆传来的力变成电信号，经微机处理后得出汽车驱动轮的驱动力。

（3）测速装置　底盘测功机在进行测功、加速试验、等速试验、滑行试验和燃油经济性试验时，都必须对试验车速进行测试。测速装置多为电测式，测速装置一般由测速传感器、中间处理装置和指示装置构成。常用测速传感器有光电式、磁电式和测速发电机等类型，通常安装在从动滚筒一端，随从动滚筒一起转动，把滚筒的转速转变为电信号。该电信号经放大后送入处理装置，换算为车速并在指示装置上显示出来。

（4）飞轮机构　飞轮机构用于模拟汽车在道路上行驶时的动能，常采用离合器以实现与滚筒的自由接合。飞轮机构通常具有一组多个飞轮，其飞轮机构的转动惯量及其在各个飞轮上的分配应与所测车型进行加速能力试验和滑行能力试验的要求相适应。

（5）控制装置　底盘测功机的控制装置和指示装置常做成一体，构成控制柜，安放在机械部分的左前方易于操作和观察的位置。如果测力装置和测速装置均为电测式，指示装置可直接显示驱动车轮的输出功率；测力装置为机械式时，指示装置仅能显示驱动车轮的驱动力，驱动轮输出功率需根据所测出的驱动力和实验车速换算才能得到。

图5-4为底盘测功机电测控制部分的原理框图，图5-5为控制柜面板图。控制柜上的按键、显示窗、旋钮、功能灯、警告灯、指示灯等，用来控制试验过程，显示试验结果。带有打印机的底盘测功机，还可打印出所测数据或曲线图。

（6）其他装置

1）为了方便汽车进出底盘测功试验台，在主、副滚筒之间设有举升装置。举升装置由举升器和举升平板组成。举升器有气动式、液动式和电动式三种形式，以气动式最为常见。

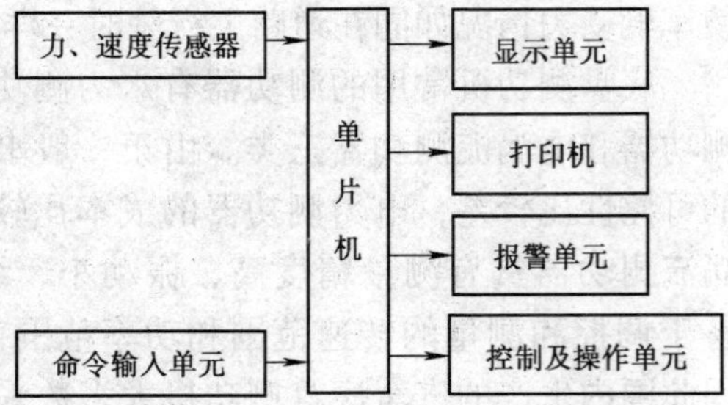

图 5-4 底盘测功机电测控制部分原理框图

2）汽车在底盘测功试验台上试验时，为了防止汽车前后位移，应设置必要的纵向约束装置。双滚筒试验台必要时在从动车轮前后加三角铁就可以保证试验顺利进行。单滚筒试验台还必须在汽车前后设置能拉住汽车的钢质索链。

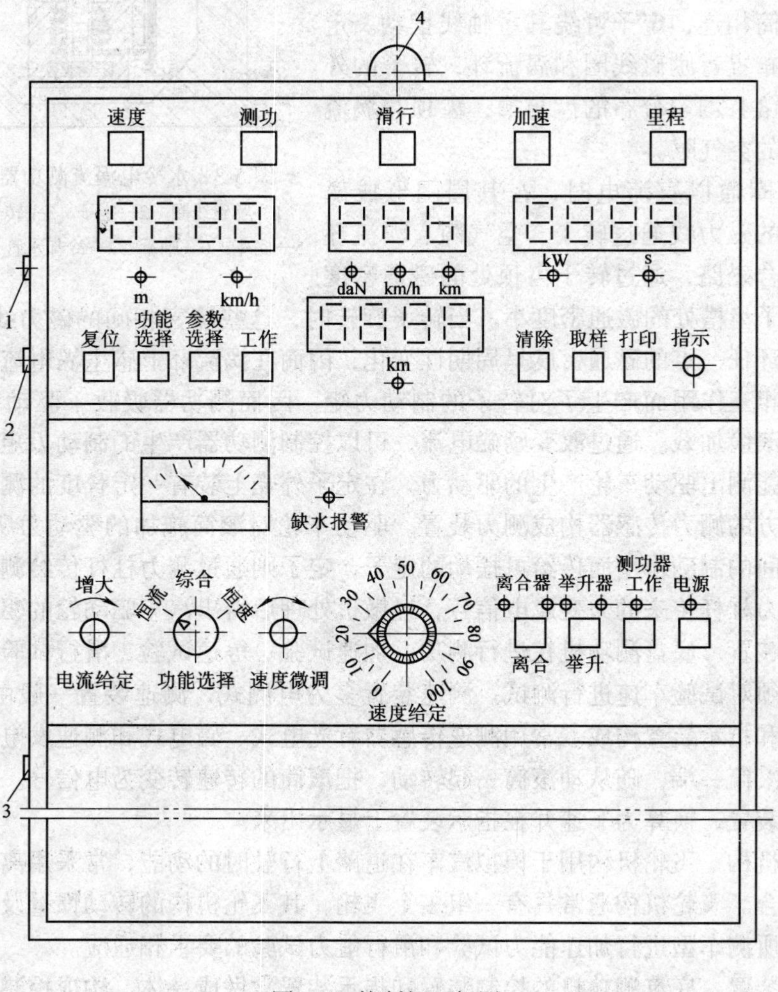

图 5-5 控制柜面板图

1—取样盒插座 2—打印机数据线插座 3—打印机电源线插座 4—警告灯

3）汽车在底盘测功试验台上模拟道路行驶时，由于汽车不发生位移，缺少迎面风，因此发动机冷却系统的散热强度相对不足。特别是长时间处于大负荷试验时，发动机易过热、轮胎温度易过高，需要在汽车前面、驱动桥两侧设置移动式冷风机。

2. 汽车底盘测功试验台工作原理

测功试验时，汽车驱动轮置于滚筒装置上，驱动滚筒旋转并经滚筒带动测功器的转子旋转。当定子上的励磁线圈没有电流通过时，转子不受制动力矩作用；而励磁线圈通以直流电时，所产生磁场的磁力线通过转子、空气隙、涡流环和定子构成闭合磁路。由于通过齿顶和凹槽的磁通量不同，因而当转子在滚筒带动下旋转时，通过涡流环任一点的磁通量呈周期性变化而产生了涡电流，涡电流产生的磁场与励磁磁场相互作用，产生了与转子旋转方向相反的转矩，从而对滚筒起到了加载作用。测出该转矩和转子转速，便可据此得到由滚筒传递给测功器转子的驱动功率。图 5-6 为电涡流测功器的外特性曲线图。

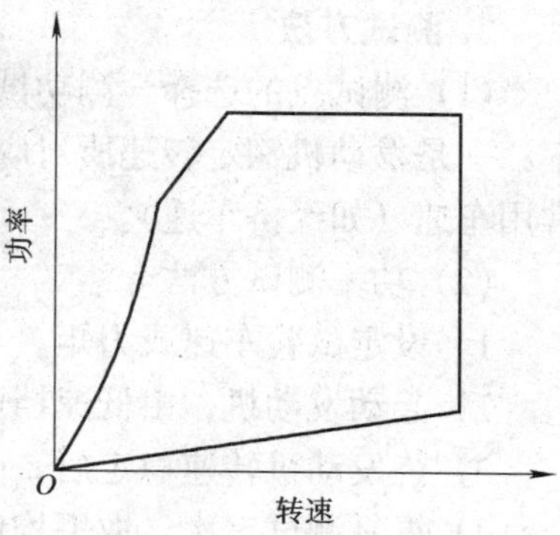

图 5-6　电涡流测功器的外特性曲线

作用力和反作用力是成对出现的。对转子施加制动力矩的同时，定子受到与制动力矩大小相等但方向相反的力矩的作用，力图使可绕主轴摆动的定子顺着转子旋转方向摆动。在测功器定子上安装有一定长度的测力杠杆，并在其端部下方安装有压力传感器，压力传感器便会受压力作用而产生与此成正比的电信号。显然，该压力与杠杆长度（压力传感器至测功器主轴的距离）之积便是定子（或转子）所受力矩的数值。在滚筒稳定旋转时，该力矩与驱动轮驱动力对滚筒的驱动力矩相等。据此，可求出车轮作用在滚筒（其半径为已知常数）上的驱动力的大小。

底盘测功机进行测功试验，以及进行加速试验、车速表检测、滑行试验、燃油经济性试验时，都需要测得试验车速，因此必须配备测速装置。测速装置通常安装在从动滚筒一端，随从动滚筒一起转动，把滚筒的转速转变为电信号。

由压力传感器和测速传感器传来的电信号输入到控制装置，经计算机处理后，在指示装置上显示出功率、驱动力和车速的数值。显然，三者间具有如下关系：

$$P_K = Fv/3600 \tag{5-1}$$

式中，P_K 是驱动轮输出功率（kW）；F 是驱动轮驱动力（N）；v 是试验车速（km/h）。

二、底盘测功试验台的测功方法

型号不同的底盘测功机，其使用方法也有区别，以下介绍的是一般的操作方法。

1. 准备工作

（1）被测车辆的准备

1）调整发动机供油系统、点火系统至最佳工作状态。

2）检查传动系统、车轮的连接情况并紧固。

3）清洁轮胎，检查轮胎气压是否符合规定。

4）运行走热全车。

（2）底盘测功机的准备

1）对于水冷测功机，将冷却水阀打开。

2）接通电源，根据被测车型选择测试功率的挡位。

3）用三角铁抵住停在地面上的车轮前方，进行必要的纵向约束。

4）将冷却风扇置于被测汽车前方0.5m处，对发动机吹风，防止发动机过热。

2. 测试方法

（1）测试点的选择　测功试验时，常选择三个有代表性的工况测试汽车驱动轮的输出功率：一是发动机额定转速所对应的车速；二是发动机最大转矩转速所对应的车速；三是汽车常用车速（如经济车速）。

（2）功率测试方法

1）设定试验车速或力矩。

2）起动发动机，由低速挡逐级换入最高挡，同时逐渐踏下加速踏板，使节气门全开。

3）待发动机转速稳定后，读取和记录功率值。

4）重复测试三次，取平均值。

（3）注意事项

1）走合期的新车或大修车不宜进行底盘测功；

2）测功时，应注意各种异响和发动机水温及轮胎表面温度；

3）被测汽车前严禁站人，以确保安全。

在底盘测功机上测得的驱动轮输出功率取决于发动机输出功率、传动系传动效率、滚动阻力损失功率和试验台传动效率等因素。由于受滚筒表面曲率的影响，驱动轮在底盘测功机滚筒上的滚动阻力比在良好路面上行驶时的滚动阻力大，由滚动阻力所消耗的功率可达所传递功率的15%~20%；在汽车传动系技术状况良好的情况下，传动系的功率损失约占发动机输出功率的10%~20%，其具体数值取决于传动系的类型。底盘测功机驱动轮功率检测标准，可根据在用汽车发动机功率检测标准（不低于原额定功率的75%）、传动系传动效率和滚动阻力损失功率和试验台传动效率的试验结果合理确定。

三、影响底盘测功机测试精度的因素

为了确定底盘测功机的试验精度，必须分析在汽车检测过程中影响汽车底盘输出功率测定值的因素。

1. 机械阻力对汽车底盘输出功率测定值的影响

汽车底盘测功机的台架机械损失主要包括支承轴承、联轴器等，这些部件在车轮带动滚筒旋转过程中，由于摩擦力的存在将消耗一定的功率，为此采用倒拖方法可以测出不同车速下底盘测功机台架的机械阻力所消耗的功率，机械阻力所消耗的功率随着车速的提高而不断提高。

由于台架阻力消耗了汽车部分驱动功率，因此，在检测汽车底盘输出功率时，必须计入机械阻力所消耗的功率。

2. 风冷式电涡流加载装置的冷却风扇对汽车底盘输出功率测定值的影响

风冷式电涡流加载装置采用冷却风扇给励磁线圈进行散热，由于冷却风扇与转子为一体，当转子转动时，冷却风扇自身将消耗一定的驱动功率，且与转子转速的三次方成正比，因此，当底盘测功机安装有风冷式电涡流加载装置时，必须给出风扇消耗功率与转子转速（或车速）的数学模型，以便计入底盘输出功率中。

3. 滚动阻力对汽车底盘输出功率测定值的影响分析

车轮滚动时，轮胎与路面的接触区域产生法向、切向的相互作用力以及相应的轮胎和支承路面的相对刚度决定了变形的特点。当弹性轮胎在硬质的钢制光滚筒上滚动时，轮胎的变形是主要的，此时由于轮胎内部摩擦产生弹性迟滞损失，使轮胎变形时对它做的功不能全部收回，此能量消耗在轮胎各组成部分相互间的摩擦以及橡胶、帘线等物质的分子间的摩擦，最后转化为热能而消失在大气中。这种损失即为弹性物质的迟滞损失。

因为滚动阻力系数与模拟路面的滚筒种类、行驶车速以及轮胎的构造、材料、气压等有关，所以，对其影响因素分析是非常必要的，具体分析如下：

(1) 滚筒对滚动阻力系数的影响

1) 若滚筒的半径 r 越大，在车轮滚动时轮胎的变形量就越小，也就是说弹性迟滞损失就越小，故滚动阻力系数随滚筒半径的增大而减小。

2) 在加工过程中滚筒的椭圆度误差、同轴度误差越小，轮胎在滚筒上的运转就越平稳，当车速一定时滚动阻力系数的波动范围就越小，所以说，滚动阻力系数随滚筒加工精度的提高而减小。

3) 常见的光滚筒即表面未经处理的滚筒由于滚筒表面较光滑，其附着系数约为 0.5，试验用的东风车在 50km/h 工况下检测最大底盘输出功率时与其滑移率约为 8%，也就是说，汽车车轮在行走时，除滚动阻力外还有滑拖，致使被检测车轮发热，增大了滚动阻力损失，同时由于速度的误差，引起了所测功率的误差。滚筒表面喷涂有耐磨硬质合金的滚筒由于采用表面喷涂技术，将滚筒表面的附着系数提高到 0.8 左右，接近于一般水泥路面的附着系数，则可避免滑拖现象。

4) 滚筒中心距是指底盘测功机前后两排滚筒支承轴线之间的距离。随着滚筒中心距的增加，汽车车轮的安置角随之增大，前后滚筒对车轮支承力也随之增大，这样将导致车辆在测功机台架上的运行滚动阻力增加。

综上所述，滚筒直径、安置角、滚筒表面质量、滚筒中心距对滚动阻力有很大的影响，由于部分底盘测功机仅显示功率吸收装置的吸收功率，所以同一辆车在不同台架上测得的数值不同。因此如果以底盘测功机作为法定计量设备，其滚筒直径、中心距、表面处理以及加载方式必须标准化。

(2) 轮胎气压对滚动阻力系数的影响　轮胎气压对滚动阻力系数影响很大，气压低时在硬路面上轮胎变形大，滚动时迟滞损失增加。为了减少该项所引起的检测误差，要求在动力性检测前必须将轮胎气压充至标准气压。

第二节　传动系统的检测

传动系统是汽车底盘的主要组成部分，一般由离合器、变速器、传动轴、主传动器、差速器和半轴等构成，其作用是把发动机输出的动力传给驱动轮。传动系统的技术状况不良将使汽车的动力性和燃油经济性变差；同时，起步能力变坏和超车能力不足，易于造成安全行车隐患；离合器、变速器等主要部件性能不良对汽车的操纵方便性也有很大影响。

根据 GB 7258—2004《机动车运行安全技术条件》，汽车传动系统应满足如下要求：

1) 机动车的离合器应接合平稳、分离彻底，工作时不得有异响、抖动和不正常打滑等现象。

踏板自由行程应符合整车技术条件的有关规定。

踏板力应不大于300N，手握力应不大于200N。

2）换挡时齿轮啮合灵便，互锁和自锁装置有效，不得有乱挡和自行跳挡现象；运行中无异响；换挡时，变速杆不得与其他部件干涉。

在变速杆上必须有驾驶员在驾驶座位上容易识别变速器挡位位置的标志。若变速杆上难以布置，则应布置在变速杆附近的易见部位。

3）传动轴在运转时不得发生振抖和异响，中间轴承和万向节不得有裂纹和松旷现象。

传动系统的技术状况检测有经验检测法和仪器检测法两类。经验检测法是从上述规定和所测车型的有关技术数据出发，通过观察和实际操作，按一定步骤凭经验检测传动系统的技术状况，如离合器踏板自由行程，变速器漏油、异响、跳挡、乱挡等。某些检测项目也可采用仪器检测。以下主要介绍利用仪器对传动系统技术状况进行检测的方法。

一、汽车传动系统功率损失和传动效率的检测

汽车传动系统的功率损失可在具有储能飞轮的底盘测功机上或惯性式底盘测功机上对传动系统进行反拖试验而测得，根据所测得的驱动轮输出功率和传动系统功率损失，可换算出汽车传动系统的传动效率。在具有储能飞轮的底盘测功机滚筒上进行滑行试验，可测得汽车的滑行距离，可反映汽车传动系统传动阻力的大小。

利用试验台反拖可测得传动系统所消耗的功率。在惯性式底盘测功机或带有储能飞轮可模拟汽车在相应车速下行驶动能的底盘测功机上，若在测得汽车驱动车轮的输出功率后，立即踩下离合器踏板，储存在飞轮系统中的汽车行驶动能会反过来拖动汽车驱动轮和传动系统运转，运转阻力作用于滚筒，因此底盘测功机可测得反拖驱动轮和传动系统所消耗的功率。如果将同一车速下驱动轮输出功率与反拖驱动轮和传动系统所消耗的功率相加，可求得该车速所对应的发动机转速下发动机的输出功率，根据发动机输出功率和汽车驱动轮输出功率可得到传动系统的机械效率。传动系统的传动效率检测，把汽车驱动轮输出功率与发动机输出的有效功率进行比较，可按下式求出传动系统的传动效率，即

$$\eta_k = \frac{P_k}{P_e}$$

式中，η_k是传动系统的机械传动效率；P_k是汽车驱动轮输出功率；P_e是发动机输出功率。

正常情况下，汽车传动系统中的机械效率正常值如表5-1所示。需说明的是，在底盘测功机上试验时，车轮在滚筒上的滚动损失功率可达所传递功率的15%～20%，所测驱动轮功率仅占发动机输出功率的60%～70%（一般小轿车70%，装用双级主传动器或单级主传动器的载货汽车和客车分别为60%或65%）。当传动效率过低时，说明消耗于离合器、变速器、分动器、主减速器、差速器的功率增加，汽车传动系统的技术状况不良。

表5-1 汽车传动系统的传动效率

汽车类型		传动效率（%）
小轿车		0.90～0.92
载货汽车 大客车	单级主传动	0.90
	双级主传动	0.84
4×4越野汽车		0.85
6×4载货汽车		0.80

为了检验汽车大修竣工后的质量，GB/T 15746.1—1995《汽车修理质量检查评定标准　整车大修》规定：汽车空载以初速度 30km/h 摘挡滑行时，其滑行距离应满足表 5-2 的要求。汽车在底盘测功机滚筒上进行滑行试验时，滚动阻力与道路试验时的滚动阻力有一定差别，因此应参照道路试验时对滑行距离的有关规定，通过对比试验确定其滑行距离的测试标准。底盘测功机对汽车滑行距离的测试精度，首先取决于飞轮机构、滚筒装置及其他旋转部件的旋转动能是否与道路试验时汽车在相应车速下的动能相一致。汽车以某一车速在滚筒上进行滑行试验时，汽车驱动轮首先带动滚筒装置、飞轮机构以相应转速旋转，此时滚筒装置和飞轮机构具有的动能与汽车道路试验时具有的动能相等。摘挡滑行后，储存在滚筒装置、飞轮机构中的动能释放出来驱动汽车驱动轮和传动系统旋转，滚筒继续转过的圆周长与汽车路试时的滑行距离相对应。滑行距离长短可反映汽车传动系统传动阻力的大小，据此可判断汽车传动系统的技术状况。

表 5-2　汽车的滑行距离

汽车的整备质量/t	滑行距离/m	试验方法
≤4	≥160f	路试：用五轮仪按 GB/T 12536—1990 中的规定测量
>4～5	≥180f	
>5～8	≥220f	
>8～11	≥250f	
>11	≥270f	

注：双轴驱动车辆，取 $f=0.8$；单轴驱动车辆，取 $f=1.0$。

传动功率损失、传动效率和滑行距离可反映汽车传动系统的综合技术状况，但不能评价传动系统各组成部分的技术状况。

二、离合器打滑的检测

离合器打滑使发动机动力不能有效地传递至驱动轮，汽车动力性下降，摩擦片磨损严重，同时也影响汽车的正常行驶。造成汽车起步困难；加速时，车速不能随发动机转速的提高而迅速上升；负载上坡传递大转矩时，打滑更为明显，严重时会烧坏摩擦片。

采用离合器打滑测定仪可对离合器打滑进行检测。该仪器由闪光灯、高压电极、电容、电阻等构成，如图 5-7 所示。

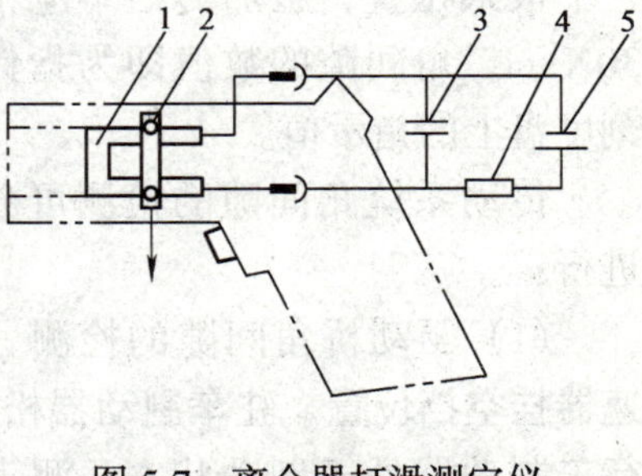

图 5-7　离合器打滑测定仪
1—闪光灯　2—高压电极　3—电容　4—电阻　5—蓄电池

离合器打滑测定仪的基本工作原理是频闪原理，即：如果在确定时刻，照射一束光脉冲（约 1/5000s）于转动零件的某一转角位置，转动零件的旋转频率与光脉冲的频率相同或成整数倍时，由于人们的视觉暂留现象，似乎觉得零件静止不动。

检测时，可把驱动轮置于底盘测功机或车速表试验台滚筒上，无条件者可支起驱动桥，汽车变速器挂直接挡，此时若离合器不打滑，发动机转速与传动轴转速相同。必要时，可用行车制动器或驻车制动器增加传动系统负荷和离合器所传递的转矩。测定仪以汽车蓄电池作为电源，由发动机火花塞或一缸点火高压线通过电磁感应给测定仪的高压电极输入信号脉冲，控制闪光灯的闪光时间，因此闪光灯的闪光频率与发动机转速成整数倍。若把闪光灯发出的光脉冲投射到传动轴某一点，传动轴与发动机转速相同时，光脉冲每次照射该点，使人感到传动轴并不旋转；离合器打滑时，传动轴转速比发动机转速慢，光脉冲每次照射点均位于上次照射点的前部，使人感觉传动轴慢慢向相反的方向转动，显然其转动的快慢即可反映离合器打滑的严重程度。

由于基本测试原理相同，发动机点火正时灯也可用于离合器打滑的检测。

三、传动系统角间隙的检测

在汽车使用过程中，传动系统因传递动力，且配合表面或相啮合零件间有相对滑移而产生磨损，从而使间隙增大，如变速器、主传动装置、差速器中的齿轮啮合间隙，传动轴、半轴的花键连接间隙，十字轴颈与滚针轴承间的间隙及滚针轴承与万向节间的间隙等。这些间隙都可使相关零件间产生相对角位移或角间隙，其角间隙之和构成传动系统的总角间隙。

研究表明，传动系统各总成和机件的磨损与其间隙存在密切的关系，总角间隙随汽车行驶里程近似呈线性增长。因此，总角间隙可作为诊断参数评价传动系统的技术状况。由于角间隙可分段检测，还可用角间隙对传动系统有关总成或机件的技术状况进行检测。

传动系统角间隙检测所用仪器有指针式角间隙检测仪和数字式角间隙检测仪两种。

1. 指针式角间隙检测仪

指针式角间隙检测仪由指针、测力扳手和刻度盘构成，见图 5-8。使用时，指针固定在主传动器主动轴上，而刻度盘固定在主传动器壳体上，见图 5-8a；测力扳手钳口可卡在传动轴万向节上，扳手上带有刻度盘和指针，以便指示出测力扳手所施加的力矩。测量角间隙时，测力扳手应从一个极限位置转至另一个极限位置，施加力矩不应小于 30N·m，角间隙的数值即为指针在刻度盘上的指示值。

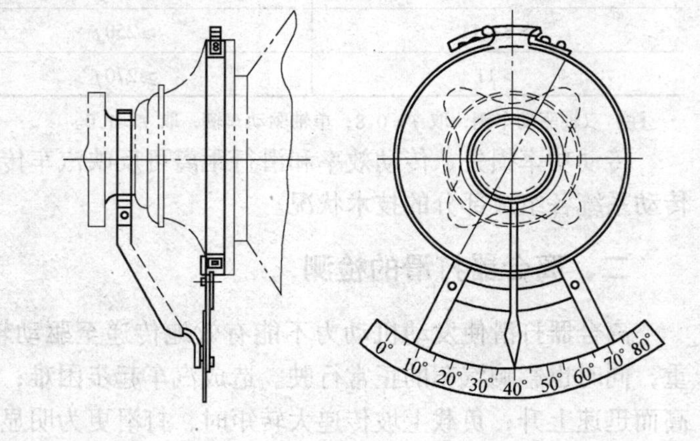

图 5-8　指针式角间隙检测仪

a) 指针与刻度盘的安装　b) 测力扳手

1—卡嘴　2—指针座　3—指针　4—刻度盘　5—手柄　6—手柄套筒　7—定位销　8—可换钳口

传动系统角间隙的检测可分段进行：

(1) 驱动桥角间隙的检测　变速器挂空挡位置，驻车制动器松开，行车制动器处于制动状态，测力扳手卡在驱动桥主动轴万向节的从动叉上，使其从一个极限位置转至另一个极限位置，从刻度盘上读取角间隙值。

(2) 万向传动装置的角间隙的

检测　放松车轮制动，视必要可支起驱动桥，拉紧驻车制动器，测力扳手卡在驱动桥主动轴万向节的从动叉上，使其从一个极限位置转至另一个极限位置，从刻度盘上读取角间隙值。

（3）离合器和变速器各挡位的角间隙的检测　放松车轮制动，视必要可支起驱动桥，离合器处于接合状态，依次挂入各挡，测力扳手卡在变速器后端万向节的主动叉上，使其从一个极限位置转至另一个极限位置，即可测得不同挡位下从离合器至变速器输出轴的角间隙。

（4）传动系统的总角间隙的检测　以上三段角间隙之和即为传动系统的总角间隙。

2. 数字式角间隙检测仪

数字式角间隙检测仪由用导线相联的倾角传感器和测量仪构成。

倾角传感器的作用是将传感器感受到的倾角变化转变为线圈电感量的变化，从而改变检测仪电路的振荡频率。因此，传感器实际上是一个倾角—频率转换器。传感器外壳是一个上部带有 V 形缺口，并配有带卡扣尼龙带的长方形壳体，可固定在传动轴上，因此可随传动轴摆动，传感器内部结构是一个中心插有弧形磁棒的线圈，如图 5-9 所示。弧形磁棒由摆杆和心轴支承在外壳中夹板的两盘轴承上。在重心作用下，摆杆始终偏离垂线某一固定角度。弧形线圈则固定在外壳中的夹板上，当外壳随传动轴摆动时，线圈也随之摆动，因而线圈与磁棒的相互位置发生变化，从而改变了线圈电感值，电感的变化量则反映了传动轴的摆动量。当电感值可变化的线圈作为检测仪振荡电路中的一个元件时，传动轴的摆动所引起的线圈电感值的变化就改变了电路的振荡频率。传感器内的变压器油可使可动部分摆动后能迅速达到平衡状态。

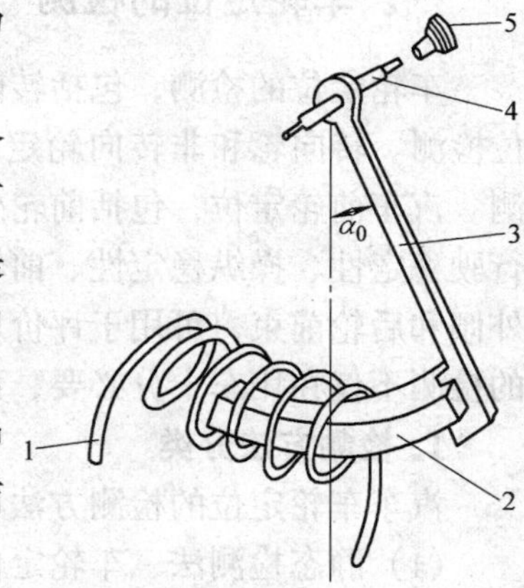

图 5-9　倾角传感器结构示意图

1—弧形线圈　2—弧形磁棒

3—摆杆　4—心轴　5—轴承

测量仪实际上是一台专用的数字式频率计，采用与传感器特性相应的门时并可初始置数，通过标定可直接显示出倾角大小。测量仪采用数字集成电路，由传感器输出的振荡信号经计数门进入主计数器，在置成的补数基础上累计脉冲数。计数结束后，在锁存器接收脉冲作用下，将主计数器的结果送入寄存器，并由荧光数码管将结果显示出来。使用时，把角间隙两个极端位置的倾角相减，其差值即为角间隙值。

利用数字式角间隙检测仪检测传动系统角间隙时，也必须逐段检测。

将测量仪接好电源，用导线把倾角传感器和测量仪连接好，先按仪器说明书的要求对仪器进行自校，再将转换开关扳到“测量”位置，传感器固定在传动轴上。

（1）万向传动装置角的间隙的检测　拉紧驻车制动器处于制动状态，传动轴转至驱动桥角间隙中间位置（驱动桥角间隙一般远大于其他部位的角间隙）或将驱动桥支起，左、右旋转传动轴至极端位置，测量仪便显示出在该两个位置时传感器的倾斜角度，两个角度之差即为万向传动装置的角间隙。此角度不包括传动轴与驱动桥之间的万向节的游动角度。

（2）离合器和变速器各挡位的角间隙的检测　接合离合器，变速器挂入选定挡位，放松驻车制动器，传动轴位于驱动桥角间隙中间位置或将驱动桥支起，左、右转动传动轴至极限位置，测量仪显示出的该两位置时传感器倾斜角之差减去已测得的万向传动装置角间隙，即为从离合器至变速器输出轴的角间隙。

(3) 驱动桥角间隙的检测　放松驻车制动，变速器挂入空挡，行车制动器处于制动状态，左、右旋转传动轴至极限位置，测量仪上所显示两角度之差则为驱动桥角间隙与传动轴至驱动桥之间万向节角间隙之和。

第三节　转向系统的检测

转向装置是直接关系到汽车操纵性能的要害机构，其技术状况和性能的好坏对行车安全影响极大，因此无论是新车、改装车或在用车都必须按规定进行必要的检测。

一、车轮定位的检测

车轮定位的检测，包括转向轮（通常为前轮）定位的检测和非转向轮（通常为后轮）定位检测。转向轮和非转向轮定位的检测，也即前轮和后轮定位的检测，合称为四轮定位检测。汽车前轮定位，包括前轮外倾、前轮前束、主销后倾和主销内倾，是评价汽车前轮直线行驶稳定性、操纵稳定性、前轴和转向系统技术状况的重要诊断参数。后轮定位主要有后轮外倾和后轮前束，可用于评价后轮的直线行驶稳定性和后轴的技术状况。因此，车轮定位值的检测不仅在用车十分必要，而且对新车定型和质量抽查也是必不可少的。

1. 检测方法分类

汽车车轮定位的检测方法，有静态检测法和动态检测法两种类型。

(1) 静态检测法　车轮定位的静态检测法，是在汽车静止的状态下，根据车轮旋转平面与各车轮定位间存的直接或间接的几何关系，用专用检测设备对车轮定位进行几何角度的测量。使用的检测设备一般有气泡水准式、光学式、激光式、电子式和微机式等前轮定位仪或四轮定位仪（统称为车轮定位仪）。

气泡水准车轮定位仪一般由转盘、支架、水准仪等组成。由于其结构简单、价格低廉、便于携带等优点，在国内汽车维修行业获得了广泛应用。但是，它也存在安装、测试费时费力和只能检测前轮定位不能检测后轮定位等不足。

光学式车轮定位仪一般由转盘、支架、车轮镜和投光装置等组成。投光装置（由投光器和投影屏组成）也像水准仪一样安装在支架上，而支架固定在轮辋上。该定位仪利用光学投影原理，将车轮纵向旋转平面与车轮定位的关系投影到带有指示刻度的投影屏上，从而测得车轮定位值。

激光式车轮定位仪的检测原理与光学式相同，只不过采用的是激光投影系统，因而在强烈的阳光下也能清楚地从投影屏读出测量数据。

电子式车轮定位仪则是在光学式和激光式的基础上，由投影屏刻度显示转变为显示屏数字显示而已。

微机式车轮定位仪比以上几种车轮定位仪先进，目前国内外生产的四轮定位仪多以这种类型为主，可同时检测前、后轮的车轮定位参数。微机式车轮定位仪由于采用微机技术和精密传感测量技术，并备有完整齐全的配套附件，所以具有测量准确和操作简便等优点。它一般由微机主机、彩色显示器、操作键盘、传感器、转盘、自中式支架、打印机和遥控器等组成，往往制成可移动台式。它由安装在车轮上的传感器把车轮定位角的几何关系转变成电信号，送入微机处理、分析和判断，然后由显示屏显示和打印机打印输出。测试过程中，可通过操作全功能红外线遥控器，在汽车的任何位置实现远距离的测试控制。

(2) 动态检测法 动态检测法是在汽车以一定车速行驶的状态下，用检测设备检测车轮定位失准产生的侧向力或由此引起的车轮侧滑量。为了确知前轮前束和前轮外倾配合是否恰当，可使用动态检测法检测前轮的侧滑量。使用的检测设备滑动板式侧滑试验台和滚筒式车轮定位试验台两种。目前，国内几乎全部采用滑板式侧滑试验台进行动态检测。滑板式侧滑试验台简称为侧滑试验台。该试验台是使汽车在滑板上驶过，用测量滑板左、右方向移动量的方法，来检测前轮侧滑量并判断是否合格的一种检测设备。

后轮带有外倾和前束的汽车，也可以通过侧滑试验台测得后轮前束与后轮外倾的配合是否符合要求。

2. 四轮定位检测的项目和仪器简介

为适应汽车高速行驶状态下的稳定性和舒适性要求，现代汽车广泛采用四轮独立悬架。为使汽车具有良好转向特性，除转向轮定位外，部分轿车（如夏利 TJ 7100、捷达、富康、桑塔纳 2000 等）还具有后轮外倾角和前束等参数，称为四轮定位。

四轮定位的前、后轮定位参数依赖于悬架机构有关部件的相互位置在一个统一基准（线或面）上的合理匹配，以实现转向行驶系统的稳定效应，使汽车具有良好的行驶平顺性和操纵稳定性。只有当前、后轮定位参数均按标准值调整得当时，才能保证汽车转向精确、运行平稳、行驶安全、降低油耗并减轻轮胎磨损。

在汽车行驶中出现下列情况时，需进行四轮定位的检测和调整：

1）直线行驶困难；

2）前轮摇摆不定，行驶方向漂移；

3）轮胎出现不正常磨损；

4）汽车更换悬架系统、转向系统或前部经碰撞事故维修后。

四轮定位的检测项目包括：转向轮前束值/角及前张角、转向轮外倾角、主销后倾角、主销内倾角、后轮前束值/角及前张角、后轮外倾角、轮距、轴距、转向 20°时的前张角、推力角和左右轴距差等，如图 5-10 所示。其中，转向轮定位参数的检测工作在转向轮定位仪上也可完成。

不同车型的四轮定位值不同。汽车的四轮定位合格与否，需要把检测结果与标准值进行比较才能确定。现代先进的微机式四轮定位仪，不仅采用了先进的测量系统和科学的检测方法，而且储存了大量常见车型的四轮定位标准数据。在检测过程中，可随时把实测数据与标准数据进行比较，并通过屏幕用图形和数字显示出需要调整的部位、调整方法以及在调整过程中数值的变化，把复杂的四轮定位检测调整简化成“看图操作”。

目前常用的四轮定位仪有拉线式、光学式、微机式等多种，虽然其基本检测原理相同，但使用方法有很大差异，因此在使用前应认真阅读四轮定位仪的使用说明书。以下以微机式四轮定位仪为例介绍其检测原理和检测方法。

微机式四轮定位仪由主机、前后车轮检测传感器、传感器支架、转盘、制动锁、转向盘锁及导线等零部件构成，图 5-11 为微机式四轮定位仪主机外形图。

3. 四轮定位的检测原理

不同类型四轮定位仪所采用的检测方法、数据记录与传输的方式有所不同，但基本检测原理一致。以下介绍四轮定位主要检测项目的检测原理。

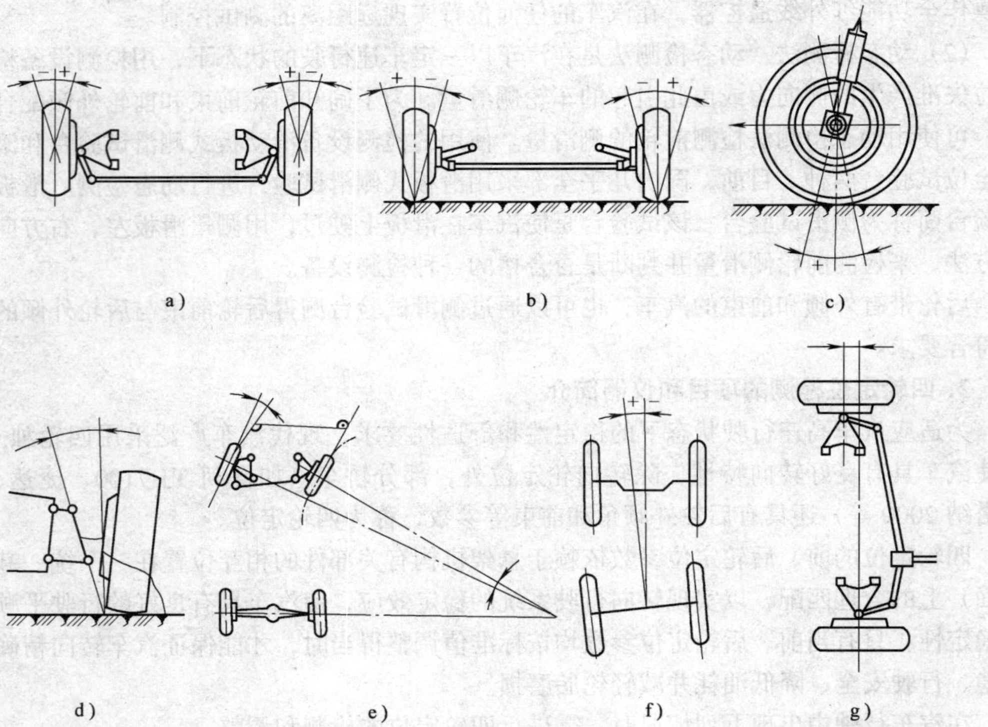

图 5-10 四轮定位的检测项目

a）车轮前束值和前张角 b）车轮外倾角 c）主销后倾角 d）主销内倾角
e）转向 20°时的前张角 f）推力角 g）左右轴距差

(1) 车轮前束和推力角的检测原理 检测时，应将车体摆正并把转向盘置于中间位置。为提高检测精度，依四轮定位仪的类型常通过拉线或光线照射及反射的方式形成一封闭的直角四边形，并将被测车辆置于该四边形中。如图 5-12 所示。通过安装在车轮上的光学镜面或传感器，不仅可检测前后轮的前束值，还可检测左右轮轴距差及推力角等。

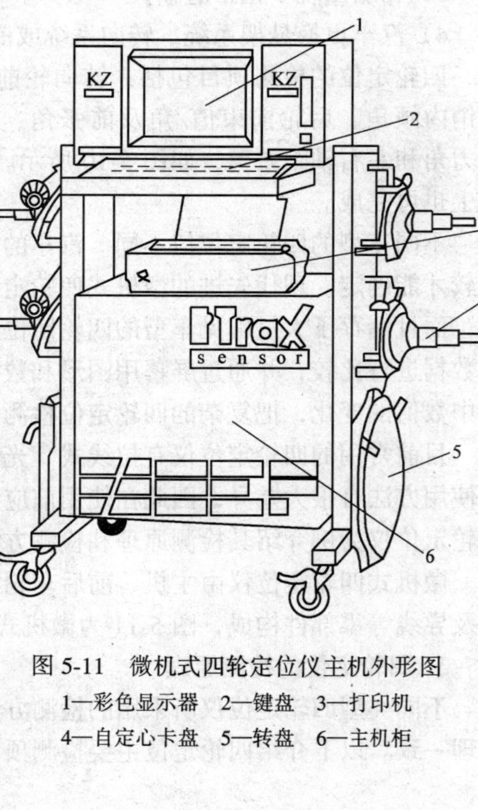

图 5-11 微机式四轮定位仪主机外形图

1—彩色显示器 2—键盘 3—打印机
4—自定心卡盘 5—转盘 6—主机柜

安装在车轮上的传感器不同，其测量方法亦有所不同，这里仅以光敏晶体管（又称光电晶体管或光电半导体管）式传感器为例说明一下检测原理。

光敏晶体管为近红外线接收管，是一种光电变换器件，它的结构与外形如图 5-13 所示。其工作状态为：不加电压，利用 P-N 结在受光照射时产生正向电压的原理，把它作为微型光电池。在光敏晶体管后面接一些用于接收信号的元件，以便及时对光敏晶体管上所获得的信号进行分析处理。

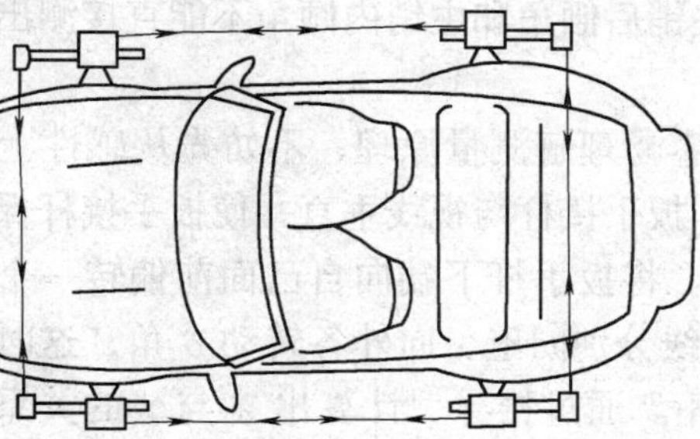

图 5-12 8 束光线形成封闭的四边形

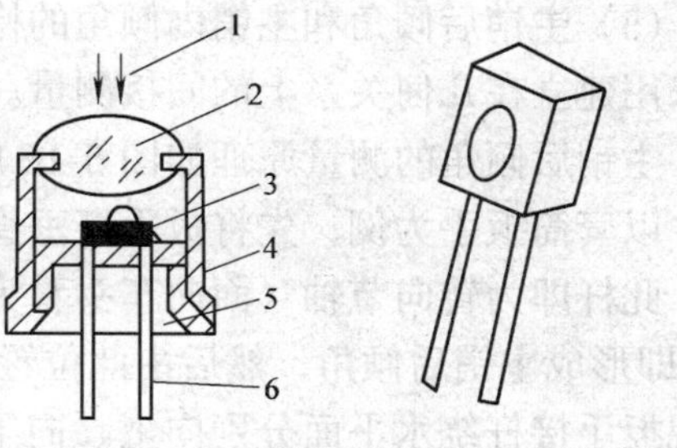

图 5-13 光敏晶体管的结构和外形

1—入射光 2—玻璃透镜 3—管心

4—管壳 5—陶瓷管座 6—引线

安装在两转向轮和两后轮上的传感器（又称定位校正头）均有接收光线和发射光线的功能，利用光线发射与接收刚好能形成类似于图 5-12 所示的四边形。传感器的受光平面上等距离地排列有一排光敏晶体管，当不同位置上的光敏晶体管受到光线照射时，所发出的电信号即可代表前束值/角、左右轮轴距差及推力角的大小。

车轮前束值/角检测原理如图 5-14 所示。当前束为零时，同一轴左右车轮上的传感器发射（或反射）出的光束应重合。当检测出上述两条光束互相平行但不重合时，说明车轮发生了错位，左右两车轮不同轴，依据光敏晶体管发出的信息可测量出左右轮的轴距差。

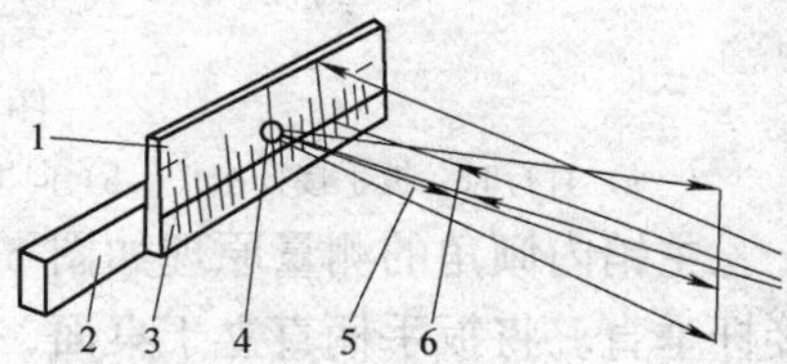

图 5-14 车轮前束值/角检测原理

1—刻度板 2—投射器支臂

3—光敏晶体管 4—激光器

5—投射激光束 6—接收激光束

当左右车轮存在前束时，左轮传感器上接收到的光束位置相对于原来的零点有一偏差值，该偏差值表示右侧车轮的前束值/角；同理，在右侧传感器上接收到的光束位置相对于原来的零点的偏差值，则表示左侧车轮的前束值/角。转向轮和后轮前束的检测原理相同，所不同的是转向轮前束的检测利用装在左右转向轮上的两个传感器，而后轮前束的检测则是利用装在左右后轮上的传感器。

由于车辆长期使用或发生交通事故后，其后轴发生变形，致使后轴中心对称线（即推力线）发生偏斜，后轴中心线与汽车纵向对称线的夹角即称为推力角。推力角并非设计参数，而是一种故障状态参数。推力角过大会导致轮胎的异常磨损，汽车易偏离其直线行驶方向，严重时将发生后轴侧滑、甩尾等危险状况。

推力角的检测原理如图 5-15 所示。当推力角为零时，前后轴同侧车轮上的传感器发射或接收的光束应重合，当两条光束出现夹角而不重合时，即说明推力角不为零。因此，可以用安装在汽车前轮上的传感器接收到的后轮传感器所发射光束相对于零点位置的偏差值检测汽车推力角 α 的大小。

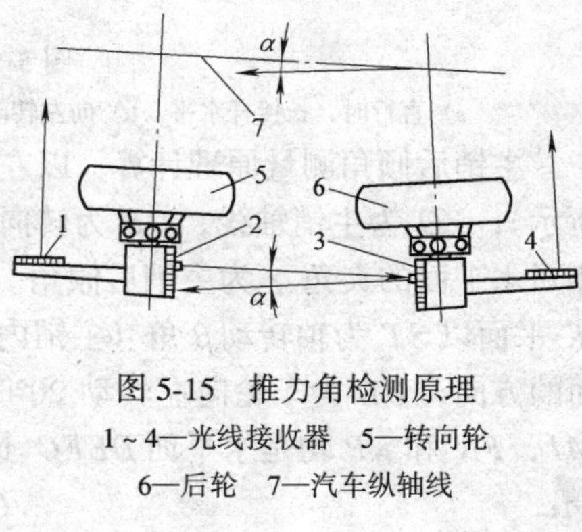

图 5-15 推力角检测原理

1～4—光线接收器 5—转向轮

6—后轮 7—汽车纵轴线

(2) 车轮外倾角的检测原理 车轮外倾角可在车轮处于直线行驶位置时直接测得。在四轮定位仪的传感器（定位校正头）内装有角度测量仪（如电子倾斜仪），把传感器装在车轮上，可直接测出车轮外倾角。

（3）主销后倾角和主销内倾角的检测原理　主销后倾角和主销内倾角不能直接测出，只能采用建立在几何关系上的间接测量。

主销后倾角的测量原理如图 5-16 所示，为了容易理解测量原理，不妨先从感性上来认识。以套筒扳手为例，先将扳手杆垂直立于桌面，扳手接杆与视线垂直并使扳手接杆保持水平，此杆即为转向节轴（面向车头看为左前轮轴）。将扳手杆下端向自己面前偏转一个角度 γ，即形成主销后倾角，然后由此位置绕扳手柄轴线分别向里、向外各转动 δ 角，这时就会发现扳手接杆绕水平面分别向上、向下偏转了 λ 角。通过推导，计算出 λ 与 γ 的关系，就可以通过测量 λ 的值来间接测量主销后倾角 γ。

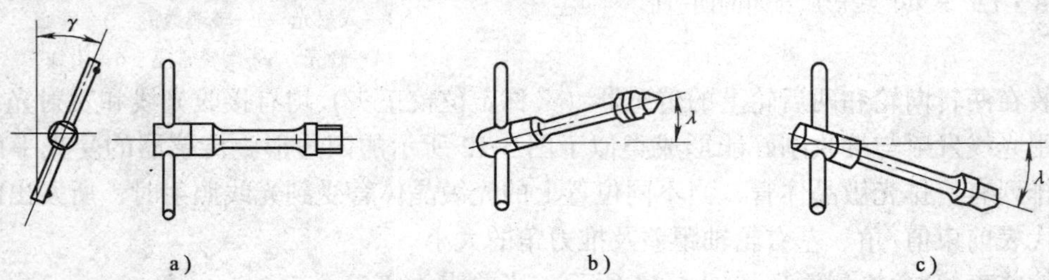

图 5-16　主销后倾角的测量原理

a）直行时，扳手接杆水平　b）向里转向时，扳手接杆向上偏转　c）向外转向时，扳手接杆向下偏转

主销内倾角的测量原理如图 5-17 所示，在扳手接杆头部系上一长接杆，长接杆与扳手接杆垂直。将扳手柄直立于桌面，使长接杆保持水平位置并与视线垂直，再将扳手柄下端向里偏转一个角度 β，即形成主销内倾角（相当于从左前轮外侧看），然后由此位置绕扳手柄轴线分别向左、向右各转 δ 角，这时又会发现接杆分别沿逆时针、顺时针方向各转动了一个 ω 角。通过推导，计算出 ω 与 β 的关系，就可以通过测量 ω 的值来间接测量主销内倾角 β。

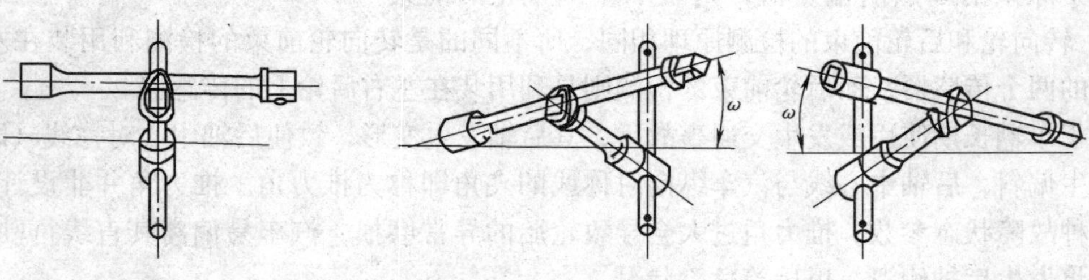

图 5-17　主销内倾角的测量原理

a）直行时，长接杆水平　b）向左转时，长接杆沿逆时针偏转　c）向右转时，长接杆沿顺时针偏转

主销后倾角测量原理计算：以左前轮为例，当车轮向左右各转动 $\delta=20°$时（如图 5-18 所示），ZO 为主销轴线，OB 为转向节车轮轴线，四边形 $DEFG$ 表示水平面，四边形 $HIJK$ 相对水平面的夹角 γ 为主销后倾角。$LMNP$ 平面是与主销垂直相交的平面，该平面是 $HIJK$ 平面以 ST 为轴转动 β 角（主销内倾角）形成的，OD 为车轮向右转动 20°时转向节轴平面的方向，OE 为车轮向左转动 20°时转向节轴平面的方向。线段 LD、$A'B'$、AB、$A''B''$、MI、FN 和 KP 均是水平面 $DEFG$ 上的铅垂线。

令：

$$OB = OB' = OB'' = R \tag{5-2}$$

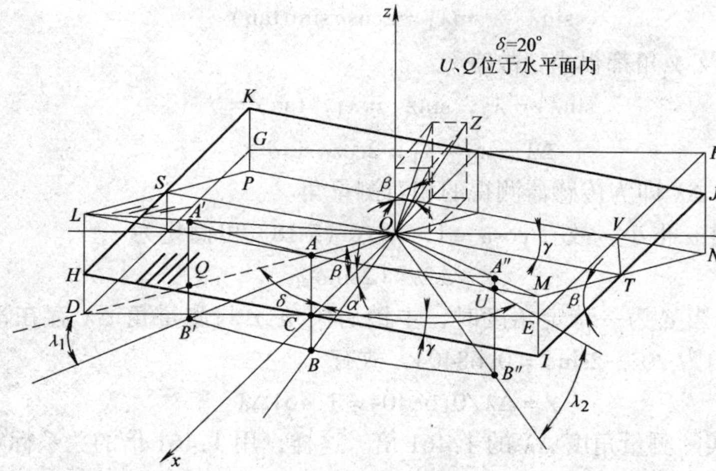

图 5-18　主销后倾角的测量原理计算图

当车轮向右转动 $\delta=20°$时，则有

$$\sin\lambda_1 = B'Q/OB' = B'Q/R \tag{5-3}$$

$$B'Q = A'B' - A'Q \tag{5-4}$$

$$A'Q/LD = OQ/OD \tag{5-5}$$

$$A'Q = LD\ (OQ/OD) = LD\ R\cos\lambda_1/(R\cos\alpha/\cos\delta) \tag{5-6}$$

式（5-6）中，α 为车轮外倾角，因 α、λ_1 都很小，且 $\lambda_1\approx\alpha$，所以有 $\cos\lambda_1\approx\cos\alpha$，则式（5-6）可变为

$$A'Q = LD\cos\delta \tag{5-7}$$

且：

$$AB \approx A'B'$$

$$AB = CB + CA = R\sin\alpha + R\cos\alpha\tan\beta \tag{5-8}$$

$$LD = LH + HD = CA + HD = R\cos\alpha\tan\beta + R\cos\alpha\tan\delta\tan\gamma \tag{5-9}$$

$$B'Q = A'B' - A'Q = AB - LD\cos\delta$$

即

$$B'Q = (R\sin\alpha + R\cos\alpha\tan\beta) - (R\cos\alpha\tan\beta + R\cos\alpha\tan\delta\tan\gamma)\cos\delta \tag{5-10}$$

将式（5-10）代入式（5-3）得

$$\sin\lambda_1 = B'Q/R = \sin\alpha + \cos\alpha\tan\beta\ (1-\cos\delta) - \cos\alpha\sin\delta\tan\gamma \tag{5-11}$$

当车轮向左转动 $\delta=20°$时，则有

$$\sin\lambda_2 = B''U/OB'' = B''U/R \tag{5-12}$$

$$A''U/ME = OU/OE \tag{5-13}$$

因为 λ_2、α 都很小，且 $\cos\alpha=\cos\lambda_2$，则有

$$A''U = OU\times ME/OE = R\cos\lambda_2/(R\cos\alpha/\cos\delta) = ME\cos\delta \tag{5-14}$$

$$B''U = AB - A''U = R\sin\alpha + \cos\alpha\tan\beta\ (1-\cos\delta) + \cos\alpha\sin\delta\tan\gamma \tag{5-15}$$

将式（5-15）代入式（5-12）中得

$$\sin\lambda_2 = B''U/R = \sin\alpha + \cos\alpha\tan\beta\ (1-\cos\delta) + \cos\alpha\sin\delta\tan\gamma \tag{5-16}$$

为提高测量精度，减少主销内倾角 β 对主销后倾角 γ 测量的影响，可采用相对测量法，则有

$$\sin\lambda_2 - \sin\lambda_1 = 2\cos\alpha\sin\delta\tan\gamma \tag{5-17}$$

因为 λ_1、λ_2 以及 γ 角都很小，故有

$$\sin\lambda_2 = \lambda_2,\ \sin\lambda_1 = \lambda_1,\ \tan\gamma = \gamma$$

则

$$\Delta\lambda = \lambda_2 - \lambda_1 = 2\cos\alpha\sin\delta\ \gamma \tag{5-18}$$

式（5-18）中的 $\Delta\lambda$ 即为传感器测得的相对测量角。

因为车轮外倾角 α 很小，故有 $\cos\alpha \approx 1$，则式（5-18）可简化为

$$\gamma = \Delta\lambda / (2\sin\delta) \tag{5-19}$$

式（5-19）表明当 δ 为一特定角度时，主销后倾角 γ 与测量角 $\Delta\lambda$ 存在惟一确定的关系。通常规定 δ 转角为 20°，$2\sin\delta = 0.68404$，故有

$$\gamma = \Delta\lambda / 0.68404 = 1.461\Delta\lambda \tag{5-20}$$

即主销后倾角 γ 为实际测量角度 $\Delta\lambda$ 的 1.461 倍。这样，用 1.461 倍的关系标定仪器，就可直读主销后倾角 γ。

主销内倾角测量原理计算：仍以左前轮为例，当车轮向左右各转动 $\delta = 20°$时（如图5-19所示），ZO 为主销轴线，OC 为转向节车轮轴线方向，OE 为与车轮平面平行且水平的线段。四边形 $DEFG$ 表示水平面，四边形 $HIJK$ 相对水平面的夹角 γ 为主销后倾角。四边形 $LMNP$ 为与主销垂直相交的平面，该平面是 $HIJK$ 平面以 ST 为轴转动 β 角（主销内倾角）形成的，OE 为车轮向右转动 20°时，垂直于转向节轴线且在水平面内的线段，OF 为车轮向左转动 20°时，垂直于转向节轴线且在水平面内的线段。

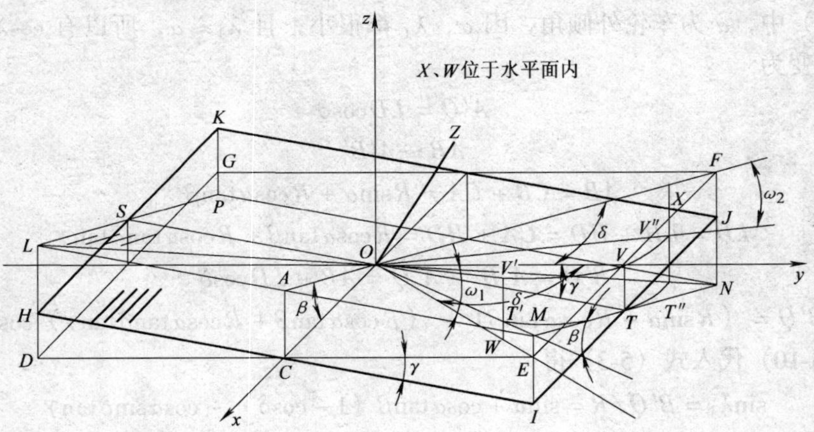

图 5-19 主销内倾角的测量原理计算图

令：

$$OV = OV' = OV'' = R、V'T' = V''T'' = VT$$

当车轮向右转动 $\delta = 20°$时，则有

$$\sin\omega_1 = V'W/OV' = V'W/R \tag{5-21}$$

式中，$V'W = V'T' + T'W$ 且因为 ω_1 很小，则 $\cos\omega_1 \approx 1$，有

$$T'W = ME\ OW/OE = ME\ R\cos\omega_1 / (R/\cos\delta) = ME\cos\delta \tag{5-22}$$

$$V'W = VT + ME\cos\delta = R\left[\tan\gamma\ (1-\cos\delta) + \tan\beta\sin\delta\right] \tag{5-23}$$

将式（5-23）代入式（5-21）中可得

$$\sin\omega_1 = V'W/R = \tan\gamma\ (1-\cos\delta) + \tan\beta\sin\delta \tag{5-24}$$

当车轮向左转动 $\delta = 20°$时，则有

$$\sin\omega_2 = XV''/OV'' = XV''/R \tag{5-25}$$

式中，$XV'' = XT'' - V''T''$且$V''T'' = VT$

由 $XT''/FN = OT''/ON \approx R/(R/\cos\delta)$ 得

$$XT'' = FN\cos\delta \tag{5-26}$$

则

$$\begin{aligned} XV'' &= FN\cos\delta - VT = (FJ + JN)\cos\delta - VT = (VT + JN)\cos\delta - VT \\ &= VT(\cos\delta - 1) + JN\cos\delta = R\tan\gamma(\cos\delta - 1) + R\tan\delta\tan\beta\cos\delta \\ &= R[\tan\gamma(\cos\delta - 1) + \tan\beta\sin\delta] \end{aligned} \tag{5-27}$$

将式（5-27）代入式（5-25）有

$$\sin\omega_2 = XV''/R = \tan\gamma(1 - \cos\delta) - \tan\beta\sin\delta \tag{5-28}$$

为提高测量精度，减少主销后倾角 γ 对主销内倾角 β 测量的影响，可采用相对测量法。则有

$$\Delta\omega = \omega_1 + \omega_2 = \sin\omega_1 + \sin\omega_2 = 2\tan\beta\sin\delta \tag{5-29}$$

因为 ω_1、ω_2、β 都很小，可近似认为

$$\omega_1 = \sin\omega_1,\ \omega_2 = \sin\omega_2,\ \tan\beta = \beta$$

故式（5-29）可写为

$$\beta = \Delta\omega/(2\sin\delta) \tag{5-30}$$

式（5-30）表明，当 δ 为一特定角度时，主销内倾角 β 与测量角 $\Delta\omega$ 存在唯一确定的关系。通常规定 δ 为 20°，$2\sin\delta = 0.68404$，故有

$$\beta = \Delta\omega/0.68404 = 1.461\Delta\omega \tag{5-31}$$

即主销内倾角 β 为实际测量角度 $\Delta\omega$ 的 1.461 倍。这样，用 1.461 倍的关系标定仪器，就可直读主销内倾角 β。

经过上述分析推导，了解了主销后倾角、主销内倾角的测量原理。但必须指出，在上述两部分推导过程中提及的 λ_1、ω_1 是车轮向右转动 20°时，传感器所测得的实际角度值；λ_2、ω_2 为车轮向左转动 20°时传感器所测得的实际角度值。在实际测量中，若使用普通量角仪测量主销后倾角及主销内倾角，只要按照式（5-20）、式（5-31）换算即可。现在常见的四轮定位仪在出厂前就已用上述两式对仪表进行了标定，因此，可直读主销倾角实际测量值。

虽然四轮定位仪的类型有所不同，但它们测量主销倾角的原理是相同的，所不同的仅仅是它们各自所采用的测量角度的传感器不同而已，为了便于理解四轮定位仪的测试过程及检测方法，下面简单介绍几种常见的测量角度的传感器。

1）光电编码器。基本上可分为两大类：圆光栅编码器和绝对式编码器。特点是：结构紧凑、信号质量好、稳定可靠和抗干扰能力强。

2）光电电位器式角度传感器。没有金属丝电刷造成的摩擦力矩，其优点是：分辨率高、寿命长、扫描速度快。缺点是：输出电阻大，输出信号要经过阻抗匹配变换器等。

另外用于测量角度的传感器还有电感式倾斜传感器、小型双轴斜度传感器和电位器式传感器。

（4）转向 20°时前张角检测原理　汽车使用时，由于转向轮长期在凹凸不平的路面上行驶和经常使用紧急制动等，使转向轮经常受到碰撞和冲击而引起汽车转向梯形变形，因此会

造成汽车在转向行驶过程中转向轮的异常磨损、操纵性变差，并影响汽车的安全行驶。为了检测汽车的转向梯形臂与各连杆是否发生变形，在四轮定位检测中设置了转向20°时前张角的检测项目。

检测前张角时，使被检车辆转向轮停在转盘中心，转动转向盘使右转向轮向右转20°后，读取左转向轮下转盘上的刻度值 φ_1，$20-\varphi_1$ 即为向右转向20°时的前张角；使左转向轮沿直线行驶方向向左转20°后，读取右转向轮下转盘上的刻度值 φ_2，$20-\varphi_2$ 即为向左转向20°时的前张角。

一般汽车在出厂时，使用说明书上均给出了前张角的合格范围，将测量值与规定值进行比较即可检测出汽车转向轮的转向梯形臂和各连杆是否发生了变形。若其超出规定值或左右转向前张角不一致，则需要校正、调整或更换转向梯形臂和各连杆。

4. 四轮定位仪的使用方法

为便于检测和调整，被检汽车需放在地沟上或举升平台上（以下以汽车放在举升平台上为例），地沟或举升平台应处于水平状态，四轮定位仪则安装在地沟两旁或举升平台上，如图5-20和图5-21所示。

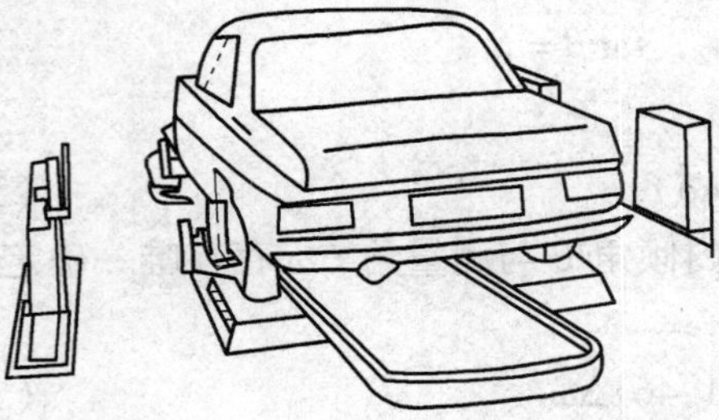

图5-20 定位仪安装在地沟旁

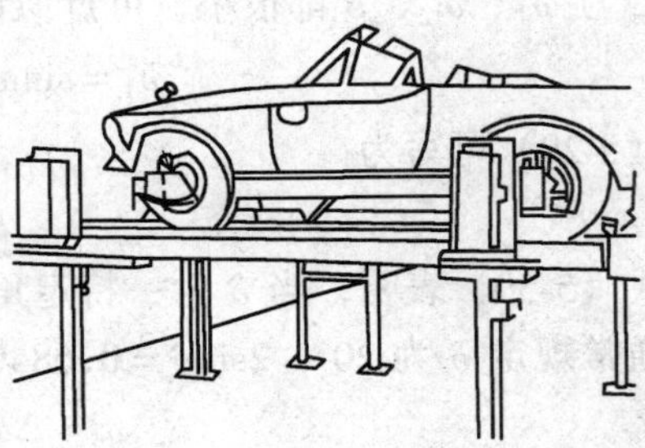

图5-21 定位仪安装在举升平台上

（1）汽车的准备　在检测汽车的前轮定位时，被检车辆应满足以下要求：

1）前后轮胎气压及胎面磨损基本一致。

2）前后悬架系统的零部件完好、不松旷。

3）转向系统调整适当，不松旷。

4）前后减振器性能良好，不漏油。

5）汽车前后高度与标准值的差不大于5mm。

6）制动系统正常。

将汽车驶到升降台上或地沟上，使前轮正好位于转盘中心。车驶入前，用锁紧销将转盘锁紧，防止转动。汽车驶入后，则松开锁紧销。

（2）安装卡盘　将卡盘装在车轮上，通过转动手柄夹紧卡盘，卡爪头一般要固定在轮辋圈内侧，避免装在外侧时，由于轮辋外侧变形，而使测量不准。当卡盘不能很好地固定在轮辋内圈上时，也可锁在轮辋外缘，使用钩形丝杠，以免损坏铝合金轮辋。

（3）安装传感器　安装步骤如下：

1）将传感器安装在卡盘轴上，保证各传感器的位置正确（如前左、前右等）。传统的传感器根据测量对象不同，对于主销内倾角、主销后倾角、外倾角、前束角等，要求的安装方式不同。在进行各定位角测量时，参见各检测项目传感器安装图。

2）调整传感器水平，观察水平仪，气泡调至中间位置，则传感器水平。

3）转动卡盘轴端头的偏心挡块，轴向固定传感器，以免传感器意外坠下。

4）连接传感器之间的拉线（当测量主销后倾角时无需连接）。

5）安装转向盘锁定杆（需要时使用）。将锁定杆放在驾驶室内座椅上，压下手把，使之顶住转向盘，锁定转向盘。

6）安装制动杆（需要时使用）。将制动杆大端顶在制动踏板上，制动杆靠在座椅上撑紧。

（4）从数据库中选择汽车制造厂及车型

1）选择相应的汽车制造商名，则显示其生产的各种车型号。

2）选择对应的车型，回车后，程序将进入“标准参数选项单”。

3）输入/修正特征参数。

（5）自动偏摆补偿　如果自定心卡盘定位正确或轮辋边缘平滑，自定心卡盘可以保证传感器与轮辋同轴，一般不需要自动补偿，如果轮辋损坏或不平整，还是需要偏摆补偿。步骤如下：

1）从角度测量选项单中选择“偏摆补偿”项，它将提供前（后）轮偏摆补偿程序。

2）汽车举升。

3）进行车轮初始0°位置的偏摆补偿校正。将初始值置于零位，高亮度显示绿色时，则车轮偏摆校正置相对值零，设备自动准备校正偏差。

4）进行车轮旋转180°位置时的偏摆补偿校正。缓慢转动车轮约180°，测量相对偏摆值，进行平均运算后，显示高亮度绿色时，则该轮已补偿校正完毕，注意放下车轮时，应保证车轮在0°或180°的位置落地。

5）一旦补偿程序完成，程序将自动回到定位参数测量菜单。

（6）测量前轮左/右主销内倾角　安装锁紧前轮传感器及配件，后轮传感器可不用，转盘不锁紧，不用转向盘锁定杆，使用制动杆，以防车轮滚动。

从角度测量选项单中选择主销内倾角程序，转动车轮使转向角显示0°等待测量。

使左轮向左转动20°，转向角度显示在屏幕上，主销内倾角将相对“0°”值自动存储，听到声响后，即完成。

转动转向盘，车轮继续向左转动，直到右边车轮也转过20°。转向角的值显示在屏幕上，存储器自动将右主销内倾角以“0°”存储。

然后将车轮右转20°，转向角显示在屏幕上，右轮主销内倾角测量值也显示在屏幕上方，右主销内倾角测量完毕。

继续右转转向盘，使左轮右转至20°。左轮主销内倾角测量值也就显示在屏幕上，左主销内倾角测量完毕。

比较各测量值，白色值表示测量值与基准值无偏差。绿色值表示测量值在公差范围内。红色值表示测量值在公差范围外。

（7）测量前轮左/右主销后倾角　要用前轮传感器，不需锁紧，可不用后轮传感器，转盘不需锁紧，不用转向盘锁定杆，用制动杆防止车轮滚动。

从测量角度选项单中选主销后倾角项，主销后倾角区清屏等待测量。

转动转向盘使左轮左转20°，转向角显示在屏幕上，左轮主销后倾角相对“0°”被自动存储。

继续左转使右轮也左转到20°，右轮主销后倾角相对“0°”值被自动存储。

然后车轮右转20°，转向角显示在屏幕上，屏幕上显示右轮主销后倾角测量值，右轮主销后倾角测量完毕。

操纵转向盘，继续右转，使左轮转向角达到20°，屏幕上显示左轮主销后倾角测量值，左轮主销后倾角测量完毕。

比较测量值，如果测量值合乎要求，可进行其他测量，如果测量值不合乎要求，一定要进行调整，使测量值位于公差值之内。

（8）主销后倾角的调整　将车轮转回到直行位置，转向角值将变成绿色，接近0°。将传感器转动90°安装，如同主销内倾角测量时的安装方式。

锁紧传感器后，按相应键存储相对“0°”的后倾角，启动调整程序。观察屏幕调节汽车悬架零件直到获得正确的调整值（调整值是指测量值与原车标准值的偏差值）。为了保证调整精度，必须使前轮处于直行状态。

（9）测量左（右）前轮前束角/外倾角　测量前轮前束角和外倾角时，要使用四个传感器，传感器之间要连接拉线，使用方向盘锁定杆防止车轮转向，使用刹车制动杆，防止车轮滚动。

在测量角度选项单中选前轮倾角测量程序，在屏幕上显示左、右侧前轮前束角及外倾角，还可以进一步显示出推力角（由两前轮前束角算出）。用测量值与原厂值比较，如果测量值正确，可进行下一步操作，如果测量值不正确一定要进行调整。

（10）测量左（右）后轮前束角/外倾角　测量后轮前束角和外倾角的方法与测量前轮前束角和外倾角的方法完全相同。

5. 四轮定位仪的使用注意事项

因四轮定位仪是一种较精密的检测设备，要求操作人员在使用前需经过专业培训，并且在使用定位仪前应先查阅四轮定位仪的产品说明书，以便更好地了解四轮定位仪的操作过程。注意事项如下：

1）使用前，检查四轮定位仪所配附件是否与说明书上列出的清单相符；

2）在安装设备时，一定要按照产品说明书上的要求去做；

3）对于光学式四轮定位仪中的投影仪（或投光器），需要细心维护，并经常进行调整；

4）在四轮定位仪的安装地点，应在墙上（或其他的地方）安装一个带熔丝的开关盒，同时要求开关盒内配带有四轮定位仪的过载保护装置；

5）传感器是微机式四轮定位仪的核心元件，在使用前需要进行校正，以保证测试精度；

6）传感器在卡盘轴上安装要妥当，在不用时应妥善保存，避免受到损害，电测类传感器在通电前应接线安装完毕，不要带电接线，以避免电子振荡，冲击损坏器件；

7）四轮定位仪需要移动时，注意不要使其受到振动，否则可能会损坏传感器及微机等部件；

8）四轮定位仪应半年检验标定一次，标定工作应在专用标定器具上进行。注意在购买四轮定位仪时应带专用标定器具和标定程序；

9）在使用四轮定位仪检测车轮定位角之前，一定要进行车轮传感器安装夹具偏摆补偿操作，否则会引起相当大的测量误差。

6. 转向轮定位参数的调整

（1）非独立悬挂的转向轮定位参致的调整　前束的调整是通过调整横拉杆本身长度的方法，调整前束的大小。

主销后倾的调整是在转向桥悬架钢板与座之间加入适当的楔形垫块，来调整主销后倾角的大小。

主销内倾和车轮外倾角一般不会改变，保养时也不能调整。但转向桥或车架变形会引起主销内倾和车轮外倾的变化。遇到这种情况必须解体查明原因，进行校正。

（2）独立悬架的转向轮定位参数的调整　独立悬架在检查调整转向轮定位之前，应首先检查左、右悬架高度，以确保定位角检测调整的精度。

前束的调整方法与非独立悬架相同，通过调整左右横拉杆的长度来实现。调整时应控制转向盘的位置。在获得正确的前束值后，应该进行“对中”调整。注意转动横拉杆调节套时，应使左、右横拉杆此伸彼缩，并且伸缩量相等，以使转向盘对中而不致影响前束。

1）主销后倾角的调整主要有以下几种：

① 普遍用于小客车的一种调整机构，是在悬架的上控制臂固定螺栓下装有薄垫片，把后螺栓下的调整垫片移到前螺栓下就可以使上球铰后移，从而增加后倾角；反之则减少后倾角。若控制杆转轴位于车架槽内侧，上述垫片调整过程应该相反。

② 另一种广泛应用的后倾调整机构是支杆型的，可调支杆斜向安置在下控制臂与车架前横梁之间。调整时松开支杆前端锁紧螺母，缩短支杆，则后倾角增加；反之则后倾角减少。某些福特和克莱斯勒汽车采用此种调整机构。

③ 还有一种调整机构是在上控制臂内端（如克莱斯勒小客车）或在下控制臂内端（如雪佛兰汽车），使用偏心螺栓调整机构。松开锁紧螺母，转动偏心螺杆，使控制臂定位，以获得正确的后倾和外倾。

任何一种方法，为了增加正后倾角，都需把上球铰后移，或下球铰前移。具体调整方法视汽车的结构灵活掌握。

使用任何方法调整后倾角时都会影响外倾，因此，后倾与外倾调整应同时进行。

2）车轮外倾角的调整主要有以下两种：

① 通过垫片调整机构来调整。在上控制臂转轴螺栓下有调整垫片，在前后螺栓下增加相同数量的垫片就可增加外倾角；若需调小外倾角，则应在控制臂转轴前、后螺栓下抽减相同数量的垫片。为保证正确的后倾角度，这一调整应与后倾调整同时进行。

若调整垫片在下控制臂转轴下，或控制臂转轴体在车身支架的内侧，调整垫片的增减就会产生与上述相反的效果，必须按上述相反的增减垫片法进行调整。

② 通过偏心轮调整。凯迪拉克牌汽车，在转向节支座上装有外倾偏心轮，与斜撑杆式后倾调整机构配合使用。调整时先松开锁紧螺母，转动偏心轮使外倾角符合规定，然后锁紧螺母。

主销内倾无需专门调整，因为主销内倾角和车轮外倾角的关系已被转向节的结构所确定，车轮外倾角调准以后，主销内倾角自然正确。

二、转向盘自由行程和转向力的检测

转向系统的性能好坏直接影响汽车的行车安全，其技术状况常用转向盘自由行程、转向角和转向力作为诊断参数进行检测诊断。

1. 转向盘自由行程及其检测

转向盘自由行程指汽车转向轮位于直线行驶状态时，转向盘可自由转动的转角。当转向盘自由行程过大时，说明从转向盘至转向轮运动传递链中的若干配合副因磨损过度而出现松旷现象。因此，转向盘自由行程为一综合诊断参数。

根据 GB 7258—2004《机动车运行安全技术条件》的规定：机动车转向盘的最大自由转动量不允许大于 20°（最高设计车速不小于 100km/h 的机动车）、45°（三轮汽车）和 30°(其他机动车)。

简易转向盘自由行程检测仪由刻度盘和指针两部分组成。刻度盘通过磁座吸附在仪表板或转向柱管上，指针固定于转向盘外缘，亦可相反。检测时，汽车处于直线行驶位置，把转向盘转至空行程极端位置后，调整指针使之指向刻度盘零度。而后把转向盘转至另一侧极限位置，其自由行程即为指针所指刻度。

转向盘自由行程也可用转向参数测量仪或转向测力仪检测。

2. 转向盘转向角和转向力检测

操纵稳定性优良的汽车，应有适度的转向轻便性。转向沉重，则易使驾驶员疲劳或转向不正确、不及时而影响行车安全；太轻，则使驾驶员路感太弱、方向漂移而不利于安全行车。

转向轻便性可用转向角和转向力作为参数诊断。可在动态或静态情况下，用转向参数测量仪或转向测力仪等仪器，测得转向力和对应转角的大小。

转向轻便性的检测一般可采用原地转向力检测、低速大转角（8 字行驶）转向力检测和弯道转向力检测，可按有关国家标准的规定进行。根据国家标准 GB 7258—2004《机动车运行安全技术条件》的规定，机动车在平坦、硬实、干燥和清洁的水泥或沥青道路上行驶，以 10km/h 的速度在 5s 之内沿螺旋线从直线行驶过渡到直径为 24m 的圆周行驶，施加于转向盘外缘的最大切向力不得大于 245N。

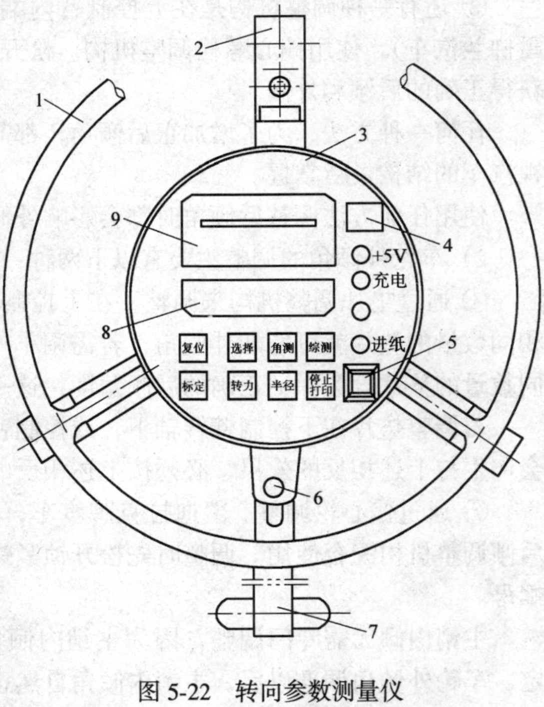

图 5-22　转向参数测量仪

1—操纵盘　2—连接叉　3—主机箱　4—电压表　5—电源开关　6—固定螺栓　7—定位杆　8—显示器　9—打印机

图 5-22 所示为国产 ZC—2 型转向参数测量仪，该仪器由操纵盘、主机箱、连接叉和定位杆四部分组成，具有测试转向盘自由行程、转向角和转向力的功能。操纵盘实际上是一个附加转向盘，用螺栓固定于三爪底板，底板与连接叉间装有力矩传感器，以测出转向时的操纵力矩；连接叉通过装在其上的长度可伸缩的活动卡爪与被测转向盘连接；主机箱固定在底板中央，内装力矩传感器、接口板、微机板、转角编码器、打印机和电池等；从底板下伸出的定位杆，通过磁座吸附在驾驶室内仪表盘

上，其内端与装在主机箱下部的光电装置连接。使用时，把转向测量仪对准被测转向盘中心，调整好三只伸缩爪的长度，使之与转向盘牢固连接后，转动操纵盘的转向力通过底板、力矩传感器、连接叉传递到被测转向盘上，使转向轮偏转实现汽车转向。此时，力矩传感器把转向力矩转变成电信号，定位杆内端所连接的光电装置将转向角的变化转化为电信号。传感信号输送至主机箱后，由装在其内的微机自动完成数据采集、转角编码、运算、分析、存储、显示并打印出所测结果。

第四节　车轮平衡的检测

随着公路质量的提高和汽车技术的进步，汽车的行驶速度愈来愈高。车轮不平衡所造成的隐患逐渐显露出来，不仅对汽车的行驶平顺性、乘座舒适性和行驶安全性有严重影响，而且加剧了轮胎及有关机件的磨损和冲击，缩短了汽车的使用寿命。因此，车轮平衡检测已越来越引起人们的重视。

一、车轮平衡的概念

1. 静不平衡

车轮重心与车轮旋转中心不重合，若使其转动，车轮会停止在某一个固定方位，则车轮静不平衡。

由于静不平衡质量的存在，车轮在旋转中产生离心力，即

$$F = m\omega^2 r \tag{5-32}$$

式中，F 为车轮转动时所产生的离心力（N）；m 为不平衡质量（kg）；ω 为车轮旋转角速度（rad/s），$\omega = 2\pi n/60$，n 为车轮转速（r/min）；r 为不平衡质量点到车轮旋转中心的距离（m）。

从式（5-32）可以看出，转速 n 越高，不平衡质量 m 越大，且距旋转中心的距离 r 越远，由静不平衡所产生的离心力 F 也越大。如图 5-23 所示，离心力 F 可分解为垂直分力 F_y 和水平分力 F_x。每旋转一周，垂直分力 F_y 在过旋转中心垂直线的 a、b 两点达到最大值且方向相反，从而引起车轮的跳动；水平分力 F_x 在过旋转中心水平线的 c、d 两点达到最大值且方向相反，形成绕转向轮主销来回摆动的力矩，造成前轮摆振。若要实现静平衡，则需在不平衡质量 m 作用半径的相反位置上，配置相同质量，以使两者所产生的离心力因大小相同、方向相反而相互抵消。

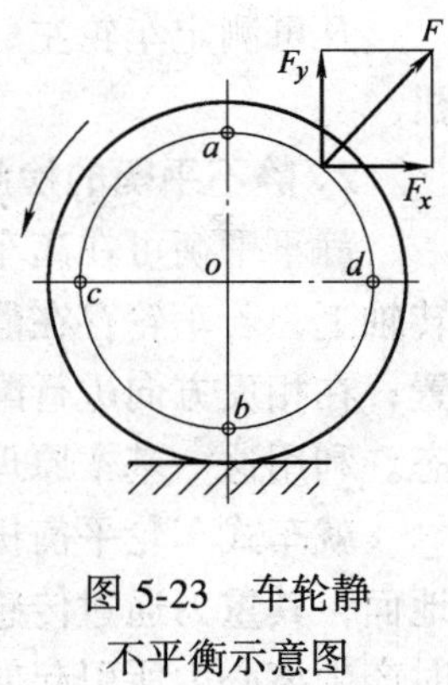

图 5-23　车轮静不平衡示意图

2. 动不平衡

即使静平衡的车轮，因车轮的质量分布相对于车轮纵向中心平面不对称，旋转时会产生方向不断变化的力偶，车轮处于动不平衡状态。如图 5-24a 所示，若在旋转轴线的径向相反、距旋转中心距离相同的位置上，各有一质量相同的不平衡点，如果两不平衡质量不在同一平面内，则虽为静平衡车轮，但其却是动不平衡的。这是因为两不平衡质量产生的离心力的合力虽为零，但离心力位于不同平面内，二力构成的力偶却不为零。在车轮旋转过程中，该力偶的方向反复变化使车轮绕主销摆振。若要使车轮达到动平衡，则

需在 m_1、m_2 同一作用半径的相反方向配置相同质量 m'_1、m'_2，如图 5-24b 所示。

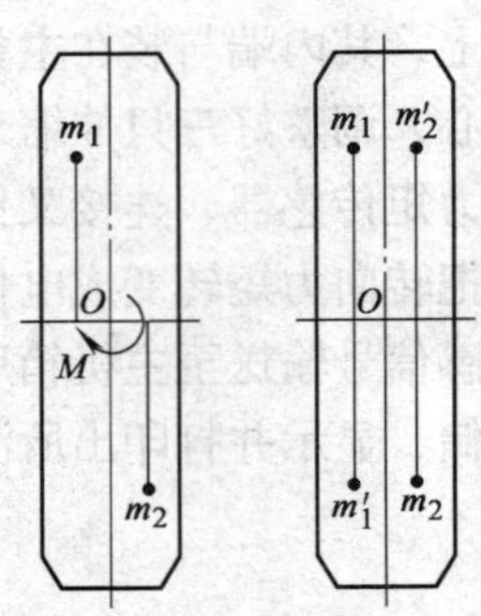

a)　　b)

图 5-24　车轮平衡示意图

a) 车轮静平衡但动不平衡　b) 车轮动平衡

3. 车轮不平衡的原因

车轮不平衡的原因主要是：

1）轮辋、制动鼓（盘）加工时轴心定位不准、加工误差大、非加工面铸造误差大、热处理变形、使用中变形或磨损不均。

2）轮胎螺栓质量不等、轮辋质量分布不均或径向圆跳动、端面圆跳动太大。

3）轮胎质量分布不均、尺寸或形状误差太大、使用中变形或磨损不均、使用翻新胎或垫、补胎。

4）并装双胎的充气嘴未相隔 180°安装，单胎的充气嘴未与不平衡点标记相隔 180°安装。

5）轮辋、制动鼓（盘）、轮胎螺栓、轮毂、内胎、衬带、轮胎等拆卸后重新组装时，累计的不平衡质量或形位偏差太大，破坏了原有的平衡。

二、车轮不平衡检测原理

1. 车轮平衡机的类型

按功能可分为车轮静平衡机和车轮动平衡机；按测量方式可分为离车式车轮平衡机和就车式车轮平衡机。前者需从车上拆下被测车轮，装到平衡机转轴上进行测量，后者则可在不拆卸车轮的状况下进行检测；按平衡机转轴的支承方式可分为软式车轮平衡机和硬式车轮平衡机。前者的转轴由弹性元件支承，当装在转轴上的车轮不平衡时，转轴和车轮在转动过程中发生振动，通过对振动的强弱和相位的测量来检测车轮的不平衡量。后者的转轴则由刚性元件支承，通过测量车轮不平衡点在车轮旋转时产生的离心力来检测车轮的不平衡量。

凡可测定车轮左、右两侧的不平衡量及相位的车轮平衡机，称为两面测定式车轮平衡机。

2. 静不平衡的检测原理

静不平衡可在离车式或就车式车轮平衡机上检测。将被测车轮装在离车式车轮平衡机的转轴上，若车轮存在静不平衡，则在自由转动状态下，车轮将停止于不平衡点处于最低的位置；在相反方向进行配重平衡，当可在转动结束时停止于任一位置时，车轮则处于静平衡状态。利用这一基本原理即可测得静不平衡的质量和相位。

就车式车轮平衡机检测车轮静不平衡的原理如图 5-25 所示。检测过程中，车轮被支离地面，其重力通过传感器、可调支杆传递到底座。如果被测车轮存在静不平衡，则高速旋转时产生离心力所引起的上、下振动，通过转向节或悬架作用于检测装置传感磁头、可调支杆和底座内的传感器。传感器把感受到的脉冲压力信号转变为脉冲电信号控制频闪仪的闪光时刻，闪光照射到车轮上的位置反映不平衡点的相位，电信号强弱输入指示与控制装置后，则显示出不平衡度。

3. 动不平衡的检测原理

动不平衡的车轮安装在离车式硬支承平衡机的转轴上高速旋转时，所产生的离心力在支承装置上产生动反力，测出支承装置所受的动反力即可测得不平衡量。其检测原理如图5-26

所示。图中，m_1、m_2 为车轮不平衡点质量，车轮旋转时所产生的离心力为 F_1、F_2，结构尺寸 a、b、c、d 如图所示。硬支承平衡机的测试、校正原理是根据支承处的动反力 N_L，N_R 确定两校正面上离心力 F_1、F_2 的大小，根据 F_1、F_2 确定两校正面所需的平衡块质量和安装方位。其测量点在轴承处，而校正面选在轮辋两边缘。根据平衡条件，有

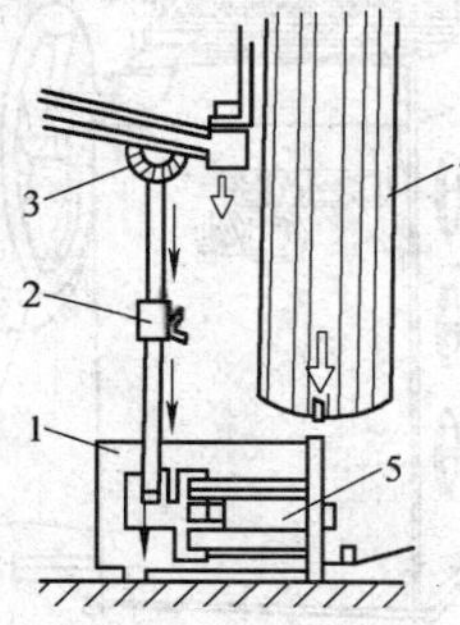

图 5-25　就车式车轮平衡机静不平衡测量原理

1—底座　2—可调支杆　3—传感磁头

4—车轮　5—传感器

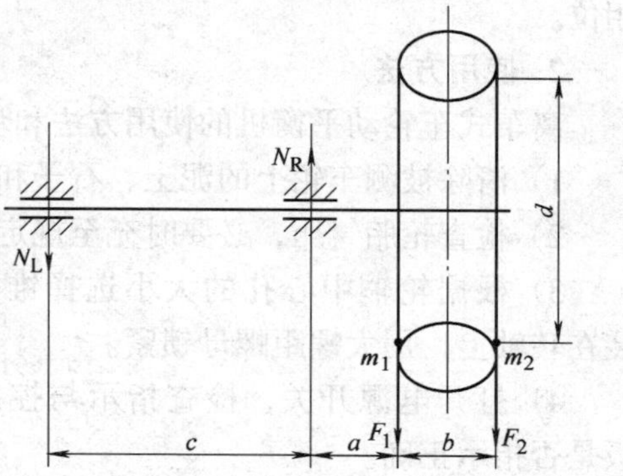

图 5-26　离车式车轮平衡机动不平衡测量原理

a—轮辋边缘至右支承的距离　b—轮辋宽度

c—左右支承间的距离　d—轮辋直径

$$N_R - N_L - F_1 - F_2 = 0 \tag{5-33}$$

$$F_1(a+c) + F_2(a+b+c) - N_R c = 0 \tag{5-34}$$

联立求解得

$$F_1 = N_L(a+b+c)/b - N_R(a+b)/b \tag{5-35}$$

$$F_2 = N_L(a+c)/b - N_R a/b \tag{5-36}$$

由上式可以看出，离心力 F_1、F_2 取决于动反力 N_L，N_R 及结构尺寸 a、b、c、d。对于某车轮平衡机和所测车轮而言，结构尺寸可视为常数，可以事先输入微机。动反力 N_L，N_R 可用相应的传感器测出。通过运算可以确定车轮两个校正面上的离心力 F_1、F_2，再根据离心力 F_1、F_2 确定平衡块质量和安装方位。

就车式车轮平衡机上检测车轮动不平衡的原理与检测静不平衡的原理相同，只是将传感磁头固定在制动底板上。当动不平衡的车轮高速旋转时，不平衡质量所产生的离心力使车轮左、右摆振，在制动底板上产生横向振动。横向振动通过传感磁头、可调支杆传给底座内的传感器并把振动转化为电信号，电信号控制频闪灯闪光，以指示车轮不平衡点位置，并由指示装置显示出车轮的不平衡量。

三、离车式车轮动平衡机及使用方法

1. 结构简介

目前应用最多的是硬式二面测定车轮动平衡机，如图 5-27 所示。该动平衡机一般由驱动装置、转轴与支承装置、显示与控制装置、制动装置、机箱和车轮防护罩等组成。驱动装置一般由电动机、传动机构等组成，可驱动转轴旋转。转轴由两个滚动轴承支承，每个轴承均有一能将动反力变为电信号的传感器。转轴的外端通过锥体和大螺距螺母等固装被测车轮。驱动装置、转轴与支承装置等均装在机箱内。车轮防护罩可防止车轮旋转时其上的平衡

块或花纹内夹杂物飞出伤人。制动装置可使车轮停转。近年来生产的车轮动平衡机多为微机式，具有自动判断和自动调校系统，能将传感器送来的电信号通过微机运算、分析、判断后显示出不平衡量及相位。

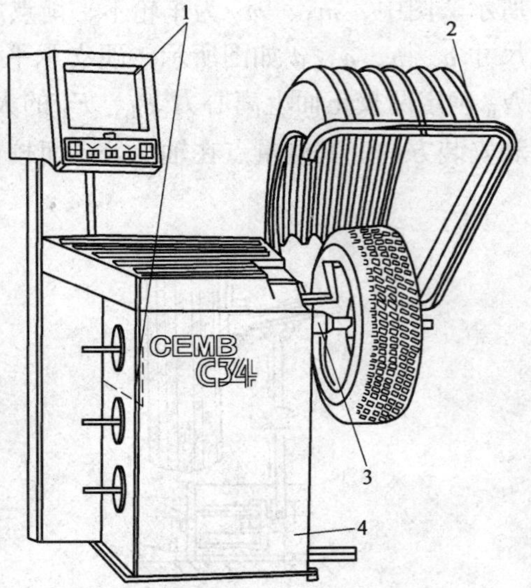

图 5-27 离车式车轮动平衡机
1—显示与控制装置 2—防护罩
3—转轴 4—机箱

2. 使用方法

离车式车轮动平衡机的使用方法和步骤如下：

1）清除被测车轮上的泥土、石子和旧平衡块。

2）检查轮胎气压，必要时充至规定值。

3）根据轮辋中心孔的大小选择锥体，将车轮装在转轴上，用大螺距螺母锁紧。

4）打开电源开关，检查指示与控制装置的面板是否指示正确。

5）用卡尺测量轮辋宽度 b、轮辋直径 d（也可由胎侧读出），用平衡机上的标尺测量轮辋边缘至机箱距离 a，再用键入或选择器旋钮对准测量值的方法，将 a、b、d 值输入指示与控制装置中去。结构尺寸 a、b、d 三尺寸如图 5-28 所示。为了适应不同计量制式，平衡机上的所有标尺一般都同时标有英制和公制刻度。

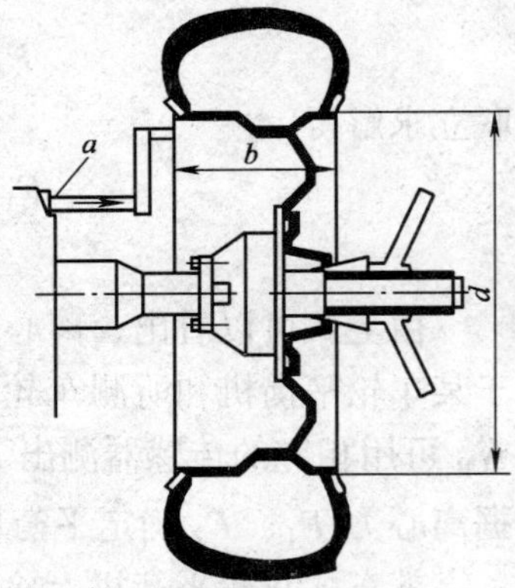

图 5-28 车轮在平衡机上的安装
a—轮辋边缘至机箱距离
b—轮辋宽度 d—轮辋直径

6）放下车轮防护罩，按下启动键，车轮旋转，平衡测试开始，微机自动采集数据。

7）车轮自动停转或听到“笛”声按下停止键并操纵制动装置使车轮停转后，从指示装置读取车轮内、外两侧不平衡量和不平衡位置。

8）抬起车轮防护罩，用手慢慢转动车轮。当指示装置发出指示（音响、指示灯亮、制动、显示点阵或显示检测数据等）时停止转动。在轮辋的内侧或外侧的上部（时钟 12 点位置）加装指示装置显示的该侧平衡块质量。内、外侧要分别进行，平衡块装卡要牢固。

9）安装平衡块后有可能仍存在不平衡，应重新进行平衡试验，直至不平衡量 $< 5g$（0.176oz），指示装置显示“00”或“OK”时才能满意。当不平衡量相差 10g 左右时，如能沿轮辋边缘左右移动平衡块一定角度，将可获得满意的效果。

10）测试结束，关闭电源开关。

四、就车式车轮动平衡机及使用方法

1. 结构简介

就车式车轮动平衡机一般由驱动装置、测量装置、指示与控制装置、制动装置和手推小车等组成。其工作原理示意图如图 5-29 所示，其工作图如图 5-30 所示。驱动装置由电动机、转轮等组成，能带动支离地面的车轮转动。测量装置由传感磁头、可调支杆、底座和传感器等组成。它能将车轮不平衡量引起的振动变成电信号，送至指示与控制装置。指示与控制装置由频闪灯、不平衡度表或数字显示屏等组成。频闪灯用来指示车轮不平衡点位置，不平衡度表或数字显示屏用来指示车轮的不平衡量。制动装置用于车轮停转。除测量装置外，车轮动平衡机的其余装置都装在小车上，可方便地移动。

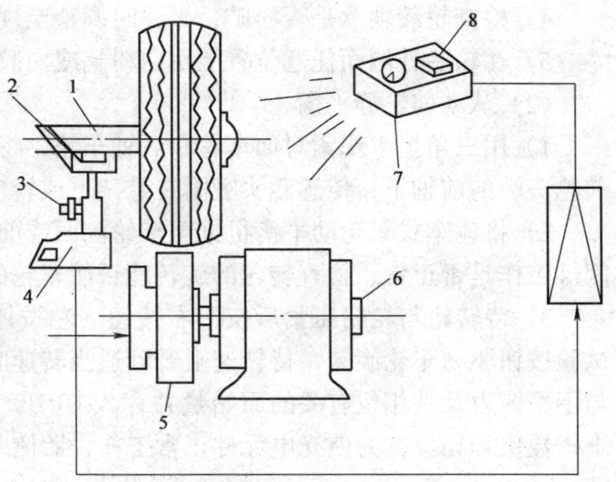

图 5-29　就车式车轮平衡机工作原理示意图

1—转向节　2—传感磁头　3—可调支架　4—底座　5—转轮　6—电动机　7—频闪灯　8—不平衡度表

传感器支架是一个复杂的力传感器，传感器支架的安装位置随被测车型和操作人员的习惯及现场条件而定，完全是随机的，因此就车平衡机电测系统的计算机软件必须具有自标定功能。这一功能是智能化的，它能根据事先设定的已知不平衡量值（一般为 30g）反算出支架支点与车轮的悬臂和轮辋直径等参数，这是就车平衡机的一大特点。

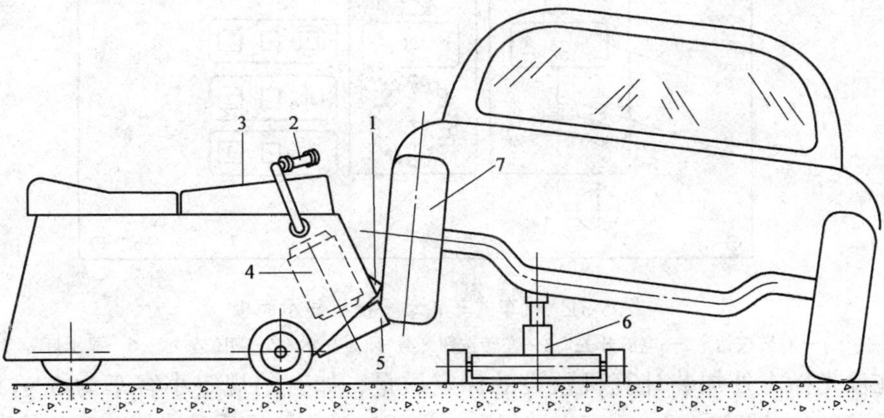

图 5-30　就车式车轮动平衡机工作图

1—光电传感器　2—手柄　3—仪表板　4—电动机　5—转轮　6—传感器支架　7—被测车轮

手推小车前下部靠近被测轮胎处有一光电传感器组，它包括一个强光源和两个光电管，强光用以照射轮胎上的反光标志，为光电管提供相位信号以供计算机识别，计算机同时根据两个光电管接受反光信号的前后来判断车轮的旋转方向。

2. 使用方法

就车式车轮动平衡机的使用方法和步骤如下：

（1）准备工作

1）用千斤顶支起车轴，两边车轮离地间隙要相等。

2）清除被测车轮上的泥土、石子和旧平衡块。

3）检查轮胎气压，必要时充至规定值。

4）检查轮毂轴承是否松旷，必要时调整至规定松紧度。

5）在轮胎外侧面任意位置上用白粉笔或白胶布做上记号。

（2）从动前轮静平衡

1）用三角垫木塞紧对面车轮和后轴车轮，将就车式车轮动平衡机的测量装置推至被测前轮一端的前轴下，传感磁头吸附在悬架下或转向节下，调节可调支杆高度并锁紧。

2）将就车式车轮动平衡机推至车轮侧面或前面（视车轮平衡机形式不同而异），检查频闪灯工作是否正常，检查转轮的旋转能否使车轮的转动与前进行驶时方向一致。

3）待转轮与轮胎压紧后按下右按钮（左按钮也可，如图 5-31 所示），同时按压第一次试验按钮驱动车轮旋转，待转速上升到适当转速时，即分离转轮同时释放按钮，电路即记录与不平衡力及其相位有关的原始量并存入 CPU，仪表的 4 与 5 闪烁显示这组未经标定的不平衡数值和相位，为使光电元件正常工作，胎侧距光电管不得超过 5cm。

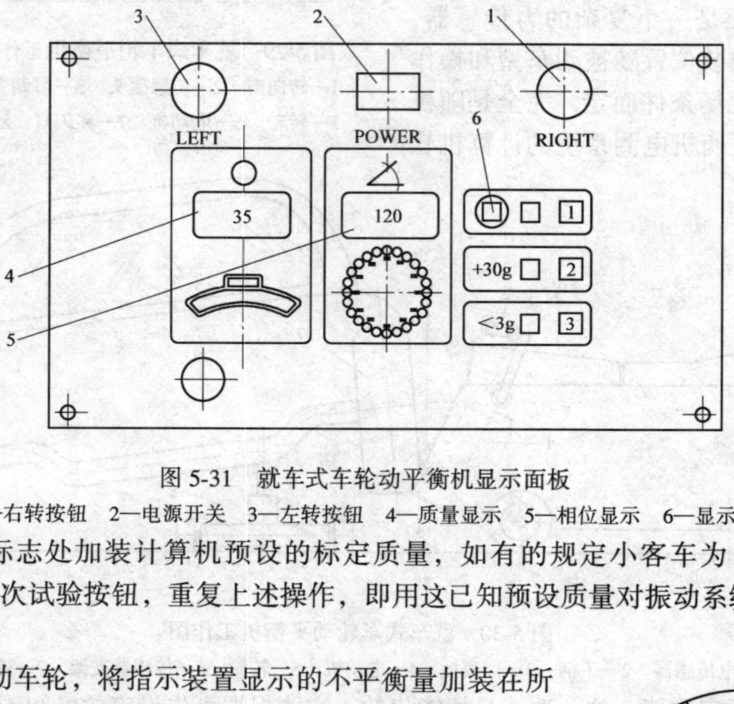

图 5-31 就车式车轮动平衡机显示面板

1—右转按钮 2—电源开关 3—左转按钮 4—质量显示 5—相位显示 6—显示灯

4）在反光标志处加装计算机预设的标定质量，如有的规定小客车为 30g，大货车为 300g，按下第二次试验按钮，重复上述操作，即用这已知预设质量对振动系统的刚性和结构参数进行计算。

5）用手转动车轮，将指示装置显示的不平衡量加装在所显示的相位上，然后除去标定重块。

6）进行剩余不平衡量检测，以证实剩余不平衡量是否满足有关法规的要求，如果达不到要求，应调整平衡块质量和位置，可参照图 5-32 的方法进行，如仍达不到标准要求，只能拆下轮胎使用较高精度的离车式车轮平衡机进行平衡。

（3）从动前轮动平衡

1）将传感磁头吸附在经过擦拭的制动底板边缘平整之处。

2）操纵就车式车轮动平衡机转轮驱动车轮旋转至规定转速，具体方法与静平衡相同。

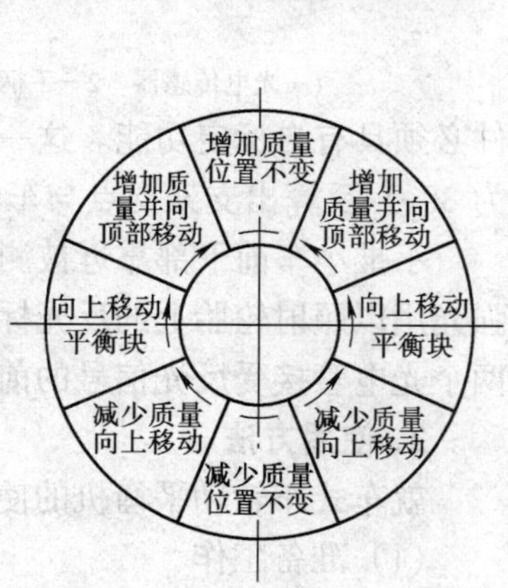

图 5-32 复查时平衡块质量和位置的调整方法

（4）驱动轮平衡

1）对面车轮不必用三角垫木塞紧。

2）用发动机、传动系驱动车轮，加速至50～70km/h的某一转速下稳定运转。

3）测试结束后，用汽车制动器使车轮停转。

4）其他方法同从动轮动、静平衡测试。

车轮平衡机的平衡重也称配重，通常有卡夹式和粘贴式两种类型。卡夹式配重，适用于轮辋有卷边的车轮。对于铝镁合金轮辋，因无卷边可夹，可使用粘贴式配重。粘贴式配重的外弯面有不干胶，粘贴于轮辋内表面。标准的平衡重有两种系列。一种系列以盎司（oz）为基础单位，分为9挡。其中，最小为0.5oz（14.2g），最大为6oz（170.1g）。另一种以克（g）为基础单位，分14挡。其中最小为5g，最大为80g，配重的最小间隔为5g。因此过分苛求车轮动平衡机的精度和灵敏度并无太大的实际意义。特殊情况下，如高速小轿车和赛车，可使用特制的平衡重块。

五、车轮平衡机使用中的注意事项

1）离车式平衡机的主轴固定装置和就车平衡机的支架上都装入精密的位移传感器和易碎裂的压电晶体传感器，因此严禁冲击和敲打主轴或传感器支架。

2）在检修平衡机时，传感器的固定螺栓不得任意松动。因为这一螺栓不是一般的紧固件，由它向传感晶体提供必要的预紧力，当这一预紧力发生变化时，电算过程将完全失准。

3）商业系统供给的配重最小间隔为5g，因此过分苛求车轮平衡机的精度和灵敏度并无太大的实际意义。特殊情况下，可使用特制的平衡重块。

4）必须明确平衡机的机械系统和电算电路都是针对正常车轮使用条件下平衡失准或轻微受损但仍能使用的车轮而设计的，有最大不平衡量限值。对因交通事故而严重变形的轮辋或胎面大面积剥离的车轮是不能上机进行平衡作业的。不平衡量过大的车轮旋转时的离心力可能损伤平衡机的传感系统，而且过大的不平衡力可能溢出电算范围而使设备自动拒绝工作。

第五节　悬架装置的检测

悬架装置是汽车的一个重要总成，它是将车身和车轴弹性联接的部件。汽车悬架装置通常由弹性元件、导向装置和减振器三部分组成。汽车悬架装置是保证汽车平顺性的重要总成。同时，汽车悬架装置对汽车的安全性、操纵稳定性、通过性、汽车燃油经济性等诸多性能都有影响。

汽车悬架装置最易发生故障的元件是减振器，因此在用汽车悬架装置的检测主要是测试减振器性能。因为减振器和与之相连的弹性元件等构成了复杂的系统，在评价减振器性能的同时，也就对悬架装置的性能做出了综合的评价。检测汽车悬架装置主要是用悬架装置检测台。

一、汽车悬架检测台的结构与原理

汽车悬架装置工作性能的检测方法，有经验法、按压车体法和试验台检测法三种类型。

经验法是通过人工外观检视的方法，主要从外部检查悬架装置的弹簧是否有裂纹，弹簧和导向装置的连接螺栓是否松动，减振器是否漏油、缺油和损坏等项目。

按压车体法（既可以人工按压车体，也可以试验台的动力按压车体。当采用试验台动力按压车体时，试验台如图 5-33 所示），是使车体上下运动，观察悬架装置减振器和各部件的工作情况。

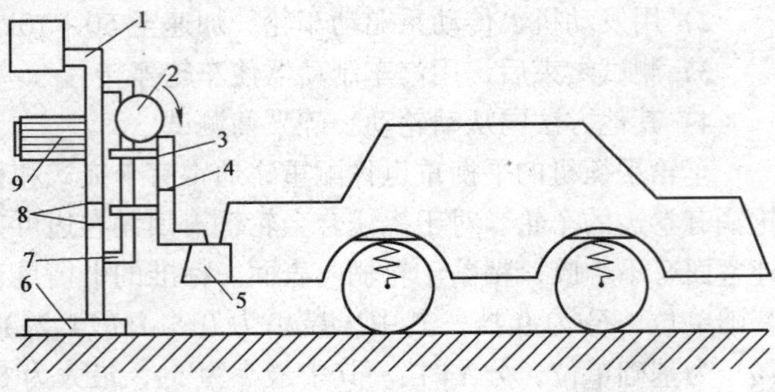

图 5-33 按压车体法试验台

1—支架 2—凸轮 3—推杆 4、8—光脉冲测量装置 5—汽车保险杠 6—水平导轨 7—垂直导轨 9—电动机

试验台检测法是用悬架装置检测台对悬架装置工作性能进行快速检测、诊断，根据激振方式不同，悬架装置检测台可分为跌落式（图 5-34）和共振式（图 5-35）两种类型。

前两种方法主要是靠检查人员的经验，因此存在主观因素大、可靠性差、只能定性分析、不能定量分析等问题。而共振式悬架装置检测台性能稳定、数据可靠性好，因此应用广泛，下面主要介绍共振式悬架装置检测台。

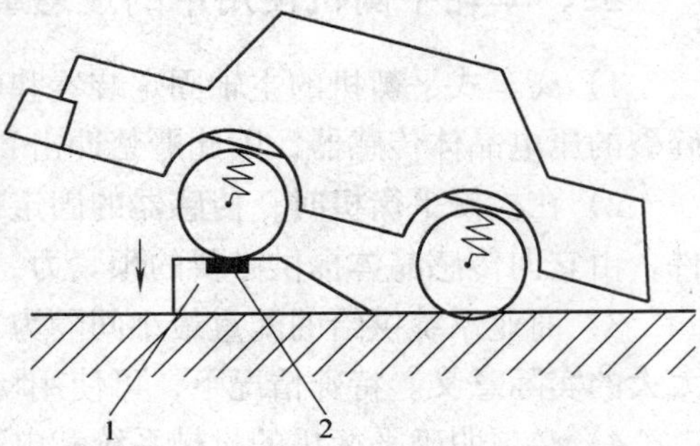

图 5-34 跌落式悬架装置检测台

1—垫块 2—测量装置

共振式悬架装置检测台，一般由机械和微机控制两部分组成。

1. 机械部分

共振式悬架装置检测台的机械部分，由箱体和左右两套相同的振动系统构成，结构简图如图 5-36 所示。图中所示为检测台单轮支承结构。这是因为一套振动系统左右对称，故另一侧图省略。每套振动系统由上摆臂、中摆臂、下摆臂、支承台面、激振弹簧、驱动电机、蓄能飞轮和传感器等构成。传感器一端固定在箱体上，另一端固定在台面上。

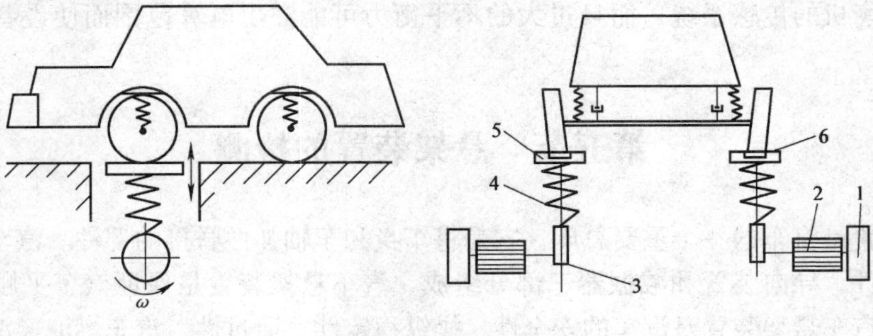

图 5-35 共振式悬架检测台

1—蓄能飞轮 2—电动机 3—凸轮 4—激振弹簧 5—台面 6—测量装置

上摆臂、中摆臂和下摆臂通过三个摆臂轴和六个轴承安装在箱体上。上摆臂和中摆臂与支承台面连接，并构成平行四边形的四连杆机构，以保证上下运动时能平行移动，以及台面受载时始终保持水平。中摆臂和下摆臂端部之间装有弹簧。

驱动电动机的一端装有蓄能飞轮，另一端装有凸缘。凸缘上有偏心轴。连接杆一端通过

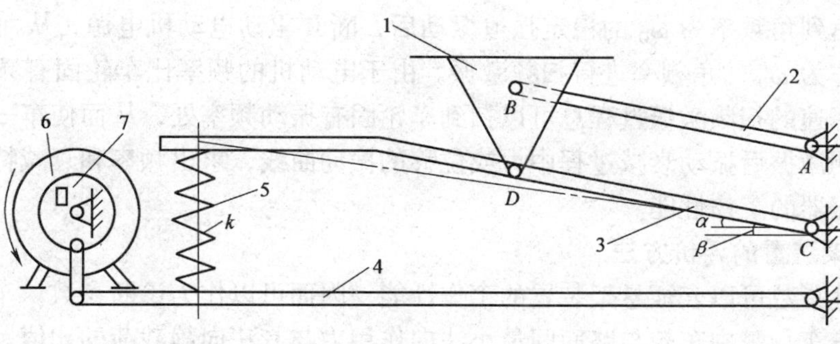

图 5-36　共振式悬架装置检测台单轮支承结构简图

1—支承台面　2—上摆臂　3—中摆臂　4—下摆臂　5—激振弹簧　6—驱动电动机　7—偏心惯性结构

轴承和偏心轴连接，另一端和下摆臂端部连接。

将汽车驶上支承平台，启动测试程序，驱动电动机带动偏心机构使整个车—台系统振动。激振数秒达到角频率为 ω_0 的稳定强迫振动后，断开驱动电动机电源，接着由蓄能飞轮以起始频率为 ω_0 的角频率进行扫频激振。由于停在台面上车轮的固有频率处于 ω_0 和 0 之间，因此蓄能飞轮的扫频激振总能使车—台系统产生共振。断开驱动电动机电源的同时，起动采样测试装置，记录波形，待扫过共振频率后，停止采样，然后进行处理、分析和评价。测力式悬架装置检测台和测位移式悬架装置检测台，一个是测振动衰减过程中的力，另一个是测振动衰减过程中的位移量，它们的结构简图如图 5-37 所示。

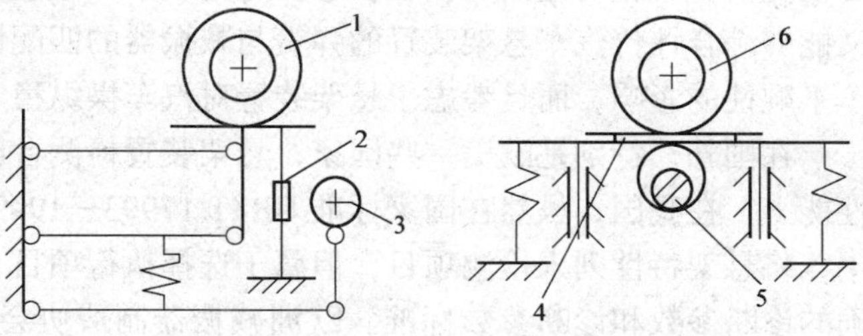

图 5-37　测力式和测位移式悬架装置检测台结构简图

a）测位移式　b）测力式

1、6—车轮　2—位移传感器　3—偏心轮

4—力传感器　5—偏心轴

2. 微机控制部分

微机控制部分主要由微机、传感器、A/D 转换器、电磁继电器及控制软件等组成。控制软件是悬架装置检测台微机控制部分与机械部分联系的桥梁。软件不仅实现对悬架装置检测台测试过程的控制，同时也对悬架装置检测台所采集的数据进行分析和处理，并最终将检测结果显示并打印出来。

二、汽车悬架系统的检测与评价

1. 用跌落式悬架装置检测台检测汽车悬架系统

测试中先通过举升装置将汽车升起一定高度，然后突然松开支撑机构或撤去垫块，车辆落下产生自由振动。用测量装置测量车体振幅或者用压力传感器测量车轮对台面的冲击压力，对振幅或冲击压力进行分析处理后，评价汽车悬架装置的工作性能。

2. 用共振式悬架装置检测台检测汽车悬架系统

检测时，将汽车驶上支承平台，启动测试程序，通过检测台的电动机、偏心轮、蓄能飞轮和弹簧组成的激振器，迫使检测台台面及其上被检汽车悬架装置产生振动。在开机数秒后，激振频率达到角频率为 ω_0 的稳定强迫振动后，断开驱动电动机电源，从而由蓄能飞轮产生以起始频率为 ω_0 的角频率进行扫频激振。由于电动机的频率比车轮固有频率高，因此蓄能飞轮逐渐降速的扫频激振过程总可以扫到车轮固有振动频率处，从而使车一台系统产生共振。通过检测激振后振动衰减过程中力或位移的振动曲线，求出频率和衰减特性，便可判断悬架装置减振器的工作性能。

3. 汽车悬架装置的评价方法

车轮接地性指数可以表征悬架装置的工作性能，因而可以作为诊断参数。车轮接地性指数的定义是：汽车行驶中车轮与路面间最小法向作用力与其法向静载荷的比值。它代表了车轮与路面间的最小相对动载，用 A 表示，在 0~100%范围内变化。车轮接地性指数表明了悬架装置在汽车行驶中确保车轮与路面相接触的最小能力，它考查的是汽车在工作条件最差的情况下，车轮与地面的接触状态。这是一个比较直观的综合评价指标，既能够快速检测，又能够综合评价汽车悬架装置的弹簧与减振器的匹配性能及品质，不仅考虑了悬架装置对汽车平顺性的影响，而且考虑了悬架装置对汽车操纵稳定性和汽车行驶安全性的影响。

在国外，特别是欧美一些国家，悬架装置检测台已被广泛应用在检测汽车悬架装置工作性能上。在我国，虽然在国家标准 GB/T 17993—1999《汽车综合性能检测站通用技术条件》中，将悬架特性列入检测项目，但属于选择执行项目，不属于必须执行项目，因此也没有明确的诊断参数和诊断参数标准。欧洲减振器制造协会（EUSAMA）推荐的评价车轮接地性的参考标准，如表 5-3 所示，可供我国检测悬架装置工作性能时参考。需要指出的是，表中的车轮接地性指数是在悬架装置检测台台面振幅为 6mm 测得的，这也是大部分悬架装置检测台使用的激振振幅。表中的参考标准，适用于大多数汽车，但非常轻的小轿车和微型车例外。这是因为这一类汽车的其中一个轴（一般为后轴）的两个车轮接地性指数非常低，而它们的悬架装置是正常的。

表 5-3 车轮接地性指数标准

车轮接地性指数（%）	车轮接地状态	车轮接地性指数（%）	车轮接地状态
60~100	优	20~30	差
45~60	良	1~20	很差
30~45	一般	0	车轮与地面脱离

第六章　整车技术状况的检测

汽车整车技术状况，不仅直接关系到汽车行驶的安全性、操纵稳定性、排气净化性和行驶平顺性，而且对汽车的动力性、经济性有着直接的影响。因此，整车技术状况是检测与诊断的重点内容。

整车技术状况的检测，既可以在道路试验中进行，也可以在室内整车性能检测试验台上进行。本章主要介绍整车技术状况常见诊断参数的台架试验方法。

第一节　汽车侧滑的检测

如果车轮定位失准，特别是车轮定位中前束和外倾角配合不适当，此时汽车行驶时，车轮向前滚动的同时，将会产生横向滑移现象，即车轮侧滑。检测时可使用动态检测法检测车轮的侧滑量，使用的检测设备主要有滑动板式侧滑试验台和滚筒式车轮定位试验台两种。滑动板式侧滑试验台简称侧滑试验台，该试验台是使汽车在滑动板上驶过，用测量滑动板左、右方向移动量的方法，来检测车轮侧滑量并判断是否合格的一种检测设备。

一、汽车侧滑试验台的结构与原理

1. 前束与外倾的关系及侧滑量检测原理

为了提高车轮工作时的安全性，保证车桥在承受较大载荷后车轮不致产生内倾，因而在车轮定位中设置了前轮外倾角。前轮外倾后，在两车轮滚动时会出现向外张开滚动的趋势。虽然在刚性前梁的约束下，车轮并不能真正向外分开滚动，但两车轮分别给地面向内的侧向力和轮胎在地面上的滑磨是实际存在的。如果这样的汽车左、右车轮在两块可以左、右自由滑动的滑动板上向前驶过时，则可以看到两滑动板向内靠拢。滑动板向内的靠拢量，即为该前轮的侧滑量。

前轮前束是为了纠正前轮外倾后向外张开滚动这一特点而设计的。当前束恰到好处时，即给向外张开的车轮一个合适的方向修正量，车轮就会保持稳定的直线行驶。此时，即使汽车前轮再通过同样的滑动板，滑动板也不会左、右移动。当然，若前轮前束值太大，则左、右车轮滚动时又有向内靠拢的趋势。汽车的左、右车轮通过上述同样的滑动板时，则两滑动板分别向外滑动。

侧滑试验台就是利用上述滑动板在侧向力作用下能够横向滑动的原理来测量车轮侧滑量的。可以看出，检测中若滑动板向外移动，表明前轮前束太大或外倾过小；若滑动板向内移动，表明前轮外倾太大或前束过小；若滑动板不移动，表明前轮没有侧滑量，前束与外倾配合恰到好处。

对于某些汽车，除前轮有前束和外倾外，后轮也有前束和外倾。

2. 侧滑试验台的结构及工作原理

侧滑试验台按滑动板数不同，分为单板式和双板式两种，双板式侧滑试验台在国内应用广泛，其结构由测量装置、指示装置和报警装置等组成，电气式侧滑试验台结构如图 6-1 所示。

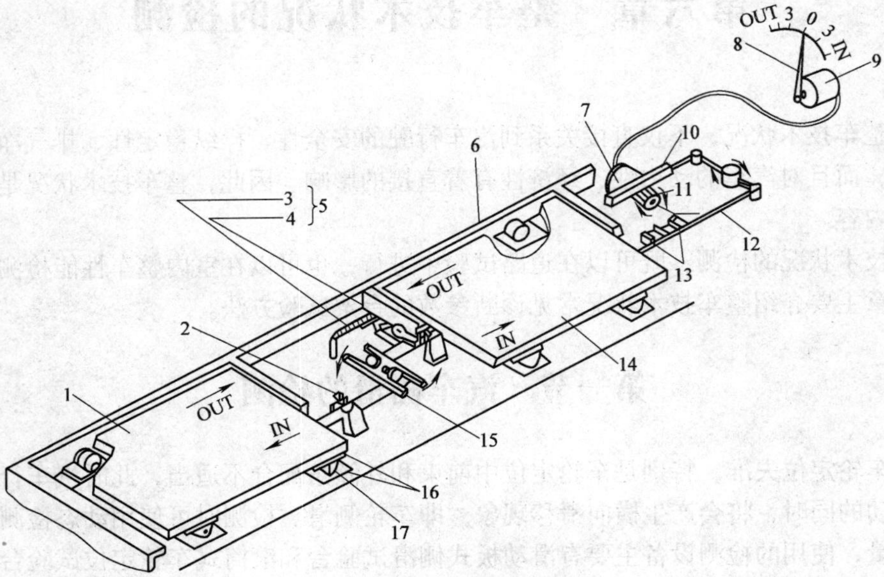

图 6-1　电气式侧滑试验台

1—左滑动板　2—导向滚轮　3—回位弹簧　4—摆臂　5—回位装置　6—框架
7—产生电信号的自整角电机　8—指示装置　9—接受电信号的自整角电机　10—齿条　11—小齿轮
12—连杆　13—限位开关　14—右滑动板　15—双销叉式曲柄　16—轨道　17—滚轮

(1) 测量装置　该装置由框架、左右两块滑动板、杠杆机构、回位装置、滚轮装置、导向装置、锁止装置、位移传感器及信号传递装置等组成。它能测出车轮侧滑量并传递给指示装置。

滑动板的长度一般有 500mm、800mm、1000mm 三种。滑动板上表面制有“T”形纹或“十”形纹，以增加与轮胎之间的附着力。滑动板的下部装有滚轮装置和导向装置，两滑板之间连接有杠杆机构、回位装置和锁止装置。

测量装置可保证在侧向力的作用下，两滑动板只能在左右方向上作等量位移，且要么均向内移动，要么均向外移动，在前后方向上不能移动。当车辆在滑动板上前进时，如车轮正前束（IN）过大，则滑动板向外侧滑动；如车轮负前束（OUT）过大，则滑动板向内侧滑动；当侧向力消失时，在回位装置的作用下，两滑动板自动回到零位；当关闭锁止装置时，两滑动板被锁止。

按滑动板位移量传递给指示装置方式的不同，测量装置可分为机械式和电气式两种。

1）机械式测量装置。该装置是把滑动板与指示装置机械地连在一起，通过连杆和 L 形杠杆等零件，把滑动板位移量直接传递给指示装置的一种结构形式。这类装置近年来已逐渐淘汰。

2）电气式测量装置。该装置是把滑动板的位移量通过位移传感器变成电信号，再经放大与处理后传输给指示装置的一种结构形式。位移传感器有自整角电机式、电位计式和差动变压器式等多种形式。以自整角电机作为位移传感器的电气式测量装置如图 6-1 所示。

(2) 指示装置　该装置可分为机械式和电气式两种，电气式的又可分为数字式和指针式两种。指针式如图 6-2 所示，它能把测量装置传递过来的滑板侧滑量，按汽车每行驶 1km 侧滑 1m 定为一格刻度，车轮向外侧滑动和向内侧滑动分别有 7 格以上的刻度指示。检测人员从指示仪表上就可获得车轮侧滑量的定量数值，并根据指针偏向“IN”或“OUT”的方向确定出侧滑方向。

(3) 报警装置　在检测车轮侧滑量时，当侧滑量超过规定值后，报警装置能够根据测量装置的限位开关等发出的信号，用蜂鸣器或信号灯报警。以便快速判定检测结果是否合格，为检测工作节约了时间。

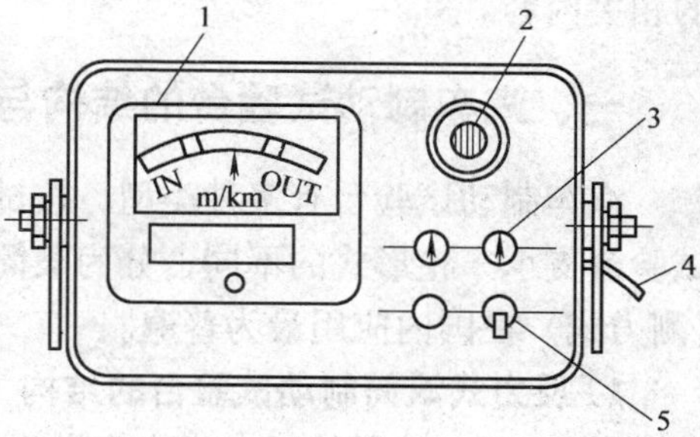

图 6-2　指针式指示装置

1—指示仪表　2—报警用蜂鸣器或信号灯　3—电源指示灯　4—导线　5—电源开关

二、汽车侧滑的检测与调整

1. 侧滑量的检测方法

1）汽车在检测前，应将轮胎充气至规定气压，并清除轮胎表面的泥土、油污、水渍及花纹沟槽内的夹杂物。

2）打开试验台滑动板的锁止装置，接通电源，检查试验台各装置工作是否正常。

3）将汽车对正侧滑试验台，并使转向盘处于正中位置，汽车以 3 ~ 5km/h 的速度垂直驶向侧滑试验台，使车轮平稳通过侧滑板。此时，不可转动转向盘或制动汽车。

4）当被测车轮完全通过滑板后，从指示装置上观察侧滑方向并读取最大横向侧滑量。

5）检测结束后，切断电源并锁止滑动板。

2. 检测参数标准及调整方法

车轮侧滑量的检测标准应符合国家标准 GB 7258—2004《机动车运行安全技术条件》的规定，对前轴采用非独立悬架的汽车，其转向轮的横向侧滑量，用侧滑试验台检验时侧滑量值应在 ±5m/km 之间。

当侧滑量检测超标时，应根据其侧滑特点调整车轮前束与车轮外倾的匹配情况。如指针指向 IN 边，则表明前束过大或外倾角太小甚至车轮内倾；若指针指向 OUT 边，则表明车轮外倾角太大或前束过小甚至负前束，此时应加以调整。

通常车轮的外倾角不可调整，因此调整时只能调前束，若调整前束后仍无法达到侧滑量的要求，则可判定是外倾角变化太大所致，此时需进一步用静态车轮定位仪检测各定位参数，找出故障原因并予以排除。

第二节　制动系统的检测与诊断

制动系统技术状况的变化直接影响行车的安全性。因此，对其制动性能的检测和故障诊断尤为重要。

汽车制动性能检测分为路试法和台架法两种。其中，路试法是用五轮仪等制动仪器，通过道路试验，检测制动系统的制动距离和制动减速度，以此判定制动系统制动性能的方法；台架法则是利用制动试验台，通过检测制动系统的制动力和制动力平衡状况及制动协调时间来判定制动系统制动性能的方法。对在用车安全性能年检中，由于制动试验台的广泛使用，路试法已经很少采用了。

汽车制动系统应具有独立的行车制动装置和驻车制动装置，同时还应具有应急制动系统或行车制动装置具有应急制动功能（应急制动功能是指行车制动系统部分失效时制动系统仍能保持规定的应急制动性能）。本节重点介绍利用制动试验台对行车制动系统制动性能检测的相关内容。

一、汽车制动试验台的结构与原理

汽车制动试验台有多种类型，按试验台测试原理的不同，分为反力式和惯性式两类；按试验台支承车轮形式的不同，分为滚筒式和平板式两类。目前，单轴反力式滚筒制动试验台（测力式）在国内应用最为普遍。

1. 反力式滚筒制动试验台的结构

图6-3所示为单轴反力式滚筒制动试验台结构示意图。它主要由驱动装置、滚筒装置、测量装置、举升装置和指示与控制装置等组成。

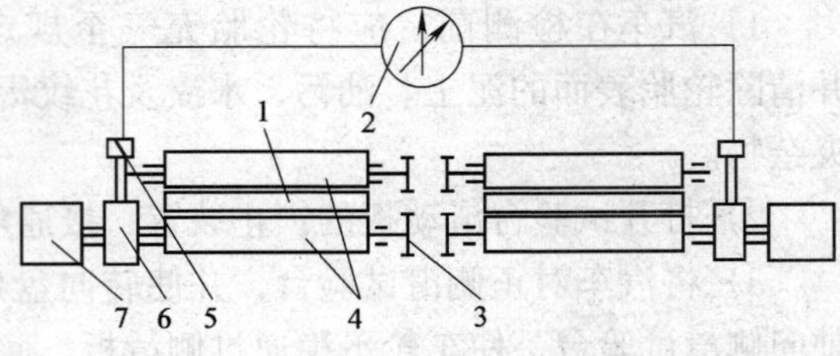

图6-3 单轴反力式滚筒制动试验台示意图

1—举升装置 2—指示装置 3—链传动 4—滚筒装置 5—测量装置 6—减速器 7—电动机

（1）驱动装置　该装置由电动机、减速器和链传动组成。电动机的转动通过减速器减速后传给主动滚筒，主动滚筒又通过链传动把动力传给从动滚筒。减速器与主动滚筒同轴，减速器壳体处于浮动状态。

（2）滚筒装置　该装置由左、右独立设置的两对滚筒构成。被测车轮置于两滚筒之间，滚筒表面模拟活动路面，用来支撑被检车轮并在制动时承受和传递制动力。有些制动试验台在两滚筒之间装有一根直径较小的第三滚筒，其上带有转速传感器。当车轮制动抱死，车轮与滚筒间有较大滑移率时，第三滚筒上的转速传感器送出电信号，使滚筒立即停止转动，以防止轮胎剥伤。

（3）测量装置　该装置主要由测力杠杆、传感器等组成。测力杠杆一端与传感器连接，另一端与浮动的减速器壳体连接。传感器安装在试验台支架上，传感器有自整角电机式、电位计式、差动变压器式和电阻应变测力式等多种类型。被测车轮制动时，减速器浮动壳体连带测力杠杆绕主动滚筒轴线摆动并作用于传感器上，传感器把测力杠杆的移动或力变成反映制动力大小的电信号，送入指示与控制装置中。

（4）举升装置　该装置一般由举升器、举升平板和控制开关等组成。举升器有气压式、液压式、电动螺旋式等形式，举升装置的作用是便于汽车出入试验台。

（5）指示与控制装置　控制装置有电子式和微机式两种。电子式控制装置多配以指针式指示仪表，微机式控制装置多配以数字显示器。国产反力式滚筒制动试验台多为微机式，其指示与控制装置主要由计算机、放大器、模数转换器（A/D）、数字显示器和打印机等组成，如图6-4所示。

此外，由于对汽车制动性能的评判与轴重有关，现在很多制动试验台都装有配套的轴重计量设备。

2. 反力式滚筒制动试验台的检测原理

准备检测时，升起举升器，将被测汽车驶上制动试验台，车轮置于主、从动滚筒之间，降下举升器。通过延时电路起动电动机，电动机则通过减速器及链传动驱动滚筒，从而带动

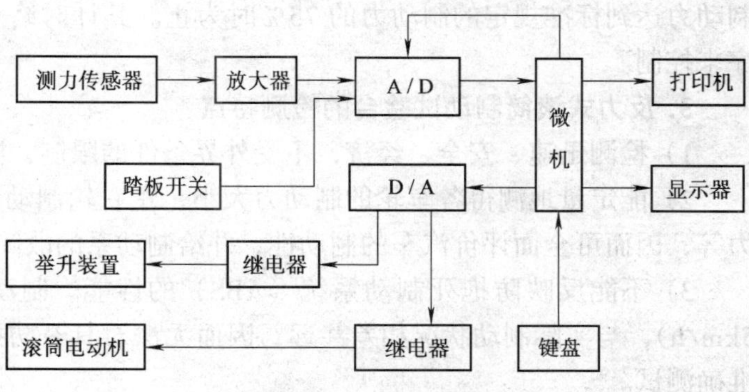

图 6-4　制动试验台的指示与控制装置框图

车轮低速旋转。当驾驶员踩下制动踏板，在制动器摩擦力矩 M_μ 作用下（图 6-5a），车轮开始减速旋转。此时电动机驱动滚筒，而滚筒则对车轮轮胎周缘的切线方向作用着驱动力 F_{x1}、F_{x2}，以克服制动器摩擦力矩，维持车轮继续旋转。与此同时，车轮轮胎在滚筒表面切线方向作用着与滚筒驱动力数值相等而方向相反的反作用制动力 F_{x1}'、F_{x2}'。在 F_{x1}'、F_{x2}'，在它们对滚筒轴线形成的反作用制动力矩作用下，其浮动的减速器壳体与测力杠杆一起朝与滚筒转动相反的方向摆动（图 6-5b），而测力杠杆另一端的力 F_1 经传感器转换成与反作用制动力大小成比例的电信号。此信号经放大变换处理后，由指示装置显示出由车轮制动器产生，经轮胎传递，作用在滚筒上的制动力。在制动过程中，当左、右轮制动力之和大于某一数值时，微机即开始采集数据，采集过程所经历的时间是一定的。经历了规定的采集时间后，微机发出指令使电动机停转，以防止轮胎剥伤。检测过程结束后，将举升器举起，车辆即可驶离试验台。

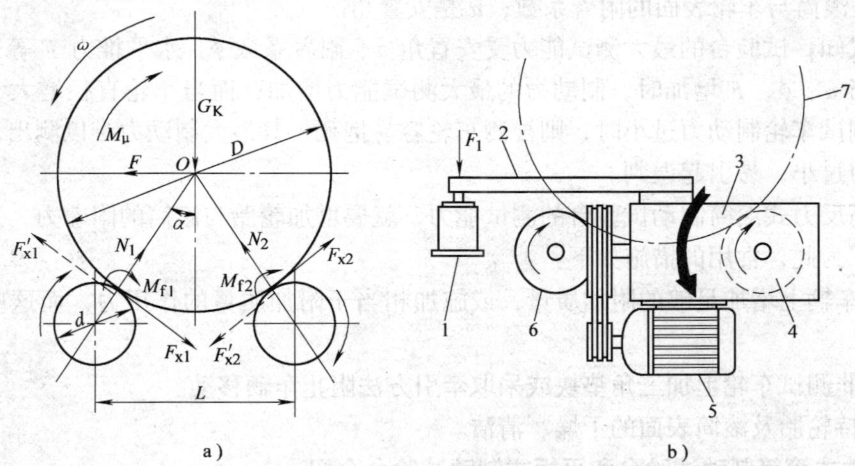

图 6-5　制动力检测原理图

a）车轮检测时的受力简图　b）制动力测量装置原理图

1—传感器　2—测力杠杆　3—减速器　4—主动滚筒　5—电动机　6—从动滚筒　7—车轮

G_K—车轮所受的载荷　F—车轴对车轮的水平推力　N_1、N_2—滚筒对车轮的支承反力

F_{x1}、F_{x2}—滚筒对车轮的驱动力　F_{x1}'、F_{x2}'—车轮对滚筒的切向反作用力

M_μ—制动器摩擦力矩　M_{f1}、M_{f2}—滚动阻力矩　α—安置角　L—滚筒的中心距

车轮阻滞力的测量是在行车和驻车制动装置处于完全释放状态、变速器置于空挡位置时进行。此时，电动机通过减速器、链传动及滚筒来带动车轮维持稳定转动所需的力，即为车轮的阻滞力，该力可通过指示装置读取。

制动协调时间的测量是与测量制动力同步进行的，它以驾驶员踩踏板的瞬间作为计时起点，由制动踏板上套装的踏板开关向控制装置发出一个“开关”信号，开始时间计数，直至制动力达到标准规定的制动力的75%时为止。其计时终点通常由试验台微机执行相应的程序来控制。

3. 反力式滚筒制动试验台的检测特点

1）检测迅速、安全、经济，不受外界条件的限制，测试条件稳定，重复性较好。

2）能定量地测得各车轮的制动力大小、左右轮制动力差值、制动协调时间、车轮阻滞力等，因而可全面评价汽车的制动性，并给制动系的故障诊断、维修和调整提供可靠依据。

3）不能反映防抱死制动系统（ABS）的性能。制动检测时的车速较低（一般不超过5km/h），与实际制动状况相差甚远，因而无法对具有防抱死制动系统汽车的制动性能进行准确测试。

4）进行制动检测时，汽车没有平移运动，因而也就没有因惯性作用而引起的轴负荷前移作用，故车辆处于空载检测时，前轴车轮容易抱死而难以测得前轴制动器能够提供的最大制动力，从而导致整车的制动力不够，易引起误判。同时，汽车的无移动检测也不能反映汽车其他系统（如转向机构、悬架）的结构、性能对制动性能的影响。

5）试验台制动时的最大测试能力，受检测因素的影响较大。根据图6-5a的受力图列出平衡方程，可得车轮制动时试验台能提供的制动力极限值为

$$F_{xmax} = \phi\ (N_1 + N_2) = \phi \frac{G_K + \phi F}{(1+\phi^2)\ \cos\alpha}$$

式中，ϕ是滚筒与车轮表面的附着系数；α是安置角。

由上式知：试验台的最大测试能力受安置角α、附着系数ϕ、水平推力F等三方面因素的影响。当α、ϕ、F增加时，制动力的最大测试能力增加；而当车轮直径增大，附着系数减小，非测试车轮制动力过小时，则被测车轮容易抱死，其最大制动力难以测出，从而导致整车制动力过小，易引起误判。

要提高反力式滚筒制动试验台的测试能力，就要增加轮胎与滚筒的附着力，避免制动时车轮抱死。为此，常用的措施如下：

1）在车辆上增加足够的附加质量，或施加相当于附加质量的作用力，而这些均不计入轴荷。

2）在非测试车轮上加三角垫块或采取牵引方法阻止车辆移动。

3）保持轮胎及滚筒表面的干燥、清洁。

4. 惯性式滚筒制动试验台和平板式制动试验台介绍

（1）惯性式滚筒制动试验台　惯性式滚筒制动试验台是利用其旋转飞轮的动能模拟车辆在道路上行驶的动能，使车辆在试验台上能呈现路试制动时的工况来检测制动性能的。惯性式滚筒制动试验台检测的是制动距离、制动减速度和制动时间。

惯性式滚筒制动试验台，按同时检测的轴数多少可分为单轴式和双轴式。双轴惯性式滚筒制动试验台的结构简图如图6-6所示，该试验台可以同时测试双轴车辆所有车轮的制动性能，它可根据车辆的轴距调节前、后滚筒组之间的距离。该距离可用驱动移动架液压缸17调节，使滚筒组在导轨上位移，调节合适后用夹紧液压缸18进行夹紧定位。前后左右各滚筒及飞轮通过连接部件相连。为防止汽车制动时车轮向后窜出，在后滚筒组后部装有第三滚筒19。

惯性式制动试验台的滚筒相当于一个移动的路面，试验台上各对滚筒分别带有的飞轮，

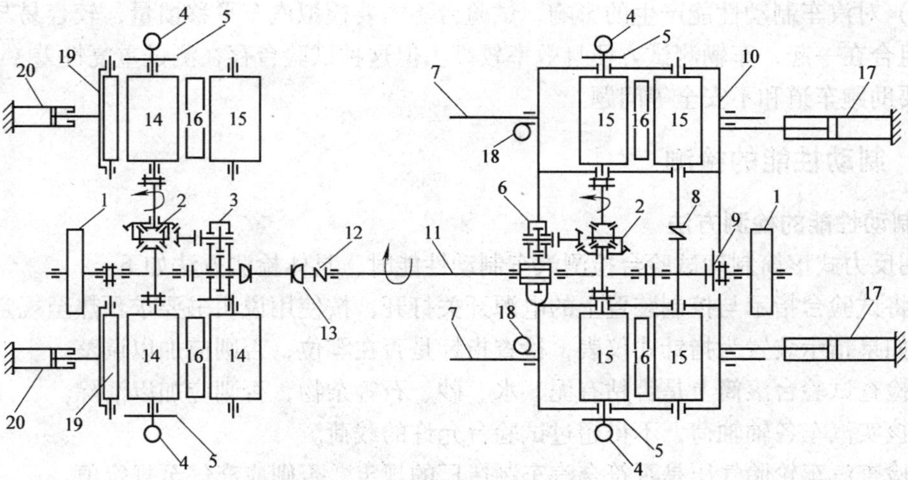

图 6-6　双轴惯性式滚筒制动试验台简图

1—飞轮　2—传动器　3、6—变速器　4—测速发电机　5、9—光电传感器　7—可移导轨　8、12—电磁离合器　10—移动架　11—传动轴　13—万向节　14—后滚筒　15—前滚筒　16—举升托板　17—驱动移动架液压缸　18—夹紧液压缸　19—第三滚筒　20—调节第三滚筒液压缸

其惯性应与受检汽车的惯性质量相当。检测时，先使滚筒与车轮处于某一转速旋转，然后切断驱动滚筒旋转的动力，踩制动踏板，制动后的车轮对滚筒表面产生切向阻力，而滚筒在其飞轮系统的惯性作用下继续旋转，其转动的圈数相当于车轮的制动距离，在规定的检测车速下，该制动距离的大小可以充分反映被测车轮制动器和整个制动系的技术状况。而滚筒的制动初速度、制动减速度及滚筒依靠惯性旋转的圈数均可通过测量系统测得。

利用惯性式滚筒制动试验台检测制动性能时，可以在任意车速下进行，试验条件接近汽车实际行驶情况，其测试结果与实际工况较为接近。但这种试验台要求旋转部分的转动惯量大，结构较复杂，占地面积大，且不适应多种车型，因此在实际检测中应用并不多。

(2) 平板式制动试验台　平板式制动试验台如图 6-7 所示，它是一种低速动态惯性式制动试验台，由四块测试平板、传感器、控制和显示装置等组成。检验时，汽车以 5 ~ 10km/h 的速度驶上测试平板，置变速器于空挡并紧急制动。汽车在惯性作用下，通过车轮在平板上附加与制动力大小相等、方向相反的作用力，使平板沿纵向位移，经传感器测出各车轮的制动力，并由显示装置显示检测结果。这种试验台结构简单，测试过程与实际路试条件较接近，能反映车辆的实际制动性能，亦能反映制动时轴荷前移及其他系统

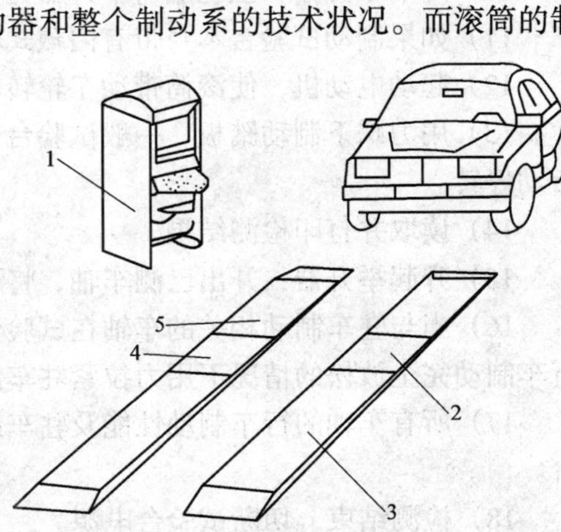

图 6-7　平板式制动试验台简图

1—显示和控制台　2—侧滑测试平板　3、5—制动、轴重测试平板　4—过渡板　6—拉力传感器　7、10—压力传感器　8—面板　9—钢球　11—底板

（如悬架）对汽车制动性能产生的影响，试验台不需要模拟汽车平移惯量，较容易与轴重仪、侧滑仪组合在一起，车辆测试方便且效率较高。但这种试验台存在测试重复性差、占地面积大、需要助跑车道和不安全等问题。

二、制动性能的检测

1. 制动性能的检测方法

利用反力式滚筒制动试验台检测汽车制动性能时，具体检测方法如下。

1）将试验台指示与控制装置上的电源开关打开，按使用说明书要求预热至规定时间。

2）如果指示装置为指针式仪表，检查指针是否在零位，否则应加以调整。

3）检查试验台滚筒上是否粘有泥、水、砂、石等杂物，否则应加以清除。

4）核实汽车各轴轴荷，不得超过试验台允许的载荷。

5）检查汽车轮胎气压是否符合汽车制造厂的规定，否则应充气至规定值。

6）检查汽车轮胎是否有泥、水、砂、石等杂物，否则应加以清除。

7）检查试验台举升器是否在升起位置，否则应升起举升器。

8）汽车被测车轴在轴重计或轮重仪上检测完轴荷后，应尽可能顺垂直于滚筒的方向驶入试验台。先前轴、再后轴，使车轮处于两滚筒之间。

9）汽车停稳后，变速杆置于空挡位置，行车、驻车制动器处于完全放松状态，能测制动协调时间的试验台还应把脚踏开关套在制动踏板上。

10）降下举升器，至轮胎与举升器完全脱离为止。

11）如果制动试验台本身带有内藏式轴重测量装置的，则应在此时测出轴荷。

12）起动电动机，使滚筒带动车轮转动，先测出制动拖滞力。

13）用力踩下制动踏板，一般试验台在 1.5～3.0s 后或所带第三滚筒发出信号后，滚筒自动停转。

14）读取并打印检测结果。

15）升起举升器，开出已测车轴，将下一车轴驶入，按与上述同样的方法检测制动力。

16）当与驻车制动相关的车轴在试验台上时，检测完行车制动后应重新起动电动机，在行车制动完全放松的情况下用力拉紧驻车制动杆，检测驻车制动性能。

17）所有车轴的行车制动性能及驻车制动性能检测完毕后，升起举升器，汽车开出试验台。

18）检测结束，切断试验台电源。

2. 制动性能检测参数标准

汽车制动性能检测完毕后，应将检测结果与检测标准对照，以判断制动性能是否合格。根据国家标准 GB 7258—2004《机动车运行安全技术条件》的规定，机动车可以用检测制动距离、制动减速度和台试检验制动力等参数来判别制动性能，只要其中之一符合要求，即可判为合格。检测标准具体规定如下。

（1）制动距离　机动车行车制动性能检测应在平坦、硬实、清洁且轮胎与地面间的附着系数不小于 0.7 的水泥或沥青路面上进行。检测时发动机应脱开。

机动车在规定的初速度下的制动距离和制动稳定性，应符合表 6-1 的要求。对空载检测制动距离有质疑时，可用表 6-1 满载检测制动性能的要求进行。

表 6-1　制动距离和制动稳定性要求

机动车类型	制动初速度 /（km·h⁻¹）	满载检测制动距离要求 /m	空载检测制动距离要求 /m	制动稳定性要求车辆任何部位不得超出的试验车道宽度 /m
三轮汽车①	20	≤5.0		2.5
乘用车②	50	≤20.0	≤19.0	2.5
总质量不大于3.5t的低速货车③	30	≤9.0	≤8.0	2.5
其他总质量不大于3.5t的汽车④	50	≤22.0	≤21.0	2.5
其他汽车、汽车列车⑤	30	≤10.0	≤9.0	3.0

① 指最高设计车速小于等于50km/h的，具有三个车轮的货车。

② 指在其设计和技术特性上主要用于载运乘客及其随身行李和临时物品的汽车，包括驾驶员座在内最多不超过9个座位。

③ 指最高设计车速小于70km/h的具有四个车轮的货车。

④ 指由动力驱动，具有四个或四个以上车轮的非轨道承载的车辆，包括与电力线相连的车辆（如无轨电车）和整车整备质量超过400kg的三轮车辆。

⑤ 指由一辆汽车（三轮汽车和低速货车除外）牵引一辆挂车组成的机动车，包括乘用车列车、货车列车和铰接列车。

制动距离是指机动车在规定的初速度下急踩制动时，从脚接触制动踏板时起至车辆停住时止车辆驶过的距离。

（2）制动减速度　制动减速度按测试、取值和计算方法的不同，可分为制动稳定减速度、平均减速度和充分发出的平均减速度三种。GB 7258—2004采用充分发出的平均减速度作为评价指标。

在上述测制动距离同样路面条件和发动机脱开的情况下，汽车、汽车列车在规定初速度下急踩制动踏板时充分发出的平均减速度和制动稳定性要求应符合表6-2的规定。对空载检测制动性能有质疑时，可用表6-2中满载检测的制动性能要求进行。

表 6-2　制动减速度和制动稳定性要求

机动车类型	制动初速度 /（km·h⁻¹）	满载检测充分发出的平均减速度 /（m·s⁻²）	空载检测充分发出的平均减速度 /（m·s⁻²）	制动稳定性要求车辆任何部位不得超出的试验车道宽度 /m
三轮汽车	20	≥3.8		2.5
乘用车	50	≥5.9	≥6.2	2.5
总质量不大于3.5t的低速货车	30	≥5.2	≥5.6	2.5
其他总质量不大于3.5t的汽车	50	≥5.4	≥5.8	2.5
其他汽车、汽车列车	30	≥5.0	≥5.4	3.0

充分发出的平均减速度为

$$FMDD=\frac{v_b^2-v_e^2}{25.92\ (S_e-S_b)}$$

式中，FMDD是充分发出的平均减速度（m/s^2）；v_b 是 $0.8v_0$ 车辆的速度（km/h）；v_e 是 $0.1v_0$ 车辆的速度（km/h）；v_0 是制动初速度（km/h）；S_b 是在速度 v_0 和 v_b 之间车辆驶过的距离（m）；S_e 是在速度 v_0 和 v_e 之间车辆驶过的距离（m）。

充分发出的平均减速度是在测得相关速度、距离参数后用上述公式计算确定。

应急制动时性能要求：汽车（三轮汽车除外）在空载和满载状态下，按表6-3所列初速度进行应急制动性能检验，测量从应急制动操纵始点至车辆停住时的制动距离，应急制动性能应符合表6-3的要求。

表6-3 应急制动性能要求

机动车类型	制动初速度 /（$km·h^{-1}$）	制动距离 /m	充分发出的平均减速度 /（$m·s^{-2}$）	允许操纵力不应大于 /N	
				手操纵	脚操纵
乘用车	50	≤38.0	≥2.9	400	500
客车①	30	≤18.0	≥2.5	600	700
其他汽车（二轮汽车除外）	30	≤20.0	≥2.2	600	700

① 指在其设计和技术特性上主要用于载运乘客及其随身行李的商用车，包括驾驶员座位在内座位数超过9个。

（3）制动力　汽车、汽车列车在制动试验台上测出的制动力，应符合表6-4的要求。对空载检测制动力有质疑时，可用表中规定的满载检测制动力要求进行检验。

表6-4 台试检测制动力要求

机动车类型	轴制动力与轴荷①的百分比（%）		制动力总和与整车重量的百分比（%）	
	前轴	后轴	空载	满载
三轮汽车	—	≥60②	≥45	
乘用车、总质量不大于3.5t的货车	≥60②	≥20②	≥60	≥50
其他汽车、汽车列车	≥60②	—	≥60	≥50

① 用平板制动试验台检验乘用车时应按动态轴荷计算。

② 空载和满载状态下测试均应满足此要求。

1）制动力平衡的要求：在制动力增长全过程中同时测得的左右轮制动力差的最大值，与全过程中测得的该轴左右轮最大制动力中大者之比，前轴不应大于20%，后轴在轴制动力不小于该轴轴荷的60%时不应大于24%；当后轴制动力小于该轴轴荷的60%时，在制动力增长全过程中同时测得的左右轮制动力差的最大值不应大于该轴轴荷的8%。

2）制动协调时间的要求：制动协调时间是指在急踩制动时，从脚接触制动踏板时起至汽车减速度（或制动力）达到表6-2规定的汽车充分发出的平均减速度（或表6-4规定的制动力）75%时所需的时间。汽车的制动协调时间，液压制动的汽车不应大于0.35s，气压制动的汽车不应大于0.60s，对于汽车列车、铰接客车和铰接式无轨电车不应大于0.80s。

3）汽车车轮阻滞力要求：进行制动力检测时，车辆各轮的阻滞力均不应大于车轮所在轴轴荷的5%。

（4）制动踏板力或制动气压　路试和台试进行制动性能检测时的制动踏板力或制动气压应符合以下要求。

1）满载检测时：

① 对于气压制动系，气压表的指示气压应不大于额定工作气压。

② 对于液压制动系，乘用车踏板力不大于500N；其他车辆的踏板力不大于700N。

2）空载检测时：

① 对于气压制动系，气压表的指示气压应不大于600kPa。

② 对于液压制动系，乘用车踏板力不大于400N；其他车辆的踏板力不大于450N。

3）对于三轮汽车，其踏板力不应大于600N。

（5）驻车制动性能

1）在空载状态下，驻车制动装置应能保证车辆在坡度为20%（总质量为整备质量的1.2倍以下的车辆为15%）、轮胎与路面间的附着系数不小于0.7的坡道上正、反两个方向保持固定不动，其时间不少于5min。检测时的手操纵力：乘用车不应大于400N，其他车辆不应大于600N；脚操纵力：乘用车不应大于500N，其他车辆不应大于700N。

2）当采用制动试验台检测车辆驻车制动力时，车辆空载，乘坐一名驾驶员，使用驻车制动装置，驻车制动力总和不应小于该车在测试状态下整车重量的20%；对总质量为整备质量1.2倍以下的车辆，此值为15%。

（6）制动释放时间　汽车制动完全释放时间（从松开制动踏板到制动消除所需要的时间），不应大于0.80s。

当车辆经台试检测后对其制动性能有质疑时，可用规定的路试检测（制动距离、充分发出的平均减速度）进行复检，并以满载路试的检测结果为准。

第三节　车速表的检测

汽车的行驶速度对交通安全和运输生产率影响很大。为了保证汽车行驶的安全性，提高汽车运输生产率，充分发挥汽车的动力性，正确掌握行车速度是非常重要的。因此，车速表本身一定要准确可靠。由于使用的原因，车速表的指示误差会越来越大，如果超过限度就会对驾驶员的正确判断造成影响，严重者甚至引起交通事故。为保证行车安全，确保车速表的指示精度，在相应安全法规中要求对车速表进行定期的检测。

车速表的检测方法有道路试验法和室内台架试验法两种。本节着重介绍室内台架试验法。

一、车速表的测量原理

1. 车速表误差形成原因

车速表在使用过程中产生指示误差，主要是自身故障、损坏和轮胎磨损、气压不足等原因造成的。车速表是利用磁电互感作用，通过指针摆动来显示汽车行驶速度的。车速表内有可转动的活动盘、转轴、轴承、齿轮、游丝等零件和磁性元件。由于这些零件在使用过程中的自然磨损以及磁性元件的磁性变化，都会造成车速表的指示误差。

汽车行驶速度为

$$v \approx 0.377 \frac{r\,n}{i_0\ i_g}$$

式中，v 是汽车行驶速度（km/h）；r 是车轮滚动半径（m）；n 是发动机转速（r/min）；i_g 是变速器传动比；i_0 是主减速器传动比。

由上式可以看出，汽车实际行驶速度与车轮滚动半径有关。在变速器输出轴转速不变的情况下，汽车的实际行驶速度会因轮胎滚动半径的变化而变化（例如：由于轮胎磨损或胎压不足，造成的车速表误差会使其指示值偏大），而车速表的软轴是与变速器或分动器输出轴相连的，因此车速表的指示值与实际车速就形成了误差。

为获得车速表的指示误差，需借助车速表试验台对车速表进行检测。

2. 车速表误差的测量原理

用车速表试验台测量车速表的指示误差，是以试验台滚筒作为连续移动的路面，把与车速表有传动关系的车轮置于滚筒上旋转，模拟汽车在路面上行驶的实际状态，进行车速表误差的测量。车速表误差的测量原理如图 6-8 所示。测量时，将汽车上与车速表有传动关系的车轮（一般情况下是驱动轮）置于车速表试验台的滚筒上，由车轮驱动滚筒旋转。滚筒端部装有速度传感器，能发出与车速变化成正比的电信号。

滚筒的线速度、圆周长度和转速之间的关系为

$$v = Ln \times 60 \times 10^{-6}$$

式中，v 是滚筒的线速度（km/h）；L 是滚筒的圆周长度（mm）；n 是滚筒的转速（r/min）。

由于滚筒的线速度就是车轮的线速度，因此上述计算值即为汽车的实际车速值，由车速表试验台上的速度指示仪表显示，也称为试验台指示值。

车轮带动滚筒转动的同时，汽车驾驶室内的车速表也在显示车速值，称为车速表指示值。将车速表指示值与实际车速值（试验台指示值）相比较，即可获得车速表的指示误差。

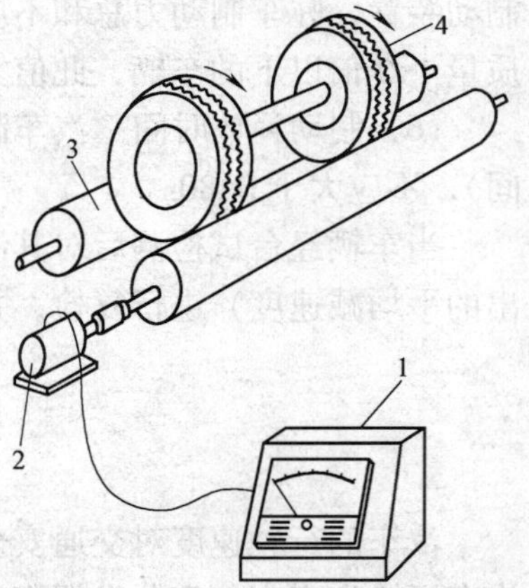

图 6-8　车速表误差测量原理图

1—车速指示仪表　2—速度传感器　3—滚筒　4—驱动车轮

3. 车速表试验台的种类和结构

车速表试验台有三种类型：无驱动装置的标准型，它依靠被测车轮带动滚筒旋转；有驱动装置的驱动型，它由电动机驱动滚筒旋转；与制动试验台、底盘测功试验台等组合在一起的综合型。

（1）标准型车速表试验台　该试验台由速度测量装置、速度指示装置和速度报警装置等组成，如图 6-9 所示。

1）速度测量装置。该装置主要由滚筒、举升器、框架和速度传感器等组成。滚筒一般为四个，直径为 185mm 或更大，通过滚动轴承安装在框架上。试验时，为防止汽车驱动轴差速器行星齿轮自转，四滚筒式试验台的两个前滚筒用联轴器连在一起。为使汽车进、出试验台方便，在前后滚筒之间设有举升器。举升器与滚筒装置联动。当举升器升起使车轮进、出试验台时，滚筒因自身制动装置的制动作用而不会转动。速度传感器有测速发电机式、差

动变压器式、磁电式和光电式等多种形式。它装在滚筒的一端，将对应于滚筒转速发出的电信号送至速度指示装置。

2）速度指示装置。该装置按照速度传感器发出的电信号进行工作，能把以滚筒圆周长度与其转速算出的线速度，以 km/h 为单位在仪表上指示。

3）速度报警装置。该装置是在测量中为提示汽车实际车速已达到检测车速(40km/h）而设置的。在车速表试验台的速度指示装置上，一般都设有报警灯或蜂鸣器作为报警装置。试验中，当汽车实际车速达到检测车速时，报警灯亮或蜂鸣器响，提示检测员立即读取驾驶室内车速表的指示值，以便与实际车速对照，判断车速表指示值是否在合格范围之内。

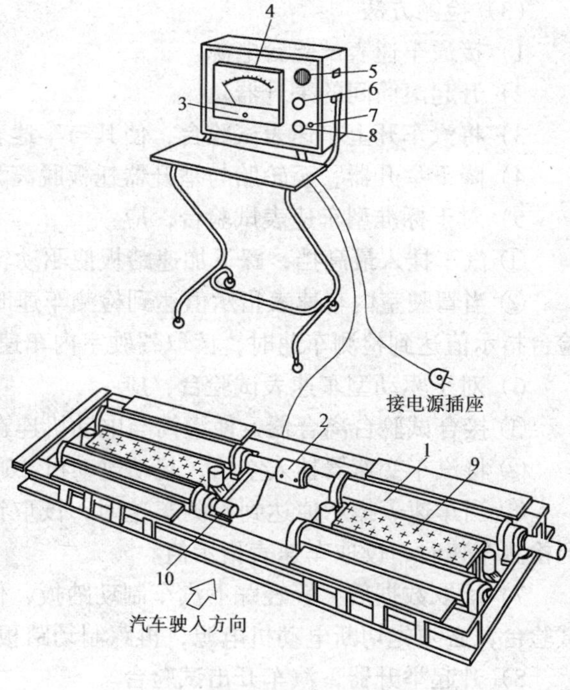

图 6-9　标准型车速表试验台

1—滚筒　2—联轴器　3—零点校正螺钉　4—速度指示仪表　5—蜂鸣器　6—报警灯　7—电源灯　8—电源开关　9—举升器　10—速度传感器（测速发电机式）

(2) 驱动型车速表试验台　多数汽车的车速表转速信号，均取自变速器或分动器的输出轴，即取自汽车的驱动系统。但是，也有一些汽车的车速表转速信号取自从动的前轮（FR 或 RR 式）。驱动型车速表试验台就是为适应后一种汽车而设置的，如图 6-10 所示。这种试验台一般在滚筒与电动机之间装有离合器。当离合器处于分离状态时，这种试验台又可作为标准型试验台使用。

二、车速表的检测方法

1. 检测方法

检测之前应认真阅读车速表试验台的使用说明书，按规定正确使用。通用的检测方法如下。

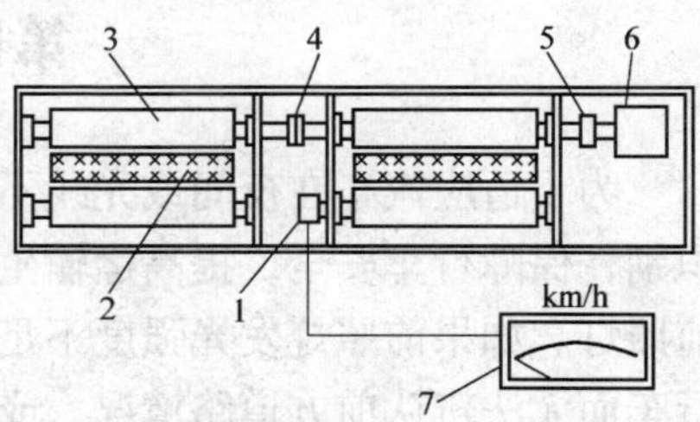

图 6-10　驱动型车速表试验台

1—测速发电机　2—举升器　3—滚筒　4—联轴器　5—离合器　6—电动机　7—速度指示仪表

(1) 试验台的准备

1）在滚筒处于静止的状态下，检查指示仪表的指针是否在零点位置上。若指针不在零点上，可用零点调整螺钉调整。

2）检查滚筒上是否沾有油、水、泥等杂物。若有应清除干净。

3）检查举升器的升、降动作是否自如。若动作阻滞或有泄漏部位，应予以修理。

4）检查导线的连接情况。若有接触不良或断路，应予修理或更换。

(2) 被检车辆的准备

1）按汽车制造厂的规定调整好轮胎气压。

2）轮胎上沾有油、水、泥或花纹内嵌有小石子时，应清除干净。

（3）检测方法

1）接通车速表试验台电源。

2）升起滚筒间的举升器。

3）将汽车开上车速表试验台，使其与车速表有传动关系的车轮停于两滚筒之间。

4）降下举升器，至轮胎与举升器托板脱离为止。

5）对于标准型车速表试验台，应：

① 汽车挂入最高挡，踩下加速踏板使驱动轮带动滚筒平稳地加速运转。

② 当驾驶室内车速表指示值达到检测车速时，读取试验台指示值（实际车速）；或当试验台指示值达到检测车速时，读取驾驶室内车速表的指示值。

6）对于驱动型车速表试验台，应：

① 接合试验台离合器，使滚筒与电动机连在一起。

② 将汽车变速器挂入空挡，起动电动机，通过滚筒带动车轮旋转。

③ 当车速表指示值达到检测车速时，读取试验台指示值；或反之，当试验台指示值达到检测车速时，读取车速表指示值。

7）读取数据后，轻轻踩下汽车制动踏板，使滚筒和车轮停止转动。对于驱动型车速表试验台，必须先切断电动机电源，再踩制动踏板。

8）升起举升器，汽车开出试验台。

9）关闭试验台电源，测速结束。

2. 检测参数标准

根据 GB 7258—2004 中的规定，车速表误差范围是：当实际车速为 40km/h 时，车速表指示值在 40～48km/h 范围内为合格；或当车速表指示值为 40km/h 时，实际车速在 32.8～40km/h 范围内为合格。

第四节　前照灯的检测

为了适应汽车在夜间或光线不足的情况下，保证驾驶员能及时发现情况或被其他车辆所识别，保障行车安全，提高运输生产率，汽车必须自身装备有夜间行车使用的照明灯具——前照灯。如果前照灯发光强度不足或照射方向不合适，将使驾驶员在夜间光线不足的情况下行车而无法辨认前方道路情况，或在会车时造成对方驾驶员眩目等，从而导致交通事故的发生。因此，国家标准中对汽车前照灯的发光强度和光束照射位置作了具体规定，并将其列为汽车安全性能的必检项目。

前照灯的技术状况，可用屏幕和前照灯检测仪检测。

一、光学的基础知识

1. 光的物理单位

（1）发光强度　它是表示光源在一定方向范围内发出的可见光辐射强弱的物理量。单位是坎德拉，简称“坎”，符号为 cd。坎德拉这个单位是指一光源在给定方向上发出频率为 540×10^{12}Hz 的单色辐射，且在此方向上的辐射强度为1/683（W/sr），则此光源在该方向的发光强度为 1cd。

（2）照度　它是表示不发光物体被光源照明的程度，为受光面明亮度的物理量。照度的单位是勒克斯，符号为 lx。

2. 发光强度和照度的关系

在光源发光强度不变的情况下，物体离开光源越远，被照明的程度越差。照度与离开光源距离的平方成反比，即

照度 = 发光强度/离开光源距离的平方

（在不计光源大小，即把光源看做点光源的情况下）

3. 前照灯的特性

可分为配光特性、全光束和照射方向三部分，其特性参数的特征如图 6-11 的等照度曲线所示。

（1）配光特性　把用等照度曲线表示的明亮度分布特征称为配光特性，亦称为光形分布特征。如果等照度曲线左右对称，不偏向一边，上下的扩展也不太宽，这就是对称式配光特性，如图 6-11a 所示。再有一种就是非对称式配光特性，其光形的分布不是对称的，如图 6-12 所示，它有两种形式：一种是在配光屏幕上明暗截止线（眼睛感觉到的明暗陡变的分界线）水平部分在 *V-V* 线的左半边，右半边为与水平线成 15°角的斜线，如图 6-12a 所示。另一种是明暗截止线的左半边平行且低于 *h-h* 水平线 25cm，而右半边先为一与水平线成 45°角的斜线，至与 *h-h* 水平线相交时，又转折为与 *h-h* 线重合的水平线，如图 6-12b 所示。我国车辆前照灯的近光一般采用的就是这种"Z"字形的非对称式配光特性。

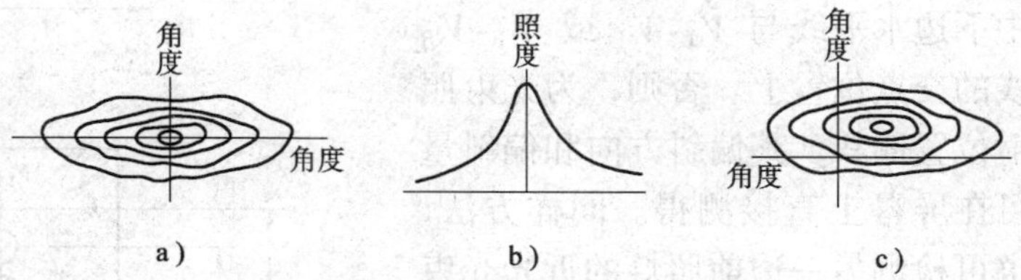

图 6-11　等照度曲线

a）配光特性　b）全光束　c）照射方向

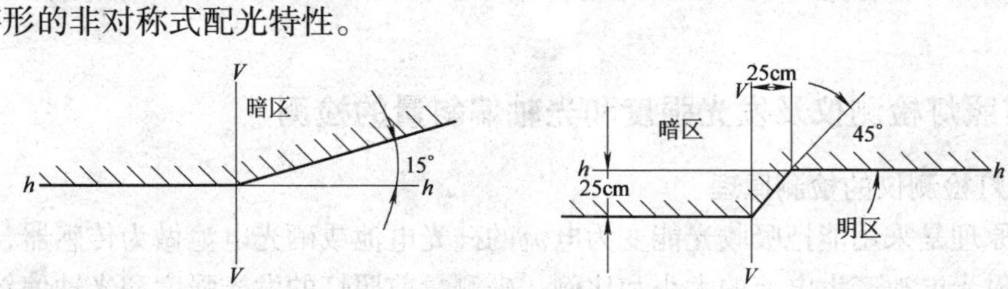

图 6-12　非对称式配光特性示意图

a）*V-V* 为汽车纵向中心平面在屏幕上的投影线　b）*h-h* 为汽车前照灯基准中心高度水平线

（2）全光束　光束用明亮度分布纵断面的配光特性曲线来表示，该断面的积分值（该曲线的旋转体积）即为全光束。可以认为它是光源发出的光的总量，见图 6-11b。

（3）照射方向　一般情况下可把前照灯光束最亮之处看作是光轴的中心。光轴中心对水平、垂直坐标轴交点的偏离，表示光轴的照射方向，见图 6-11c。

二、用屏幕检测前照灯的光束照射位置

准备工作：汽车空载停放在水平坚硬的场地上，允许乘坐一名驾驶员，轮胎气压应符合规定。在距前照灯10m处设一专用屏幕，如图6-13所示。屏幕应垂直地面，其上画有三条

垂直线和三条水平线，中间垂线 V-V 与被检车辆的纵向中心面对正，两侧垂线 V_L-V_L 和 V_R-V_R 分别为被检车辆左右前照灯的中心垂线。三条水平线中的 h-h 线与被检车辆前照灯的基准中心等高，距地面高度为 H（mm），其值视被检车车型而定。中间水平线与前照灯远光光束的中心等高，距地面高度 H_1（mm）为 0.85～0.90H。下边水平线与前照灯近光光束的中心等高，距地面高度 H_2（mm）为 0.60～0.80H。

检测方法：检测时，先遮盖住一边的前照灯，然后打开前照灯的近光开关，未遮盖前照灯的近光明暗截止线转角或光束中心应落在图中下边水平线与 V_L-V_L 或 V_R-V_R 线的交点位置上。否则，为光束照射位置偏斜，其偏斜方向和偏斜量可在屏幕上直接测得。同样方法，也可检测另一边前照灯的近光光束的照射位置。

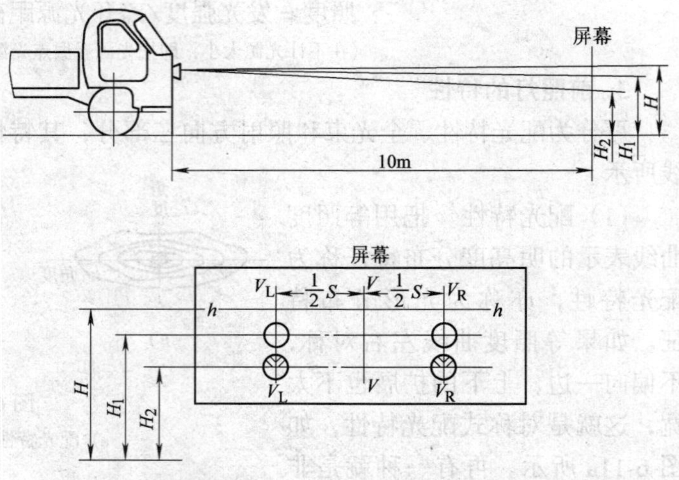

图 6-13 用屏幕检测前照灯的光束照射位置

因我国规定“夜间行驶会车时应使用近光”，因此在检测双光束前照灯时，应以检测近光光束为主。如要检测远光光束照射位置，方法同前，只不过其光束中心应落在中间水平线与 V_L-V_L 或 V_R-V_R 线的交点位置上。

用屏幕法检测前照灯其方法简单易行，有一定实用价值。但只能检测出光束的偏斜方向和偏斜量，不能检测发光强度，且为适应不同车型，需经常更换屏幕，效率低，占用场地大。

三、前照灯检测仪及发光强度和光轴偏斜量的检测

1. 前照灯检测仪的检测原理

其基本原理是采用能把吸收光能变为电流的硅光电池或硒光电池做为传感器，按照前照灯主光轴照射光电池产生电流的大小和比例，来测量前照灯的发光强度和光轴偏斜量。

（1）发光强度的检测原理　测量前照灯发光强度的电路由光电池、光度计和可变电阻等组成。当按规定的距离使前照灯照射光电池时，光电池便按受光强度的大小产生相应的光电流使光度计指针摆动，指示出前照灯的发光强度。

（2）光轴偏斜量的检测原理　测量光轴偏斜量的电路如图 6-14 所示，其中有四块硒光电池。在上下两块光电池之间接有上下偏斜指示计，在左右两块光电池之间接有左右偏斜指示计。当光束照射光电池时，如果光束照射方向偏斜，将使四块光电池的受光面不一致，因而产生的电流大小也不一致。根据上与下、左与右光电池间的电流差值分别使上下偏斜指示计和左右偏斜指示计的指针摆动，从而检测出光轴的

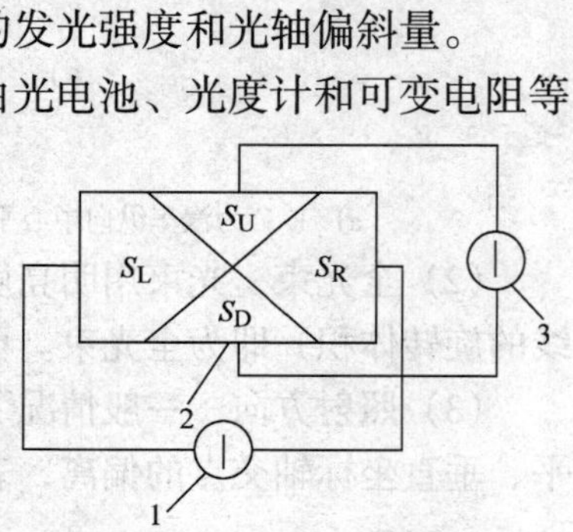

图 6-14 光轴偏斜量检测原理图

1—左右偏斜指示计 2—光电池 3—上下偏斜指示计

偏斜方向和偏斜量。

2. 前照灯检测仪的类型与构造

按照前照灯检测仪的结构特征与测量方法，可分为聚光式、屏幕式、投影式和自动追踪光轴式等几种类型。这些不同类型的前照灯检测仪均由接受前照灯光束的受光器、使受光器与汽车前照灯对正的校准装置、前照灯发光强度指示装置、光轴偏斜方向和偏斜量指示装置以及支柱、底板、导轨、车辆摆正找准装置等组成。

（1）聚光式前照灯检测仪　其构造如图 6-15 所示，它是用受光器的聚光透镜把前照灯的散射光束聚合起来，根据其对光电池的照射强度，来检测前照灯的发光强度和光轴偏斜量的。检测时检测仪放在距前照灯前方 1m 处。

根据检测方法的不同，聚光式前照灯检测仪又可分为下列几种形式：

1）移动反射镜检测法。前照灯的散射光束经聚光透镜聚合和反射镜反射后，照射到光电池上。若转动光轴刻度盘，则反射镜的安装角度将随之变化，照射光电池的光束的位置也将随之变化，从而使光轴偏斜指示计的指针产生移动。在检测时，转动光油刻度盘使光轴偏斜指示计的指针指示值为零，这时从光轴刻度盘上即可读出光轴的偏斜量，同时可从光度计的指示得出发光强度值。

2）移动光电池检测法。若转动上下和左右光轴刻度盘，则光电池随之移动，光电池的受光面位置将随之变化，从而使光轴偏斜指示计的指针产生移动。检测时，转动光轴刻度盘使光轴偏斜指示计的指针指示值为零，这时从光轴刻度盘上即可读出光轴的偏斜量，同时可从光度计的指示得出发光强度值。

3）移动透镜检测法。聚光透镜和光电池用特殊的连接器连接成一个可活动的整体，光轴检测杠杆与其联动。若移动光轴检测杠杆，则光轴偏斜指示计的指针即产生移动。检测时，移动光轴检测杠杆，使光轴偏斜指示计的指针指示值为零。根据与杠杆联动的指针指示值，即可得出光轴偏斜量，同时可从光度计的指示值得出发光强度值。

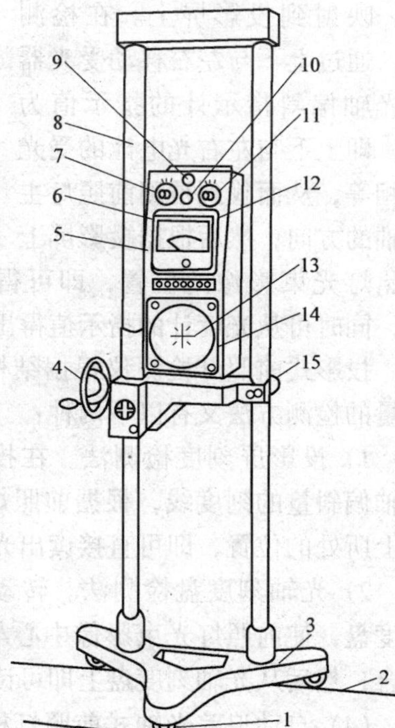

图 6-15　聚光式前照灯检测仪

1—车轮　2—导轨　3—底座　4—升降手轮　5—光度计　6—左右偏斜指示计　7—光轴刻度盘（左、右）　8—支柱　9—汽车摆正找准器　10—光度、光轴变换开关　11—光轴刻度盘（上、下）　12—上下偏斜指示计　13—前照灯照准器　14—聚光透镜　15—角度调整螺钉

（2）屏幕式前照灯检测仪　该检测仪把前照灯的光束照射到屏幕上，从而检测发光强度和光轴偏斜量。检测时，检测仪放在前照灯前方 3m 的检测距离处。

屏幕式前照灯检测仪的结构如图 6-16 所示。在固定屏幕上装有可以左右移动的活动屏幕，在活动屏幕上装有能上下移动的内部带光电池的受光器。检测时，移动受光器和活动屏幕，根据光度计指示值为最大时的位置找到主光轴的方向，然后由固定屏幕和活动屏幕上的光轴刻度尺即可读出光轴偏斜量，同时可从光度计的指示值得出发光强度。

（3）投影式前照灯检测仪　该检测仪将前照灯光束的影像映射到投影屏上，从而检测出发光强度和光轴偏斜量。检测时检测仪放在前照灯前方 3m 的检测距离处。

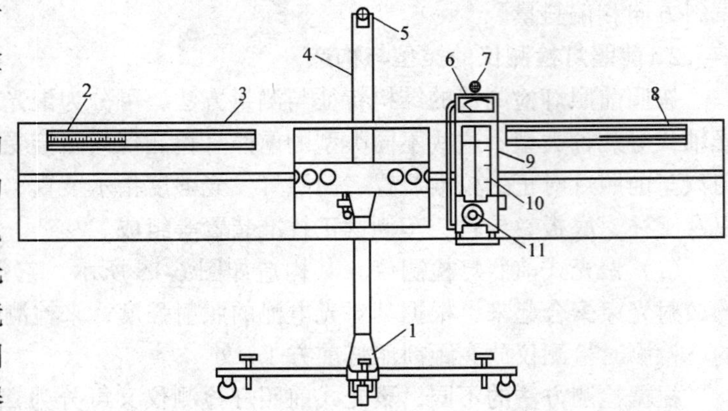

图 6-16 屏幕式前照灯检测仪

1—底座 2、8—光轴刻度尺（左右） 3—固定屏幕 4—支柱 5—车辆摆正找准器 6—光度计 7—前照灯照准器 9—活动屏幕 10—光轴刻度尺（上下） 11—受光器

投影式前照灯检测仪的结构如图 6-17 所示。在聚光透镜的上下和左右方向装有四个光电池。前照灯光束的影像通过聚光透镜、光度计的光电池和反射镜后，映射到投影屏上。在检测时，通过上下与左右移动受光器使光轴偏斜指示计的指示值为零，即上下与左右光电池的受光量相等，从而找到被测前照灯主光轴的方向；然后根据投影屏上前照灯光束影像的位置，即可得出主光轴的偏斜量，同时可从光度计的指示值得出发光强度。

投影式前照灯检测仪根据结构的不同，光轴偏斜量的检测方法又有以下两种：

1）投影屏刻度检测法。在投影屏上刻有表示光轴偏斜量的刻度线，根据前照灯影像中心在投影屏上所处的位置，即可直接读出光轴的偏斜量。

2）光轴刻度盘检测法。转动上下与左右光轴刻度盘，使前照灯光束影像中心与投影屏坐标原点重合，然后从光轴刻度盘上即可读出光轴偏斜量。

（4）自动追踪光轴式前照灯检测仪 该检测仪是采用使受光器自动追踪光轴的方法来检测发光强度和光轴偏斜量的。检测时，检测仪距前照灯有 3m 的检测距离。这种检测仪的结构如图 6-18 所示。在受光器的面板上装有聚光透镜，聚光透镜的上下和左右装有四个光电池，受光器的内部也装有四个光电池，形成主、副受光器，如图 6-19 所示。另外，还有由两组光电池电流差所控制的能使受光器沿垂直和水平方向移动的驱动和传动装置。

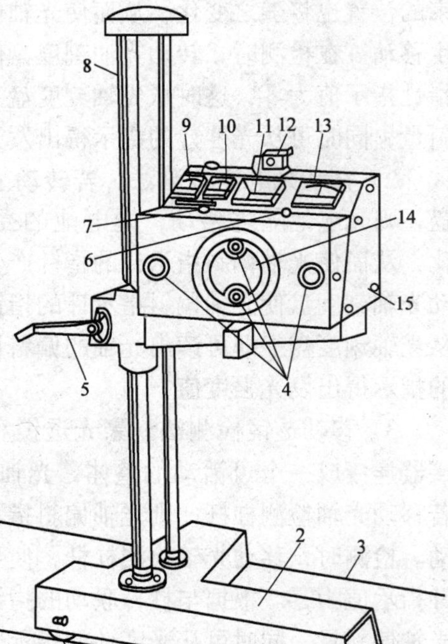

图 6-17 投影式前照灯检测仪

1—车轮 2—底座 3—导轨 4—光电池 5—上下移动手柄 6—光轴刻度盘（上下） 7—光轴刻度盘（左右） 8—支柱 9—左右偏斜指示计 10—上下偏斜指示计 11—投影屏 12—车辆摆正找准器 13—光度计 14—聚光透镜 15—受光器

检测时，要使前照灯的光束照射到检测仪的受光器上。此时，若前照灯光束照射方向偏斜，则主、副受光器上下或左右光电池的受光量不等，它们分别产生的电流便失去平衡。由其电流的差值控制受光器上下移动的电动机运转，或使控制箱左右移动的电动机运转，并通过钢丝绳牵动受光器上下移动或驱动控制箱在轨道上左右移动，直

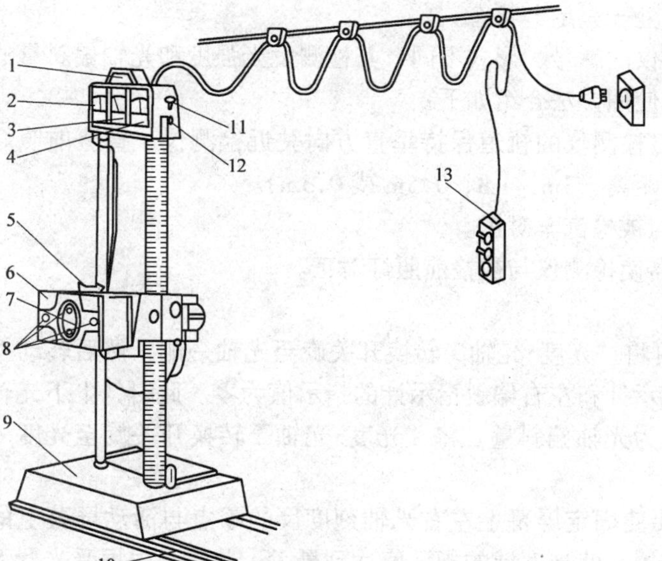

图 6-18　自动追踪光轴式前照灯检测仪

1—显示器　2—左右偏斜指示计　3—光度计　4—上下偏斜指示计　5—车辆摆正找准器　6—受光器　7—聚光透镜　8—光电池　9—控制箱　10—导轨　11—电源开关　12—熔丝　13—控制盒

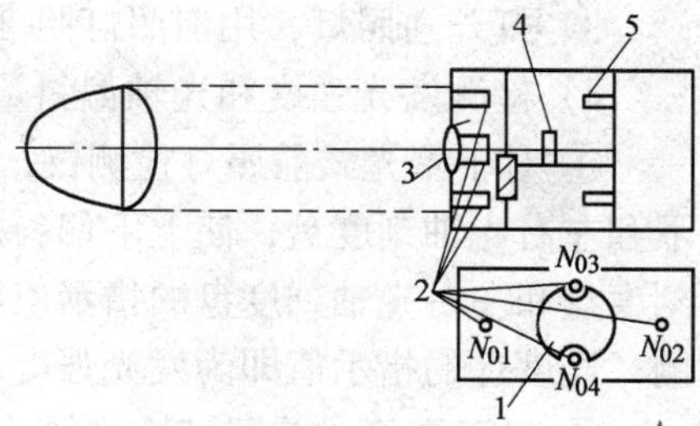

图 6-19　自动追踪光轴式前照灯检测仪受光器结构

1、3—聚光透镜　2—主受光器光电池　4—中央光电池　5—副受光器光电池

至受光器上下、左右光电池受光量相等为止。在追踪光轴时，受光器的位移方向和位移量由光轴偏斜指示计指示，此值即前照灯光束的偏斜方向和偏斜量，发光强度由光度计指示。

（5）全自动前照灯检测仪　该检测仪外形如图 6-20 所示。光接收箱在立柱的导引下，由链条牵引作上下运动，仪器的底箱下面装有轮子，可沿地面导轨左右移动整个设备。在光接收箱内部有一透镜组件、光电池和光检测系统。在底箱内装有两个方向的驱动系统。

在光接收箱的正面装有上下左右四个光电池，用作光轴追踪，其原理如前所述。当上下光电池受到的光照度不同时，产生的偏差信号驱动上下传动部件中的电动机，牵引光接收箱向光照平衡的位置移动。同样，左右光电池的偏差信号将驱动左右传动部件中的电动机，使仪器向左或向右移动，直到光轴位置偏差信号为零。

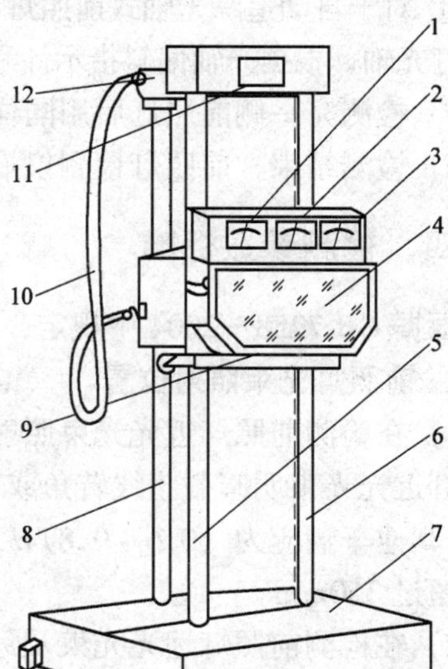

图 6-20　全自动前照灯检测仪

1—上下表　2—光强表　3—左右表　4—光接受箱　5—左立柱　6—右立柱　7—底箱　8—后立柱　9—支撑座　10—连接电缆　11—上支架　12—接线盒

3. 前照灯发光强度和光轴偏斜量的检测方法

（1）检测前的准备

1）检测仪的准备。调整光度计和光轴偏斜量指示计归零，清洁聚光透镜和反射镜上的污物，检查水准器的技术状况，清除导轨上的泥土杂物等。

2）车辆的准备。清洁前照灯上的污垢，检查轮胎气压应符合原厂规定，蓄电池应处于充足电状态。

(2) 检测方法　由于前照灯检测仪的牌号、形式不同，其检测发光强度和光轴偏斜量的方法也不完全相同，因此仅将通用的使用方法介绍如下：

1）将被检汽车尽可能地与前照灯检测仪的轨道保持垂直方向驶近检测仪，直至前照灯与检测仪受光器之间达到规定的检测距离（3m、1m、0.5m 或 0.3m）。

2）用车辆摆正找准器使检测仪与被检汽车对正。

3）打开前照灯，用前照灯照准器使检测仪与被检前照灯对正。

4）检测发光强度和光轴偏斜量。

① 对于聚光式前照灯检测仪，可将“光度·光轴”转换开关旋至光轴一侧，然后转动上下和左右光轴刻度盘，使上下偏斜指示计和左右偏斜指示计的指示值为零。此时，上下光轴刻度盘和左右光轴刻度盘的指示值即为光轴偏斜量。将“光度·光轴”转换开关旋至光度一侧，光度计的指示值即为发光强度。

② 对于屏幕式前照灯检测仪，要使固定屏幕上左右光轴刻度尺的零点与活动屏幕上的基准指针对正。左右和上下移动受光器，使光度计的指示值达到最大。此时，根据受光器上的基准指针所指活动屏幕上的上下刻度值和活动屏幕上的基准指针所指固定屏幕上的左右刻度值，即可得出光轴偏斜量。根据此时光度计上的指示值，即可得出发光强度。

③ 对于投影式前照灯检测仪，要使光轴偏斜指示计的指示值为零，根据投影屏上前照灯影像中心所示的刻度值，即可读出光轴的偏斜量。如果投影式前照灯检测仪设有光轴刻度盘，则要转动光轴刻度盘，使投影屏上的坐标原点与前照灯影像中心重合，读取此时光轴刻度盘上的指示值，即为光轴偏斜量。根据此时光度计上的指示值，即可得出发光强度。

④ 对于自动追踪光轴式前照灯检测仪，只要按下控制盒上的测量开关，受光器立即追踪前照灯光轴，根据光轴偏斜指示计和光度计上的指示值，即可获得光轴偏斜量和发光强度。

5）检测完一侧前照灯后用同样的方法检测另一侧前照灯。

6）检测结束，前照灯检测仪沿轨道退回护栏内，汽车驶出。

四、检测参数标准

根据 GB 7258—2004 中规定，机动车前照灯检测参数标准如下。

1. 前照灯光束照射位置

1）在检测前照灯近光光束照射位置时，前照灯照射在距离 10m 的屏幕上，要求乘用车前照灯近光光束明暗截止线转角或中点的高度应为 $(0.7\sim0.9)H$（H 为前照灯基准中心高度），其他车辆应为 $(0.6\sim0.8)H$。其水平方向位置要求向左偏不得超过 170mm，向右偏不得超过 350mm。

2）在检测前照灯远光光束及远光单光束灯照射位置时，前照灯照射在距离 10m 的屏幕上，要求乘用车在屏幕上的光束中心离地高度应为 $(0.9\sim1.0)H$，其他车辆应为 $(0.8\sim0.95)H$。其水平方向位置要求左灯向左偏不得超过 170mm，向右偏不得超过 350mm，右灯向左或向右偏均不得超过 350mm。

2. 前照灯发光强度

机动车每只前照灯的远光光束发光强度应达到表 6-5 的要求。检测时，其电源系统应处于充足电的状态。

表 6-5　前照灯远光光束发光强度最小值要求　（单位：cd）

检测项目 / 车辆类型	新注册车			在用车		
	一灯制	两灯制	四灯制①	一灯制	两灯制	四灯制①
三轮汽车	8000	6000	—	6000	5000	—
最高设计车速小于70km/h 的汽车	—	10000	8000	—	8000	6000
其他汽车	—	18000	15000	—	15000	12000

① 四灯制是指前照灯具有四个远光光束。采用四灯制的机动车，其中两只对称的灯达到两灯制的要求时也视为合格。

第五节　排气的检测

随着汽车工业的迅速发展，汽车保有量急剧增加，汽车排放对大气的污染已成为世界公害，直接危害着人类的健康，并破坏着自然界的生态平衡，已引起了各个国家的高度重视。汽车排放污染，不仅是一个环境保护问题，而且本身也造成能源浪费。汽车排气中的 CO（一氧化碳）、HC（碳氢化合物）越多，说明燃料燃烧得越不完全，燃料浪费也越大。因此，汽车排气污染物的检测，对节约能源、减少大气污染、造福人类，都有着重大意义。

一、排气污染物的主要成分及其危害

1. 主要成分

汽车排气污染物的主要成分是 CO、HC、NO_x、炭烟和其他一些有害物质。

2. 危害

（1）CO　CO 是由于燃料燃烧不完全所形成的产物，是汽油发动机排出的主要有害成分。柴油机的 CO 排放量很少，一般为汽油机的 1/5 ~ 1/10。CO 是一种无色、无味的有毒气体，很容易和人体血液中的血红蛋白结合并输送到体内，妨碍血红蛋白的输氧能力。因此，当人吸入过多的 CO 后就会出现头痛、头晕、呕吐等中毒症状，严重时可能导致死亡。

（2）HC　HC 主要是燃料燃烧不彻底，剩余燃料分解出来的产物。汽油机排放的 HC 比柴油机高很多。HC 的浓度随着发动机工作条件不同而差别很大，但是和 CO 相比，其浓度要低得多。HC 是一种混合物，它的成分非常复杂。当 HC 的浓度较高时，使人出现头晕、恶心等中毒症状。而且 HC 和 NO_x 在强烈的太阳光作用下，能反应生成一种有害的光化学烟雾。这种光化学烟雾滞留在大气中，造成大气严重污染，对人的眼睛、呼吸道及皮肤均有强烈的刺激性。

（3）NO_x　发动机在大负荷工作时，高温燃气使少量 N 氧化成 NO 和 NO_2 等氮氧化物，大部分 NO 从排气管排出时又被氧化成 NO_2。NO_x 既是汽油机也是柴油机排放的主要污染物，NO_x 由于氧化程度不同而呈白色、黄色到暗褐色。其中，NO_2 有剧烈的毒性，刺激人的眼睛和呼吸道，引起喘息、支气管炎及肺气肿等。

（4）炭烟　炭烟是燃料不完全燃烧的产物。主要由直径 0.1 ~ 10μm 的多孔性炭粒构成。由于混合及燃烧机理不同，柴油机在扩散燃烧阶段易生成炭烟，而汽油机产生的炭烟比柴油机少得多。因此，炭烟是柴油机的主要颗粒污染物。炭烟往往粘附有 SO_2 及一些有机化合物，人吸入肺中后，附着于支气管壁而引起气喘病。同时，黑烟严重时还会妨碍其他车辆驾

驶员和行人的视野，容易造成交通事故。

此外，汽车排出的有害成分中，还有 SO_2、醛类等其他一些有害物质。

二、汽油车排气污染物的检测方法及检测标准

1. 汽油车排气成分分析方法和排气污染物检测方法介绍

(1) 排气成分分析方法　目前用于汽油车排气成分分析的方法主要有三种。

1) NDIR 分析法，又称不分光红外线分析法，是测定 CO 和 CO_2 最好的方法，同时利用这种分析法还可测量排气中的其他气体，所以是目前应用最多的一种方法。

检测原理：是基于这些待测气体对特定波长红外线的吸收程度不同来测定其浓度的。汽车排气中有害气体 CO、HC、NO 等都有吸收红外线的能力，但不同气体在红外波段内有其特定波长的吸收带，红外线被吸收的程度，与被测气体的浓度有对应的函数关系，气体浓度愈高，吸收红外线的能力也愈强。根据排气吸收红外线的能量引起的变化，即可检测出排气中各种污染物的浓度。

2) FID 分析法，又称氢火焰离子分析法，是测定 HC（碳氢化合物）最有效的方法。它具有很高的灵敏度，对环境温度及大气压力也不敏感。

检测原理：是基于大多数有机碳氢化合物在氢火焰的高温（2000℃左右）中热致电离形成自由离子的现象来测定 HC 浓度的。由于离子数与引入火焰中的碳氢化合物分子中碳原子数基本成正比，故此法对不同类型的烃没有选择性，因而它用于测定总 HC 排放量。

3) CLD 分析法，又称化学发光分析法，是测定 NO_x 最好的方法，其检测灵敏度非常高。

检测原理：检测时使被测气体中的 NO 与 O_3（臭氧）反应，生成 NO_2^*（NO_2 的激发态）分子，在 NO_2^* 由激发态衰减到基态（即 NO_2 的基本态）的过程中，会发出波长为 $0.6\sim3\mu m$ 的光量子（即近红外光谱线），称为化学发光。这种化学发光的强度与 NO 体积分数成正比。对于被测气体中的 NO_2，实际检测时先通过适当的转换将 NO_2 还原成 NO，即可间接测出 NO_2 量及 NO_x 量。

(2) 排气污染物检测方法

1) 怠速法是测量汽油车在怠速工况下排气污染的方法，一般仅测 CO 和 HC。这种方法简便易行、测试装置价格便宜、便于携带以及检测时间短，因而怠速法适用于汽车检测站对在用车排放性能的年检测试。但由于怠速时间占汽车运行时间的比例并不大，更何况怠速是稳态工况，而对于汽车排放影响最大的是非稳态工况。因此怠速法的测量结果缺乏全面性。为提高测量精度，我国已经开始采用双怠速法进行排放测量。

2) 双怠速测量法是分别测量汽油车在高怠速工况（即 0.5 倍的额定转速）及怠速工况下排气中 CO 和 HC 体积分数的方法，这就比怠速法更全面的反映出污染物的排放量。

3) 工况法是将汽车若干常用工况和排放污染较重的工况结合在一起，按规定工况循环模式测量排放污染物的方法。工况法可最大限度地重现汽车运行时的排放特性，是汽车排放检测的必然发展趋势。工况法检测结果能全面评价车辆的排放水平，但工况法比双怠速法要复杂，因此工况法的使用受到一定限制。

2. 不分光红外气体分析仪结构、工作原理和检测方法

因为不分光红外线分析法（NDIR 法）应用较多，这里介绍一下不分光红外气体分析仪

的结构、工作原理和使用方法。

(1) 不分光红外气体分析仪结构和工作原理　这种气体分析仪是采用从汽车排气管中采集气样，对其中所含 CO 和 HC 体积分数进行连续测量的仪器，如图 6-21 所示。它由排气取样装置、排气分析装置、浓度指示装置和校准装置组成，排气在分析仪内的流动路线如图 6-22 所示。

1) 排气取样装置。如图 6-22 所示，排气取样装置是由取样头、滤清器、导管、水分离器和泵等组成。用取样头、导管和泵从汽车的排气管里采集排气，再用滤清器和水分离器（排水器）把排气中的炭渣、灰尘和水分除掉，只把排气送入分析装置。

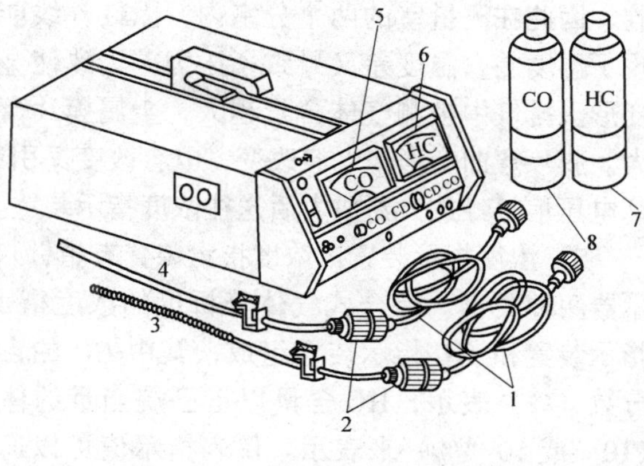

图 6-21　MEXA—324F 型不分光红外气体分析仪
1—导管　2—滤清器　3—低浓度取样头　4—高浓度取样头　5—CO 指示仪表　6—HC 指示仪表　7—标准 HC 气样瓶　8—标准 CO 气样瓶

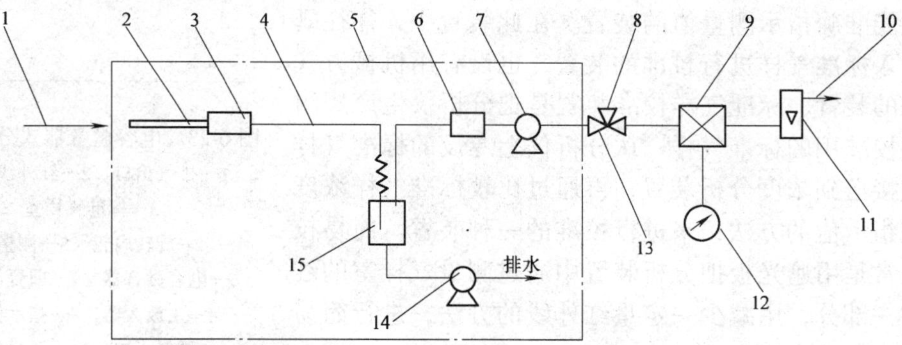

图 6-22　测量仪气体流动路线图
1—排气入口　2—取样头　3、6—滤清器　4—导管　5—排气取样装置　7—泵　8—标准气样入口　9—排气分析装置　10—排气出口　11—流量计　12—指示仪表（CO 或 HC）　13—换向阀　14—排水泵　15—水分离器

2) 排气分析装置。排气分析装置是由红外线光源、气样室、旋转扇轮（截光器）和传感器等组成。分析装置按照 NDIR 分析法，从来自取样装置的混有多种成分的排气中，检测出 CO 和 HC 的体积分数，并以电信号形式输送给浓度指示仪表进行显示。

分析装置所用传感器多为电容微音器式。如图 6-23 所示，从两个红外线光源发出的红外线，分别通过标准气样室和测量气样室后到达测量室。在标准气样室内充有不吸收红外线的 N_2，在测量气样室内充有被测量的排气。测量室由两个分室组成，两者之间留有通道，并在通道上装有金属膜式电容微音器，以作为传感器。为了能够从排气中选择需要测量的成分，在测量室的两个分室内，充入适当体积分数的与被测气体相同的气体，即在测量 CO 体积分数的分析装置里的测量室内要充入 CO 气体，在测量 HC 体积分数的分析装置里的测量室内要充入正乙烷（C_6H_{14}）气体。

其工作原理为：旋转扇轮也称为截光器，能连续地导通、截止两个红外线光源，从而形成射线脉冲。当红外线通过旋转扇轮断续地到达测量室时，由于通过测量气样室被所测气体按体积分数大小吸收掉一部分一定波长的红外线，而通过标准气样室的红外线完全没有被吸收，因此在测量室的两个分室内，因红外线能量的差别出现了温度差，温度差又导致了压力差，致使金属膜片弯曲变形。排气中被测气体含量越大，金属膜片弯曲变形也越大。膜片弯曲变形使电容改变，电容改变又引起电压改变，该电压信号经放大器放大后送往浓度指示装置。

3）浓度指示装置。浓度指示装置有指针仪表和数字显示器两种类型。综合式气体分析仪的浓度指示装置由 CO 指示装置和 HC 指示装置组成，其中 CO 的含量以体积百分数（%）表示，HC 含量以正已烷当量的体积百万分数（10^{-6}或 10^{-4}%）来表示。仪表指示值可以通过零点调整旋钮、标准调整旋钮以及读数转换开关进行控制。此外还可以通过气流通道一端设计的流量计了解通道内排气流量情况。

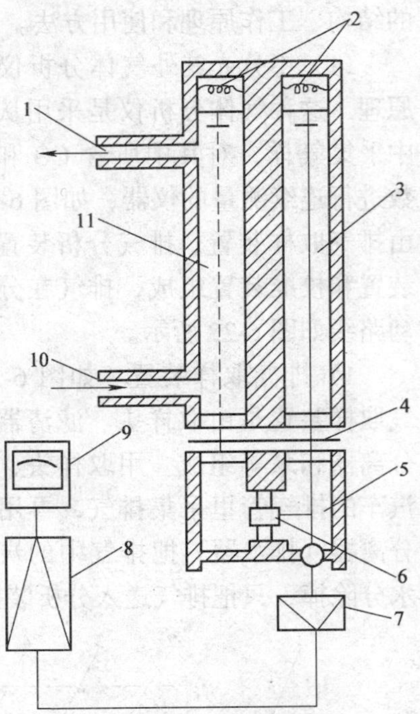

图 6-23　电容微音器式分析装置
1—排气出口　2—红外线光源
3—标准气样室
4—旋转扇轮　5—测量室
6—电容微音器　7—前置放大器
8—主放大器　9—指示仪表
10—排气入口　11—测量气样室

4）校准装置。该装置是一种为了保持分析仪的指示精度，使之能准确指示测量值的装置。在此装置中，往往既设有用加入标准气样进行校准的装置，也设有用机械方式简易校准的装置。标准气样校准装置是把分析仪生产厂附带来的供校准用的标准气样，从分析仪上专设的标准气样注入口直接送到浓度分析装置，再通过比较标准气样浓度值和仪表指示值的方法，来进行校准的一种装置。简易校准装置通常是用遮光板把分析装置中通过测量气样室的红外线挡住一部分，用减少一定量红外线的方法，进行简易校准指示仪表的一种装置。

(2) 利用不分光红外气体分析仪检测汽油车排放污染物的方法　根据国家标准 GB 18285—2005《点燃式发动机汽车排气污染物排放限值及测量方法（双怠速法及简易工况法)》的规定，装用点燃式发动机的汽车在型式核准和生产一致性检查中，以及对装用点燃式发动机的新生产车、在用汽车排气污染物的检测中，都应采用双怠速法进行测试；在机动车保有量大、污染严重的地区，也可按标准规定的简易工况法（标准中规定了点燃式发动机轻型汽车稳态工况法、瞬态工况法和简易瞬态工况法三种简易工况测量方法）测定，但要制定相应的地方排气污染物排放限值工况法标准，经申请批准后方可实施。

世界各国在其工况法检测标准中都严格规定：CO 必须采用 NDIR 法、HC 必须要用 FID 法、NO 必须用 CLD 法进行测试，但在我国现今标准规定的双怠速法和简易工况法检测中略有不同，一般可用不分光红外分析仪测量 CO、CO_2 和 HC。不分光红外分析仪可测量 CO、CO_2、C_6H_{14}、NO 等多种气体成分，当然测量时须在检测室内充入相应的气体。在测定 HC 时，由于发动机排气中有上百种 HC，检测室内密封的是正已烷，所以其测定的结果以正已烷当量浓度来表示，并且测定结果不能代表排气中各种烃类的总含量，故在要求高精度测量时，不能用不分光红外分析仪来测量 HC。

利用不分光红外气体分析仪，采用双怠速法检测汽油车排放污染物，具体的检测方法如下。

1）仪器按使用说明书的要求做好各项检查、预热、校准等准备工作。

2）预热发动机至热状态，调整发动机怠速转速、点火正时至规定值，检查并确保排气系统无泄漏。然后让发动机怠速运转：离合器处于接合状态，松开加速踏板，变速器处于空挡，采用化油器供油系统的阻风门全开。

3）必要时在发动机上安装转速计、点火正时仪、冷却水和润滑油测温计等测试仪器。

4）进行双怠速法检测：

① 发动机由怠速工况加速到0.7倍的额定转速，维持30s后降至高怠速（即0.5倍的额定转速）。

② 将取样探头插入排气管中，深度不少于400mm，并固定于排气管上。

③ 发动机在高怠速状态维持15s后开始读数，读取30s内的最低值及最高值，其平均值即为高怠速排放测量结果。对于使用闭环控制电子燃油喷射系统和三元催化转化器技术的汽车，还应同时读取过量空气系数 λ 的数值。

④ 发动机从高怠速降至怠速状态，在怠速状态维持15s后开始读数，读取30s内的最低值及最高值，其平均值即为怠速排放测量结果。

⑤ 若为多排气管时，分别取各排气管高怠速排放测量结果的平均值和怠速排放测量结果的平均值。

⑥ 对于单一燃料汽车，仅按燃用气体燃料进行排放检测；对于两用燃料汽车，要求对两种燃料分别进行排放检测。

5）测量结束，把取样探头从排气管内抽出，吸入新鲜空气5min，待仪器指针回到零点后关掉电源。

发动机在各工作状态所测得的CO、HC体积分数及过量空气系数 λ 的检测值应分别符合排放标准的要求，否则为不合格。

3. 排气污染物的表示方法和检测标准

（1）排气污染物的表示方法　污染物的排放量根据不同的场合，常用浓度排放量、质量排放量和比排放量来表示。

1）浓度排放量常用体积分数和质量浓度表示。体积分数是指排气体积中污染物所占的体积比，根据实际污染物浓度的不同，可分别用%、$\times 10^{-6}$ 或 $\times 10^{-9}$ 来表示。质量浓度是指单位排气体积中污染物的质量，常用 mg/m^3 计量。

2）质量排放量是指实际检测时每小时或每测试循环发动机排放的污染物质量，常用（g/h）或（g/测试）来表示。在实际环境治理工作中，若对排放污染物进行总量监测，或在车辆排放检测中按规定的工况循环测量排放量，可用质量排放量表示。

3）比排放量是指检测时汽车单位行驶里程所排放的污染物质量或发动机单位功所排放的污染物质量，常用的比排放量的量纲为g/km或g/（kW·h）。

（2）汽油车排放污染物的检测参数标准　我国于1982年颁布了大气质量标准，从1983年开始陆续制订并颁布了汽车排放限值标准，1999年颁布了对新型车辆的型式认证和产品一致性试验排放限值的国家标准。《车用压燃式、气体燃料点燃式发动机与汽车排气污染物排放限值及测量方法（中国Ⅲ、Ⅳ、Ⅴ阶段）》（GB 17691—2005）；《点燃式发动机汽车排气污染物排放限值及测量方法（双怠速法及简易工况法）》（GB 18285—2005）；《车用压燃式发动机和压燃式发动机汽车排气烟度排放限值及测量方法》（GB 3847—2005）；《车用点燃式发动机及装用点燃式发动机汽车排气污染物排放限值及测量方法》（GB 14762—2002）以及《轻型汽车污染物排放限值及测量方法（Ⅰ）》（GB 18352.1—2001）、《轻型汽车污染物排放限值及测量方法（Ⅱ）》（GB 18352.2—2001）等都是正在或即将实施执行的有关汽车排放的国家标准。

排放标准可分为型式核准检测标准、生产一致性检测标准、新生产车检测标准和在用车检测标准。型式核准检测标准适用于对新设计车型的认证测试；生产一致性检测标准适用于从成批生产的车辆中任取一辆或若干辆进行的抽样测试；新生产车检测标准适用于对汽车制造厂新生产车的合格性检测；在用车检测标准适用于对在用车的年检及抽样检查。

从2005年7月1日起实施的国家标准（GB 18285—2005）《点燃式发动机汽车排气污染物排放限值及测量方法（双怠速法及简易工况法）》中规定，汽油车的检测参数标准如下：

1）装用点燃式发动机的新生产车，型式核准和生产一致性检查的排气污染物排放限值参见表6-6。

表6-6 新生产汽车排气污染物排放限值（体积分数）

车辆类型	类别			
	怠速		高怠速	
	CO（%）	HC（$\times10^{-6}$）	CO（%）	HC（$\times10^{-6}$）
2005年7月1日起新生产的第一类轻型汽车①	0.5	100	0.3	100
2005年7月1日起新生产的第二类轻型汽车②	0.8	150	0.5	150
2005年7月1日起新生产的重型汽车③	1.0	200	0.7	200

① 指设计成员不超过6人（包括驾驶员），且最大总质量≤2500kg的M_1类车（M_1类车指至少有四个车轮，或有三个车轮且厂定最大总质量超过1000kg，除驾驶员座位外，乘客座位不超过8个的载客车辆）。

② 指除第一类车以外的其他所有轻型汽车（轻型汽车指最大总质量不超过3500kg的M_1类、M_2类和N_1类车辆，其中M_2类车指至少有四个车轮，或有三个车轮且厂定最大总质量超过1000kg，除驾驶员座位外，乘客座位超过8个，且厂定最大总质量不超过5000kg的载客车辆；N_1类车指至少有四个车轮，或有三个车轮且厂定最大总质量超过1000kg，且厂定最大总质量不超过3500kg的载货车辆）。

③ 指最大总质量超过3500kg的车辆。

2）装用点燃式发动机的在用汽车，排气污染物排放限值参见表6-7。

表6-7 在用汽车排气污染物排放限值（体积分数）

车辆类型	类别			
	怠速		高怠速	
	CO（%）	HC（$\times10^{-6}$）	CO（%）	HC（$\times10^{-6}$）
1995年7月1日前生产的轻型汽车	4.5	1200	3.0	900
1995年7月1日起生产的轻型汽车	4.5	900	3.0	900
2000年7月1日起生产的第一类轻型汽车①	0.8	150	0.3	100

（续）

车辆类型	类别			
	怠速		高怠速	
	CO（%）	HC（$\times 10^{-6}$）	CO（%）	HC（$\times 10^{-6}$）
2001年10月1日起生产的第二类轻型汽车	1.0	200	0.5	150
1995年7月1日前生产的重型汽车	5.0	2000	3.5	1200
1995年7月1日起生产的重型汽车	4.5	1200	3.0	900
2004年9月1日起生产的重型汽车	1.5	250	0.7	200

① 对于2001年5月31日以前生产的5座以下（含5座）的微型客车，执行1995年7月1日起生产的轻型汽车的排放限值。

3）过量空气系数 λ 的要求：对于使用闭环控制电子燃油喷射系统和三元催化转化器技术的汽车进行过量空气系数 λ 的测定。发动机转速为高怠速运转时，λ 应在 1.00±0.03 或制造厂规定的范围内。

三、柴油车排气污染物的检测方法及检测标准

1. 柴油车排气污染物分析方法和检测方法介绍

（1）排气污染物分析方法

1）滤纸烟度法（波许烟度法）是指利用滤纸式烟度计对柴油车排烟（炭烟）浓度进行监测的方法。

2）不透光烟度法是指利用不透光烟度计对柴油车排气的可见污染物浓度进行监测的方法。柴油机排放的黑烟、蓝烟、白烟和油雾等均为可见污染物。

（2）排气污染物检测方法　柴油车排气污染物的检测方法分为稳态法和非稳态法两种。

1）稳态法是指在柴油机稳定运转状态下，对其污染物进行检测的方法。例如柴油车在全负荷运转时排黑烟较严重，因此稳态烟度的测量通常就是在柴油车全负荷稳定运转时进行。GB 3847—2005《车用压燃式发动机和压燃式发动机汽车排气烟度排放限值及测量方法》中规定，全负荷稳态不透光烟度测量方法是：由最低转速至额定转速之间选取适当分布且数量足够的转速工况点对各种车用柴油机进行全负荷烟度测量，其中包括最大转矩转速和最大功率转速，最低转速是指45%额定转速、1000r/min或怠速控制器允许的最低转速中最高的一个，每一转速下烟度的测量必须在柴油机运转稳定后进行。根据每一转速计算的名义气体流量，确定各转速不透光烟度标准，任何一次测量结果都不得超过允许标准限值。稳态烟度测量适用于在台架上进行，就车检测较为困难。同时，稳态法测量不能反映出柴油机的全部排烟特性。

2）非稳态法是指按严格控制的试验程序，在柴油机非稳定运转状态下对其污染物进行检测的方法。GB 3847—2005 中规定的非稳态测定有自由加速法和加载减速法两种规范。自由加速法是指柴油机从怠速状态突然加速至高速空载转速过程中，在自由加速工况下进行排气污染物测定的一种方法。由于自由加速法不需对柴油机加载，并且能客观地反映柴油机的

排烟特性，因此该法适用于检测站对在用柴油车的年检以及环保部门对柴油车的监测。对于机动车保有量大，污染严重的地区，也可采用加载减速工况法，进行不透光烟度的检测。但要制定相应的地方排气烟度排放限值标准，经申报批准后方可实施。

2. 滤纸式烟度计结构、工作原理和检测方法

柴油机的排烟主要有黑烟、蓝烟和白烟三种，其中在全负荷和加速工况时以排出黑烟最为常见。黑烟俗称炭烟，它是柴油机排放微粒的重要组成部分，特别是在中高负荷排放严重时，其中炭烟所占比例更大。因此，长期以来表征炭烟多少的滤纸烟度在排放检测中得到了广泛的应用。滤纸烟度由滤纸式烟度计测量。

（1）滤纸式烟度计结构和工作原理　滤纸式烟度计是用滤纸收集排气中的黑烟，再比较滤纸表面对光的反射率来测量烟度的。滤纸式烟度计具有结构简单、调整方便、使用可靠、测量精度较高等优点，在我国检测站中使用的较多。

1）滤纸式烟度计检测原理。用滤纸式烟度计测试自由加速工况下柴油机烟度时，需从排气管抽取规定容积的排气，并使之通过规定面积的标准洁白滤纸，其滤纸被染黑的程度称之为滤纸烟度。滤纸烟度用符号 S_F 表示，单位是量纲为 1 的量，用符号 FSN 表示。滤纸染黑的程度不同，则对照射到滤纸表面光线的反射能力不同。据此，滤纸烟度 S_F 可表示为

$$S_F = 10\ (1 - R_b/R_0)$$

式中，R_b、R_0分别为污染滤纸和洁白滤纸的反射系数，R_b/R_0的值由 0%～100%，分别对应于全黑滤纸的反射和洁白标准滤纸的反射。当污染滤纸为全黑时，滤纸烟度值为 10；滤纸无污染时，滤纸烟度值为 0。

2）滤纸式烟度计的结构与工作原理。滤纸式烟度计有手动、半自动和全自动三种类型。其结构都由取样装置、测量装置和控制装置等组成，如图 6-24 所示。

① 取样装置。该装置的作用是将柴油机排放的炭烟取出并吸附于滤纸上，然后送至测量装置。取样装置由取样探头、抽气泵、清洗机构和取样软管等组成。取样软管把取样探头与抽气泵连接在一起，取样探头的结构形状应符合标准要

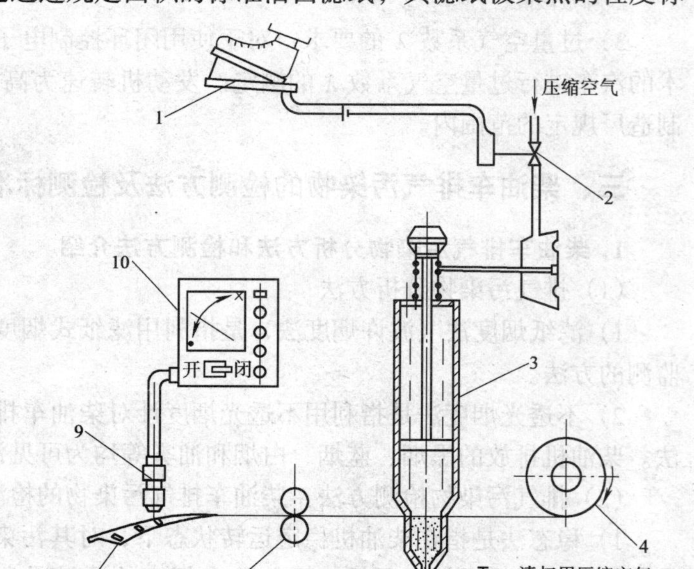

图 6-24　滤纸式烟度计结构简图

1—脚踏开关　2—电磁阀　3—抽气泵　4—滤纸卷　5—取样探头　6—排气管　7—进给机构　8—染黑的滤纸　9—光电传感器　10—指示电表

求，保证在取样时不受排气压力的影响。取样时，滤纸在泵筒内，取样探头在抽气泵的作用下抽取一定量的排气，抽气时炭烟留在滤纸上并将其染黑，夹持机构保证滤纸的有效工作面直径为 ϕ32mm。取样完成后，滤纸夹持机构松开，染黑的滤纸由进给机构送至测量装置。清洗机构可以在测试前后用 300～400kPa 的压缩空气清除取样管路内积存的炭粒。

② 测量装置。该装置如图 6-25 所示，由环形硒光电池、光源和指示仪表构成。检测时，光源的光线，通过有中心孔的环形光电池照射到滤纸上，一部分光线被滤纸上的炭烟所吸收，另一部分光线被反射到环形光电池上，使光电池产生光电流。光电流的大小反映了滤纸反射率的大小，而滤纸反射率则取决于滤纸的染黑程度。滤纸染黑程度越高，则滤纸反射率越低，光电流就越小；滤纸染黑程度越小，则滤纸反射率越高，光电流就越大。

指示仪表实际上是一块微安表，当由硒光电池输送来的电流强度不同时，指示仪表指针的位置也不同。仪表表盘以 0～10 均匀刻度，测量全白滤纸时指针位置为 0，测量全黑滤纸时指针位置为 10。

③ 控制装置。控制装置包括用脚操纵的抽气泵电磁开关和滤纸进给装置等。

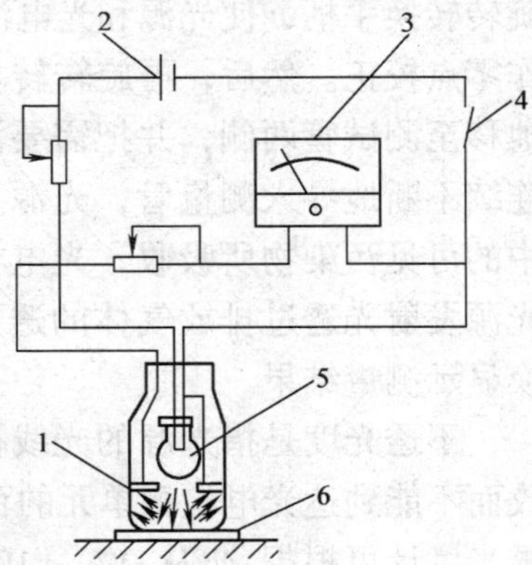

图 6-25　滤纸式烟度计测量装置

1—环形硒光电池　2—电源

3—指示仪表　4—电源开关

5—灯泡　6—滤纸

（2）利用滤纸式烟度计检测柴油车排放污染物的方法　根据国家标准 GB 3847—2005 的要求，对于 2001 年 10 月 1 日前生产的在用柴油车规定使用滤纸式烟度计测量自由加速时的烟度。这里的自由加速工况是在发动机怠速下，迅速但不猛烈地踏下加速踏板，使喷油泵供给最大油量。在发动机达到调速器允许的最大转速前，保持此位置，一旦达到最大转速，立即松开加速踏板，使发动机恢复至怠速。检测通常就车进行，检测步骤如下：

1）仪器通电、预热，用压缩空气清洗取样管路，把抽气泵置于待抽气位置，将洁白的滤纸置于待取样位置，将滤纸夹紧。

2）起动被检汽车，发动机预热至热状态后，使其在怠速工况下运转。

3）将取样探头固定于排气管内，插入深度为 300mm，并使探头中心线与排气管中心线平行。

4）按自由加速法操作三次，以吹净排气系统的沉积物。

5）取样测量。将抽气泵开关置于加速踏板上，按自由加速法操作，在 20s 内完成抽气泵的抽气、滤纸走位、抽气泵回位、滤纸加紧、指示仪表读数。如此循环测量四次，取后三次读数的算术平均值即为所测烟度值。

6）用清洗机构清洗取样管路，完成检测。

7）当汽车发动机黑烟冒出排气管的时间和抽气泵开始抽气的时间不同步时，应取最大烟度值作为所测的烟度值。

用滤纸烟度计所测的烟度值不得超过标准中的允许限值，否则为不合格。

3. 不透光烟度计结构、工作原理和检测方法

在国家标准 GB 3847—2005 中规定，对压燃式发动机和装用压燃式发动机车辆的排气，是测定其可见污染物的不透光烟度。这充分考虑到了柴油机排气中黑烟、蓝烟、白烟等可见污染物对环境的综合污染，强调了排放对人的视觉感知的影响，用光吸收系数来度量可见污染物的多少，标准中规定使用不透光烟度计测量光吸收系数。

(1) 不透光烟度计结构和工作原理　不透光烟度计分为全流式和分流式两种。全流式不透光烟度计测量全部排气的透光衰减率，分流式不透光烟度计是将排气中一部分废气引入取样管，然后送入不透光烟度计进行连续分析。我国排放标准中规定使用分流式不透光烟度计。

不透光烟度计是一种利用透光衰减率来测定排气中可见污染物的仪器。图 6-26 为不透光烟度计的结构简图。测定前，用鼓风机向空气校正管吹入干净空气，旋转转换手柄，使光源和光电池分别置于校正管两侧，作零点校正。然后，再旋转转换手柄，将光源和光电池移至测试管两侧，并把需要测定的一部分汽车排气连续不断地导入测量管，光源发出的光部分地被排气中的可见污染物所吸收，光电检测单元则可连续测出光源发射光透过排放气体的透光强度，并通过光电转换显示测量结果。

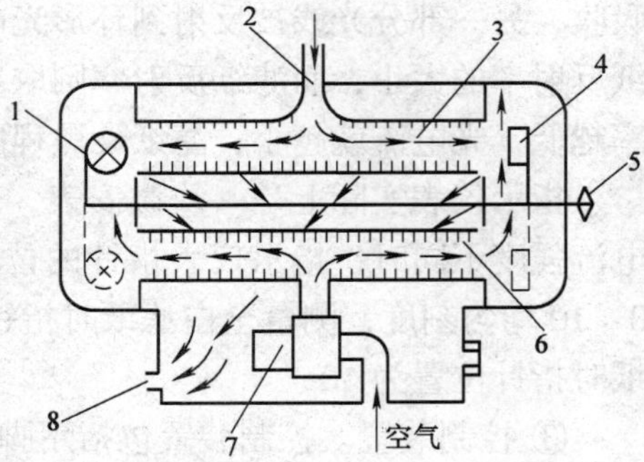

图 6-26　不透光烟度计结构简图

1—光源　2—排气入口　3—排气测试管　4—光电池　5—转换手柄　6—空气校正管　7—鼓风机　8—排气出口

不透光度是指光源的光线被排气中可见污染物吸收而不能到达光电检测单元的百分率，用 N 表示。不透光度计可根据 N 从 0% ~ 100% 的变化进行线性刻度：$N=0\%$，表示被测排气不吸光；$N=100\%$，表示光线完全被排气吸收。我国新排放标准中用光吸收系数 K 作为柴油机排放可见污染物的评价指标，因此不透光烟度计必须用光吸收系数 K 进行刻度，其单位为 m^{-1}。光吸收系数 K 是光束被单位长度排烟中可见污染物衰减的一个系数，它是排气中单位体积的微粒数（n）、微粒在光束方向的法向平均投影面积（a）和微粒的消光系数（Q）三者的乘积。光吸收系数与不透光度之间有下列关系：

$$K = -(1/L)\ln(1-N)$$

式中，L 是光通道的有效长度（m）。

从上式知：当 $N=0\%$ 时，$K=0$；$N=100\%$ 时，$K=\infty$。因此用 K 刻度时，应从 $0 \sim \infty m^{-1}$，但由于 K 为 ∞ 不可能，通常采用 $N=99.9\%$ 所对应的 K 值进行满量程刻度，如取光通道有效长度为 0.4m，则 K 的刻度范围为 $0 \sim 17.3m^{-1}$。两种刻度的范围均以光全通过时为零，全吸收时为满刻度。

不透光烟度计可以对柴油车排气可见污染物进行连续测量，目前在世界各国得到广泛的应用。

(2) 利用不透光烟度计检测柴油车排放污染物的方法　2005 年 7 月 1 日实施的国家标准 GB 3847—2005 规定，自 2001 年 10 月 1 日起生产的在用车和自本标准公布实施起新生产车，都要求使用不透光烟度计采用自由加速法检测柴油车排放的可见污染物，但两者自由加速试验方法略有不同。

新生产车自由加速方法：车辆处于正常工作状态，变速器置于空挡，排气系统装有消声器并且不得有泄漏，多排气口的应使用适当装置使排气从单一出口排出，取样探头应尽可能安装在排气管最下游的轴线上。在发动机怠速下，迅速操作加速踏板，使喷油泵在最短时间内供给最大油量。在发动机达到调速器允许的最大转速前，保持此位置，一旦达到最大转速，立即松开加速踏板，使发动机恢复至怠速。重复以上操作至少 6 次，以便吹净排气系统。接着按同样方法连续加速，观察每次加速中不透光烟度计的最大读数值，直至得到稳定值为止。若读数值连续四次均在 $0.25m^{-1}$ 的带宽内，并且没有连续下降趋势，则认为读数值是稳定的，四次测量结果的算术平均值即为该车的检测结果。

在用车自由加速方法：汽车处于正常工作状态，发动机应充分预热，排气系统不得有泄漏，取样探头安置在排气管内，至少采用三次自由加速操作对排气系统进行吹拂。进行自由加速测量时，在发动机怠速下，1s 内将加速踏板快速、连续的完全踩到底，使喷油泵在最短时间内供给最大油量。发动机达到断油点转速后，松开加速踏板，发动机恢复到怠速。对带自动变速器的车辆，则应达到制造厂申请的转速（如果没有该数据值，则应达到断油转速的 2/3）。对于重型汽车，加速踏板踩到底后与松开加速踏板前的间隔时间至少 2s。连续进行自由加速测量，对重型发动机，将加速踏板放开后至少等待 10s。取最后三次自由加速测量值的算术平均值作为检测结果，在计算平均值时可以忽略与测量均值相差很大的测量值。

4．柴油车排气污染物的检测参数标准

根据 GB 3847—2005《车用压燃式发动机和压燃式发动机汽车排气烟度排放限值及测量方法》（本标准不适用三轮汽车和低速载货汽车）规定，对于 2005 年 7 月 1 日起新生产车的要求：发动机已型式核准的新生产车，按其自由加速法进行试验，测得的光吸收系数不得大于该车装用发动机型式核准批准限值加 $0.5m^{-1}$；发动机未单独进行型式核准的新生产车，按其自由加速法进行试验，测得的光吸收系数不得大于该车型式核准批准限值加 $0.5m^{-1}$。汽车制造厂应确保新生产车满足此标准要求，否则不得出厂。

在用柴油车排气烟度排放限制的要求：

1）对于 2005 年 7 月 1 日后经型式核准批准车型生产的在用车，按其自由加速法进行试验，所测得的排气光吸收系数不得大于该车型核准批准的自由加速排气烟度排放限值加 $0.5m^{-1}$。

2）对于从 2001 年 10 月 1 日起到 2005 年 6 月 30 日止生产的在用车，按其自由加速法进行试验，所测得的排气光吸收系数不得大于表 6-8 所列限值。

3）对于 2001 年 10 月 1 日前生产的在用车，按其自由加速法进行试验，所测得的滤纸烟度值不得大于表 6-9 所列限值。

表 6-8 装配压燃式发动机的在用车不透光烟度限值

车辆类型	光吸收系数 K/m^{-1}	
	自然吸气式	涡轮增压式
2001 年 10 月 1 日至 2005 年 6 月 30 日生产的在用车	2.5	3.0

表 6-9 装配压燃式发动机的在用车滤纸烟度限值

车辆类型	滤纸烟度值/Rb
1995 年 7 月 1 日至 2001 年 9 月 30 日生产的在用车	4.5
1995 年 6 月 30 日以前生产的在用车	5.0

第六节 噪声的检测

所谓噪声，是泛指人们不欢迎的、不需要的和令人烦燥、讨厌的干扰声。在示波器上，它们往往是一些不规则的或随机的声信号。

一、噪声的种类及危害

1. 噪声的种类

噪声的种类很多，如果根据噪声源来分类，可分为交通噪声、工业噪声和生活噪声三种。在交通噪声中，又可以分为道路交通噪声、铁路交通噪声、内河航运交通噪声和空中航空交通噪声四种。道路交通噪声还可以分为车辆噪声和道路噪声两种。

随着机动车辆向快速和大功率方面的发展，道路交通噪声已成为一些大城市的另一主要公害，特别是车辆产生的噪声，几乎可以占道路交通噪声的 80%左右。车辆噪声的噪声源主要包括：发动机的机械噪声、燃烧噪声、进排气噪声和风扇噪声，底盘的机械噪声、制动噪声和轮胎噪声，车厢振动噪声，货物撞击噪声，喇叭噪声和转向、倒车时的蜂鸣声等。在这些噪声源中，所发出的噪声程度绝大多数都与车辆的使用情况有关。当车辆加速行驶、减速制动、超速、超载和路面不平时，噪声明显增加。由于车辆噪声为游走性的，影响范围大，干扰时间长，因而受害人员多。

2. 噪声的危害

噪声会使人的听力减弱、视觉功能下降、神经衰弱、血压变化和胃肠道出现消化功能障碍，甚至影响人的睡眠、谈话、学习、工作和情绪等。总之，噪声不仅能引起人体的生理改变和损伤，而且能导致对心理、生活和工作的不利影响。并且，随着工业和交通运输业的发展，这种影响会越来越严重。为此，我国早在 1979 年就公布了《机动车辆允许噪声》的国家标准，把控制交通噪声纳入了环境保护的范畴。

二、汽车噪声的检测

应用于汽车噪声检测方面的国家标准有 GB 1495—2002《汽车加速行驶车外噪声限值及测量方法》、GB/T 18697—2002《声学 汽车车内噪声测量方法》和 GB 7258—2004《机动车运行安全技术条件》。标准中规定，汽车噪声检测使用的仪器是声级计。

1. 噪声测量系统的原理

图 6-27 给出了噪声测量系统的框图。传声器的功用是将波动的声压信号转换成电压信号。目前常用的是电容传声器，但其输出阻抗很高，经不起电缆电容的衰减，所以紧接其后安排了前置放大器进行阻抗变换，然后通过电缆接到输入放大器。

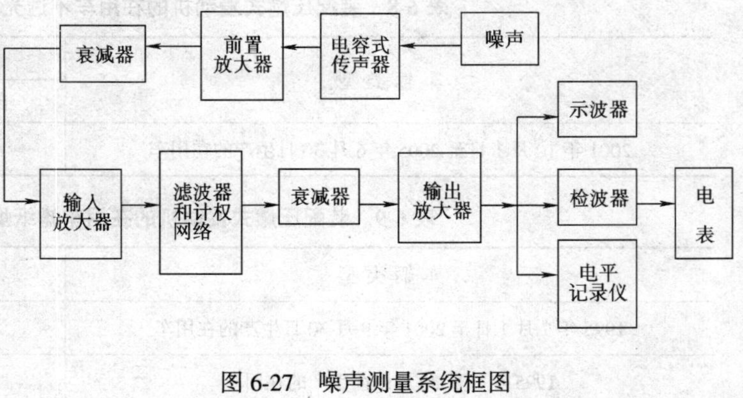

图 6-27 噪声测量系统框图

输入放大器的作用是将微弱的电压信号加以放大，它具有高度稳定的增益，但当输入信号较大时，应通过衰减器作适当的衰减，以保证放大器在最佳状态下工作。

插在输入和输出放大器之间的是滤波器和计权网络，放大器具有在相当宽的频率范围内响应平直的放大特性。带通滤波器则截取某一频带信号对噪声进行频率分析。计权网络则用来直接读取声级以便获得近似的响应级量度。

输出放大器的输出端给出的是经滤波（或计权）放大后的声电信号，但它还不能直接供人们识别。因此，必须加入检波器和显示装置。如果将该声电信号接往阴极射线示波器，则在荧光屏上将显示出声压随时间变化的波形，这对脉冲声的测量比较重要。对于稳定噪声通常只需要了解其总声压级和 A、B、C 三种计权方式以及各频带声压级，并不一定要了解声压信号的其他细节。这时就必须通过均方根检波电路对声压信号加以平方、平均和开方，然后将最后得到的直流均方根电压信号输往电表。该电表的刻度是经过专门标定的，可以直接读出声压级的分贝数。均方根检波电路的平均时间是可以调节的，通常有“快”、“慢”两挡，有些仪器则具体标出了所用的平均时间。总的声压级读数由衰减器及表针位置决定。

2. 声级计

测量噪声用的仪器包括声级计、频率分析仪和电平记录仪等。这里只介绍检测汽车噪声用的声级计。

声级计是一种便携式测量噪声的仪器。它包括测量传声器、放大器、计权网络、衰减器、检波器和指示电表等几个部分，一般不包括带通滤波器。由于电池供电，用以测量稳定噪声经过计权的总声压级。但近代精密声级计还常和倍频程，或 1/3 倍频程滤波相连接，构成较完整的频率分析系统，这样便可以测出对应于中心频率所代表的各频段的声压级。

声级计有三种。最简单一种的是普通声级计，如国产 SJ—1 型、丹麦 BK 2206、日本 NA—09 型声级计。这类声级计，其测量传感器要求不太高，全机动态范围及频率响应平直范围较窄，一般不和带通滤波器连用。比较精密的一种称为精密声级计，如国产 DSY—2S 型、丹麦 BK 2203 型、日本 NA—56 型等，其指示精度超过普通声级计且能与各种带通滤波器配合使用，其测量传声器一般都是用频率响应宽、灵敏度高、指向性和稳定性好的电容传声器。精密声级计放大器的输出可以和数据采集仪连接进行显示或加以储存。还有一种是用于脉冲噪声测量的精密声级计，如丹麦 BK 2209 型、日本 NA—57 型等，可用来测定脉冲声的峰值，最大均方根值等参数。

声级计一般都设有 A、B、C 三种计权网络，其显示读数通常称之为声级，单位仍用分贝（dB），但要标明所用的计权网络名称，如 85dB（A）即 A 声级为 85dB。近年来 C 声级主要用来测定可闻声频范围内的总声压读数，B 声级已很少使用，最常用的是 A 声级。在噪声测量中，利用 A、B、C 三挡声级读数可大致地估计出所测噪声的频谱特性：如果 B、C 声级读数相同但小于 A 声级读数，即 $L_A > L_B = L_C$，则表明噪声中的高频成分较突出；如果 $L_A = L_B > L_C$，则表明中频成分略强；如果 $L_C > L_B > L_A$，则表明噪声呈低频特性。

声级计表头的阻尼，一般都有“快”和“慢”两挡。“快”挡的平均时间为 0.27s，比较接近于人耳的生理平均时间。“慢”挡平均时间为 1.05s。当对稳态噪声进行测量，或需要记录声级变化过程时，使用“快”挡较为适合。如果被测噪声起伏变化比较大（如超过 4dB 以上）应当用“慢”挡测量其平均值。在用“慢”挡测量时，应注意有一定的观察时间，以保证能近似读出其平均值。

图 6-28 所示为丹麦 BK 2203 型声级计的外形图。电容传声器 1 装在声级计的端部，它可通过一根鹅颈管或 3m 长的电缆加以延长，但由于前置放大器系装在声级计内部，所以要使传声器更加远离声级计是有困难的。衰减器旋钮 9 由上下两层组成，指示每挡按 10dB 变化的衰减器位置，其中包括一个“参考”位置，用来将仪器内部的已知参考电压接到放大器输入端供标准之用。控制旋钮 6 起着开关电源、检查电池供电情况，决定平均时间（快挡还是慢挡），选择计权网络（A、B、C 三种）和接通外接滤波器等作用。外接滤波器（BK 1616 型）可用螺杆紧固在声级计下部，并通过一连接插件相连接。这样便组成完整的便携式频率分析仪。如果再接上电平记录仪（BK 2306 型），即可对噪声各频段的声压进行半自动分析。

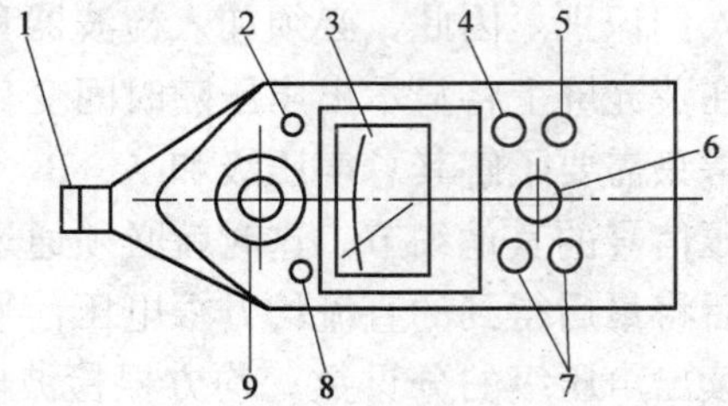

图 6-28　丹麦 BK 2203 型声级计外形图
1—传声器　2—电表照明　3—电表
4—放大器输出插口　5—指示灯
6—控制旋钮　7—外接滤波器插口
8—灵敏度调整钮　9—衰减器旋钮

3. 汽车噪声的检测方法

根据国家标准 GB 1495—2002《汽车加速行驶车外噪声限值及测量方法》、GB/T 18697—2002《声学　汽车车内噪声测量方法》和 GB 7258—2004《机动车运行安全技术条件》中的规定，汽车噪声检测时使用的测量仪器有声级计和发动机转速表，声级计误差不超过 ±2dB,并要求在测量前后，仪器应按规定进行校准。

（1）仪器的检查和校准　检查仪表是否在零位上，否则要调整；检查电池容量；打开电源开关，仪器预热；对仪器进行校准，先利用微调电位器校准仪器电路，再利用已知灵敏度的标准传声器对声级计上的传声器进行对比校准；将声级计的功能开关对准“线性”和“快”挡；检查计权网络；考查“快”、“慢”挡。经上述检查和校准后，声级计才可投入使用。

（2）车外噪声测量方法

1）测量条件

① 测量场地应水平、坚实、平整，半径 50m 范围内不应有大的反射物。

② 测量场地路面应符合要求且场地表面干燥。

③ 背景噪声（周围环境噪声）应比所测汽车噪声至少低 10dB。

④ 测量时风速不应超过 5m/s，为避免风噪声干扰，可采用防风罩。

⑤ 声级计附近不应有任何影响声场的障碍物，测量人员也应站在不致影响仪器测量值的位置。

⑥ 被测汽车空载，选用汽车制造厂指定的轮胎，并将其气压充至规定值，测量时汽车及发动机应处于正常使用状态。

2）测量场地及测点位置

① 车外噪声测量场地示意图如图 6-29 所示。*AA′*线为加速始端线，*BB′*线为加速终端线。

② 声级计传声器位于测量场地中心点两侧，距中心 7.5m，距地面高度 1.2m，用三角支架固定，其轴线必须水平并垂直指向行驶中心线。

3）加速行驶车外噪声测量方法

① 为保证测量结果的可比性和重复性，要求各种车辆到达加速始端线 *AA′*时的挡位选

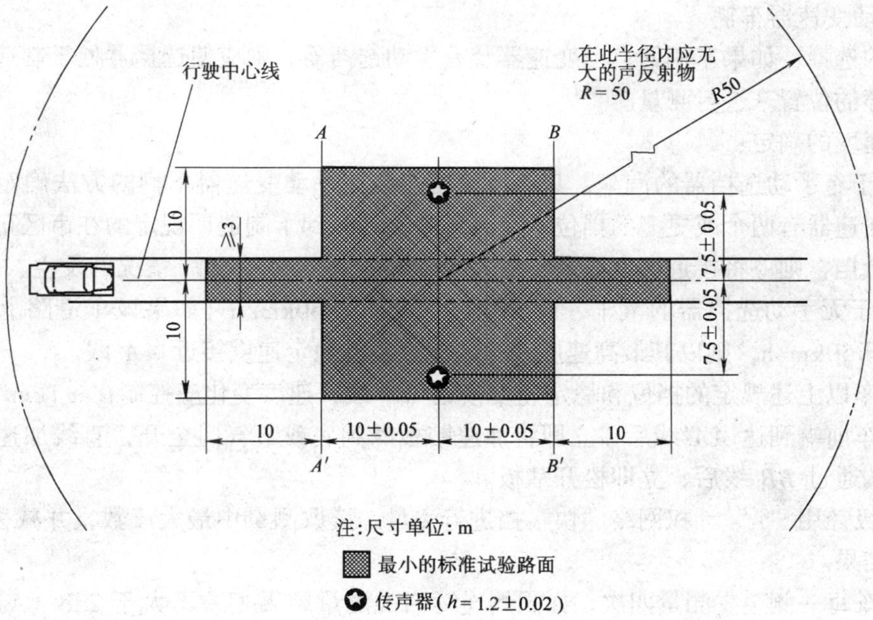

图 6-29　车外噪声测量场地示意图

择和接近速度参照以下规定。

A. 手动变速器车辆

挡位的选择：

a：对于 M_1 和 N_1 类汽车，装用不多于四个前进挡变速器的车辆使用二挡进行测量。

b：对于 M_1 和 N_1 类汽车，装用多于四个前进挡变速器的车辆应分别用二挡和三挡进行测量。如果用二挡测量时，汽车尾端通过 BB' 线时发动机转速超过发动机额定转速，则逐次按 5% 的发动机额定转速降低接近 AA' 线时发动机的稳定转速，直到通过 BB' 线时的发动机转速不再超过发动机的额定转速。如果接近 AA' 线时发动机的稳定转速降到了怠速，通过 BB' 线时的转速仍超过发动机的额定转速，则只用第三挡测量。对于前进挡多于四个并装用额定功率大于 140kW 的发动机且额定功率/最大总质量之比值大于 75kW/t 的 M_1 类汽车，假如该车用第三挡其尾端通过 BB' 线时的速度大于 61km/h，也只用第三挡测量。

c：对于除 M_1 和 N_1 类以外的汽车，前进挡总数为 X（包括由副变速器或多级速比驱动桥得到的速比）的汽车，应该用等于或大于 X/n 的各挡分别进行测量。发动机额定功率不大于 225kW 的汽车，n 取 2；大于 225kW 的汽车，n 取 3。如 X/n 不是整数，则应选择从较高整数对应的挡位开始，逐渐升挡测量，直到该车在某一挡位下尾端通过 BB' 线时发动机转速第一次低于额定转速为止。

接近速度的确定：接近 AA' 线时的稳定速度取下列速度中的较小值。

a：50km/h；

b：对于 M_1 类和发动机功率不大于 225kW 的其他各类汽车，对应于 3/4 发动机额定转速的速度；

c：对于 M_1 类以外的且发动机功率大于 225kW 的各类汽车，对应于 1/2 发动机额定转速的速度。

B. 自动变速器车辆

挡位的选择：如果车辆的自动变速器装有手动选挡器，则应使选挡器处于制造厂为正常行驶而推荐的位置来进行测量。

接近速度的确定：

a：对于有手动选挡器的汽车，其接近速度按装用手动变速器车辆的方法确定。如果车辆的自动变速器有两个或更多的挡位，在测量中自动换到了制造厂规定的在市区正常行驶时不使用的低挡，则应将接近速度提高，最大到 60km/h，以避免这一情况的发生。

b：对于无手动选挡器的汽车，应分别以 30、40、50km/h（如果该车道路上最高速度的 3/4 低于 50km/h，则以其最高速度 3/4 的速度）的稳定速度接近 AA'线。

② 汽车以上述规定的挡位和稳定速度接近 AA'线，速度变化应控制在 ± 1km/h 之内。

③ 汽车前端到达 AA'线后，立即将加速踏板踩到底或节气门全开，直线加速行驶，直到汽车尾端通过 BB'线后，立即松开踏板。

④ 声级计用“A”计权网络、“快”挡进行测量，读取测量中最大读数，并减去1dB（A）作为测量结果。

⑤ 汽车每一侧至少测量四次，如同侧连续四次测量结果相差不大于 2dB（A），则认为测量结果有效。

⑥ 将每一挡位下每一侧的四次测量结果进行算术平均，然后取两侧平均值中较大者作为中间结果。

4）汽车车外最大噪声级确定方法

① 对应于手动变速器车辆挡位选择中 a 的挡位条件，直接取中间结果作为最大噪声级。

② 对应于手动变速器车辆挡位选择中 b 的挡位条件，如果用了第二挡和第三挡测量时，取两挡中间结果的算术平均值作为最大噪声级。如果只用了第三挡测量，则取该挡位的中间结果作为最大噪声级。

③ 对应于手动变速器车辆挡位选择中 c 的挡位条件，取发动机未超过额定转速的各挡中间结果中最大值作为最大噪声级。

④ 对应于自动变速器车辆接近速度确定中 a 的条件，取中间结果作为最大噪声级。

⑤ 对应于自动变速器车辆接近速度确定中 b 的条件，取各速度条件下中间结果中最大值作为最大噪声级。

⑥ 如果按上述规定确定的最大噪声级超过了该车型允许的噪声限值，则应在该结果对应的一侧重新测量四次，此四次测量的中间结果作为该车型的最大噪声级。

⑦ 应将最大噪声级的值按有关规定修约到一位小数。

（3）车内噪声测量方法

1）车内噪声测量条件

① 测量场地必须保证在测量过程中，汽车与周围大型反射物体之间的距离应该大于 20m，试验道路应是硬路面，表面必须光滑、干燥。

② 车外气温应在 -5 ~ +35℃范围内，沿测量路线风速不得超过 5m/s。

③ 背景噪声（包括仪器内部电噪声）应比所测车内噪声至少低 10dB。

④ 在测量过程中，发动机所有运行条件应符合制造厂的规定，并处于热机状态，所采用的轮胎及轮胎气压必须符合制造厂家的规定。

⑤ 在测试噪声时汽车应空载，车内除驾驶员、测量人员（1~2人）和测试装备外，不得有其他载荷。

⑥ 测量时车辆门窗应关闭，辅助装置（如刮水器、暖风装置等）不能工作。

2）车内噪声测量点位置

① 一个测量点必须选在驾驶员座位，传声器具体安装位置参见图6-30中 B 点，基本处于驾驶员右耳旁附近。传声器朝车辆前进方向。

② 对于轿车，可以在后排无人座位上追加一个测量点，参见图6-30中 A 点。

③ 站立处传声器位置：对于客车还应在车厢中部和后部追加测量点，测点位置在地板以上 $(1.6\pm0.1)\mathrm{m}$、沿汽车的纵向轴线附近，基本处在站立乘客的耳旁处。

④ 卧姿时传声器位置：传声器放在无人的枕头中部以上 $(0.15\pm0.02)\mathrm{m}$ 处。

3）测量方法。声级计使用“A”计权网络，“快”挡进行测量。从以下三种车辆运行条件中选出可以代表被测汽车车内噪声的运行条件。

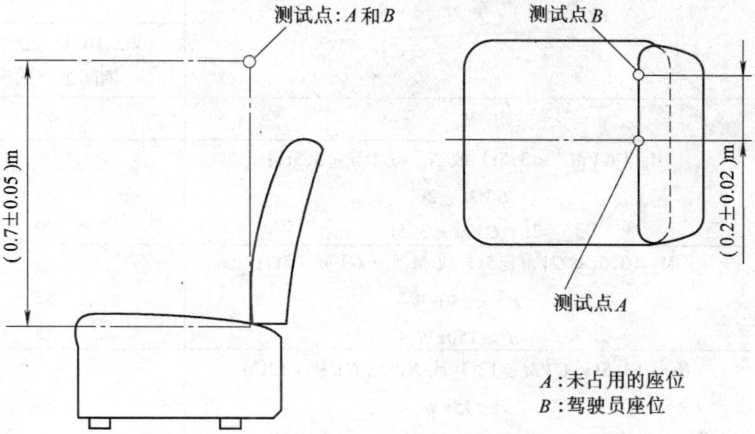

图6-30 座位处传声器的安装位置

① 匀速行驶状态。从60km/h或最高车速的40%（取两者较小值）到120km/h或最高车速的80%（取两者较小值）范围内，至少以等间隔的五种车速进行测量。变速器挂最高挡，汽车以选择的车速匀速行驶，测量时间不少于5s，读取相应车速下的声级数值（修约到最接近的整数）。

② 全节气门加速行驶状态。将汽车调整到稳定的初始工作状况，立即踏下加速踏板使节气门全开，同时开始检测，直到发动机转速达到规定额定转速的90%或达到120km/h车速（取两者较小值）时停止测试，取最大噪声级读数。

稳定初始工作状况应符合以下要求：

a：变速器挂入最高挡，使噪声测试尽可能在不超过120km/h的车速下完成，在测试过程中不得换挡。如果发动机转速为额定转速的90%时，最高挡车速超过120km/h，则应降低一挡。对于四挡、五挡变速器不得低于三挡，三挡变速器不得低于二挡。如在降挡情况下车速仍然超过120km/h，则必须用此挡位在60~120km/h的速度范围内来测试汽车车内噪声。

b：发动机应有一个最低初始转速，但初始转速不应低于额定转速的45%。除非在最低允许挡位下，在发动机额定转速的90%时，车速仍超过120km/h，则初始转速应选60km/h所对应的发动机转速。对于带自动变速器的汽车，发动机初始转速应尽可能接近额定转速的45%，且所对应的车速不超过60km/h。如果自动变速器在加速终了之前换挡（加速终了速度是指发动机额定转速的90%或120km/h车速），则初始速度应是换挡时速度的50%。

③ 车辆定置状态。汽车定置，变速器置于空挡，发动机低速空转，开始测试噪声。立即踩下加速踏板，节气门完全打开，使发动机加速到高速空转，并在此位置保持至少5s，完成测试过程，取最大声级读数。

三、汽车噪声检测参数标准

1. 车外最大噪声限值

汽车加速行驶时，车外最大噪声级不应超过表6-10规定的限值。

表6-10 汽车加速行驶车外噪声限值

汽车分类	噪声限值/dB（A）	
	第一阶段	第二阶段
	2002.10.1～2004.12.30期间生产的汽车	2005.1.1以后生产的汽车
M_1	77	74
M_2（GVM①$\leqslant 3.5t$）或 N_1（$GVM \leqslant 3.5t$）：		
$GVM \leqslant 2t$	78	76
$2t < GVM \leqslant 3.5t$	79	77
M_2（$3.5t < GVM \leqslant 5t$）或 $M_3$③（$GVM > 5t$）：		
P② $< 150kW$	82	80
$P \geqslant 150kW$	85	83
$N_2$④（$3.5t < GVM \leqslant 12t$）或 $N_3$⑤（$GVM > 12t$）：		
$P < 75kW$	83	81
$75kW \leqslant P < 150kW$	86	83
$P \geqslant 150kW$	88	84

注：1. M_1、M_2（$GVM \leqslant 3.5t$）和 N_1 类汽车装用直喷式柴油机时，其限值增加1dB（A）。

2. 对于越野汽车，其 $GVM > 2t$ 时：

如果 $P < 150kW$，其限值增加1dB（A）；

如果 $P \geqslant 150kW$，其限值增加2dB（A）。

3. M_1 类汽车，若其变速器前进挡多于四个，$P > 140kW$，P/GVM 之比大于75kW/t，并且用第三挡测试时其尾端出线的速度大于61km/h，则其限值增加1dB（A）。

① 指汽车最大总质量。

② 指发动机额定功率。

③ 指至少有四个车轮，或有三个车轮且厂定最大总质量超过5000kg，除驾驶员座位外，乘客座位超过8个的载客车辆。

④ 指至少有四个车轮，或有三个车轮且厂定最大总质量超过3500kg，且厂定最大总质量不超过12000kg的载货车辆。

⑤ 指至少有四个车轮，或有三个车轮且厂定最大总质量超过12000kg的载货车辆。

2. 车内最大允许噪声级

客车以50km/h的速度匀速行驶时，客车车内噪声级不应大于79dB（A）。

3. 汽车驾驶员耳旁噪声级

汽车空载，处于静止状态且置变速器于空挡，发动机处于额定转速状态，门窗紧闭，汽车（三轮汽车和低速货车除外）驾驶员耳旁噪声级不应大于90dB（A）。

4. 机动车喇叭声级

机动车喇叭应具有连续发声功能，工作应可靠。机动车喇叭声级在距车前 2m、离地高 1.2m 处测量时，其值应在 90 ~ 115dB（A）范围内。

第七节 燃料消耗量的检测

汽车燃料消耗量直接体现了整车的燃料经济性。在汽车运输成本中，汽车燃料消耗的费用约占 20% ~ 30%，提高汽车的燃料经济性、节约燃油，对降低汽车运输成本意义重大。汽车燃料的消耗量与汽车发动机和底盘的技术状况密切相关，因此汽车的燃料经济性可作为综合指标评价汽车的技术状况。测量汽车燃料消耗量的仪器是油耗仪。

一、油耗仪种类和工作原理

油耗仪的种类很多，按其不同的测试原理可分为容积式、质量式、流量式和流速式等多种，常用的是容积式油耗仪和质量式油耗仪。油耗仪由油耗传感器和计量显示装置构成。

1. 容积式油耗仪

容积式油耗仪按传感器结构，可分为膜片式、量管式和活塞式三种。活塞式油耗仪，还有单活塞式和四活塞式之分。在容积式油耗仪中，以膜片式和四活塞式油耗仪最为常用。

（1）膜片式油耗仪 膜片式油耗仪的传感器，是通过油室内膜片的变形来测量燃油消耗量的。当油室内膜片变形使其容积由最大变到最小时，形成的容积差就是油室的排油量。油室的排油量是一个定值，由电磁计数器记录排油次数，因而可测得流经的燃油量。膜片式车用油耗计具有结构简单、密封性好、对燃油清洁性要求不高等优点。但是，使用中膜片不可避免地产生塑性变形，致使计量精度发生变化，因而需要经常校正。

国产 GD—30 型车用油耗仪，由传感器和电磁计数器两部分组成，如图 6-31 所示。其传感器为容积膜片式，适用于汽、柴油发动机。当燃油流经传感器时，传感器能发出与流经的燃油体积成正比的脉冲信号，并将脉冲信号输送到电磁计数器内，经放大器放大后，驱动计数器进行记录，然后由数码管显示燃料消耗量。

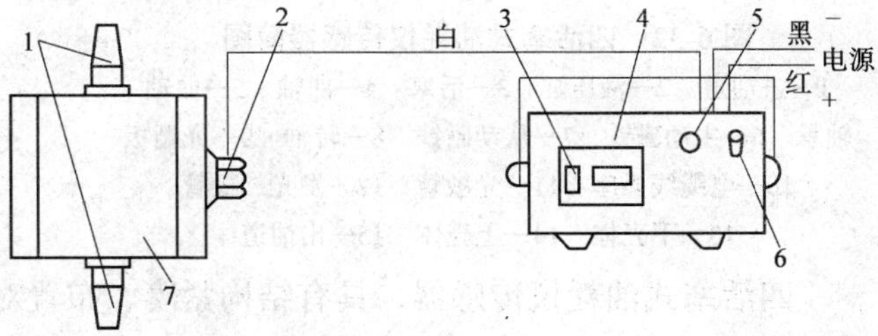

图 6-31 GD—30 型车用油耗仪
1—进、出油口 2—磁敏开关 3、4—计数器
5—电源指示灯 6—电源开关 7—传感器

（2）四活塞式油耗仪 四活塞式油耗仪的传感器由流量测量机构和信号转换机构组成，如图 6-32 所示。

流量测量机构主要由活塞、液压缸、连杆、曲轴、上壳体、上盖和进出油道组成。四个活塞及其缸呈十字形向心布置，活塞装在液压缸内，通过各自的连杆与曲轴连接。曲轴通过轴承支承在上壳体内。在上壳体及上盖内开有进、出油道。当燃油在泵油压力作用下经进油道进入 E 腔并通过上壳体内的油道来到活塞顶部时，可迫使活塞、连杆推动曲轴转动，并将对面活塞顶部的燃油通过上壳体内的油道经由上盖 F 油道排出。可以看出，当四个活塞及其液压缸各完成一次进、排油时，曲轴旋转一周。

信号转换机构装在曲轴的另一端，由主动磁铁、从动磁铁、转轴、光栅板、发光二极管、光敏管、电缆插座和下壳体等组成。从图中可以看出，主动磁铁装在曲轴上，从动磁铁装在转轴上，转轴通过轴承支承在下壳体内，转轴的下端固装有光栅板。在光栅板的上、下方装有发光二极管和光敏管。当曲轴转动时，由于一对永久磁铁的吸引作用，转轴及其上的光栅板也随之转动，通过发光二极管和光敏管的光电作用，能把曲轴的转动变成光电脉冲信号。每个光电脉冲信号代表一定容积的燃油量，通过专用电缆线把脉冲信号送入计量显示仪表，经过计算、处理后，即可显示出流经的燃油量。国产 LCH—1 型流量传感器就是一种四活塞式结构，如图 6-33 所示，其输出的光电信号为 0.2mL/脉冲。

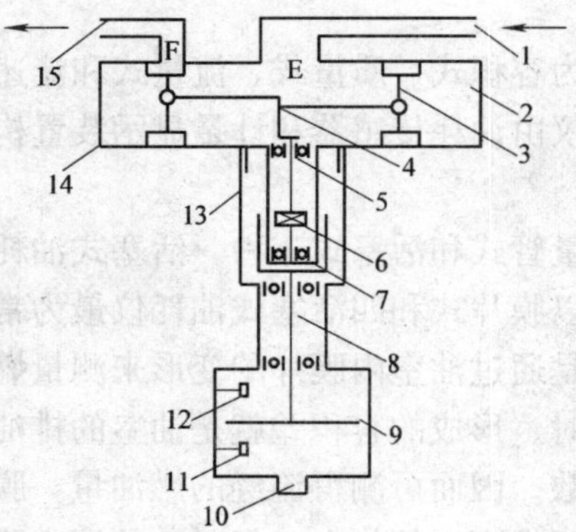

图 6-32 四活塞式油耗仪传感器简图

1—进油道 2—液压缸 3—活塞 4—曲轴 5—曲轴轴承 6—主动磁铁 7—从动磁铁 8—转轴 9—光栅板 10—电缆线插座 11—光敏管 12—发光二极管 13—下壳体 14—上壳体 15—出油道

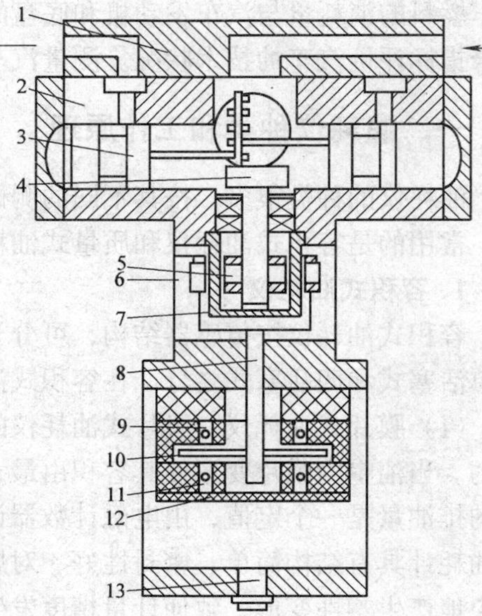

图 6-33 LCH—1 型流量传感器结构图

1—缸盖 2—缸体 3—活塞及连杆 4—曲轴 5—主动磁铁 6—从动磁铁 7—密封罩 8—从动轴 9—发光二极管 10—光栅 11—光敏管 12—线路板 13—插座

四活塞式油耗仪传感器，具有结构紧凑、布置对称、工作平稳、计量精度高等优点，在国内外得到了广泛应用，特别适用于需精确计量燃油量的检测和试验。但是，也有结构相对复杂、加工精度和装配精度要求高、生产成本高和对燃油的清洁性要求高等缺点。

2. 质量式油耗仪

质量式油耗仪由称量装置、计数装置和控制装置构成，见图 6-34。

称量装置的秤盘上装有油杯 1，燃油经电磁阀 3 加入油杯。电磁阀的开闭由装在平衡块上的行程限位器 8 拨动两个微型限位开关 6 和 7 进行控制。光电传感器由两个光电二极管（又称光敏二极管）5、10 和装在棱形指针上的光源 9 组成，用于给出油耗始点和终点信号。光电二极管 5 为固定式，光电二极管 10 装在活动滑块上，滑块通过齿轮齿条机构移动，齿轮轴与鼓轮 12 相连，计量的燃油量通过转动鼓轮 12 从刻度盘上读出。计量开始时，光源 9 的光束射在光电二极管 5 上，光电二极管发出信号使计数器 13 开始计数，随着油杯中燃油的消耗，指针移动。当光束射到光电二极管 10 上时，光电二极管 10 发出信号，使计数器停止计数。

二、汽车燃料经济性试验方法

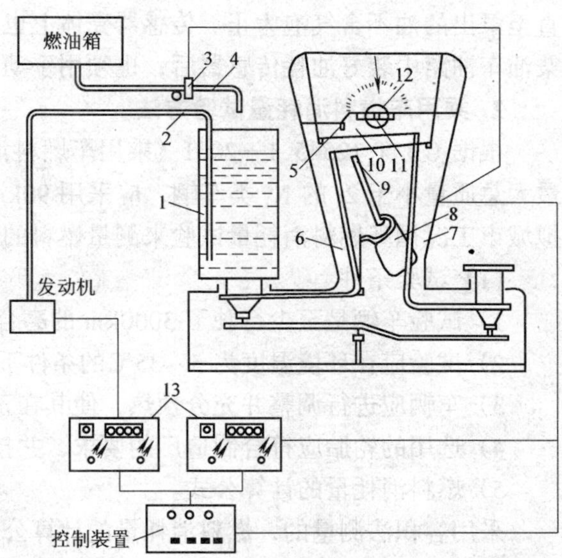

图 6-34　质量式油耗仪

1—油杯　2—出油管　3—电磁阀　4—加油管　5、10—光电二极管　6、7—限位开关　8—限位器　9—光源　11—鼓轮机构　12—鼓轮　13—计数器

根据 GB/T 12545.1～12545.2—2001《乘用车及商用车辆燃料消耗量试验方法》中规定：乘用车燃料消耗量试验方法有等速行驶燃料消耗量试验法和模拟城市工况循环燃料消耗量试验法；商用车燃料消耗量试验方法有等速行驶燃料消耗量试验法和多工况循环燃料消耗量试验法。

1. 油耗传感器在燃油管路中的安装

（1）油耗传感器在油路中的连接　对于一般无回油管路的汽油车，可将油耗传感器串接在汽油泵与化油器之间，汽油泵出口接油耗传感器入口，传感器出口接化油器入口，如图 6-35 所示。

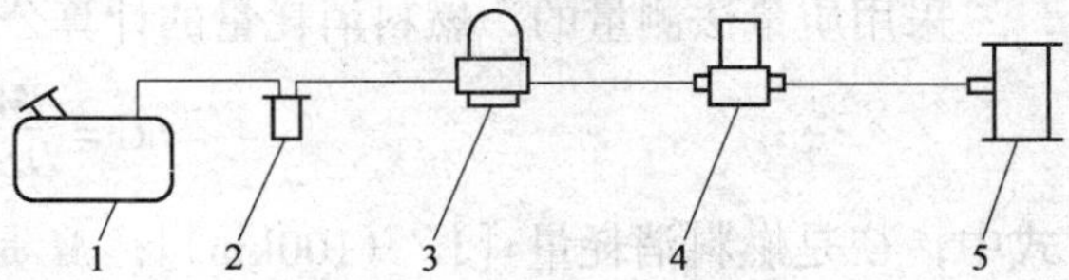

图 6-35　无回油管路时传感器的安装位置

1—油箱　2—滤清器　3—汽油泵　4—传感器　5—化油器

现代电控燃油喷射发动机上多设有回油管路，这种汽车汽油泵供油量比发动机实际燃油消耗量大得多，多余燃油经回油管流回油箱。此时，传感器的安装应避免因回油造成的重复计量。

柴油车的供油系统中全部设置回油管路，输油泵的供油量比喷油泵的出油量多3～4倍。为保持喷油泵油室中有一定压力，一般在喷油泵低压油出口装有溢流阀，大量多余燃油经溢流阀和回油管路流回输油泵入口或直接流回油箱；此外，从喷油器工作间隙处泄漏的少量燃油也经回油管流回油箱。图 6-36 为油耗传感器在柴油车中的连接方法，油耗传感器接在油箱到高压油泵之间的油路上，回油管路则用三通接在油耗传感器的出油管路上，以免燃油被油耗传感器重复计量。

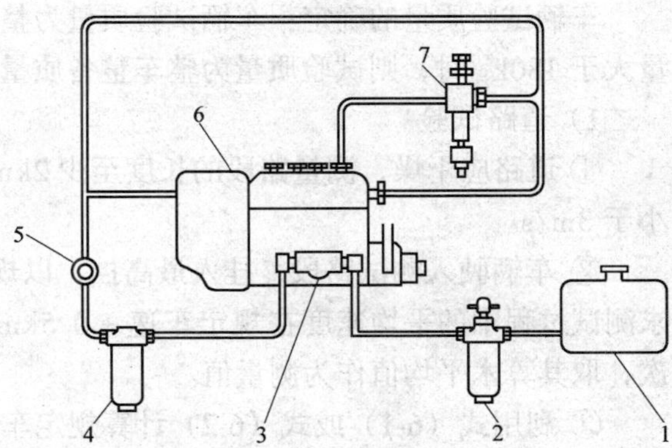

图 6-36　检测柴油机时油耗传感器的安装位置

1—油箱　2—粗滤器　3—输油泵　4—细滤器　5—油耗传感器　6—喷油泵　7—喷油器

（2）油路中空气泡的排除　排除油路中空气泡对保证检测结果的准确性影响很大，这是因为油耗传感器会把空气泡所占的容积当成所消耗燃油的容积，从而使检测结果偏大而失准。因此，在安装油耗传感器后，必须把空气泡排除干净。排除空气泡时，用手动泵泵油，同时卸开化油器油管接头，连续泵油

直至泵出的油不含气泡为止。传感器壳体上也设有放气螺钉，可以排出传感器内的气体。在柴油车油路中装好油耗传感器后，也须用手动泵泵油以排除油路中的空气泡。

2. 乘用车燃料消耗量试验方法

根据 GB/T 12545.1—2001《乘用车燃料消耗量试验方法》的规定：对于 M_1 类车辆和最大总质量小于 2t 的 N_1 类车辆，应采用 90km/h、120km/h 等速行驶燃料消耗量试验和模拟城市工况循环燃料消耗量试验来测量燃料的消耗量。

（1）试验条件

1）试验车辆是至少行驶了 3000km 的磨合后车辆。

2）试验应在环境温度为 5~35℃的条件下进行。

3）车辆应进行调整并充分预热，使其在正常状态下工作。

4）选用的轮胎应符合制造厂的要求，并按规定气压充气。

5）燃料消耗量的计算公式。

采用容积法测量的，燃料消耗量的计算公式为

$$C=\frac{V\left[1+\alpha\left(t_0-t_F\right)\right]}{D}\times 100 \tag{6-1}$$

式中，C 是燃料消耗量［L/（100km）］；V 是燃料消耗量（体积）测量值（L）；α 是燃料容积膨胀系数，燃料为汽油和柴油时，该系数为 0.001/℃；t_0 是标准温度 20℃；t_F 是燃料平均温度，即试验时燃料温度的算术平均值（℃）；D 是试验期间的实际行驶距离（km）。

采用质量法测量的，燃料消耗量的计算公式为

$$C=\frac{M}{DS_g}\times 100 \tag{6-2}$$

式中，C 是燃料消耗量［L/（100km）］；M 是燃料消耗量测量值（kg）；D 是试验期间的实际行驶距离（km）；S_g 是标准温度 20℃下的燃油密度（kg/dm^3）。

（2）等速行驶燃料消耗量试验　等速行驶燃料消耗量试验既可在底盘测功机上进行，也可在道路上进行。

车辆试验质量的确定：车辆试验质量为整车整备质量加上 180kg，当车辆的 50%装载质量大于 180kg 时，则试验质量为整车整备质量加上 50%的装载质量。

1）道路试验

① 道路应干燥，测量路段的长度至少 2km，纵向坡度不应超过 2%。测试时平均风速应小于 3m/s。

② 车辆驶入测试路段，挂入最高挡，以规定车速（90km/h 或 120km/h）等速行驶，要求测试过程中的平均速度在规定车速 ±0.5km/h 范围内，沿道路正反两个方向至少测量四次，取其算术平均值作为测量值。

③ 利用式（6-1）或式（6-2）计算规定车速下的百公里燃料消耗量。

④ 验证燃料消耗量测试的精度，应在 ±3%范围内。

⑤ 如果测试环境与标准条件（温度：20℃；气压：100kPa）不一致时，应对确定的燃料消耗量值进行校正。

2）底盘测功机试验

① 底盘测功机特性应符合标准要求。

② 车辆垂直驶上底盘测功机，驱动轮落座在滚筒装置上。

③ 选定试验车速。根据试验车速和车辆试验质量设定底盘测功机，以模拟车辆总行驶阻力。

④ 以试验车速等速行驶，速度变化幅度不大于 0.5km/h，测量行驶距离不少于 2km。至少测量四次，取其算术平均值。

⑤ 利用式（6-1）或式（6-2）计算选定车速下的百公里燃料消耗量。

（3）模拟城市工况循环燃料消耗量试验　模拟城市工况循环燃料消耗量试验应在底盘测功机上进行，试验运转循环见图 6-37 和表 6-11 所示。

表 6-11　十五工况试验运转循环表

工况号数	运转次序	加速度 /（$m\cdot s^{-2}$）	速度 /（$km\cdot h^{-1}$）	每次时间/s		累计时间 /s	手动变速器使用挡位
				运转	工况		
1	1 怠速	—	—	11	11	11	6s PM① + 5s $K_1$②
2	2 加速	1.04	0→15	4	4	15	1
3	3 等速	—	15	8	8	23	1
4	4 等速	-0.69	15→10	2	5	25	1
	5 减速离合器脱开	-0.92	10→0	3		28	K_1
5	6 怠速	—	—	21	21	49	16s PM + 5s K_1
6	7 加速	0.83	0→15	5	12	54	1
	8 换挡			2		56	—
	9 加速	0.94	15→32	5		61	2
7	10 等速	—	32	24	24	85	2
8	11 减速	-0.75	32→10	8	11	93	2
	12 减速离合器脱开	-0.92	10→0	3		96	$K_2$②
9	13 怠速	—	—	21	21	117	16s PM + 5s K_1
10	14 怠速	0.83	0→15	5	26	122	1
	15 换挡			2		124	—
	16 加速	0.62	15→35	9		133	2
	17 换挡			2		135	—
	18 加速	0.62	35→50	8		143	3
11	19 等速	—	50	12	12	155	3
12	20 等速	0.52	50→35	8	8	163	3
13	21 等速	—	35	13	13	176	3
14	22 换挡	—	—	2	12	178	—
	23 减速	-0.86	32→10	7		185	2
	24 减速离合器脱开	-0.92	10→0	3		188	K_2
15	25 怠速	—	—	7	7	195	7s PM

注：如车辆装备自动变速器，驾驶员可根据工况自行选择合适的挡位。

① PM 指变速器在空挡，离合器接合。

② K_1（或 K_2）指变速器挂 1 挡（或 2 挡），离合器脱开。

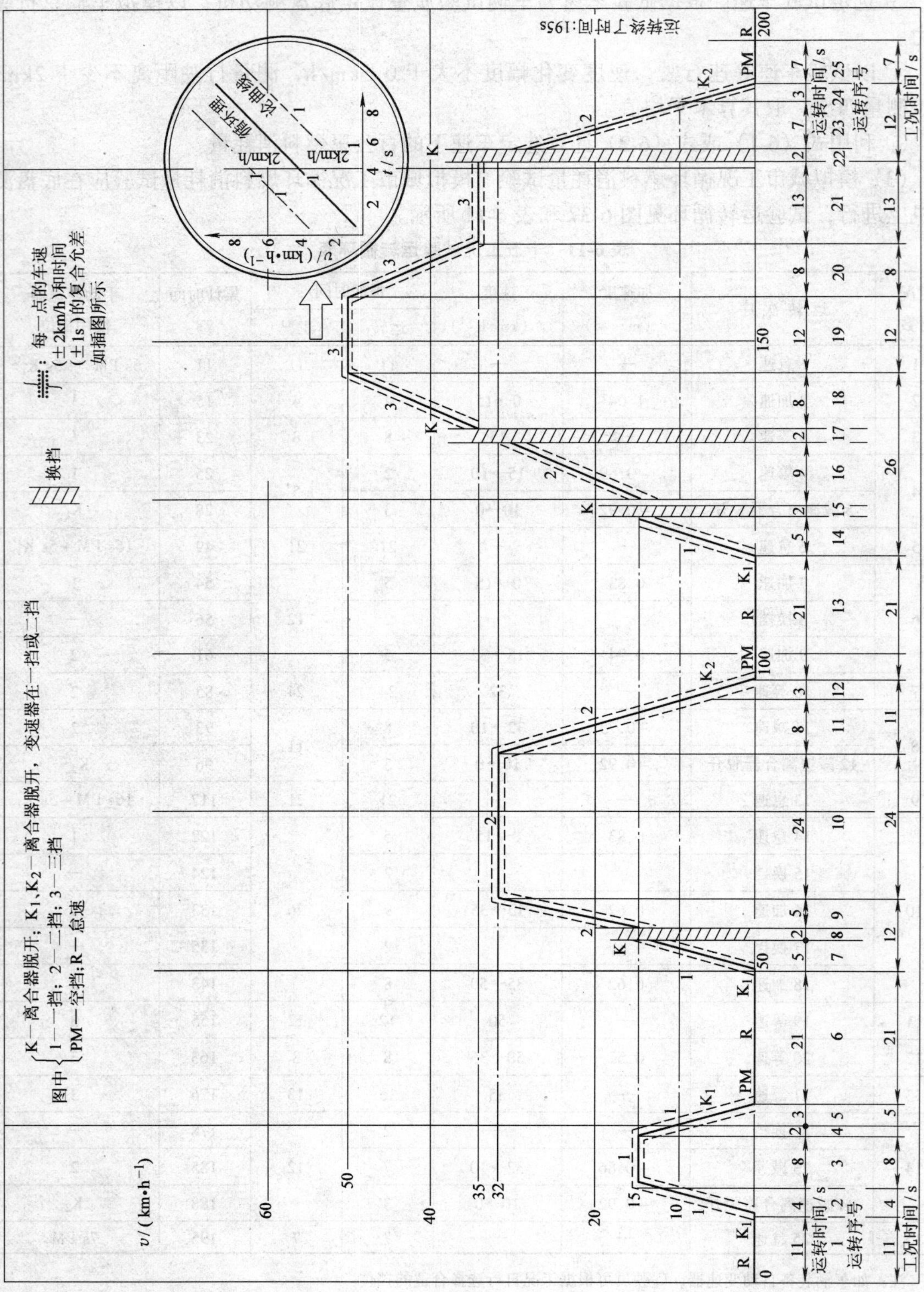

图6-37 十五工况试验运转循环图

车辆试验质量的确定：M_1 类车辆试验质量为整车整备质量加上100kg。N_1 类车辆试验质量为整车整备质量加上180kg，当车辆的50%装载质量大于180kg时，则试验质量为整车整备质量加上50%的装载质量。

1）试验时，试验室内的温度应在20～30℃，车辆水平放置，将发动机罩打开。

2）按表6-12规定的车辆试验质量对应的当量惯量（I）调整底盘测功机。

3）测试前，使发动机在规定条件下至少进行五次模拟城市工况循环试验，使发动机热机，且在正常状态下运转。

4）发动机保持怠速运转40s后开始第一循环。

5）测试时，试验车速与规定车速之间的误差应小于±1km/h，超过规定时间的误差不得大于±0.5s，当量惯量的误差应在±20kg以内。

6）至少进行三个循环的连续测量。两循环之间的间隔时间（怠速状态）不超过60s，空挡怠速时间为13s。

7）取三次连续测量值的算术平均值，作为被检车辆模拟城市工况循环的燃料消耗量值。

8）如果燃料消耗量极限值与平均值之差超过5%，则按上述方法继续试验，直到获得至少5%的测量精度为止。

表6-12　当量惯量下的试验车辆质量

试验车辆总质量 m_{mv}/kg	当量惯量（I）下的试验车辆质量/kg
$m_{mv} \leqslant 480$	455
$480 < m_{mv} \leqslant 540$	510
$540 < m_{mv} \leqslant 595$	570
$595 < m_{mv} \leqslant 650$	625
$650 < m_{mv} \leqslant 710$	680
$710 < m_{mv} \leqslant 765$	740
$765 < m_{mv} \leqslant 850$	800
$850 < m_{mv} \leqslant 965$	910
$965 < m_{mv} \leqslant 1080$	1020
$1080 < m_{mv} \leqslant 1190$	1130
$1190 < m_{mv} \leqslant 1305$	1250
$1305 < m_{mv} \leqslant 1420$	1360
$1420 < m_{mv} \leqslant 1530$	1475
$1530 < m_{mv} \leqslant 1640$	1590
$1640 < m_{mv} \leqslant 1760$	1700
$1760 < m_{mv} \leqslant 1930$	1800
$1930 < m_{mv} \leqslant 2155$	2040
$2155 < m_{mv}$	2270

3. 商用车燃料消耗量试验方法

根据GB/T 12545.2—2001《商用车辆燃料消耗量试验方法》的规定：对于 M_2、M_3 类和最大总质量大于或等于 2t 的 N 类车辆，应采用等速行驶燃料消耗量试验和多工况循环燃料消耗量试验来测量燃料的消耗量。

（1）试验条件

1）试验车辆载荷：对于 M_2、M_3 类城市客车为装载质量的 65%，其他车辆为满载。

2）试验仪器要求：车速测量仪精度为 0.5%；燃料流量仪精度为 0.5%；计时器最小读数为 0.1s。

3）选用的轮胎应符合制造厂的要求，并按规定气压充气。

4）道路试验的其他试验条件、试验车辆准备可参照 GB/T 12534 的规定。

5）底盘测功机上的试验，除试验车辆载荷外，其他试验条件按乘用车试验方法的规定执行。

（2）等速行驶燃料消耗量试验　试验时，选用长度为 500m 的测试路段，变速器挂直接挡或超速挡，等速行驶，通过 500m 的测试路段，测量通过该路段的时间及燃料消耗量。

试验车速从 20km/h（最小稳定车速高于 20km/h 时，从 30km/h）开始，以车速的 10km/h 的整数倍均匀选取试验车速，直到最高车速的 90%。至少测定五个试验车速。同一车速往返各进行两次测量，取其平均值作为被测车辆在给定试验车速下的燃料消耗量测定值。

在以试验车速为横坐标、燃料消耗量为纵坐标的坐标系中，可绘制等速行驶燃料消耗量的特性曲线。图 6-38 为某些车型的等速百公里油耗特性曲线。

此试验也可在底盘测功机上进行，具体试验条件和试验方法按乘用车规定执行。

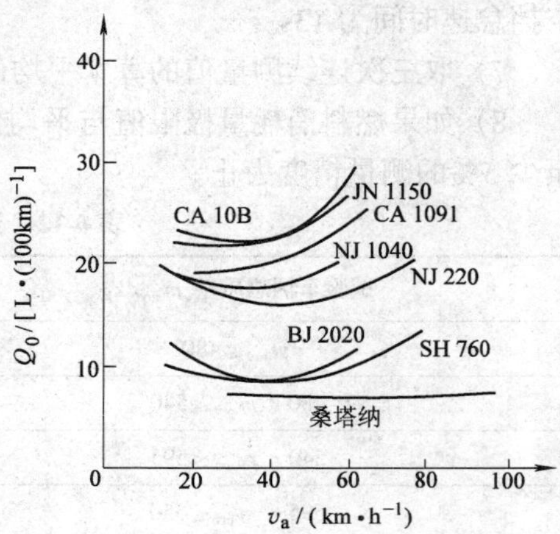

图 6-38　某些车型的 Q_0-v_a 特性曲线

（3）多工况循环燃料消耗量试验　六工况循环见图 6-39，具体说明见表 6-13，适用于除城市客车及双层客车以外的车辆。

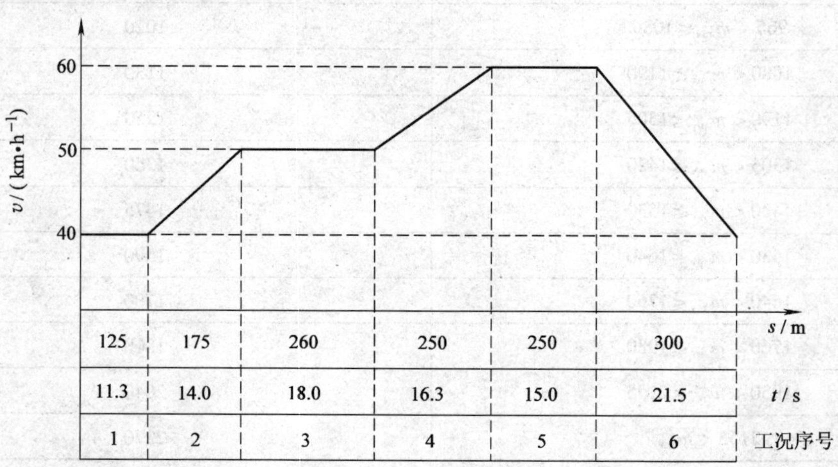

图 6-39　六工况试验运转循环图

表 6-13　六工况试验运转循环表

工况序号	运转状态/（km·h⁻¹）	行程/m	累计行程/m	时间/s	加速度/（m·s⁻²）
1	40	125	125	11.3	—
2	40～50	175	300	14.0	0.20
3	50	250	550	18.0	—
4	50～60	250	800	16.3	0.17
5	60	250	1050	15.0	—
6	60～40	300	1350	21.6	0.26

四工况循环见图 6-40，具体说明见表 6-14，适用于城市客车和双层客车（包括城市铰接式客车）。

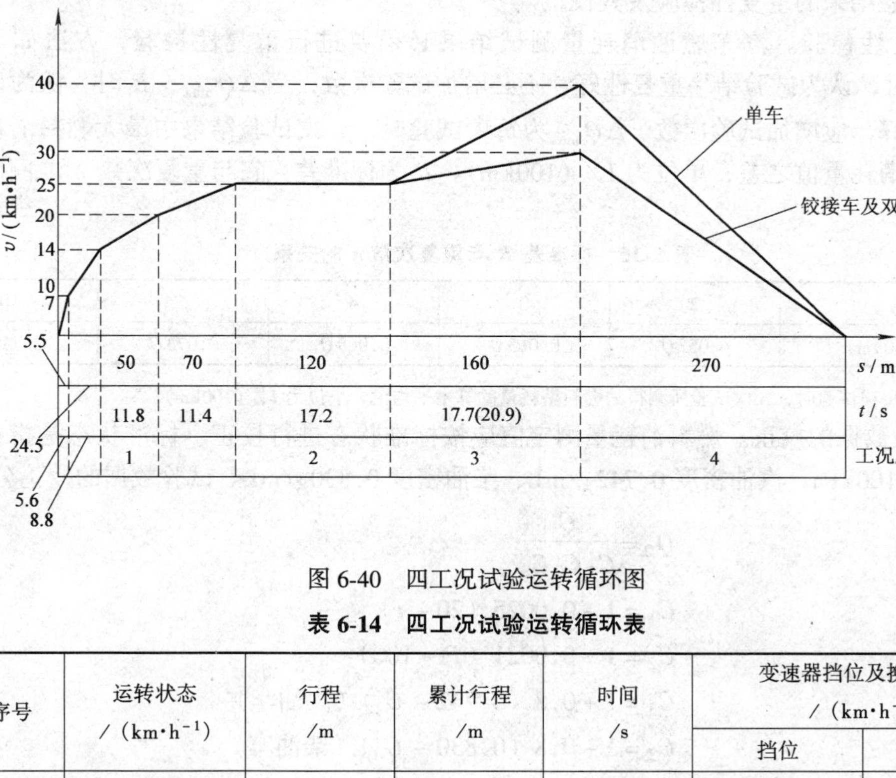

图 6-40　四工况试验运转循环图

表 6-14　四工况试验运转循环表

工况序号	运转状态/（km·h⁻¹）	行程/m	累计行程/m	时间/s	变速器挡位及换挡车速/（km·h⁻¹）	
					挡位	换挡车速
1	0～25 换挡加速	5.5	5.5	5.6	Ⅱ～Ⅲ	6～8
		24.5	30	8.8	Ⅲ～Ⅳ	13～15
		50	80	11.8	Ⅳ～Ⅴ	19～21
		70	150	11.4	Ⅴ	
2	25	120	270	17.2	Ⅴ	
3	（30）25～40	160	430	（20.9）17.7	Ⅴ	
4	减速行驶	270	700		空挡	

注：1. 对于 5 挡以上变速器采用Ⅱ挡起步，按表中规定循环试验；对于 4 挡变速器Ⅰ挡起步，将Ⅳ挡代替表中Ⅴ挡，其他依次代替，按表中规定试验循环进行。

2. 括号内数字适用于铰接式客车及双层客车。

1）道路试验。汽车尽可能用高速挡进行试验，换挡时应迅速、平稳。减速行驶时应完全放开加速踏板，但离合器仍接合。当试验车速降至10km/h时，分离离合器。

试验车辆在多工况的终速度的偏差为±3km/h，其他各工况速度偏差为±1.5km/h。在各工况改变过程中允许车速偏差大于规定值，但任何条件下超过车速偏差的时间不大于1s，即时间偏差为±1s。

每循环试验后，记录循环试验的燃料消耗量和通过时间。当完成一次循环试验后，车辆应迅速掉头，重复试验。试验往返各进行两次，取四次试验结果的算术平均值为多工况燃料消耗量试验的测定值。

2）底盘测功机试验。四工况循环和六工况循环试验也可在底盘测功机上进行，具体方法可参照GB/T 12545.1的有关规定执行。

（4）试验结果的重复性检验及其校正

1）重复性检验。汽车燃油消耗量测试结果必须要进行重复性检验，方法如下：当$\Delta Q_{max} < R$时，认为试验结果重复性好，不必增加试验次数；当$\Delta Q_{max} > R$时，认为试验结果重复性不好，应增加试验次数。ΔQ_{max}为每项试验时，n次试验结果中最大燃料消耗量值与最小燃料消耗量值之差，单位为L/（100km）。R为标准差，它与重复次数n之间的关系见表6-15。

表6-15 标准差R与重复次数n的关系

n	2	3	4	5	10
R/[L·(100km)$^{-1}$]	$0.053\overline{Q}$	$0.063\overline{Q}$	$0.069\overline{Q}$	$0.073\overline{Q}$	$0.085\overline{Q}$

注：$\overline{Q}$为每项试验时，n次试验所测得的燃料消耗量的算术平均值，单位为L/（100km）。

2）试验数据的校正。燃料消耗量测定值应按标准状态进行校正。标准状态是指：气温20℃、气压100kPa、汽油密度0.742g/mL、柴油密度0.830g/mL。试验数据的校正公式为

$$Q_0 = \frac{\overline{Q}}{C_1 C_2 C_3}$$

$$C_1 = 1 + 0.0025(20 - t)$$

$$C_2 = 1 + 0.0021(P - 100)$$

$$C_3 = 1 + 0.8(0.742 - G_s)\text{（汽油车）}$$

$$C_3 = 1 + 0.8(0.830 - G_d)\text{（柴油车）}$$

式中，Q_0是校正后的燃料消耗量[L/（100km）]；$\overline{Q}$是实测的燃油消耗量平均值[L/（100km）]；C_1是环境温度校正系数；C_2是大气压力的校正系数；C_3是燃料密度的校正系数；t是试验时的环境温度（℃）；P是试验时的大气压力（kPa）；G_s是试验用汽油的平均密度（g/mL）；G_d是试验用柴油的平均密度（g/mL）。

第三篇 汽车常见故障诊断

第七章　发动机常见故障诊断

第一节　化油器式汽油机燃油供给系统的故障诊断

一、燃油供给系统结构及工作原理

汽油机燃油供给系统，具有连续输送清洁空气和燃油，根据发动机不同工况配制一定数量和适当浓度的可燃混合气，送入气缸以便使发动机在压缩行程终了时着火燃烧，膨胀做功，并将废气排入大气的功能。如果燃油供给系统技术状况不佳，甚至出现了故障，将难以保证以上功能。这不但会严重影响发动机的动力性、经济性，排放性和工作可靠性，而且无法正常工作。燃油供给系统和点火系统一样，是发动机各机构系统中故障率最高者之一，是诊断检测中的重点对象。

汽油机燃油供给系统按其结构特点可分为化油器式汽油机燃油供给系统和电子控制燃油喷射系统。因其结构和原理不同，其故障诊断方法也有所不同。本节介绍化油器式汽油机燃油供给系统常见故障及故障诊断方法。

1. 供给系统的组成

常用化油器式汽油机燃油供给系统如图 7-1 所示，主要由下列装置组成：

（1）燃油供给装置　包括汽油箱、汽油滤清器、汽油泵等。

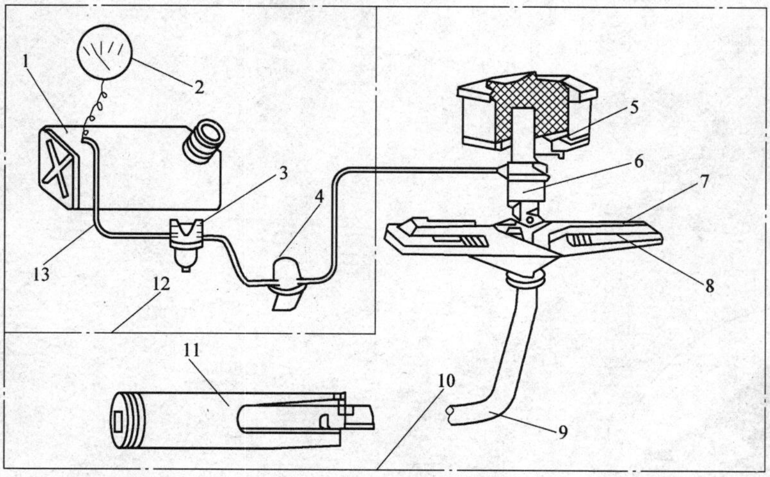

图 7-1　化油器式发动机燃料供给系统内、外油路示意图

1—燃油箱　2—汽油表　3—汽油滤清器　4—汽油泵　5—空气滤清器

6—化油器　7—进气支管　8—排气支管　9—排气管　10—内油路

11—消声器　12—外油路　13—油管

（2）空气供给装置　包括空气滤清器等。

(3) 可燃混合气形成装置　即化油器。图 7-2 为通用雪佛莱某轿车采用的典型现代化油器。

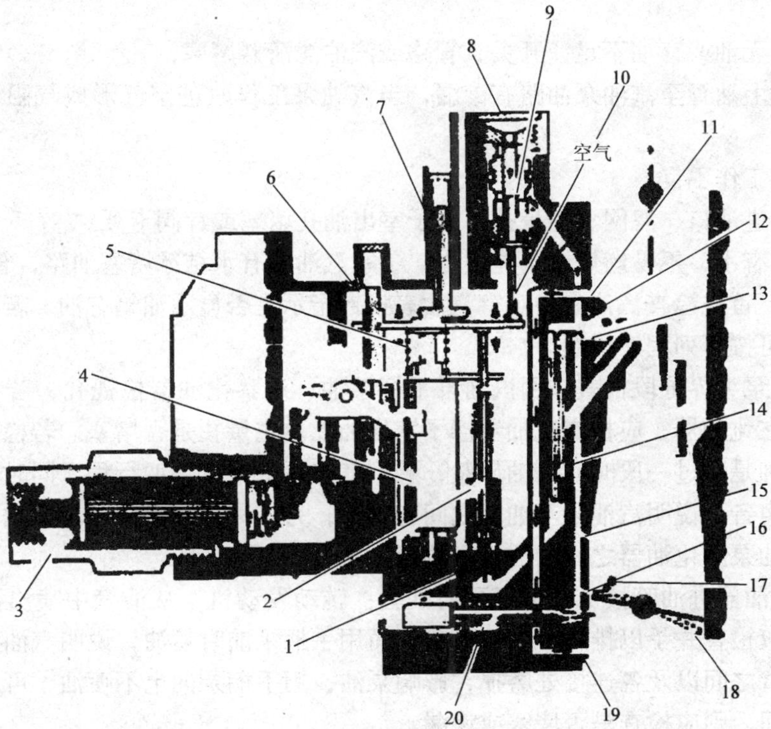

图 7-2　通用雪佛莱某轿车采用的典型现代化油器

1—主量孔　2—主量油杆　3—侧面燃油进口　4—混合气控制电磁阀　5—电磁阀杆（升起状态）　6—稀混合气螺钉（厂家调整用）　7—浓混合气螺钉（厂家调整用）　8—盖子　9—怠速空气渗入阀（厂家调整用）　10—阀杆　11—固定的怠速空气旁通孔　12—怠速空气渗入孔　13—怠速通道节流处　14—怠速管　15—低怠速空气渗入孔　16—超怠速孔　17—排气再循环用真空孔　18—节气门（虚线表示超怠速位置）　19—怠速出油孔　20—怠速混合气调整螺钉

2. 供给系统的工作原理

汽油在汽油泵的作用下，由汽油箱流经油管和汽油滤清器，在滤清器中滤掉水分和杂质后，进入汽油泵，再被压到化油器的浮子室中。同时，空气经空气滤清器滤掉灰尘后，流经化油器喉管，在气缸进气冲程产生的气流负压作用下，汽油由化油器喷管喷出，经蒸发、雾化并与空气形成可燃混合气，通过进气支管再分配给各个气缸。

二、常见故障类型

化油器式汽油机燃油供给系统的故障，主要表现为漏油、堵塞和机件损坏三种，即“漏”、“堵”、“坏”，其中漏油和堵塞是常见故障。同时，汽油泵和化油器是该系统中最重要的两个部件，也最容易发生故障。汽油机燃料供给系统常见的故障有：不供油或供油不畅、混合气过稀、混合气过浓、怠速不良、加速不良、加浓不良和中高速不良等。

三、主要故障的诊断

1. 不供油或供油不畅

(1) 现象　发动机无起动征兆，或多次拉阻风门、踏加速踏板，勉强能发动，加速时化油器回火，又很快熄火。

(2) 原因

1）油箱内无油或存油不足，开关、管路或汽油滤清器堵塞；

2）汽油箱上油管至汽油泵油路有渗漏，当汽油泵工作时进空气形成气阻，影响汽油泵泵油；

3）汽油泵工作不良；

4）化油器进油口、滤网、主量孔、浮子室出油孔堵塞或针阀卡死；

5）汽油中有水，不易燃烧或不能燃烧，冬季汽油中有水结冰堵塞油路，管路中有气阻。

(3) 诊断　首先检查汽油表，观察汽油表指针指示是否显示油箱有油，若有油，油箱开关已打开，则可按下列程序诊断。

1）以汽油泵为界分段检查，用汽油泵手柄泵油，观察化油器检视孔，若有油，油面符合标准，故障在化油器，应检查化油器浮子室出油孔及主量孔是否堵塞。若检视孔无油，有两种可能，一种是经过一段时间泵油试验，感到汽油泵始终有泵油行程，同时又听到有“咕噜、咕噜”的声音，说明汽油泵至油箱之间有故障；另一种是化油器进油口滤网堵塞、三角针阀卡死或汽油泵至化油器之间的油管有故障。

2）卸下化油器进油管接头，进行泵油试验：转动发动机，从油管中喷出油来，说明故障在化油器，应检查并予以排除；油管不喷油而用手柄泵油时喷油，说明汽油泵摇臂与凸轮之间、内外摇臂之间以及各连接处磨损，影响泵油；用手柄泵油也不喷油，可断定故障在汽油泵与油箱之间，则应检查是否堵塞或渗漏。

3）将汽油泵进油管接头卸下，并使该管口低于油箱内汽油平面观察流油情况，若来油良好，故障在汽油泵。否则检查汽油滤清器与油箱之间有无堵塞或漏气现象，其渗漏一般出现在各管接头处。

4）检查油中是否有水。汽油中有水，发动机不易发动，有时有起动征兆，化油器回火；发动机有时发动成功，但运转不正常。当卸下火花塞时，发现电极附近有水珠；发动机发动后排气管冒白烟（排出大量蒸气），说明油中有水。

5）气阻。汽油管路和汽油泵内的汽油受高温影响，其轻馏分挥发为气体并存留在汽油泵和汽油管路内，破坏了吸油行程真空度，增加了汽油流动的阻力，产生气阻现象，从而导致不供油故障。该故障可用降温法排除。

2. 混合气过稀

(1) 现象　发动机不易发动；动力下降，但适当关闭阻风门后，有所好转；发动后怠速不稳，容易熄火；加速不良；发动机转速不易提高，急加速时伴随有化油器回火；发动机过热。

(2) 原因

1）从油箱至化油器进油管接头有漏油、堵塞或汽油泵效能欠佳等原因造成供油不足；

2）化油器进油针阀开度不足或浮子高度失调造成浮子室油面太低；

3）化油器内主量孔或主供油道堵塞；

4）可调式主量孔油针旋出太少或固定式主量孔通径太小；

5）在高原或高温地区行驶造成气阻；

6）进气管衬垫或化油器座衬垫严重漏气；

7）主供油系空气量孔、怠速空气量孔松动。

（3）诊断 适当拉出阻风门，如果发动机运转情况好转，则确认为混合气过稀，此时应首先检查浮子室油面是否合适，然后按以上原因进行分析。

3. 混合气过浓

（1）现象 发动机不易发动，或发动后运转不稳，动力不足，加速困难，且排气管冒黑烟，并伴有“突、突”声，有时有放炮声；发动机过热，动力下降，油耗增加；化油器节气门轴或衬垫处有汽油渗出；卸下火花塞发现电极上有潮湿汽油；排气消声器管口内壁颜色灰黑。

（2）原因

1）进油针阀关闭不严、浮子室油面调整太高或浮子破裂；

2）可调式主量孔油针旋出太多或固定式主量孔通径太大；

3）主量孔、真空加浓阀体、机械加浓阀体松动，加浓阀体衬垫不密封或其单向阀关闭不严、弹簧折断，真空加浓阀活塞磨损严重或真空通道堵塞；

4）主供油系空气量孔、怠速空气量孔堵塞；

5）加速装置喷管在缓慢加速和稳速运转时喷油或滴油；

6）阻风门不能完全打开或空气滤清器严重脏污。

（3）诊断 检查汽油滤清器是否堵塞，阻风门是否关闭；拆下距离化油器较近的火花塞，看电极情况；检查油面，如果油面过高，汽油外流，则应按上述原因检查各项。

4. 怠速不良

（1）现象 怠速不稳；怠速调不稳，调不低；怠速熄火。

（2）原因

1）怠速调整不当；

2）浮子室油面过高或过低；

3）怠速油量孔、怠速空气量孔、怠速油道堵塞或量孔松动；

4）分电器真空式调节器膜片破裂或真空管接头漏气；

5）真空加浓阀活塞磨损严重、漏气；

6）曲轴箱通风单向阀不密封，空气漏入，或该单向阀卡阻，怠速时不能关闭；

7）热怠速补偿阀低温时关闭不严，空气自节气门前方流入节气门后方；

8）化油器上、中、下壳体连接松动，空气漏入怠速油道和真空通道；

9）化油器与进气管、进气管与机体密封性欠佳或节气门轴松旷；

10）节气门关闭不严、开闭不灵或拉簧拉力不足；

11）燃油供给系统中有水或气阻；

12）各缸点火提前角不一、气缸压力不一、火花强度不一和火花塞技术状况不一等其他原因造成。

（3）诊断 首先用断火试验法检查是否个别缸不工作；检查浮子室油面高度是否符合要求；检查化油器、进气管、真空调节器、真空管接头等易漏气部位是否有漏气；重新调整怠速，若怠速情况好转，说明怠速调整不当；检查燃油供给系统中是否有水。拆检化油器，检查内部是否存在松动、堵塞，加浓阀是否关闭不严。

5. 加速不良

（1）现象 突然开大节气门时，发动机转速不能随之升高，加速发闷，同时伴有排气管

“突、突”声、放炮声或化油器回火，其他工况正常。

(2) 原因

1) 加速泵拉杆与节气门摇臂之间的连接钩脱落；

2) 加速泵调整不当；

3) 加速泵出油阀关闭不严或弹簧折断；

4) 加速泵活塞或皮碗磨损过甚，膜片式加速泵膜片破裂；

5) 加速泵弹簧弹力不足；

6) 加速喷管或油道堵塞；

7) 加速泵进油阀失效。

(3) 诊断　检查加速泵拉杆与节气门摇臂的连接情况；起动发动机，适当关闭阻风门作急加速试验，若情况好转，说明混合气过稀；若情况未好转，可取下空气滤清器，用手突然大开节气门，同时观察加速喷管的喷油情况。如果喷油很少或不喷油，说明加速泵调整不当，或加速喷管弹簧卡住、活塞磨损、皮碗破裂等，应作进一步检查；若用手突然大开节气门时感到阻力大，则说明加速油道或加速喷管堵塞，或出油阀卡住，应作进一步检查。

6. 加浓不良

(1) 现象　发动机在大负荷至全负荷工作时动力不足，排气管发出“突、突”声，其他工况正常。

(2) 原因

1) 加浓阀打不开或开度太小；

2) 加浓阀开度太大，致使该阀弹簧压紧影响出油；

3) 加浓阀量孔松动或加浓量孔、油道堵塞；

4) 真空加浓活塞组件效能欠佳或失效；

5) 高速大负荷时多腔化油器副腔的空气门打不开；

6) 节气门开度不足；

7) 主量孔、功率量孔松动或主量孔、功率量孔、主喷口有一定程度堵塞。

(3) 诊断　检查化油器拉杆连接钩与节气门摇臂的连接位置，必要时调整；在汽车重载或爬坡时，拉动阻风门。若发动机情况好转，说明供油量不足，主要是加浓装置技术状况不良；拆检化油器，拆下真空和机械加浓装置，检查出油阀的开闭情况。若其开度小，应调整；若开度正常，应检查加浓装置柱塞和弹簧张力，清洁加浓油道。

7. 中高速不良

(1) 现象　发动机怠速虽正常，但中、高速时熄火，行驶无力，或中、高速时有“回火”现象。

(2) 原因

1) 化油器浮子室油平面过低。

2) 主量孔、主油道堵阻或配剂针旋入过多。

3) 加速装置工作不良。

4) 节气门不能完全打开。

5) 机械加浓装置或真空加浓装置工作不良。

6) 空气滤清器堵阻。

(3) 诊断　将加速踏板踩到底，检查节气门是否完全打开，不能全开时应予以调整；检查化油器油平面是否过低，外油路供油是否充足；上述检查均正常，可在中、高速时适当关闭阻风门，若好转，再检查化油器主供油装置是否供油不畅、节气门下方是否漏气；发动机转速提高后，排气管冒黑烟、动力不足，可检查阻风门是否全开，空气滤清器是否堵阻；上述检查均正常，则应再检查调整化油器加浓装置，如改变卡环在环槽的位置来改变加浓时刻。

第二节　电子控制燃油喷射系统的故障诊断

一、电子控制燃油喷射系统的工作原理及组成

1. 电子控制燃油喷射系统的工作原理

电子控制燃油喷射系统的基本原理是根据传感器测得的发动机负荷、转速及其变化、进气量、进气温度、冷却液温度等信号，准确地计算燃油量，保证发动机在各种工况下最佳的混合气空燃比。

2. 电子控制燃油喷射系统的组成

电子控制燃油喷射系统一般由三个子系统组成，即空气系统、燃油系统和控制系统，如图 7-3 所示。

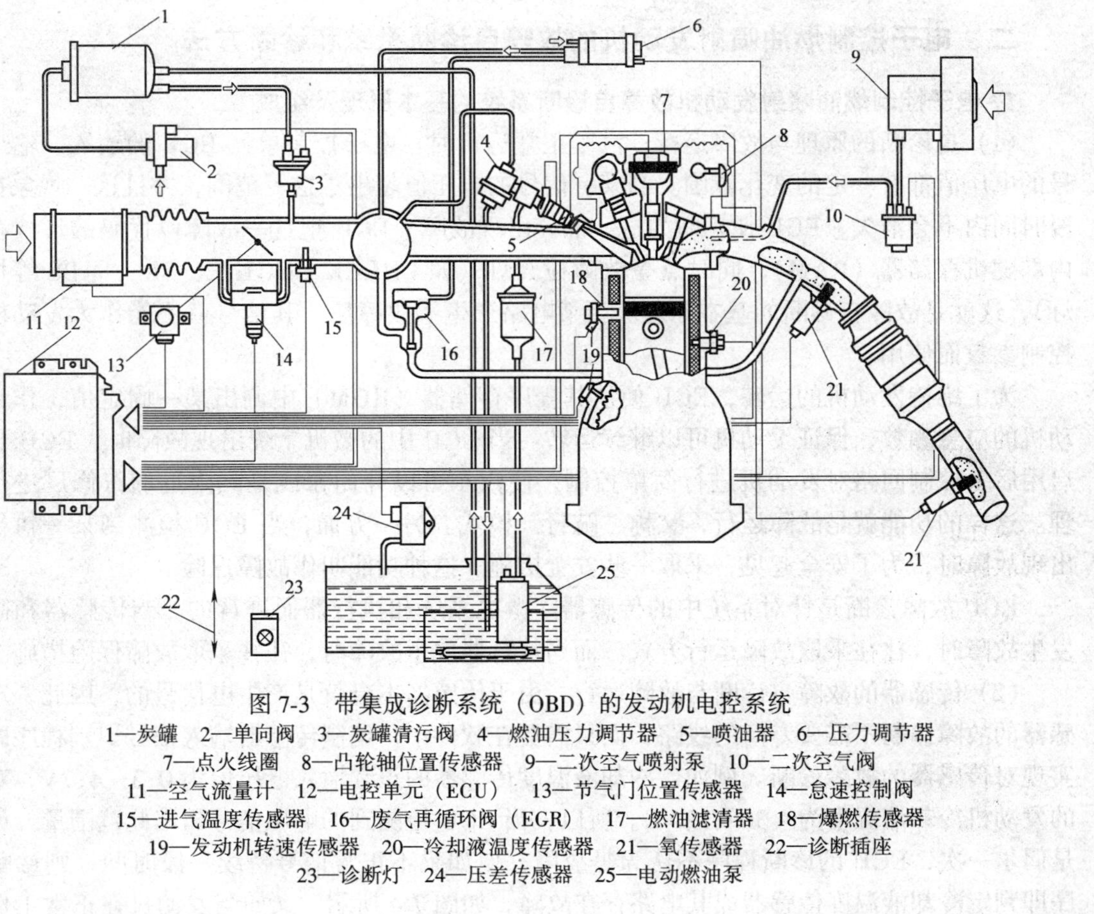

图 7-3　带集成诊断系统（OBD）的发动机电控系统
1—炭罐　2—单向阀　3—炭罐清污阀　4—燃油压力调节器　5—喷油器　6—压力调节器
7—点火线圈　8—凸轮轴位置传感器　9—二次空气喷射泵　10—二次空气阀
11—空气流量计　12—电控单元（ECU）　13—节气门位置传感器　14—怠速控制阀
15—进气温度传感器　16—废气再循环阀（EGR）　17—燃油滤清器　18—爆燃传感器
19—发动机转速传感器　20—冷却液温度传感器　21—氧传感器　22—诊断插座
23—诊断灯　24—压差传感器　25—电动燃油泵

（1）空气系统　其作用是测量和控制燃油燃烧时所需要的空气量。空气经空滤清器过滤后，用空气流量计或进气支管压力传感器等方法测量和计算得到进入气缸的空气量，通过节气门体进入进气总管，再分配到各进气支管。在进气支管内，从喷油器喷出的燃油与空气混合后被吸入气缸内燃烧。

（2）燃油系统　其作用是向气缸内供给燃烧所需的汽油。燃油经电动燃油泵被吸入滤清器滤清后进入燃油分配管，通过燃油压力调节器使喷油压力恒定，再分配到各喷油器，在电控单元的指令控制下喷油，随空气进入气缸。

（3）控制系统　主要是电控单元 ECU 和传感器、执行器。其作用是根据发动机运转状况和车辆运行状况确定最佳的燃油喷油量，即保证最佳的混合气。传感器检测发动机运转状况和车辆运行状况，并将各种信号传输给 ECU。传感器主要有：冷却液温度传感器、进气温度传感器、进气流量传感器、车速传感器、氧传感器等。

ECU 是一种电子综合控制装置。ECU 的存储器内存放了发动机各种工况的最佳喷油持续时间，在接收了各种传感器的信号后，确定满足发动机运转状态的燃油喷射量，并根据计算结果控制喷油器的喷油时间。同时，ECU 还可对多种信息进行处理，实现除燃油喷射以外的其他方面的控制，如点火控制、防抱死制动控制等。

ECU 发出的各种控制指令由执行器执行，如点火提前角控制、怠速控制、喷油脉宽控制等。

二、电子控制燃油喷射发动机的故障自诊断系统和诊断方法

1. 电子控制燃油喷射发动机故障自诊断系统的基本原理及组成

（1）自诊断的原理与故障运行　汽车正常运行时，电子控制单元 ECU 的输入、输出信号的电压值都有一定的变化范围。当某一信号的电压值超出了这一范围，并且这一现象在一段时间内不会消失，ECU 便判断为这一部分出现故障。ECU 把这一故障以代码的形式存入内部随机存储器（RAM），同时点亮故障检查灯（如 CHECK ENGINE，SRS，ABS 等指示灯），这就是故障自诊断的基本原理。当某电路产生了故障后，其信号就不能作为发动机的控制参数而使用。

为了维持发动机的运转，ECU 便从其程序存储器（ROM）中调出某一固定值，作为发动机的应急参数，保证发动机可以继续运转。当 ECU 中的微机系统出现故障时，ECU 自动启用后备控制回路对发动机进行简单控制，使汽车可以开回家或是到附近的汽修厂进行修理。这样的功能就是故障运行，又称“跛行”模式。另一方面，当 ECU 检测到某一执行器出现故障时，为了安全起见，采取一些安全措施。这种功能叫作故障保险。

ECU 故障诊断是针对系统中的传感器、微机系统和执行器而进行的。当传感器和微机发生故障时，往往采取故障运行方式。而当执行器发生故障时，往往采取故障保险措施。

（2）传感器的故障自诊断与故障运行　由于传感器本身就是产生电信号的，因此，对传感器的故障诊断不需要专门的线路，而只需要在软件中，编制传感器输入信号识别程序即可实现对传感器的故障诊断。例如：冷却液温度传感器的正常输入电压值为 0.3～4.7V，对应的发动机冷却液温度为 -30～120℃。所以，当 ECU 检测到的电压信号超出此范围量，如果是偶尔一次，ECU 的诊断程序不认为是故障；但如果不正常信号持续一段时间，则诊断程序即判定冷却液温度传感器或其电路存在故障，如图 7-4 所示。又如当发动机在正常工作温

度下运转时，ECU 在 1min 以上检测不到氧传感器的输出信号或氧传感器信号在 0.3~0.6V 间 1min 以上没有变化，即判断为氧传感器电路有故障，并设定一故障码。ECU 将此情况以代码（此代码为设计时已经约定好的代表冷却液温度传感器或氧传感器信号异常故障的数字码）的形式存入随机存储器中。同时，通过检查发动机警告灯“CHECK ENGINE”，通知驾驶员和维修人员，发动机电控系统中出现故障。当 ECU 发现冷却液温度传感器不正常后，便采用一个事先设定的常数来作为冷却液温度信号的代用值，使系统工作于运行状态。

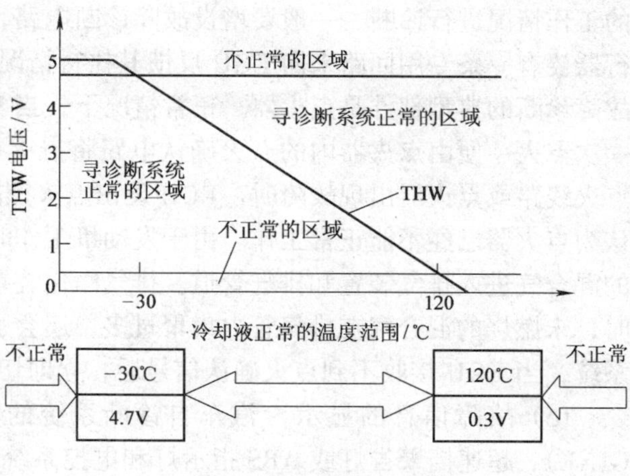

图 7-4　故障信号的判断

需要注意的是：故障信号的出现不只是与传感器或者执行器本身出现故障有关，而且还与相应的配线电路故障有关。仍以冷却液温度传感器为例，当冷却液温度传感器与 ECU 间断路时，冷却液温度传感器输出电压信号就会高于 4.7V，ECU 也会判定为冷却液温度传感器故障。因此，在 ECU 判断出某一电路故障时，只是提供了故障的性质和范围，最后要确定是传感器、执行器故障还是相应配线故障，还应进一步检查配线、插头、ECU 和相关元器件。

（3）微机系统的故障自诊断与后备回路　微机系统如果发生故障，控制程序就不可能正常运行，微机处于异常工作状态。这样便会使汽车因发动机控制系统故障而无法行驶。为了保证汽车在微机出现故障时仍能继续运行，在控制系统工程中，设计有后备回路（备用集成电路系统）。当 ECU 中微机发生故障时，ECU 自动调用后备回路完成控制任务，进入简易控制运行状态，用固定的控制信号，使车辆继续行驶。由于该系统只具备维持发动机运转的简单功能而不能代替微机的全部工作，所以此后备回路的工作也称为“跛行”模式。采用备用系统工作时，故障指示灯亮。微机工作是否正常是由被称为监视回路的电路进行监视的。监视电路中安装有独立于微机系统之外的计数器。微机正常运行时，由微机的运行程序对计数器定时进行清零处理。这样，监视电路中计数器的数值是永远不会出现溢出现象的。当微机系统出现不正常运行现象时，微机不能对这个计数器进行定时清零，致使此监视计数器发生溢出现象。监视计数器溢出时输出的电平由低电平变为高电平（此输出一般为计数器的进位标志。当计数器达到其最大值时，再增加一个计数脉冲，计数器便出现溢出。此时，计数器的溢出端的电平将由低电平变为高电平，同时，将计数器清零）。计数器输出电平的这一变化，将直接触发备用回路。备用回路只按照起动信号和怠速触点闭合状态，以恒定的喷油持续时间和点火提前角对喷油器和点火器进行控制。

（4）执行器的故障诊断和故障保险　汽车电子控制系统中，执行器是决定发动机运行和汽车行驶安全的主要器件。当执行器发生故障时，往往会对汽车的行驶造成一定的影响。因此，对于执行器故障的处理方法通常是：当确认为执行器故障时，由 ECU 根据故障的严重程度采取相应的安全措施的实施，在控制系统中，又专门设计了故障保险系统。

由于 ECU 对执行器进行的是控制操作，控制信号是输出信号。因此，要想对各执行器的工作情况进行诊断，一般要增设故障诊断电路，即ECU向执行器发出一个控制信号，执行器要有一条专用回路来向ECU反馈其执行情况。发动机电子控制系统中，对执行器进行故障诊断的典型部件是点火器。正常情况下，当ECU对点火器进行控制时，点火器每进行一次点火，便由点火器内的点火确认电路将点火执行情况以电信号的形式反馈给ECU。当点火线路或点火器出现故障时，ECU发出点火控制命令后，得不到反馈信号，此时ECU便认为点火器已经不能正常工作。由于发动机工作时，如果点火系统发生故障，便会使未燃烧的混合气进入排气装置和排气管道。排气净化装置中的催化剂温度就会大大超过允许值。同时，未燃烧的混合气在排气管内集聚过多，还会引起排气系统的爆炸。为此，采用故障保险系统，当ECU接收不到点火确认信号后，立即切断燃油喷射系统电源，停止燃油的喷射。

(5) 故障信息的显示　汽车自诊断系统的输出接口有发动机检查灯（CHECK ENGINE)、超速挡警告灯或ABS指示灯和电控系统检测插座（CHECK CONNECTOR)、故障诊断插座（TDCL）等组成。电控系统利用警告灯或指示灯作为其有无故障的信号灯。检测插座一般位于发动机舱内，可供检测和调整使用。另外，可以通过检测插座和信号灯读取故障码进行随车诊断，还可以通过位于仪表板下方的故障诊断插座（TDCL)，连接专用检测仪，进行车外诊断。

2. 电子控制燃油喷射发动机的故障诊断方法

(1) 电喷发动机故障的分类　发动机微机控制系统故障可以分为常见故障和疑难故障两种。

1）常见故障指发动机微机控制系统有明显的异常症状时，经仪器检测、车载自诊断或依靠维修经验能顺利确定的故障，其诊断较为容易。

2）疑难故障指利用仪器检测未能发现，使用车载自诊断仍不能确定，以及依靠维修经验还不能诊断的故障。疑难故障具有多重性，是发动机微机控制系统故障诊断中的技术难点，随着汽车高新技术的不断发展，发动机微机控制系统的疑难故障也呈逐渐增加的趋势。疑难故障主要有潜伏性故障、间歇性故障、交叉性故障、虚假性故障、误导性故障。

潜伏性故障是指发动机微机控制系统确实存在故障，但是没有明显的故障症状，故障原因难以查明，它的症状表现为发动机微机控制系统故障特征不明显，通常为发动机微机控制系统故障的隐蔽性状态，且隐藏很深，平时很难发现，通常是在特定情况下其症状才有所显示，故应特别注意车辆的日常及二级维护时的性能检测。

间断性故障是指发动机微机控制系统出现故障后，症状表现很不确定，即时而出现、时而又消失，故障原因难以查明。它的症状表现为发动机微机控制系统故障特征极不稳定，通常为发动机微机控制系统故障的断续性状态，现代汽车发动机微机控制系统相当复杂，有上千个电子元件、上百个插接件、几十个传感器和执行器，如果一个元件、一处插接件、一个传感器和执行器松动或接触不良，都会引起电控系统产生间断性故障。

交叉性故障是指发动机同时出现机械、液压、油路和电控系统综合故障后，非发动机微机控制系统故障交叉掩盖发动机微机控制系统故障，故障原因难以查明。其故障表现为电控系统故障特征极不明显，通常为发动机微机控制系统故障的错觉性状态。发动机出现交叉性故障后，各种不同性质的故障混为一体，故障症状相互混淆，易使检修人员形成判断错误。

虚假性故障是指发动机微机控制系统出现单一故障后，由于发动机处于运转状态，使得故障损坏程度进一步延伸并恶化，将发动机微机控制系统故障以非微机控制系统故障的症状显示，故障原因难以查明。其故障表现为完全以虚假的非微机控制系统故障出现，通常为发动机微机控制系统故障的假象性状态，如当发动机微机控制系统中的传感器出现故障时，其测定的信号参数出现异常。电控单元接收到虚假的信号参数，则以异常数据进行程序控制，其结果必然引起汽车控制程序紊乱，造成故障的恶性循环。

误导性故障是指发动机微机控制系统出现故障后，由于驾驶员错误描述或车载自诊断故障码紊乱出现误导，维修人员不加思索地照搬硬套，而造成新的微机控制系统故障。它的表现为过分依赖于驾驶员和车载自诊断故障码，通常为发动机微机控制系统故障的盲目性状态。发动机微机控制系统的程序设计，是根据发动机的不同工况，预先设定运行方案存储于电控单元中，对于各种传感器输入电控单元的参数，经电控单元内部的 A/D 参数转换，组成各种运行方案的地址码。当某一个传感器参数发生变化时，必然引起地址码的变化，使其对应的运行方案也发生变化。

当某一个传感器损坏后，其参数超过正常值范围，电控单元就只能调用备用参数来代替错误的传感器信号，以维持发动机最基本的工作，并记录下故障码。如果传感器输入电控单元的信号参数，远远超出车载电控单元的逻辑判断范围，这样微机就会产生错误的故障码，通常称为“假码”。在一些传感器损坏后，有时会产生较大的电磁波干扰，严重影响微机的正常工作，引起微机输入故障码的紊乱，通常称为“乱码”。

另外，由于发动机微机控制系统控制单元所检测的参数有些是间接参数，故障码所反映的不是某个器件的状态。而是某个系统的状态。如果简单地认为某个器件损坏，就可能产生误导。

（2）电喷发动机故障诊断的一般程序　电喷发动机故障诊断的一般程序见图 7-5。

（3）发动机故障码诊断方法　现代汽车电子控制系统都具有故障自诊断功能，当系统出现故障时，电控系统利用警告灯或指示灯作为其有无故障的信号灯，同时 ECU 将故障信息存入存储器。通过一定的程序将故障码从 ECU 中调出，根据故障码所显示的内容，迅速准确地确定故障的性质和部位，有针对性地去检查有关部位、元件和线路，将故障排除。因此，调取故障码诊断电控系统故障是检修现代汽车很重要的基本方法。故障诊断并排除后，还应当将存储器内所存储的故障码清除。下面介绍如何调取故障码并利用故障码来进行故障诊断的方法。读取 ECU 内存储的故障码的方法有两种：一种是利用故障诊断仪（也称解码器）读取（车外诊断），即仪器解码；另一种是用人工的方法读取（随车故障自诊断），即人工解码。下面分别介绍这两种方法：

1）仪器解码属于一种通信式计算机诊断测试，利用解码器通过车载诊断接口获取 ECU 的自诊断信息，从而可以迅速、准确地读取故障码，为维修人员提供故障诊断的依据。现代汽车发动机电子控制系统的控制电路上都设置有一个专用的故障检测插座，通过线路与 ECU 连接。只要将汽车厂提供的该车型的专用微机故障检测仪或通用型故障检测仪的检测插头与汽车上的故障检测插座连接，然后打开点火开关（ON）就可以很方便地从微机故障检测仪的显示屏上读取所有存储在 ECU 中的故障码。查阅该车型的维修手册，就可以知道这些故障码所表示的故障内容和可能的故障原因。解码器的种类很多，有的仅适用于某些车系，称为专用型；有的则适用于多种车系，称为通用型。具体使用方法可参阅厂家的解码器使用说明书。

各种微机故障检测仪的具体操作方法随车型不同而有所差异。下面以 V.A.G 1551/

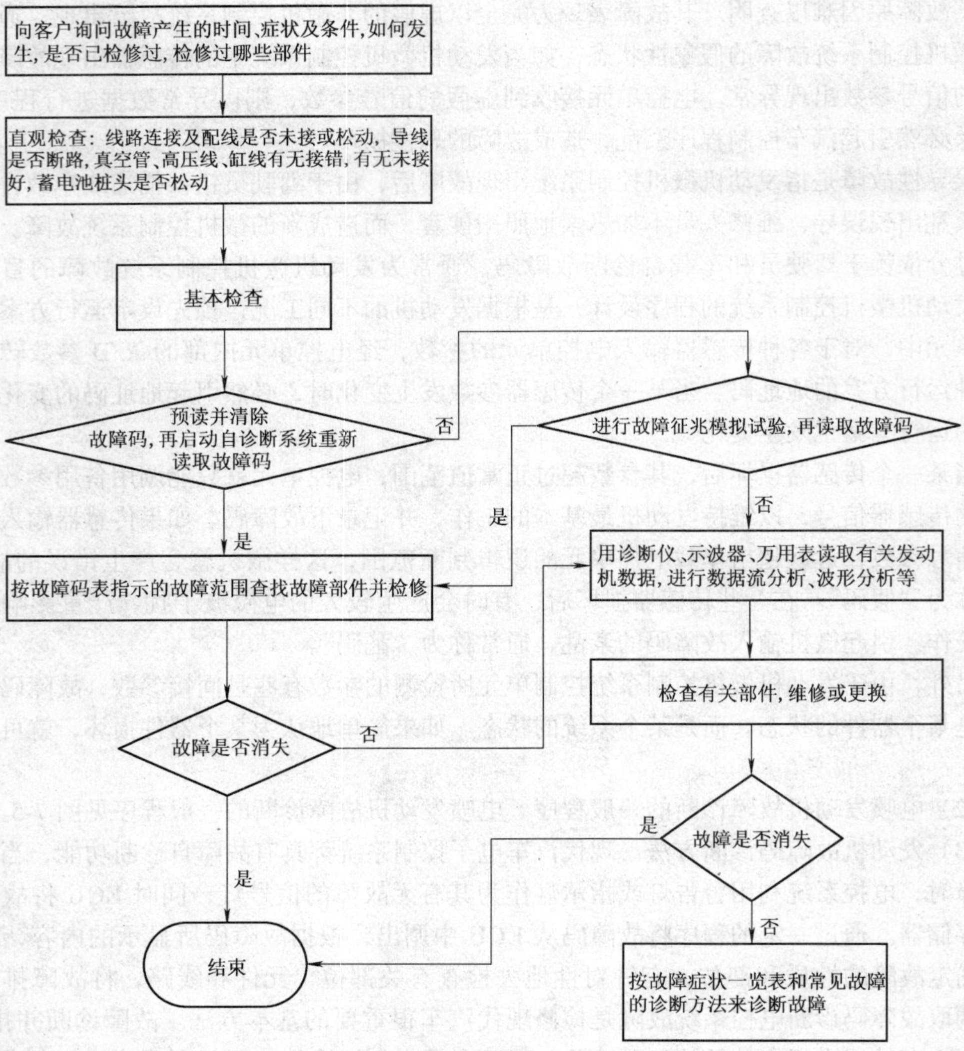

图 7-5　电喷发动机故障诊断的一般程序

1552 型微机故障检测仪在上海桑塔纳 2000 GSi 轿车 AJR 发动机微机控制系统中的应用为例，说明利用微机故障检测仪读取故障码的方法。

读取故障码的条件：蓄电池电压大于 11.5V，冷却系统的冷却液温度高于 80℃。

① 读取故障码的过程：将点火开关置于“OFF”位置，将传输线 V.A.G 1551/2 的 5 个端子接到故障诊断仪相应的接口上，传输线另一端的 16 个端子的插头插到变速器操纵杆前端的诊断插座上，如图 7-6 所示。

a：将点火开关置于“ON”位置，键入“发动机电控单元”的地址代码“01”，按“Q”键确认，这时屏幕上显示：

Rapid data transmission Q （快速数据传输） 01-Engine electronics （发动机电控单元）

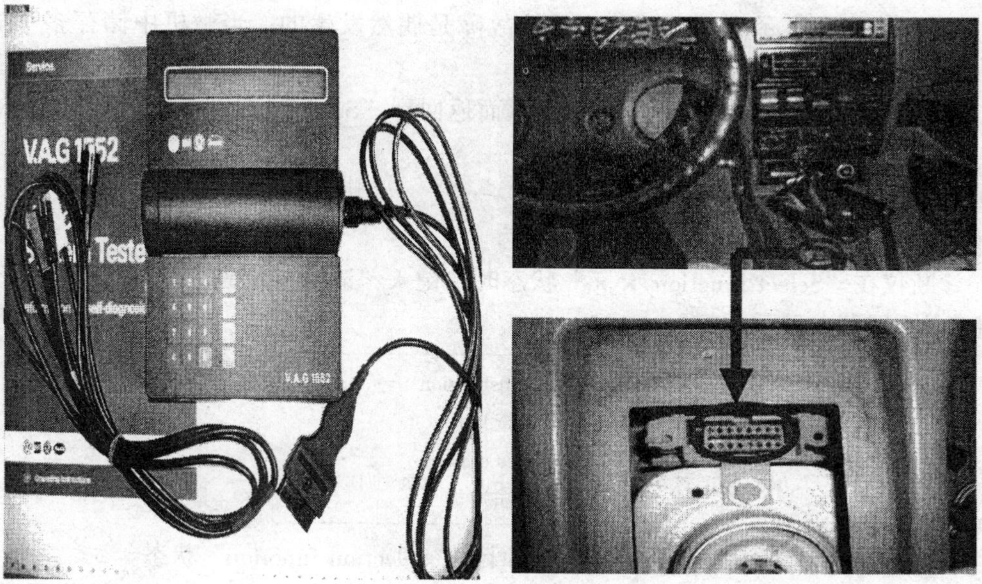

图 7-6　故障诊断仪的安装

经一段时间后，屏幕上显示微机的版本及编号。

b：按“→”键进入选择，屏幕上显示：

Rapid data transmission help
（快速数据传输）（帮助）
Select Function
（功能选择 × ×）

c：键入“查询故障记录”的地址“02”，按“Q”键确认。

若电控系统无故障发生，屏幕上显示：

No fault
（无故障）

若电控系统有故障发生，屏幕将显示出微机所存储的故障数量、故障码及故障原因。假如系统中有一个故障，屏幕上显示：

1 Fault Recognized →
（发现一个故障）

d：按“→”键，屏幕上显示故障码，例如：

Fault number：00513 →
（故障码：00513）

e：再按“→”键，屏幕上显示故障的来源及原因，例如：

Engine Speed Sensor
（发动机转速传感器故障）
No Signal　　/SP
（无信号）

如果在屏幕底部显示有“/SP”，表示该故障是偶然发生的。当微机中储存多个故障，按顺序显示。

f：最后按“→”键退出“故障查询”，从而返回到“Select function××”（功能选择××）。

② 故障码的清除过程：

a：点火开关置于“ON”位置。

b：诊断仪在“Select function ××”状态时，键入“清除故障码”地址代码“05”，按“Q”键确认，屏幕上显示：

Rapid data transmission → （整车系统检查） fault memory is erased （故障码已清除）

c：按“→”键，诊断仪退出该功能，返回到“Selection function”状态。

如果在执行以上操作后，屏幕第二行显示“fault memory not erased”（故障码没有清除），则应重新进行“清除故障码”操作。

通过读取故障码可以查出电子控制系统中大部分传感器线路短路、断路及传感器损坏所导致的无输出信号等故障。但是，微机故障自诊断电路并不能检测出电子控制系统中所有类型的故障，特别是无法检测大部分执行器以及传感器精度误差等故障。目前很多车型发动机的电子控制系统除了能利用微机故障检测仪读取微机故障自诊断电路检测到的故障码之外，还能通过微机故障诊断仪对ECU及其控制电路、传感器、执行器等用作进一步提取数据流的方法检测和诊断。

2）人工解码是利用故障自诊断系统读取故障码。大多数汽车厂家也考虑到了在不具有微机故障检测仪时，为了使车辆的故障可以及时得到解决，而设置了人工检测故障码的装置，即可进行人工解码。人工检测故障码的原理就是给自诊断系统一个触发信号，然后通过特定的方式读取故障码。因车型不同，故障码的读取方法也有所不同，常用的有以下几种方式：

① 利用仪表板上的发动机故障警告灯的闪烁规律读取。几乎所有电控汽油喷射发动机均可以用故障警告灯的闪烁规律读取故障码。首先找出发动机附近或仪表板下方的故障诊断插座，然后用一根导线跨接故障诊断插孔与接地插孔，观察仪表板上的发动机故障警告灯的闪烁规律与次数，就可以读取故障码。不同车型的故障诊断插座的形状和插孔位置不同，但读取方法基本相同。

② 利用故障显示发光二极管LED的闪亮规律读取。LED可安装在ECU中，也可以设置在诊断插座上，或用专门的LED灯显示故障码。根据LED灯的数目不同，常用的有一个红色LED，红、绿两个LED和四个红色LED三种形式。其中：一个红色LED和“CHECK ENGINE”灯闪示形式相同；红、绿两个LED的红色LED闪示十位数，绿色LED闪示个位数；四个红色LED依次代表8、4、2、1，同时发光的LED所代表的数相加，就得到一组故障码，如图7-7所示。

③ 利用车上的液晶显示检测装置读取。在部分豪华轿车上可以利用车上的液晶显示检

测装置直接读取故障码，其操作步骤为：

a：点火开关置于“ON”，但不起动发动机。

b：同时按下选择键（SELECT）和输入键（INPUT）3s以上，屏幕上显示出DIAG字样，表示自诊断系统已进入工作状态，等待片刻。

c：按下置位键（SET）3s以上，如果电控系统工作正常，屏幕上显示出ENG—OK字样。

d：如果电控系统有故障，屏幕上每隔3s即可显示出一个故障码，如ENG—32。

e：故障码确定之后，将点火开关置于OFF位置，或按下检测器的显示按键“ON”，将显示诊断时间。

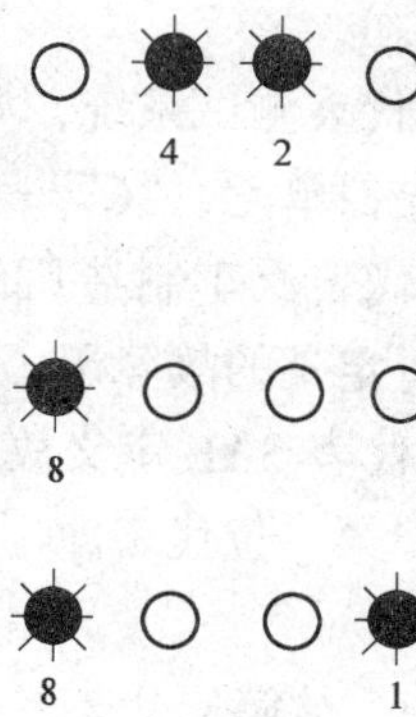

图7-7　四个LED显示故障码

④ 利用指针式万用表显示故障码。这种显示方法与用发动机故障指示灯显示故障码的原理基本相似，不同的是用指针式万用表的摆动代替发动机故障指示灯的闪烁，即在故障自诊断系统进入故障码显示状态后，用万用表的直流电压挡（内阻应 > 50kΩ）检测故障检测插座输出端的电压波动状态。在采用指针万用表显示故障码时，由于万用表指针的摆动，不仅可以显示每次摆动时间的长短。而且还可以显示电压值的大小。因此，这种显示方式可以显示一位数至三位数的故障码。

（4）第二代随车微机自诊断系统（OBD-Ⅱ）简介　从20世纪70年代以来，在发动机电控燃油喷射系统（EFI）中就设有第一代随车微机故障自诊断系统，以后逐步在微机控制自动变速器（ACT）、微机控制防抱死制动系统（ABS）、微机控制安全气囊系统（SRS）、微机控制定速巡航系统（CCS）等系统中都相继采用了随车微机故障自诊断系统，用来监控汽车微机控制系统的工作，读取故障码供车辆检测和故障诊断使用。

汽车故障自身诊断系统为汽车维修提供了重要信息，但过去由于缺乏统一标准，各汽车制造厂的故障自诊断座的形式多达几十种，位置各不相同，方法也各种各样，造成了自诊断工作的极大不便。

为了解决上述问题，自1994年以来，美、日、欧各主要汽车制造厂生产的汽车逐步开始使用第二代随车微机诊断系统（OBD-Ⅱ），取代以前的第一代随车计算机诊断系统。

按照SAE标准，各汽车制造厂提供统一的16脚诊断座，位于驾驶室仪表板下方，如图7-8所示。

OBD-Ⅱ诊断模式采用高效率的输出明码编码方式以及压缩数据包方式传递信息，读取与清除故障码可在瞬间用仪器完成。

OBD-Ⅱ诊断座仍保留了通过跨接诊断座的引脚从故障指示灯或LED灯、电压表上读取故障的功能，不过这种码多是两位数码，信息量远少于OBD-Ⅱ标准码，有些故障码无法用这种方式输出。

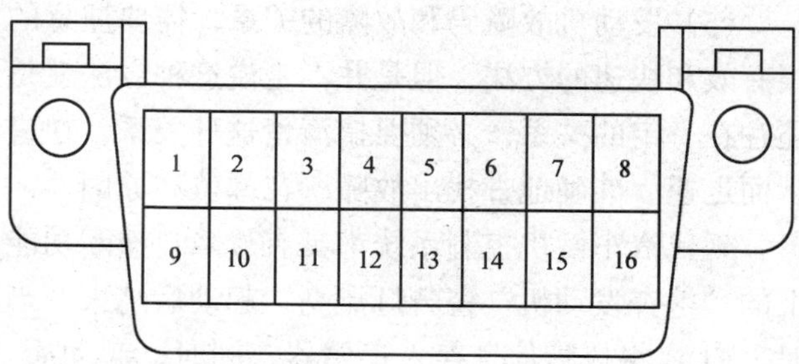

图7-8　OBD-Ⅱ诊断插座

各种车辆相同故障代码的故障码意义相同，这种OBD-Ⅱ标准码有五位数字组成，例如：P1352。

P：第五位代表测试系统，如："P" 表示发动机变速器传动系的电控单元，"B" 表示车身控制系统的电控单元，"C" 表示汽车底盘系统的电控单元；

1：第四位代表汽车制造厂码，如为 0 则代表 SAE 定义故障码，1，2，3，…，9 代表汽车制造厂自行定义的故障码；

3：第三位代表 SAE 定义故障范围的故障码；

52：第二、第一位代表原厂故障码序号。这里故障码 "52" 表示：A 组高压线圈、低压线圈不良。

在表 7-1 中，故障码代表的是 SAE 定义的故障范围。

表 7-1 故障码及其代表的 SAE 定义的故障

故障码	SAE 定义的故障范围
1	燃油系统或进气系统故障
2	燃油系统或进气系统故障
3	点火系统或发动机间歇熄火
4	废气排放控制系统故障
5	怠速控制系统故障
6	微机或执行器故障
7	电控自动变速器控制系统故障
8	电控自动变速器控制系统故障

通过该统一诊断插座，可以读取不同车型的故障码。例如，读取美国通用汽车 OBD-Ⅱ 系统的发动机故障码时，可用一跨接线将诊断插座的端子 6 接地，然后根据仪表板上发动机故障警告灯的闪烁规律读取故障码。读取美国福特汽车 OBD-Ⅱ系统的发动机故障码时，可用一跨接线将诊断插座的端子 13 接地，然后根据仪表板上发动机故障警告灯的闪烁规律读取故障码。再如，读取日本丰田汽车 OBD-Ⅱ系统的发动机故障码时，可用跨接线将诊断插座的端子 5 和 6 短接，然后根据仪表板上发动机故障警告灯的闪烁规律读取故障码。这和前面介绍的手工提取故障码有所区别，希望注意区分。此外，还可以通过专用的汽车计算机检测仪连接汽车上的专用故障检测插座，打开点火开关，从计算机检测仪的显示屏上读出所有存储在计算机中的故障码，对照各类汽车提供的维修资料，依次从小到大进行诊断。

（5）发动机故障码和故障的关系　需要注意的是，虽然通过故障码来查找和判断故障是很有效和快速的方法，但是并不是说这种方法就是万能的、唯一的。因为故障码和故障之间还存在一定的关系，必须要搞清楚这种关系，在进行故障诊断和排除时充分考虑多种因素，从而迅速、准确地查找出故障所在部位和原因。

现代汽车微机控制系统都具有故障自诊断功能，当系统正常时，接通点火开关，仪表板上的 "检查发动机" 警告灯点亮，起动后熄灭；当发动机控制计算机检测到控制系统有故障时，ECU 将故障信息存入存储器，同时，起动后 "检查发动机" 警告灯常亮，通过一定的操作程序可将故障码从 ECU 中调出，读取故障码，了解故障原因，从而缩小检查范围，迅速准确地确定故障的性质和部位，有针对性地去检查有关部位、元件和线路，将故障排除。但是读取故障码并不一定能快速排除故障，因为有故障码不一定有故障，无故障码控制系统不一定正常，故障码仅指一个范围。有时必须综合考虑其他因素。

1）有故障码，不一定有故障。发动机控制计算机 ECU 存储器中存储的故障码有两种：一种是当前故障码，即当前控制系统中存在着故障；另一种是历史故障码，过去曾经存在故障，但当前不存在该故障。区别当前故障码还是历史故障码的方法有以下两种：

① 读出故障码，但起动后“检查发动机”警告灯熄灭，说明当前发动机控制单元未检查到故障，所以“检查发动机”警告灯起动后熄灭，读出的故障码是过去的故障码，由于过去没有清除故障码，所以故障码仍存在发动机控制计算机存储器中，只要清除该历史故障码即可。

② 读出几个故障码，但起动后“检查发动机”警告灯常亮，说明当前发动机控制计算机检查到故障，所以“检查发动机”警告灯在起动后常亮。几个故障码中可能都是当前故障码，也有可能同时有历史故障码和当前故障码。判别的方法是首先记下读出哪几个故障码，然后清除故障码，再起动运行发动机，只要当前控制系统存在故障，“检查发动机”警告灯起动运行后一定亮，这时再读故障码。如果原来读出三个故障码，现在读出一个故障码，那么这个故障码是当前故障码，而消失的两个故障码则是历史故障码，清码后则消失。

2）无故障码，控制系统不一定正常。如果读故障码时发现无故障码，不能肯定控制系统一定正常，这主要指没有故障码但传感器信号或开关信号不一定正常，有时发动机运行不正常，但起动后“检查发动机”警告灯熄灭，这时应该用诊断仪读取发动机数据与标准数据比较，检查传感器或开关信号是否正常。

下面以冷却液温度传感器为例来说明：

冷却液温度传感器信号有一定的范围，如果超出信号范围，发动机一定储存故障码。但如果信号在范围内，也不一定正常，因为冷却液温度传感器是一个负温度数的热敏电阻，冷却液温度低则阻值大，信号电压高；冷却液温度高则阻值小，信号电压低。假设冷却液温度传感器在 20℃时阻值为 2～3kΩ，80℃时阻值为 200～400Ω，但实际冷却液温度传感器在 80℃时阻值为几千欧，发动机控制计算机 ECU 认为是冷车而增加喷油量，造成热车难发动，混合气浓，油耗大。在这种情况下绝对读不出故障码，因为冷却液温度传感器信号在范围内，ECU 认为是正常的，所以没有故障码。如果 20℃时阻值是几百欧，ECU 认为是热车而不增加喷油量，造成冷起动困难，暖车工况不良，但因为冷却液温度传感器信号在范围内，没有开路或断路，所以 ECU 认为正常的，也没有故障码。

3）故障码不一定反映具体故障部位。如果存在当前故障码，起动后“检查发动机”警告灯常亮，则读取的故障码仅指一个故障范围，而不是一个具体的故障部位，如前面的例子。当发动机故障码内容为：冷却液温度传感器信号电压过低时，则可能的故障原因有：冷却液温度高、冷却液温度传感器故障、信号电路对搭铁断路以及 ECU 故障。所以需在这个范围内排查故障，而不是仅仅认为是冷却液温度传感器故障。

（6）故障征兆模拟试验方法　在故障诊断中往往遇到所谓隐性故障，即有故障但没有明显的故障征兆。遇此情况必须进行全面的故障分析，然后用模拟与用户车辆出现故障的相同或相似的条件和环境进行试验，以便使故障再现，再通过读故障码，基本检查，数据流分析等方法，找出故障之所在。

在故障征兆的模拟试验中，不仅要对故障征兆进行验证，而且还应找出故障的部位或零部件。因此，在试验前必须把可能发生故障的电路范围尽可能缩小，然后再进行故障征兆的模拟试验，判断被测试的电路是否正常，同时也验证了故障征兆。在缩小故障征兆可能性时，应参考故障诊断一览表。

故障征兆的模拟方法主要有：环境模拟方法、增减模拟方法、输入模拟方法和状态模拟方法。

1）环境模拟方法：电控系统有一些故障是发生在特定环境中的，环境条件的改变使故障时有时无，产生故障的原因是由于电子元器件对振动、发热和潮湿等因素非常敏感。通过对环境条件的模拟，往往能使故障再现，模拟方法主要有振动法、加热法和水淋法三种。

① 当振动可能是引起故障的原因时，即可采用振动法进行试验。基本方法主要有：

a：在垂直和水平方向轻轻摆动连接器。

b：在垂直和水平方向轻轻摆动配线。连接器的接头、支架和穿过开口的连接器体等部位都应仔细检查。

c：用手轻拍装有传感器的零部件，检查是否失灵。但不可用力拍打继电器。

② 当有些故障是在热车时出现，可能是因有关零部件或传感器受热而引起的。可用电吹风或类似加热工具加热可能引起故障的零部件或传感器，检查是否出现故障。但必须注意：

a：加热温度不得高于 600℃（温度限制在不致损坏电子元器件的范围内）。

b：不可直接加热计算机。

③ 当有些故障是在雨天或高湿度的环境下产生时，可用水喷淋在车辆上，检查是否发生故障。但应注意：

a：不可将水直接喷淋在发动机电控零部件上，而应喷淋在散热器前面，间接改变温度和湿度。

b：不可将水直接喷射到电子器件上。

2）增减模拟方法：在发动机微机控制系统疑难故障的检测诊断中，针对油路和电路故障常采用增减模拟方法。它是利用油、电路中增减载荷模拟验证油、电路的故障症状，以诊断由载荷（负荷）而引起的疑难故障。由载荷（负荷）大小所造成的故障，必须在与产生故障时相似的载荷条件下再现，一般常用增加模拟方法和减少模拟方法进行检测诊断。如当怀疑故障可能是因用电负荷过大而引起时，可接通车上全部电气设备，检查是否发生故障。

3）输入模拟方法：在微机控制发动机检测诊断工作中，经常会遇到电路被改动的车辆，给诊断发动机微机控制系统检测诊断带来许多困难。

例如，车载自诊断检测不能进行，原车的电路图也不能直接使用，检测诊断前还要辨清被改动过的电路部分。在这种情况下，通常采用输入模拟法进行发动机微机控制系统的检测诊断。

输入模拟方法实质上就是怀疑电路中某些元器件有故障，将电路参数（电阻、电压、电流）输入到相关的元器件，进行模拟验证后诊断故障。

基本输入模拟方法有：电阻输入模拟方法、电压输入模拟方法和电流输入模拟方法。

① 电阻输入模拟方法又称串联法，是以电阻元件代替某些被怀疑损坏的电阻式传感器，进行模拟验证，以便诊断该传感器是否损坏。

例如，怀疑冷却液温度传感器可能损坏时，可将一只与冷却液温度传感器阻值相似的电阻（或直接使用可变电阻），串接在冷却液温度传感器的插接器上进行模拟验证，以便诊断该冷却液温度传感器是否存在故障。

② 电压输入模拟方法又称并联法，是以外接电压或用合适的元器件，来代替某些被怀疑损坏的传感器，进行电压信号模拟验证，以便诊断该传感器是否损坏。

利用电压信号模拟还可以诊断除了损坏的传感器以外，其他电子设备性能的好坏。

③ 电流输入模拟方法是在发动机微机控制系统的检测诊断中，利用万用表的电流挡，给怀疑有故障的电阻式元器件施加电流，即模拟电子元器件工作状态去诊断故障，该方法诊断故障较为精确、实用。

例如，在诊断发动机微机控制系统电子设备的故障时，经初步诊断后，可通过模拟晶体管的导通状态，去判断电子设备工作性能。

用万用表的电流挡给基极输送电流，设法使晶体管导通，进而触发电子设备进入工作状态，以诊断故障部位。

4）状态模拟方法：状态模拟法是根据发动机微机控制系统检测诊断时，将电子电路中怀疑有故障的元器件某电路状态改变，即将局部电路或某一元器件断电，或在通电状态下进行检测，以此来诊断故障。这种方法的优点是不将元器件从电路板上脱焊下来，而直接在电子设备上进行模拟检测。

常用的状态模拟检测诊断方法有断电模拟方法和通电模拟方法。

① 当怀疑某晶体管有故障，以及对电路电压不清楚时，可采用断电法模拟方法检测诊断。

使用较多的是晶体管基极电流切断法。即将发射极和基极之间暂时短路，其集电极负载电阻两端的电压降通常为0V，如果能测到任何电压，即可诊断出晶体管损坏。

还可以将万用表接在晶体管的集电极和发射极两端，然后再将基极和发射极之间短路，这时万用表的读数应为电源电压值。如果不是电源电压值，则可判断出晶体管损坏。

② 通电模拟方法是在电路通电状态下进行电压测定的方法，是检测发动机微机控制系统电子设备中的晶体管和IC好坏的一种行之有效的方法。

在晶体管处于放大状态时，分别测定硅管的电压为0.6～0.7V，锗管的电压为0.2～0.3V。

（7）发动机电控燃油喷射系统故障基本检查流程　发动机的故障分为电控燃油喷射系统故障和机械系统故障，分析和排除故障的先决条件是确保发动机的正常维护，如蓄电池电压、各种滤清器、各真空管路的连接、怠速、点火正时、火花塞间隙以及气缸压力、燃油管路压力等必须符合使用要求。否则，由此引起的故障很可能会误判为其他方面的故障。

因此，在进行电喷发动机的故障诊断时，为了确定故障的性质和部位，少走弯路，需要对发动机进行基本检查。基本检查的流程如图7-9所示。

（8）数据流分析诊断方法　微机故障自诊断系统一般只能监测电控系统的电路信号，并且只能监测信号的范围，并不能监测传感器特性的变化。例如：线性节气门位置传感器要输出与节气门开度成比例的电压信号，控制系统根据其输入的电压信号来判断节气门的开度即负荷的大小，从而决定喷油量等其他控制。如果传感器的特性发生了变化，传感器输出的电压信号虽然在规定的范围内，但并不与节气门的开度成规定的比例变化，这时就会出现发动机工作不良，而故障指示灯却并不会亮，当然也不会有故障码。

由此可以看出通过微机故障检测仪读取故障码仅能够查找出发动机微机控制系统中大部分传感器、执行器或电控单元线路短路、断路以及元件损坏等所导致的无输出信号的故障。微机故障自诊断电路并不能够检测出微机控制系统所有类型的故障，特别是无法检测出大部

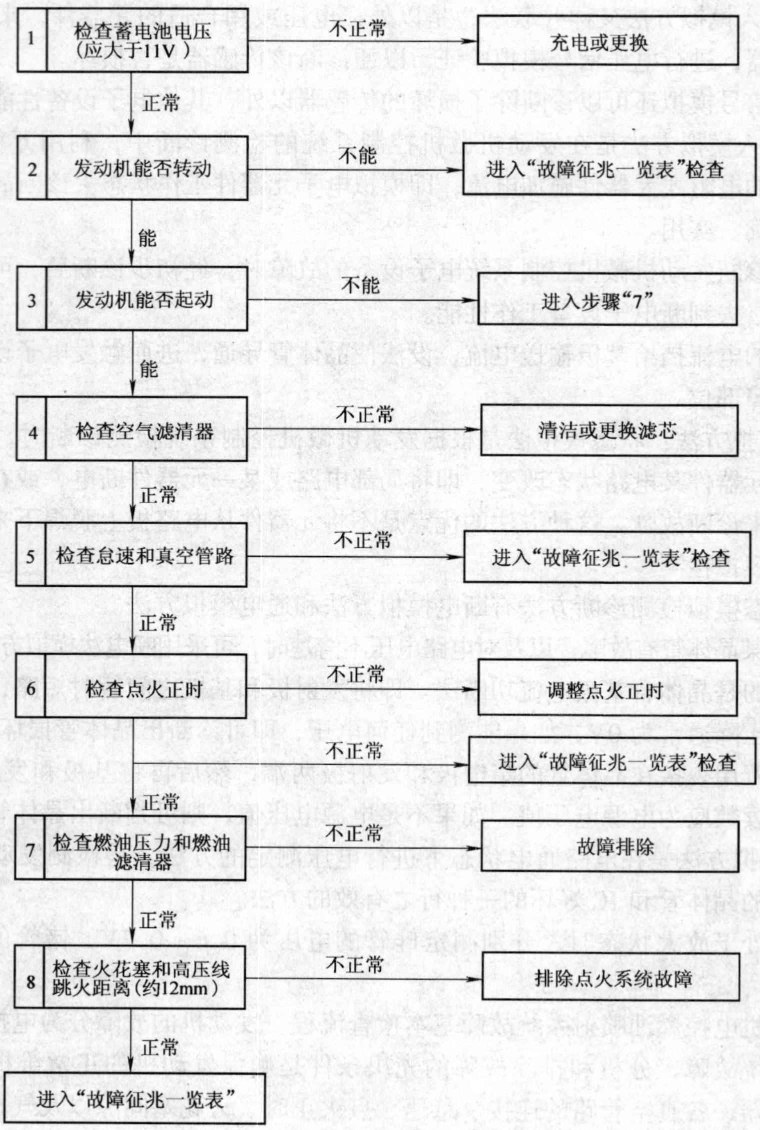

图 7-9 电喷发动机故障基本检查流程

分执行器以及传感器精度误差等方面的故障。事实上，各种传感器出现的模拟性故障，例如工作不正常和偏差严重等是无法靠故障码功能检测出来的，因此，在诊断故障时不能完全依赖故障码功能检测诊断，而只能把它作为检测诊断时的一种重要参考依据。

许多汽车的微机故障诊断系统除了具有故障码的记录功能以外，还具有行车记录功能，能记录车辆行驶过程中的有关数据资料。

发动机在运行过程中，各种传感器会不断地将发动机的工况以电信号的形式传送给ECU，经过计算、比较和分析，及时地将执行指令发送给执行器。由于发动机的工况是在不断变化的，传感器输出的电信号也是动态变化的，执行器收到的指令也是动态变化的，这就形成了一串串流动的数据，称之为数据流，也有称之为数据块。

数据流记录了汽车行驶和发动机运转过程中的动态数据资料，通过数据传输线路，利用通信式检测便可以检测出对应的传感器的输出信号和执行器的输入信号是否正常，进一步查找具体的故障部位，这就是数据流的诊断功能。

通过微机故障检测仪便可以将车辆运行中各种传感器和执行器的输入、输出信号的瞬时数值以数据表的方式在显示屏上显示出来。这样，可以根据车辆工作过程中发动机微机控制系统各种数据的变化情况来判断发动机微机控制系统的工作是否正常。

例如，动态测试中一般都有点火提前角的数据显示，点火提前角应该随着节气门的开度或发动机的转速变化而增大或减少，否则与之相关的方面可能有问题。

可见，有些情况故障码并不一定能反映出来，但可利用数据流功能较为准确地判断故障的类型和发生部位。

1）数据流检测方法和步骤：以用 V.A.G 1551/1552 微机故障检测仪检测上海桑塔纳 2000 GSi 轿车 AJR 发动机微机控制系统数据流为例，介绍微机故障检测仪检测数据流及确定二级维护附加作业项目的方法。

① 数据流检测条件为：冷却液温度不低于 80℃；数据流检测时，散热风扇不允许转动；空调应该关闭；其他用电设备应该关闭；故障存储器中应该没有故障存储。

② 连接 V.A.G 1552 微机故障检测仪，并让发动机怠速运转。选择地址代码“01”，进入“发动机电子控制系统”。屏幕显示：

```
Test of Vehicle Systems HELP
(车辆系统测试          帮助)
Select Function    × ×
(选择功能          × ×)
```

③ 输入“读测量数据块”功能代码“08”，按“Q”键确认，屏幕显示：

```
Read Measuring Value Block HELP
(读测量数据块          帮助)
Enter Display Group Number × ×
(输入组别号              × ×)
```

④ 输入相关的显示组号，按“Q”键确认，屏幕即显示相关的数据块。例如输入“基本功能”的显示组号，按“Q”键确认，屏幕即显示：

```
Read Measuring Value Block 0        →
1  2  3  4  5  6  7  8  9  10
(读测量数据块                0)     →
1  2  3  4  5  6  7  8  9  10
```

2）数据流分析：基本功能数据（显示组号“01”）。发动机怠速运转，冷却液温度大于 80℃时检测，屏幕显示为：

```
Read Measuring Value Block 1                           →
800/min       2.20ms        3∠°        12°bef.TDC
(第 1 位)     (第 2 位)     (第 3 位)    (第 4 位)
(读测量数据块 1)                                       →
800/min       2.20ms        3∠°        12°bef.TDC
(第 1 位)     (第 2 位)     (第 3 位)    (第 4 位)
```

① 第 1 位：含义是“发动机转速”，正常值为 830r/min ± 30r/min。如果该转速超差，二级维护时的附加作业项目为检查并调整发动机怠速。

② 第 2 位：含义是“发动机负荷（曲轴每转喷油持续时间）”，正常值为 1.0 ~ 2.5ms。

如果显示值 < 1.00ms，则说明进气系统漏气或者燃油系统压力太高，二级维护时的附加作业项目为排除进气系统漏气故障和检查燃油系统压力或更换燃油压力调节器。

如果显示值 > 2.5ms，则说明发动机负荷太大，在发动机怠速转速正常的条件，一般情况下表示空气流量传感器性能不良，二级维护时的附加作业项目为检测或更换空气流量传感器。

③ 第 3 位：含义是“节气门开度值”，正常值为 0° ~ 5°。如果显示值 > 5°，则说明节气门控制器 J338 没有进行基本设定；节气门拉索调整不当；节气门控制器 J338 损坏。二级维护时的附加作业项目为调整节气门拉索，用 V.A.G 1552 微机故障检测仪对节气门控制器进行基本设定，如果该数据仍大于 5°，则更换节气门控制器 J338。

④ 第 4 位：含义是“点火提前角”，正常值为 12° ± 4.5°（上止点前）。如果不在正常范围内，则检修电子点火系统；如果点火系统正常，则说明发动机负荷太大。

选择不同的组号，即可获得不同的数据块组合，这里不再赘述。

3）应用实例：一辆桑塔纳 1.8L 电喷轿车，二级维护时，废气检测结果为怠速排放不合格，CO 的体积分数为 4.5% ~ 5.0%，HC 的体积分数为（1000 ~ 1100）$\times 10^{-6}$，经多次调校仍无法达到排放要求，平时行驶也表现出燃油消耗量偏大的现象，但发动机故障警告灯不亮。

废气超标的问题主要是混合气过浓，发动机故障灯不亮说明混合气过浓的偏离值尚未超出 ECU 的控制范围。先检查氧传感器，发现氧传感器的输出特性正常，有 0.2 ~ 0.8V 的脉冲变化输出信号，更换新的氧传感器也不能解决问题，可确认不是氧传感器引起的故障。接着测量喷油压力，其值为 0.28 ~ 0.30MPa（标准值为 0.28 ~ 0.32MPa），仍属正常。后来利用数据流来诊断分析，采用 V.A.G 1552 解码器检测发动机的基本功能数据（读测量数据块 1），发现“发动机负荷（曲轴每转喷油时间）”为 3.2 ~ 3.5ms（正常值为 1.0 ~ 2.5ms），说明发动机负荷偏大，在怠速正常情况下，表示空气流量计性能不良，但未超出允许值范围，自诊断系统便无法诊断出空气流量计性能不良，所以发动机警告灯不亮，无故障码输出。更换新的空气流量计后，故障排除，废气检测合格。

应注意的是：在实际运用中，合理地选择数据块，是进行数据流诊断的基础，这要求维修人员具有较强的专业基础和理论知识及实践经验，才能准确、迅速地判断出应检测哪些与故障相关的参数和数据，从而快速、准确地找到故障部位和原因，排除故障。

（9）波形分析诊断方法　汽车示波器为汽车修理技术人员快速判断汽车电子设备故障提供了有力的工具，用普通的示波器去测试电子设备时，最大的困难是设定示波器（即调整示波器的各个按钮，使显示的波形更为清楚）和分析波形的形状，而汽车示波器则将汽车电子设备的测试设定，变得非常简单，只要像点菜单一样，选择要测试的内容，无需任何设定和调整就可以直接观察波形了，这是因为汽车示波器设定调整是全自动的。

示波器与万用表相比有着更为精确及描述细致的优点，万用表通常只能用一二个电参数来反映电信号的特性，而示波器则用电压随时间的变化的图形来反映一个电信号，它显示的电信号比万用表更准确、更形象。汽车电子设备的信号变化速率有些是非常快的，变化周期达到了千万分之一秒，通常测试仪器的扫描速度应该是被测信号的 5～10 倍，许多故障信号是间歇的，时有时无的，这就需要仪器的测试速度高于故障信号的速度。汽车示波器完全可以胜任这个速度，汽车示波器不仅可以快速捕捉电路信号，还可以用较慢的速度来显示这些波形，以便一面观察，一面分析。它还可以用储存的方式记录信号波形，以便倒回来观察已经发生过的快速信号，这就为分析故障提供了极大方便。无论是高速信号（如喷油器、间歇性故障信号），还是慢速信号（如节气门位置变化及氧传感器信号），用汽车示波器来观察都可以得到想要得到的波形结果。一个好的示波器就像一把尺子，它可以去测量计算机系统工作状况，通过汽车示波器可以观察到汽车电子系统是如何工作的。图 7-10 为 BOSCH 公司 FSA 450 型发动机分析仪之四通道示波器功能演示。

图 7-10　BOSCH 公司 FSA 450 型发动机分析仪之四通道示波器功能演示

此外，汽车示波器能够确认故障是否真的被排除了，而不是仅仅知道故障码是否尚未清除，这可以通过修理前后从汽车示波器中观看到传感器的信号波形来加以判断。这可以实实在在地在修理中提高水平，汽车示波器能够显示出需要修理的故障是怎样的一种波形，从而看清楚故障的真实存在。

汽车示波器在汽车电子控制故障诊断中，有以下两种应用方式：

方式一：整个系统运行状态的分析——确定整个系统运行的情况；

方式二：某个电器或电路的故障分析——确定在整个系统运行正常的情况下，某个电器或某段电路的故障。

1）系统运行情况分析。近 30 多年来，点火示波器在汽车修理业之所以有用的一个原因就是点火示波器能够“看”到电子信号。点火示波器不仅能看到点火系统的问题，还可以查出许多电子和机械方面的故障。在汽车修理业存在一个问题，那就是自从 1980 年燃料反馈控制系统出现以来，还没有一种快速、彻底，同时又准确的方法能够去测量所有的电子式和机械式反馈系统的运行性能。在有些汽车上可以连接解码器，并从解码器上非常快速得到许多有用的资料，但有许多汽车没有这样的信息传送能力，由于解码器软件的限制，它不能看到损坏的喷油驱动器或氧传感器变化过慢或产生反向的电压信号。此外，大多数解码器只能用英文字符或数字来显示其测试的结果，而不是用观看起来比较容易的画面来显示。

氧传感器平衡过程是诊断修理的验证过程，通过这一过程维修技术人员将汽车示波器接到氧传感器电路上，验证氧传感器本身是否工作正常，然后分析波形。进而进行：①确定需要进行怎样的修理（电子或机械的）；②在修复后交车前验证燃料反馈控制系统故障是否真的已经排除或还需要重新测试。

在这个过程中维修技术人员能够用氧传感器反馈平衡分析方法来诊断真空漏气、点火不良、喷油不平衡、气缸压力等问题，运用所掌握的氧反馈平衡技能，维修人员将有能力在实际中重新调整汽车。在今天，点火高压波形告诉维修人员点火系统和许多发动机的机械部分是如何发挥功能的。在修理之后，可通过检查波形来看是否解决了问题。可以用氧传感器信号做同样的事。但是，正像都已知道点火高压波形可以告诉什么一样，掌握从氧传感器波形中分析故障的技能，需要通过训练和丰富的实际经验。

2）电器电路故障分析。电器电路故障分析是分析某部分是否已经修好，这是比系统运行情况分析低一级的分析，这项分析可以分析某个电器电路是否有故障，以及验证故障确实存在。

用其他测试仪表来检查某一特定电路元件，也可以得到好的结果。例如，冷却液温度传感器开路故障，当然可以用汽车示波器来诊断，但用数字万用表也可以顺利地做出同样的诊断结果。然而对于氧传感器反馈平衡信号，则没有其他设备能比汽车示波器更有效。

对于某一个传感器或执行器以及电路，应该怎样用汽车示波器来观察呢？所有的汽车电子信号都可以用五种测量尺度来加以判断，也就是说任何一个汽车电子信号都应具有以下可度量的五个参数指标，它们分别是：

① 幅值——信号最高电压；

② 频率——信号的循环时间；

③ 形状——信号的外形模样；

④ 脉宽——信号的占空比或所占时间；

⑤ 阵列——信号的重复特征（例如：同步脉冲或串行数据）。

汽车示波器可以显示出所有电子信号的这五种判定尺度，如何去分析电子信号的这五种参数，判定这个电子信号的波形是否正常，通过波形分析可进一步检查出电路中传感器、执行器以及电路和控制计算机等各部分的故障，也可以进行修理后的结果分析。汽车示波器的主要应用范围包括：

① 在日常调整或行驶性能及排放诊断中实施氧反馈平衡试验；

② 查出故障码所指电路的故障；

③ 查出所怀疑的造成行驶性能故障以及排放故障的那些电路中的问题。

（10）电喷发动机电子信号分析　汽车电子信号有五大基本类型。

1）直流（DC）信号。在汽车中产生的直流（DC）信号有蓄电池电压或控制计算机（PCM）输出的传感器参考电压。产生模拟信号的传感器和装置有发动机冷却液温度传感器、燃油温度传感器、进气温度传感器、节气门位置传感器、废气再循环的压强和位置、翼板式或热线式空气流量计、真空和节气门开关，以及通用汽车、克莱斯勒汽车和亚洲汽车的进气压力传感器。

2）交流（AC）信号。在汽车中产生交流（AC）信号的传感器和装置有：车速传感器（VSS）、防滑制动轮速传感器、磁电式曲轴位置（CKP）传感器和凸轮轴位置（CMP）传感器、真空压力（MAF）传感器（可得到发动机真空平衡波形）、爆燃传感器（KS）。

3）频率调制信号。在汽车中产生可变频率信号的传感器和装置有：数字式空气流量计、福特数字式进气压力传感器、光电式车速传感器（VSS）、霍尔式车速传感器（VSS）、光电式凸轮轴和曲轴位置（CKP）传感器、霍尔式凸轮轴位置（CAP）传感器和曲轴位置（CKP）传感器。

4）脉宽调制信号。在汽车中产生脉宽调制信号的电路或装置有：一次点火线圈、电子点火正时电路、废气再循环控制（EGR）、净化、涡轮增压和其他控制电磁阀、喷油器、怠速控制电动机和电磁阀。

5）串行数据（多路）信号：若汽车中具备有自诊断能力和其他串行数据送给能力的控制模块，则串行数据是由发动机控制计算机模块（PCM）、车身控制计算机模块（BCM）和防抱死制动系统（ABS）或其控制模块产生的。

要从上述五要素信号中得到只有五种判定特征的信息类型是重要的，因为发动机控制计算机需要通过分辨这些特征来识别各个传感器提供的各种信息并依据这些特征来发出各种命令，指挥不同的执行器动作。这些特征就是汽车电子信号的五种判定依据。五种判定依据是：

幅值——电子信号在一定点上的即时电压；

频率——电子信号在两个事件或循环之间的时间，一般指每秒的循环数（Hz）；

脉冲宽度——电子信号所占的时间或占空比；

形状——电子信号的外形特征，如它的曲线、轮廓和上升沿、下降沿等；

阵列——组成专门信息信号的重复方式，例如1缸传送给发动机控制计算机的上止点同步脉冲信号，或传给解码器的有关冷却液温度是98.89℃（210℉）的串行数据流等。

不同的传感器有不同的波形，可供测量的特性参数也不同。ECU正是依据波形来识别传感器送来的信号，并且又会以不同的波形向执行器发出执行命令，从而形成了传感器、ECU和执行器之间的沟通和联系。由于示波器不但能测量直流电压，而且能测量频率高达100kHz的交流信号。波形诊断分析就是利用故障诊断仪的示波器功能，通过在线式测试，取得传感器、ECU和执行器之间传输的电子信号，而不必拆卸有关的电子元件。获得电控电路传输波形后，与标准波形比较，通过分析，便可快速检测波形是否正常和查出故障发生的部位。由于波形分析诊断具有快速跟踪能力，用获得的波形与标准波形作比较和分析，使故障分析更真实、直观和准确，目前已成为现代汽车电控系统故障诊断的一种重要手段。

以上介绍了电控燃油喷射系统的常用诊断方法，这些方法穿插在故障诊断的一般程序里面。实际工作中，还需灵活采用各种方法，对故障作出全面和综合的判断，以查找出故障部位和原因，从而排除故障。

三、电控燃油喷射系统典型故障的诊断

1. 发动机不能起动

发动机不能起动一般的诊断流程如图7-11所示。

2. 冷车难以起动

发动机冷车难以起动一般的诊断流程如图7-12所示。

3. 怠速不稳和发喘

怠速不稳和发喘一般的诊断流程如图7-13所示。

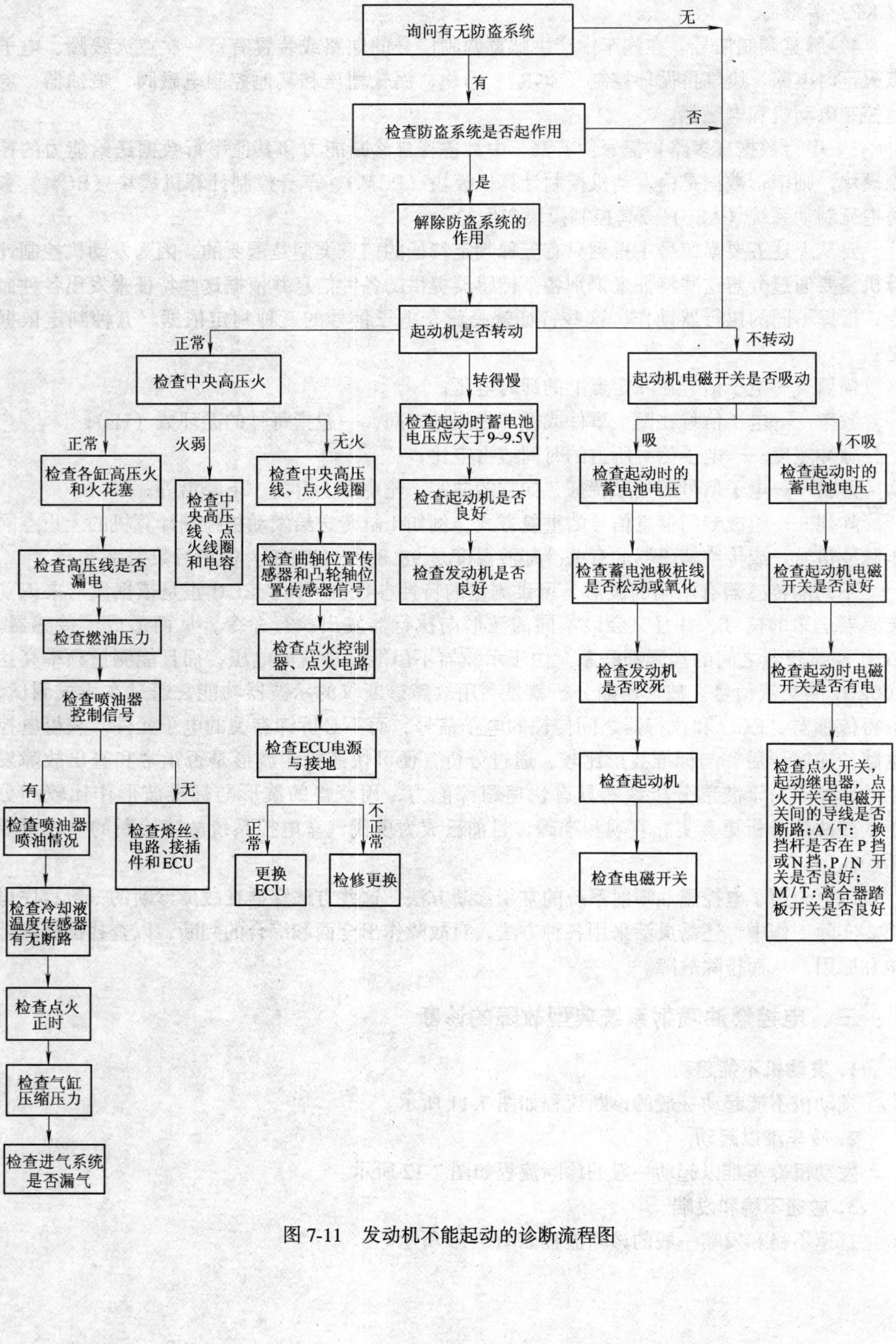

图 7-11 发动机不能起动的诊断流程图

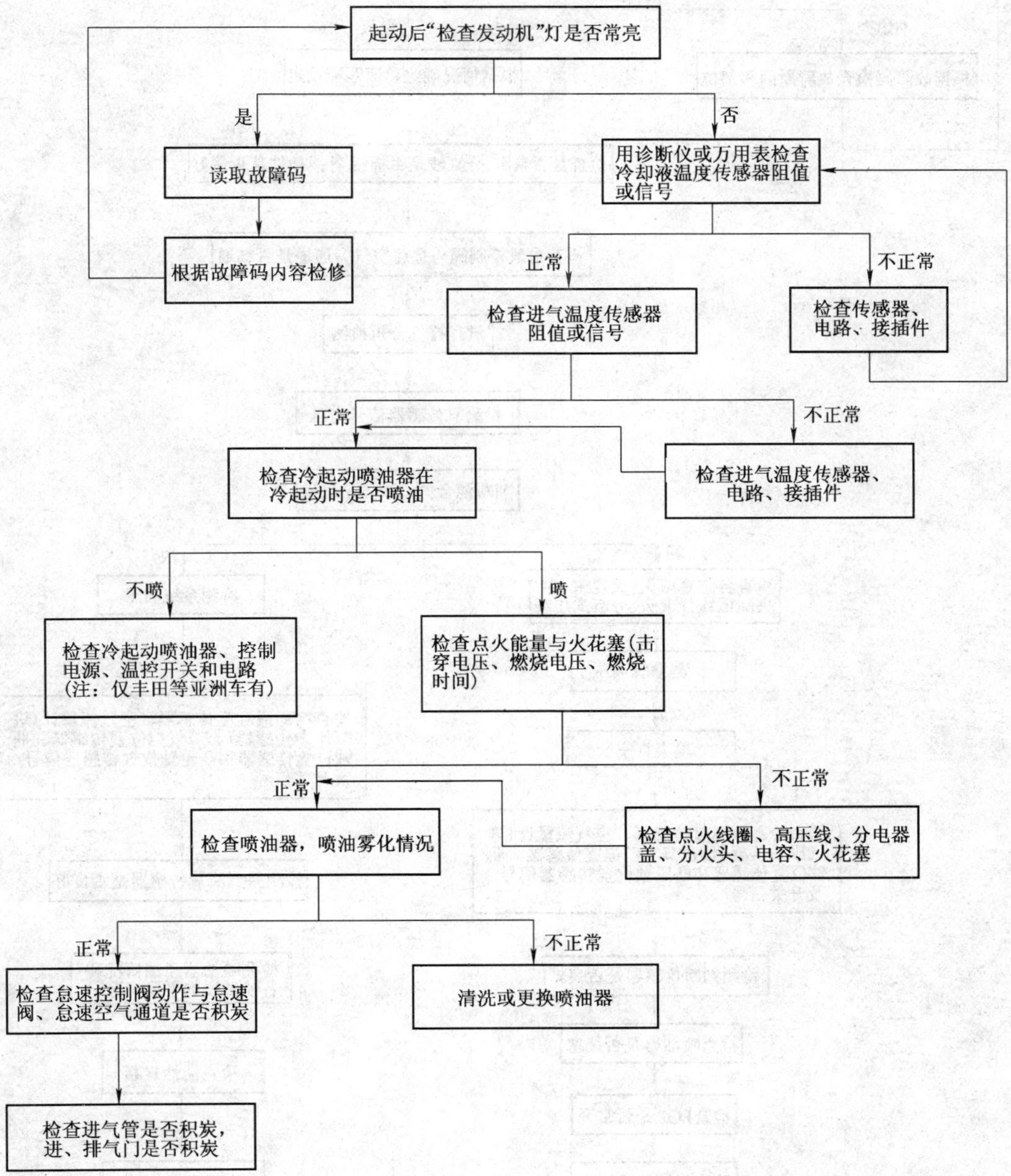

图 7-12　冷车难起动的诊断流程图

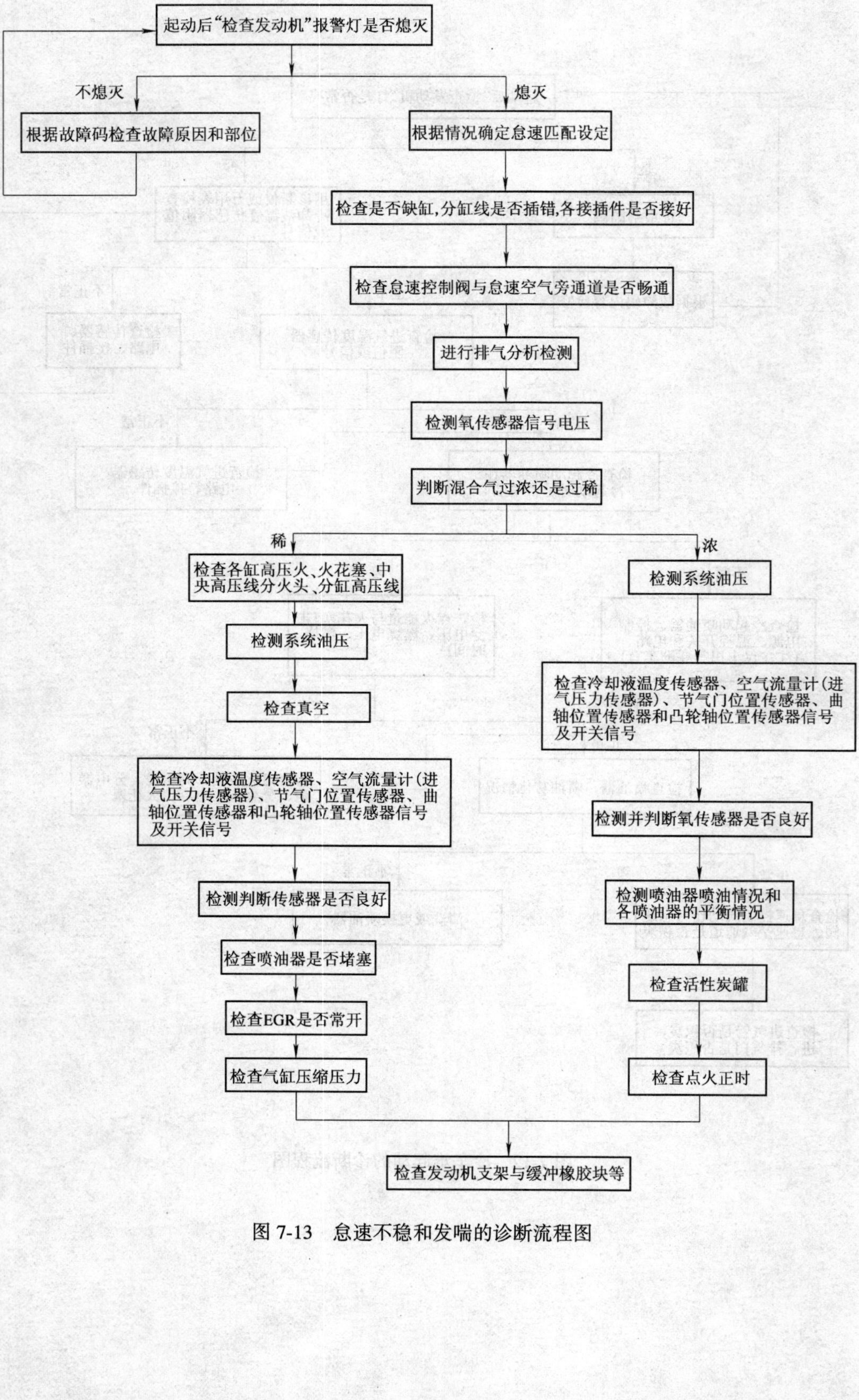

图 7-13 怠速不稳和发喘的诊断流程图

4. 发动机动力不足及加速不良

发动机动力不足及加速不良一般的诊断流程如图 7-14 所示。

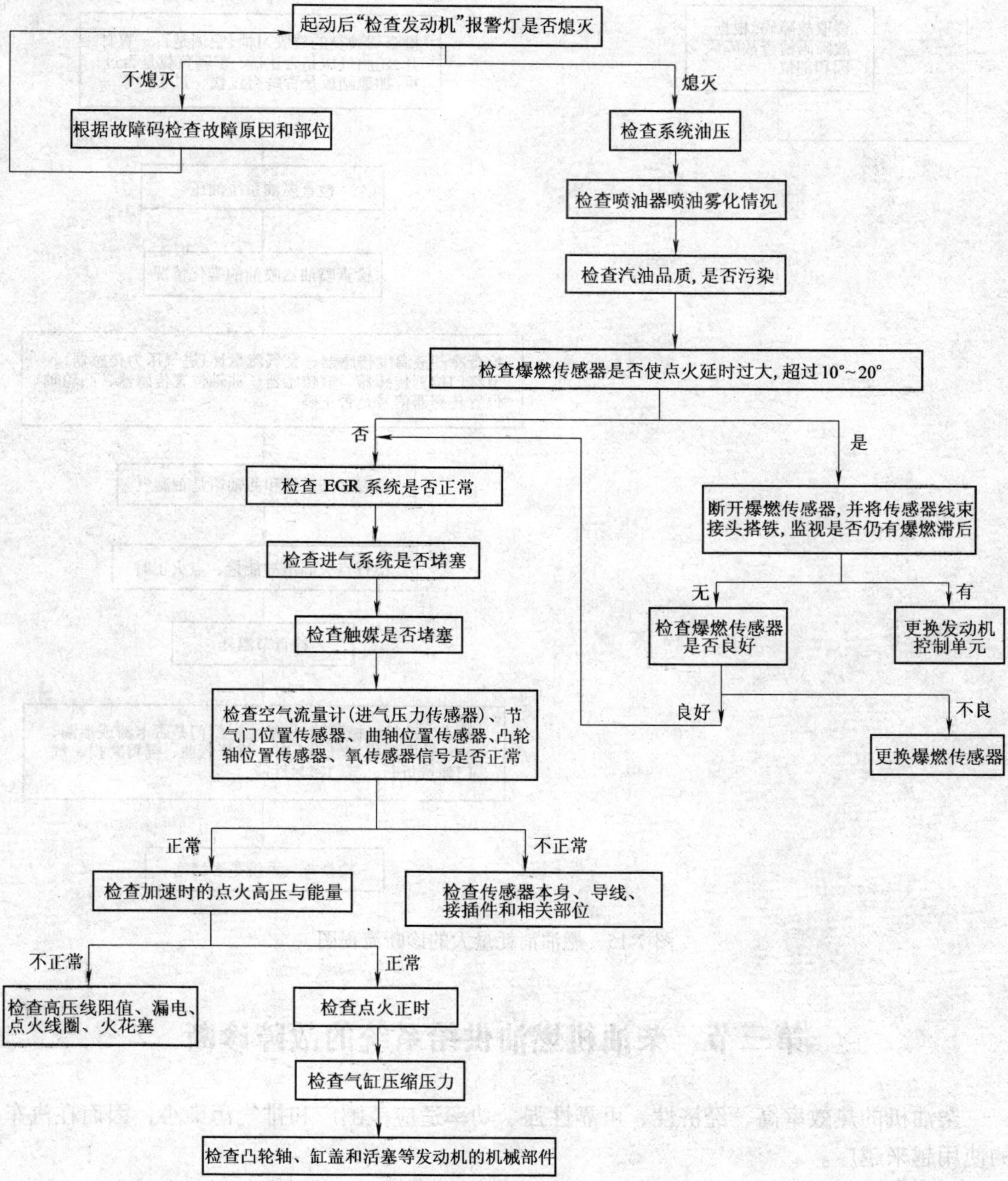

图 7-14　发动机动力不足、加速不良的诊断流程图

5. 燃油消耗量大

燃油消耗量大一般的诊断流程如图 7-15 所示。

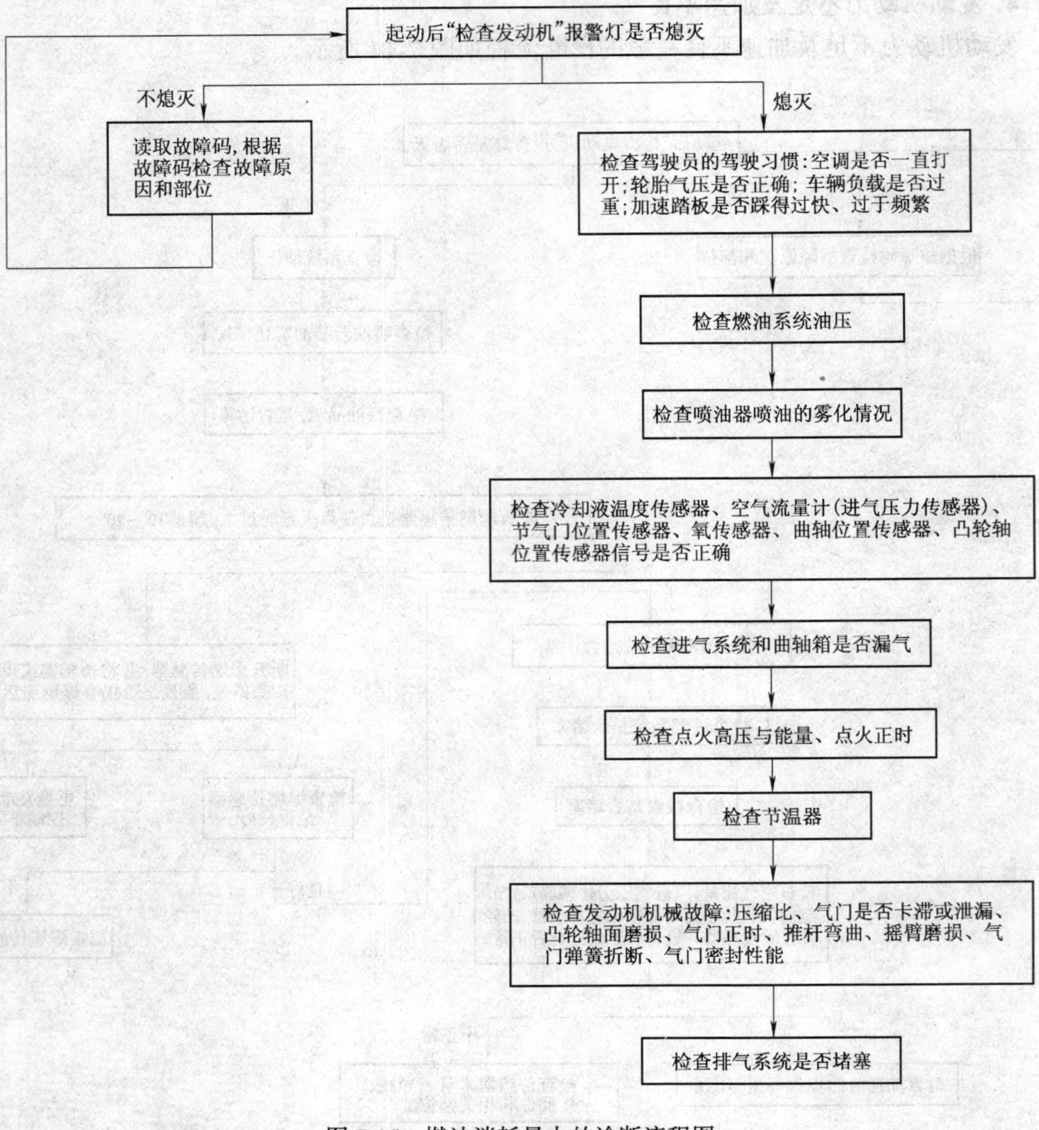

图 7-15　燃油消耗量大的诊断流程图

第三节　柴油机燃油供给系统的故障诊断

柴油机的热效率高、经济性、可靠性强、功率适应范围广和排气污染小，因而在汽车上的使用越来越广。

一、柴油机燃油供给系统的组成

柴油机燃油供给系统的作用是储存、清洁、输送燃料，按柴油机各工况的要求，将一定量的柴油在一定时刻喷入燃烧室，与空气混合后燃烧，并将废气排入大气。典型的直列式柱塞喷油泵的柴油机燃油供给系统如图 7-16 所示。

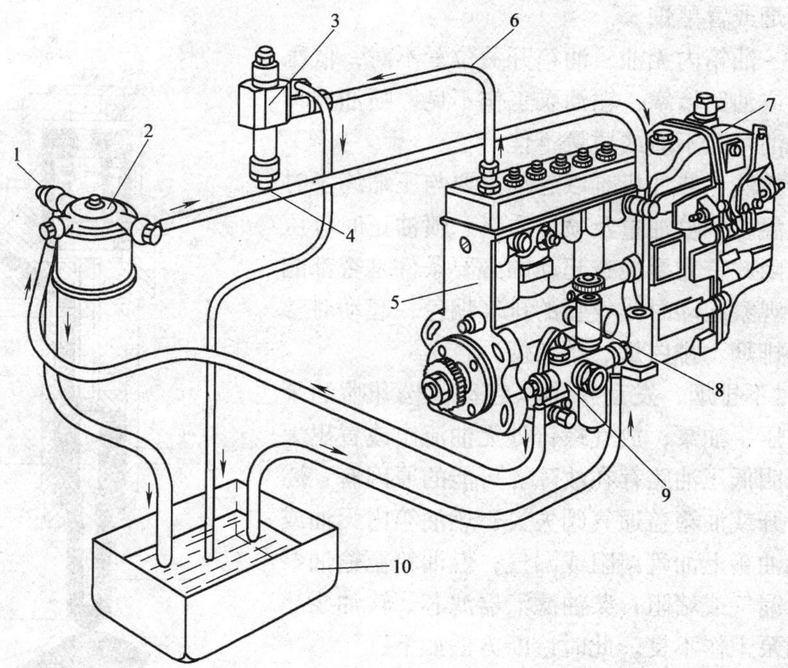

图 7-16　典型的直列式柱塞喷油泵柴油机燃油系统示意图

1—溢流阀　2—滤清器　3—喷油器夹具　4—喷油器　5—喷油泵　6—高压油管　7—调速器　8—起动注油泵　9—输油泵　10—油箱

燃油供给系统由油箱、空气滤清器、燃油滤清器、喷油泵、低压油管、高压油管和喷油器等组成。图 7-17 为离心式调速器结构原理简图，图 7-18 为喷油器的结构图。

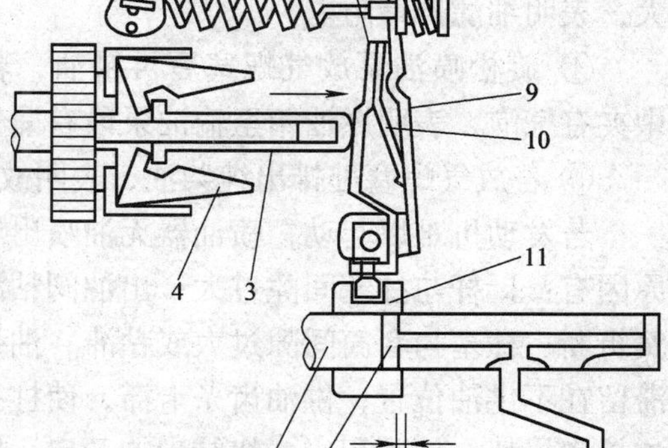

图 7-17　离心式调速器结构原理简图

1—卸油孔　2—分配柱塞　3—调速器滑套　4—调速器离心重块　5—加速踏板杠杆　6—调速器弹簧　7—起动杠杆　8—怠速弹簧　9—控制杠杆　10—片簧　11—油量计量套筒

二、柴油机燃油供给系统常见故障

与汽油机相比，柴油机没有点火系统，燃油供给系统与汽油机不同，其他机构大同小异。由于燃料和燃油系不同，因此柴油机燃油供给系统的故障诊断与检测的内容、方法和汽油机有较大的不同。柴油机燃油供给系统故障，按其外部症状可以分为起动困难、动力不足、工作粗暴和飞车等故障。在诊断这些故障时，应从故障的外部症状出发，抓住其特征，仔细分析故障成因，才能快速准确地找到故障所在部位并排除故障。

三、主要故障的诊断

1. 不能起动或起动困难

（1）现象　起动系良好，但柴油机起动时无着车征兆，或虽有着车征兆但多次起动仍发动不起来；起动时排气管冒烟很少甚至不冒烟；起动时排气管冒白烟或冒黑烟。

(2) 原因　油箱内无油，油箱开关位置不对，低压油路中有空气或油路堵塞，输油泵工作不良，喷油器不喷油，所用柴油号数不对或质量不佳。

(3) 诊断方法　柴油机难以起动主要与压缩终了时的气缸压力、温度、喷油量及喷油质量、喷油正时等压燃条件有关。因此首先要检查起动的必要条件是否都能满足，并注意观察起动时排气管的排气烟色，起动时常见的烟色有不排烟、排白烟、排黑烟。

1) 起动时不排烟，发动机难以起动，松开喷油泵放气螺钉，提压手油泵，放气螺钉处无油流出或冒出大量气泡，即说明低压油路存在故障。可能的原因有：燃油箱开关未打开或油箱盖通气阀失灵；燃油箱内无油或存油不足；燃油箱上油管堵阻或漏气；燃油箱至输油泵间油管破裂、漏气或堵阻；柴油滤清器滤芯、输油泵滤网堵阻；输油泵工作不良。此时诊断方法如下：

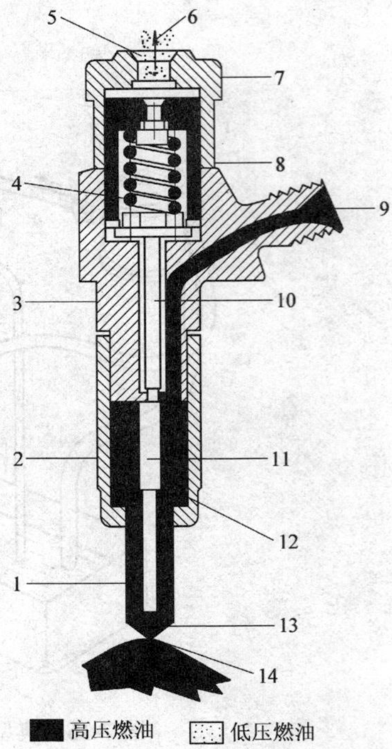

图 7-18　喷油器的结构图

1—喷嘴　2—喷嘴螺套　3—喷油器体　4—弹簧　5—泄油管接头　6—回油　7—外套螺母　8—铜垫　9—进油口　10—顶杆　11—针阀　12—针阀的环状油腔　13—针阀座　14—喷孔

① 先检查燃油箱内是否存油充足，开关是否打开，燃油箱盖通气阀是否畅通。

② 用手油泵泵油。若拉出手油泵拉钮时，明显感到有吸力，松手后又自行回位，表明燃油箱至输油泵间的油路堵阻。

③ 若提拉手油泵拉钮时无吸力，压下时感到阻力大，表明细滤器堵阻。

④ 旋松喷油泵放气螺塞后再泵油，若流出的柴油中夹有气泡，表明燃油箱至输油泵段有漏气处，应检查各接头是否松动或油管有无破裂。

⑤ 若放气螺塞处排出纯柴油，表明故障在高压油路。

若发动机难以起动，喷油器无油喷出或喷油不正常。则说明高压油路存在故障。可能的原因有：挺杆与柱塞间隙过大；出油阀粘滞、密封不良、弹簧折断；溢油阀密封不良或其弹簧折断；柱塞与套筒间隙过大或粘滞；油量调节叉或扇形齿轮固定螺钉松动或脱落，使柱塞滞留在不供油位置；供油齿条卡滞，使柱塞不能转动或转动量过小；联轴器主动盘或从动盘连接键损坏；针阀积炭、烧结影响开启；针阀喷油孔堵阻；压力弹簧张力过大；高压油管破裂、接头松动；高压油管中有空气。此时诊断方法如下：

① 起动柴油机，确认喷油泵运转正常，高压油管各接头密封良好。

② 喷油泵运转时，触试各高压油管是否脉动正常。若有喷油脉动，表明故障在喷油器；若无脉动或脉动甚弱，表明故障在喷油泵。

③ 检查喷油泵各连接机构工作是否可靠。拆下喷油泵上高压油管，用手油泵泵油，检查出油阀密封是否良好。

④ 将齿杆置于最大供油位置，用螺纹旋具撬动喷油泵柱塞弹簧座，作喷油动作。检查高压油路中有无空气。当柴油从出油阀喷出不带气泡时，旋紧高压油管，再撬动几次，使喷

油器喷油。

⑤ 若喷油器不喷油或喷油雾化不良，应拆检、调校喷油器。

2）起动时排白烟，发动机难以起动，起动时排出水汽般的白色烟雾。可能的原因有：柴油中含水过多；冷却液进入气缸；喷油时间过迟；柴油机温度过低。此时诊断方法如下：

① 若冒水汽状白烟，表明有水进入气缸。应检查柴油中是否掺入水分、冷却液是否进入气缸。

② 若排灰白色烟，检查低温起动预热装置，检查和调整喷油正时，检查供油量是否过多或过少，喷油器的雾化是否良好，喷油器针阀有无卡滞，气缸压力是否过低。

3）起动时排黑烟，发动机难以起动，排气管排出大量黑烟。可能的原因有：喷油时间过早；喷油泵柱塞、挺杆、凸轮磨损过量；喷油泵驱动联轴器固定螺栓松动；喷油泵装有柱塞挺杆调整螺钉，其调整螺钉松动；调速器调整不当；喷油器针阀粘滞不能关闭或针阀与阀座间泄漏；喷油器压力弹簧调整螺钉松动，使喷油压力过低；空气滤清器及进气通道堵阻；气缸压缩压力过低，雾化不良；个别缸不工作或工作不良；排气制动阀未全开；柴油质量低劣或牌号不对。此时诊断方法如下：

① 首先检查进、排气通道是否畅通。

② 若柴油机伴有敲击声并冒黑烟，表明喷油时间过早。则应检查喷油泵联轴器螺栓是否松动，键和键槽是否松旷，连接从动盘是否错位。

③ 若经以上检查均正常，应拆下喷油器，在校验台上试验。其喷油压力、喷雾锥角及射程等应符合标准。

④ 若供油系均正常，应检测发动机气缸压力是否过低。

2. 动力不足

（1）现象　指发动机达不到其额定功率和最高转速。柴油机运转均匀，但转速提不高，排烟少；柴油机运转不均匀，排白烟；柴油机运转不均匀，排黑烟；柴油机“游车”；发动机运转时消声器发出有节奏的“突、突”声，油耗增加，经济性变差。

（2）原因　个别缸或少数缸不工作，喷油器针阀开启压力过高或针阀关闭不严造成供油量过少，高压油路有泄漏。

（3）诊断方法

1）检查油路中有否空气或漏油处。

2）检查燃油品质。

3）检查空气滤清器是否严重堵塞。堵塞时，吸入气缸的空气减少，空燃比降低，部分未燃柴油随废气排出，使得排气冒黑烟。

4）检查低压油路是否供油充足。

5）用逐缸断油法诊断。某缸断油后，若发动机转速明显降低、黑烟减少、敲击声减弱或消失，表明该缸供油过多；若发动机转速变化小而黑烟消失，表明该缸喷油器喷雾品质差；若无变化，表明该缸不工作，应进一步查明该缸的故障原因及部位。

6）检测喷油压力波形以判断喷油泵和喷油器故障。在不解体的情况下，采用发动机综合测试仪检测高压油管中压力波形和喷油器针阀升程波形，通过对比分析（检测方法见本书第四章），可以分析判断喷油泵和喷油器故障及各缸喷油过程的均匀性。

3. 柴油机“游车”

(1) 现象 发动机运转中，出现转速忽高忽低周期性的变化，转速提不高，发动机无力。

(2) 原因 供油调节机构动作不灵活或调速器工作不正常。

(3) 诊断方法

1) 检查供油齿杆的松紧度，若不能前后移动自如或移动范围较小，应将齿杆与调速器连接处拆离作进一步检查。这时若齿杆移动灵活，说明故障在调速器；若仍只能在小范围内移动，表明有个别的柱塞移动有阻滞、咬住、弹簧折断的现象，应逐个检查排除。

2) 若齿杆移动灵活，应检查调速器各连接处是否松旷、变形，飞块收张是否一致。

3) 对气动调速器则应检查其密封性。

4) 若以上检查均正常，应进一步检查是否因挺杆上升或下降时的不正常摆动而造成柴油机“游车”。

4. 工作粗暴

工作粗暴是指柴油机工作时产生振抖，并伴有强烈的敲击声。

(1) 现象 柴油机振抖，转速越高，振抖越烈，同时发出清脆而有节奏的敲击声，急加速时声响更大，排气管排黑烟，有时敲击声没有节奏，但也排黑烟，另外有时有低沉不清晰的敲击声。

(2) 原因 柴油机支架螺栓松动、支架断裂、软垫老化、破损脱落；发动机支承位置不当；喷油时间过早或过迟；喷油雾化不良或喷油器滴油，有时会出现无一定规律的敲击声，还有“放炮”和冒黑烟的现象；发动机温度过低，燃烧不充分、冒黑烟，工作不均匀。

(3) 诊断方法

1) 先查看柴油机支架、支架螺栓、软垫是否破损、松动，再检查柴油机安装位置是否准确。

2) 若声响是均匀的，可先检查喷油正时。若非喷油过早或过迟原因，再检查气缸充气是否充分，最后检查燃油品质。

3) 若声响是不均匀的，表明各缸工作不一致。用单缸断油法确定工作不良的气缸。若怀疑某缸喷油器工作不良，用一标准喷油器置换旧喷油器，置换后该缸声响消失，则为喷油器故障；若怀疑某缸供油量过大，用减油法试验，减油后响声应消失；若减油后只是故障减弱，只有断油时才完全消失，则为喷油时间过早的原因。

5. 飞车

飞车是指柴油机的转速失去控制，突然超过允许的额定转速的故障现象。应及时采取有效措施使柴油机熄火，否则会酿成毁机事故。

(1) 现象 柴油机在汽车运行中或空转中，尤其是全负荷或超负荷运转突然卸载后，发动机转速自动升高超过额定转速而失去控制，驾驶员抬起加速踏板后转速也不降低，对转速的控制不起作用，并伴有极大的异响。

(2) 原因 喷油泵、调速器的技术状况不良；有额外燃料进入燃烧室。

(3) 诊断方法

1) 发现飞车后应立即设法使发动机熄火，否则会造成柴油机的严重损坏。在未彻底排除飞车故障前，不准再次起动。紧急熄火方法有以下几种。

① 迅速收回加速踏板。

② 有减压装置的，迅速将减压手柄拉到减压位置。

③ 堵阻进气管，切断空气的供应。

④ 快速放松高压油管接头。

2）若迅速收回加速踏板时，加速踏板抬不起来，发动机达到最高转速时不再升高，可检查供油调节拉杆是否卡滞。

3）若抬起加速踏板时，柴油机转速随之下降，则为调速器的故障。应检查调速器弹簧是否变形或折断；飞块销轴有无断裂，飞块是否脱出，飞块有无阻滞或碰撞现象；调速器内润滑油是否过多、过脏。

4）上述检查均为正常，可调整调速弹簧的张力来限制最高转速。

5）若抬起加速踏板后发动机转速仍高，则应检查喷油泵柱塞或泵杆是否被卡住。

6）若供油系统良好，则应检查有无额外的燃油或机油进入气缸。

第四节　燃气汽车的故障诊断

一、燃气汽车基础知识

1. 概述

在大气污染中，汽车尾气排放所造成的污染占大气污染的60%～70%。汽车排放的污染物被认为是重大公害之一。大量的试验与测试表明，天然气汽车与燃油车相比，CO_2比燃油车低25%，HC化合物低80%，SO_2低70.5%，SO低99.99%，Pb减少到零，颗粒杂质减少41.67%，非甲烷烃类减少52.8%，CO减少89.73%，噪声降低40%。实践证明，只有天然气汽车才兼具资源丰富、分布广泛、价格低廉且排放污染大大减少等多方面的综合优点。

我国石油资源短缺，而天然气资源相对丰富。在我国推广使用天然气汽车，可以充分利用丰富的天然气资源，改善能源的消费结构，缓解石油能源的不足，减少环境污染，可获得良好的经济效益和社会效益。

2. 燃气汽车总体布置

燃气汽车与燃油汽车总体布置的差异，主要在于燃气系统专用装置元件安装的位置上。一般燃气供给系统元件（减压调节器，混合器等）均安装在发动机舱内，不同车型的总体布置方案主要差异在于储气瓶数量和安装位置不同，或加气口、主控阀、手动截止阀等元件安装位置有所不同。图7-19为上海别克天然气汽车的改装总体布置方案图。

3. 燃气汽车燃气供给系统

目前气体燃料供给形式有两大类：缸外供气方式和缸内供气方式。前者主要包括进气道混合器预混合供气和缸外进气阀处喷射供气；后者主要包括缸内高压喷射供气和低压喷射供气。随着汽车电控技术的发展，供气控制也由机械调节向电子控制调节方向发展。

进气道混合器预混合供气方式是应用较早的方案，现在仍然被广泛应用。由于它具有汽油机的供气特征，以及供气装置简单，在点燃式发动机和压燃式天然气—柴油双燃料发动机上得以应用。但是该供气方式具有明显的不足之处，进气道混合器预混合供气方式由于天然

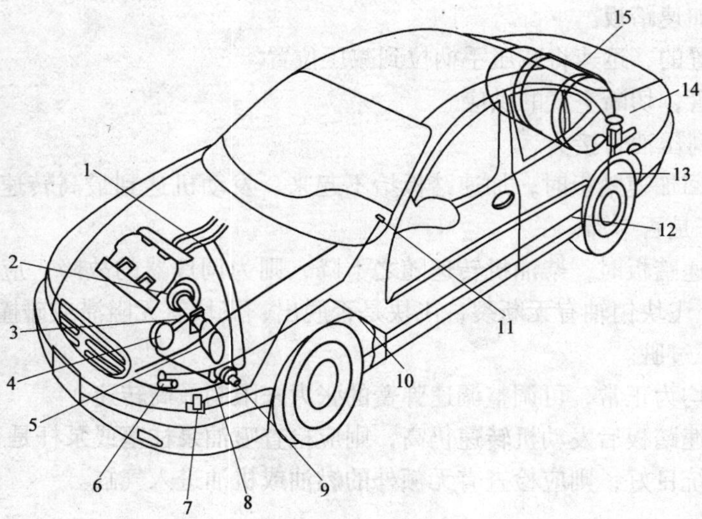

图 7-19 通用别克 CNG 轿车专用装置安装图

1—冷却水管 2—混合器 3—空气质量传感器 4—低压调节器 5—空气过滤阀
6—加气口 7—电控单元 8—低压截止阀 9—高压截止阀 10—手动截止阀 11—气/油转换开关
12—高压管线（不锈钢管） 13—溢流阀 14—气瓶手动截止阀 15—储气罐

气占据空气充量一般可达 10%～15%，影响发动机燃烧过程及其动力性。

目前，在用 CNG/汽油两用燃料汽车按燃气混合供给控制装置不同，可分为开环混合器供气系统、闭环带电控动力阀的混和器供气系统和电控燃气喷射三大类，其专用装置的不同之处主要体现在对混合气的形成方式、混合气浓度控制方式，以及是单点喷气控制、还是多点顺序喷气控制等少数部件上，其他专用装置基本相同。

1）开环控制系统。CNG 气路和汽油油路在化油器之前是两个并行的燃料供给系统。在实际运行中，由油气燃料转换开关控制。同一时刻，只允许其中一种燃料通过化油器进入发动机气缸燃烧做功。

2）闭环控制系统。在开环系统中，燃气空燃比只能由改装维护调试时调定的燃气动力阀开度大小和混合器的进气流动特性配合确定。由于维护调试时，要折衷考虑到大多数工况，调试出的空燃比是一个固定值，因此不能照顾到各种工况对空燃比的不同要求。如希望更精确稳定地控制混合气空燃比，特别是要求大幅度降低排放、提高三元催化转换器转换效率的环保形势下，则应当采取闭环控制系统，即在减压调节器和混合器之间安装由电控单元控制的天然气流量控制阀件，实现空燃比随发动机尾气的含氧量变化进行调节。图 7-20 是将原车带闭环控制多点燃油喷射系统的车辆改装为由空燃比电磁阀闭环控制供气量的混合器式 CNG 汽车专用装置系统原理图。

二、燃气汽车故障形成的基本原因与故障诊断基本原则

目前，我国国内在用的两用燃料汽车，绝大多数是在原汽油车基础上加装燃气系统改装而成，故基础仍是原汽油车。只是须注意到，原使用汽油的车辆在转换使用燃气时，原车是否能满足燃气燃料供给系统正常工作的需求。首先，由于天然气、液化石油气的点火温度、混合气燃烧浓度、火焰传播速度等均与汽油不同，要求点燃混合气所需要的能量应比汽油

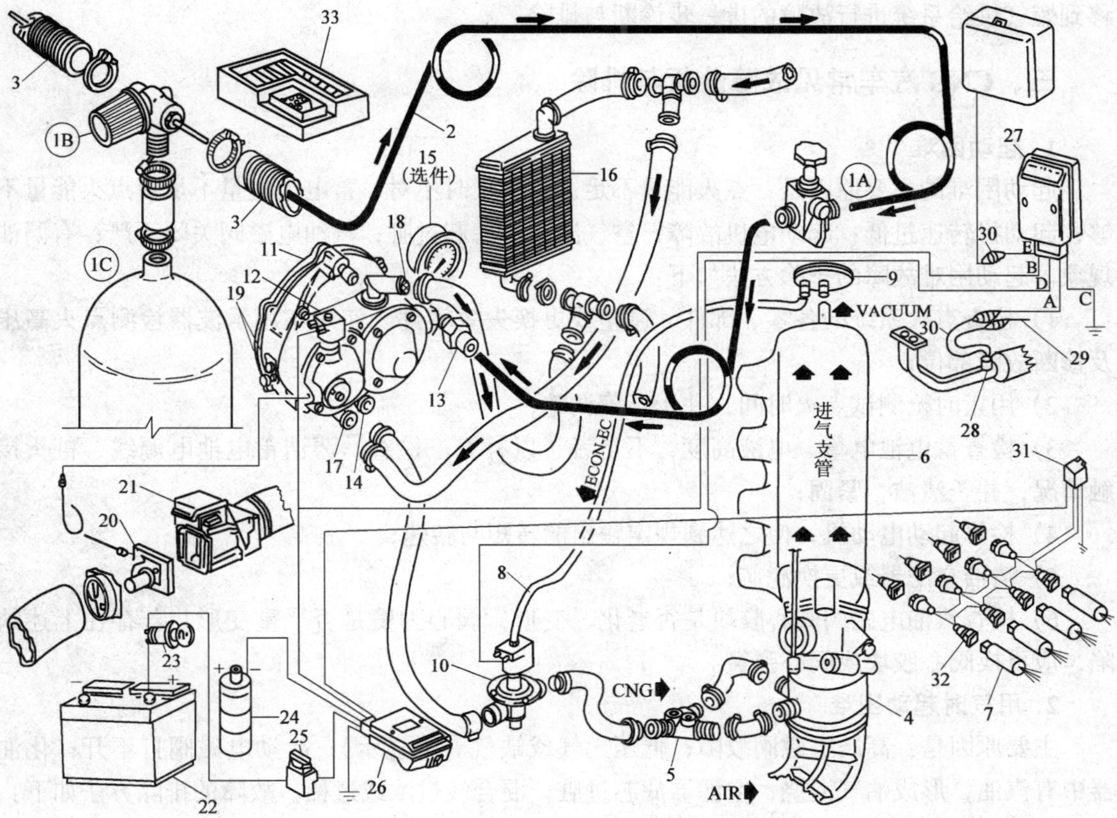

图 7-20　原车装电控燃油喷射燃供系统的车辆改装为闭环两用燃料的 CNG 汽车的专用装置系统原理图（资料来源：意大利 MOVL 公司）

1A—充气阀　1B—气瓶阀　1C—气瓶　2—高压管路　3—外套管　4—混合器　5—供气三通管　6—进气支管　7—喷油器　8—真空管　9—真空稳定器　10—电控调节器　11—减压器　12—天然气电磁阀　13—CNG 进气口　14—CNG 输出口　15—压力表　16—散热器　17—热水加入口　18—恒温器　19—怠速调节螺钉　20—空气测量叶片强制开启器　21—空气流量计　22—蓄电池　23—点火开关　24—高压线圈　25—熔断器　26—电控燃料选择开关　27—控制器（燃气 ECU）　28—氧传感器　29—氧传感器加热电源线　30—氧传感器信号线　31—模拟器　32—喷油器转接插座　33—点火提前调节器

高。如压缩天然气 CNG（Compressed Natural Gas）汽车点火线圈的输出电压应不低于 25kV，同时还应保持与使用汽油时相比，尽可能偏高的点火提前角。另外，为使燃气混合并能更有效地着火、燃烧，在无法改变原车结构的条件制约下，应保持发动机原设计的缸压数据、进气支管真空度数据等尽可能达到上限指标，这是原车技术性能上须满足的基本条件。

如果发动机在点火系统工作正常，气缸压力数据正常以及发动机其他系统无故障的条件下，发动机发生起动性能、动力性能、经济性能、加速性能、稳定燃烧性能等方面的指标下降，甚至发生故障，则故障产生的区域多在燃气燃料系统。

所以，两用燃料汽车燃料系统的故障诊断及排除的原则是：必须在原车使用汽油正常工作的条件下进行。换言之，当发动机发生故障时，应首先让汽车在使用汽油的工作条件下，进行基本故障的诊断与排除，确认在使用汽油时，发动机各方面性能良好、无故障后，再转移到燃气供给系统进行故障的进一步诊断与排除。

三、CNG汽车常见故障分析与排除

1. 起动困难

起动困难的主要原因是：点火能量不足；点火正时不对；蓄电池电量不足使点火能量不够，起动机转速过低；起动电机故障；空气滤清器滤芯过脏；汽油电磁阀关闭不严；有漏油现象。起动困难故障的排除方法如下：

1）检查点火系统的各零、部件，调整或更换失效零件。使用车用示波器检测点火高压及诊断故障部位；

2）用正时枪测试点火时间，并予正确调整；

3）检查蓄电池电量、电液高度，不足者予以补充。检查、清洁蓄电池电源线、桩头接触情况，并予清洁、紧固；

4）检修起动电动机，使之达到规定输出的转矩与转速；

5）清洁空滤器或更换滤芯；

6）检查汽油电磁阀阀心胶块是否老化、变形，阀心弹簧是否严重变形。若存在上述缺陷，应更换阀心胶块或阀心弹簧。

2. 用气时起动困难

主要原因是：高压电磁阀故障；低压无气或缺气（无显示）；起动电磁阀打不开；化油器中有汽油，形成油气混烧；空滤器滤芯过脏；混合气过浓或过稀。故障的排除方法如下：

1）油气转换开关不通电，应更换开关；

2）油气转换开关电压过低，检查线路故障；

3）电磁线圈失效或高压阀心损坏、应予更换；

4）钢瓶是否存气不足；

5）天然气管路或阀门堵塞；

6）油气转换开关不通电，应予更换；

7）油气转换开关供电不足，应检查线路；

8）电磁线圈失效或阀心损坏，应予更换；

9）将转换开关置于空挡，使汽油泵不工作。关闭主气阀，把化油器中的汽油用完，再将转换开关置于用气挡，打开主气阀，即可重新起动；

10）空滤器堵塞应清洁空滤器；

11）三级减压器输出压力高于正常值，使天然气过多；

12）混合器天然气阀片过脏，造成内泄漏，使混合气过浓。应检查、紧固螺钉，检查螺孔平面的平整度，检查或更换密封垫；

13）混合器与化油器密封被破坏或因松动漏气，进空气，应予检修；

14）低压输气胶管破损，动力阀接头漏气，应更换胶管，更换或紧固接头；

15）混合器防爆皮碗损坏或漏气，应予更换；

16）混合器膜片破损应予更换；

17）混合器空气阀片太脏应清洗。

3. 发动机能起动，但起动后很快熄火

主要原因是：油气转换开关故障，油气转换开关感应线（棕色）断裂失效，棕色感应线未缠绕在点火线圈高压线上，减压调节器三级减压膜片严重损坏或脱落。故障的排除方法如下：

1）在起动发动机后，检查油气转换开关的燃气指示灯（绿灯）是否很快熄灭，若灯灭则为开关故障，应更换；

2）检查油气转换开关感应线（棕色）是否断裂，如果断裂，更换该感应线；

3）如果棕色感应线未缠绕在点火线圈高压线上，应将感应线在点火高压线上缠绕 4~5 圈；

4）若减压调节器三级减压膜片严重损坏或脱落，应更换或检修。

4. 怠速不稳

原机基础故障：如气门间隙变化；气门座漏气；气缸垫窜气；进气支管垫、化油器座、真空吸力管漏气；空滤器过脏；缸压不够或缸压差过大；冷却液温度过低；个别缸点火不良；个别分缸线漏电或电阻过大等。应根据故障部位进行检查和修理。

燃气系统故障：如进气道有漏气现象；混合器空燃比调整不当；混合器膜片破损漏气、造成有高速无低速；防爆皮碗与壳体密封不严或皮碗损坏；混合器阀心安装同轴度不够，阀心与阀座摩擦力过大或有异物进入，造成卡滞现象；混合器弹簧因装配和调整不当造成同轴度误差过大；混合器上盖螺栓拧紧的松紧度不一致，使空气阀片平行度误差过大等。应进行调整、检修或更换失效件。

5. 发动机动力不足

原机基础故障：如缸压不足，真空度不足，点火系统故障，蓄电池电量不足，空滤器堵塞等，按“起动困难”方法诊断、检修。

燃气装置故障：

1）天然气动力阀调整间隙太小或动力阀内径过小，使高速时天然气流量不够，混合气过稀。调整方法：松开动力阀锁紧螺栓，将化油器节气门全开，使发动机达最高转速，再调整动力阀调整螺栓，使发动机在最高转速时稳定运转。

2）未正确地按发动机排量调整低压表压力，导致高速时天然气供气不足。调整方法：在用天然气怠速运转条件下，松开一级减压器调整螺栓螺母，按发动机排量旋转调整螺栓，调校低压表压力（以 CYTZ—100 为例）。发动机排量 1L 以下：压力为 0.2~0.3MPa；1~2.5L：压力为 0.25~0.4MPa；2.5L 以上：压力为 0.35~0.8MPa。

3）混合器皮膜破损，不能形成合理的空燃比，应更换皮膜。

4）减压器输气通道变窄或进气压力过低。主要原因是：二级阀片行程小于 1.2mm，应调整；三级杠杆拉勾尾端行程小于 18mm，进行检修；进气孔有异物堵塞现象；一级高压密封片变形过大。应通过相应调整、检修、清洗或更换滤芯、更换密封片，予以排除。

5）高压电磁阀阀心销孔磨损，使阀心升程不够，进气量不足，应更换。

6. 燃气消耗量过高

发动机技术性能不佳；汽车行驶阻力大，滑行性能差；发动机冷却液温度低，使减压器加热不良；驾驶员操作不当；燃气系统钢瓶、燃气装置或高低压管线有泄漏；三级减压器输出压力过高（可用透明塑料管检查三级出口压力值）；混合器流量调整不当，使混合气过浓等原因都会造成燃气消耗量过高，应进行检查、调整和修理。

7. 化油器回火

点火正时错误或白金间隙不正确，应调整点火时间，检调白金间隙达规定要求；缸线插错，点火顺序混乱，要重插缸线；混合气过稀，应检查天然气输出压力；调校混合器空燃比。

8. 发动机工作不稳热车不易起动

原车基础故障：如个别缸不工作，气缸垫漏气，气门密封不严，气门间隙变化；分电器工作不良或白金触点烧蚀；点火线圈不良，有内部短路现象。对于这些原车基础故障应进行相应检修或更换。

燃气系统故障：

1）混合气过浓。混合器阀心有卡滞现象，减压器输出压力过高［超过 1176Pa（120mmH_2O）］，空气滤清器堵塞。应检修混合器，调整减压器，清洁空滤器、更换空滤芯。

2）减压器加热循环水不通（管路堵塞）使输出天然气温度太低。应检修循环水系统。

9. 气转油不能实现

油气转换开关失效和汽油电磁阀故障（电磁线圈损坏、电磁阀心卡死），应更换油气转换开关和电磁阀。

10. 气量显示器不准

主要是传感器信号线断路；传感器心轴卡死、漏气；显示器进水或进入杂质；天然气的气路不通；调校不准等原因，应按上述原因进行检修、调校和更换。

11. 一级减压器低压表无压力

一级减压器调压螺钉未调整到位，应重新调整；一级滤芯堵塞或低压管堵塞，更换一级滤芯，检修低压管；低压表失效，应更换低压表。

12. 低压表指示故障（借助压力表指示，帮助故障诊断）

1）压力指示不断上升，超过0.9～1MPa时溢流阀泄气，说明高压气室密封不严产生漏气。主要原因是：高压阀座螺母松动，密封不好；高压阀座密封片磨损、损坏；高压阀心磨损、损伤；O形圈损坏；一级滤芯损坏；杂质卡住高压阀心等，应根据故障部位进行检修或更换。另外，冷起动或加温不好，造成结霜，冰渣卡住阀心，也会出现这种现象，应提高冷却液温度。如压力超过1.1MPa，溢流阀仍未卸压，应及时停车检修，以防安全事故。

2）指针下降。起步时，指示压力下降，为冷却液温度偏低，应在继续运转升温后再行驶；加速时，指示压力下降，同时发动机功率下降，反映气量够，原因为空滤器、管道堵塞或空滤器冰堵，应检修空滤器及管道。

3）指针波动较大。一级减压故障，如杂质堵塞，小弹簧过软，应检修或更换小弹簧；发动机转速高低变化较大时，燃气压力不足，应补充燃气。

4）指针不断在小范围内弹动。减压器加热不良，有冰堵现象，应加强暖车，检修暖水系统；燃气中水分含量过高，应更换燃气。

5）停机关闭主气阀后，指针很快回到“0”。如在5min内有此现象，其原因为：低压管接头漏气；动力阀漏气；混合器内天然气阀片过脏、损坏或张力不够。应紧固、检修、清洁或更换。

13. 气瓶中天然气剩余气多（气瓶中有1MPa以上的压力气体，但不能输出）

主要是高压电磁阀阀心开度不够；供气系统有漏气现象；空滤器堵塞造成的，应进行检修、清洁或更换。

14. 漏气

主要部位：接头松动；充气阀漏气；压力表漏气；减压调节器溢流阀漏气；发动机不工作时，减压调节器出气管漏气；压力传感器漏气。应进行检查和更换。

注意事项：高压管线接头漏气应先关闭手动阀及钢瓶阀。如漏气处在手动阀后面，可在气体燃烧完后，管内无压力条件下进行检修作业。如在手动阀前面漏气，必须关闭钢瓶阀，拉出充气塞，慢慢旋转打开充气阀，排出余气，保证管道内无压力后，方可进行维修施工。所有处理漏气故障，均应保证无压操作，以保安全。

15. 一级减压器壳体之间漏气

主要原因是：O 形密封圈损坏，上盖未装好，一级膜片损坏，一级壳体漏气，应进行检修和更换。

16. 一级减压器溢流阀长期漏气

溢流阀调整不当，开启压力过低，重新调整至开启压力为 0.9～1MPa；溢流阀阀片损坏，应更换；溢流阀与壳体连接松动，应紧固；一级压力调整过高，应重新调整。

17. 高压电磁阀打不开

如果是电源未接通，电磁阀搭铁不好，回路电压过低，应检修电源电路及搭铁；电磁阀线圈损坏、阀心 O 形圈或密封片损坏、阀杆密封胶垫变形应更换；阀心通气孔被杂质堵塞，要清洁、检修；阀心和铁心横销间的间隙过小，要检修，保证间隙为 0.5～0.8mm；阀心和铁心配合间隙过小，不能自由滑动，应检修或更换。

18. 混合器进气压力不断上升，无法运行

三级杠杆拉勾尾端行程过大，使进气量过大，应调整行程，应小于 20mm；三级减压器膜片损坏或大头针中心孔漏气，应更换；二级减压器阀片损坏或阀片与阀座间隙过大，造成关闭不严，应更换阀片，调整阀片阀座间隙小于 1.5mm；二级反馈膜片损坏或衬板变形，使顶杆行程不够，应更换膜片或衬板；二级反馈膜片密封不严，上、下室窜气，应检修或更换膜片；壳体与底盖之间橡胶衬板密封不严或螺栓漏气，应检修或更换衬板、螺栓；二、三级阀口有异物卡住，阀片关闭不严，应检修、清洁。

四、CNG 汽车燃气系统故障分析流程

CNG 汽车改装中，由于安装的专用燃料供给装置型号不同，故障产生原因不尽相同，下面以故障现象为基础，介绍一些基本的故障诊断排除程序和方法。着重介绍由 CNG 燃料供给系统引起的故障的诊断分析思路和方法，面对汽油车本身系统引起的故障，未作扩展分析讨论，这部分内容请读者参阅其他资料予以分析解决。

1. 起动困难

CNG 汽车分别以汽油和天然气作燃料工作时，起动性能有所不同。原因是：天然气燃点比汽油高，其燃点为 650℃；起动机的火焰传播速度较汽油慢，燃烧时间长。所以要求起动机工作正常，点火线圈输出电压不低于 18kV，点火时间正时，混合气混合比适宜。起动困难的故障原因有多种，可按图 7-21 所示流程，区分情况，逐一分析排除。

2. 怠速不稳

CNG 汽车怠速不稳的原因可分为两类。一类是本身原机的技术状态不良造成的，如气门间隙过大、火花塞工作不良、气缸漏气等，这类问题在燃烧汽油时也存在，故可通过使用

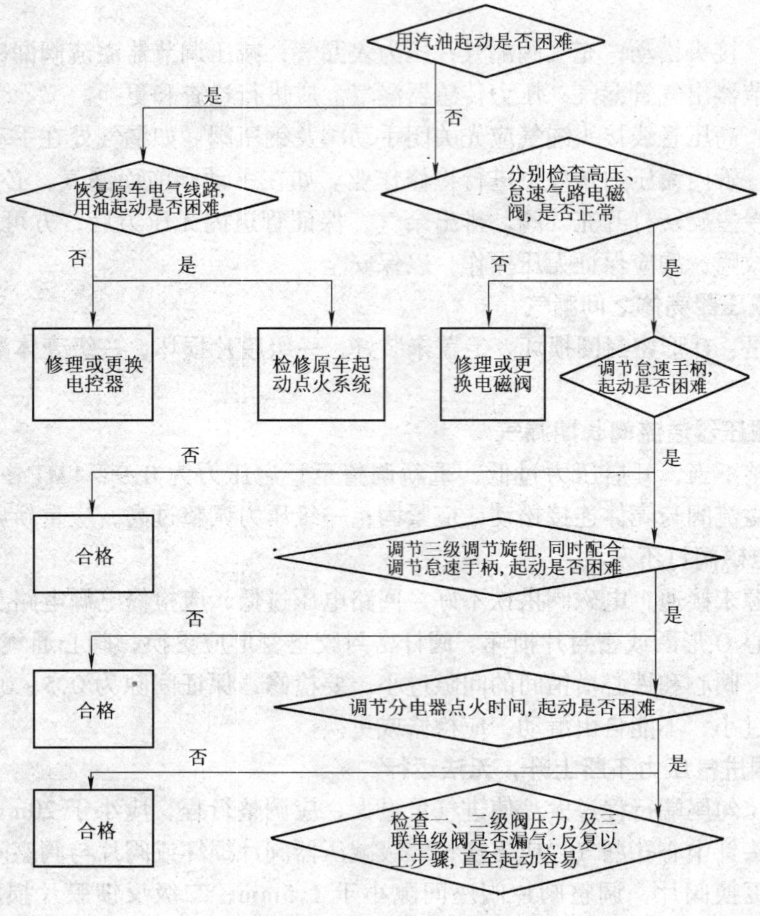

图 7-21　起动困难故障诊断程序

汽油燃料时，发动机运转是否正常加以鉴别。另一类原因就是由于 CNG 燃料供给系统调整不当引起，可按图 7-22 所示程序逐一分析诊断排除。

3. 动力不足

CNG 汽车以天然气作燃料比使用汽油作燃料的动力性有所下降，这是由天然气本身特性决定的，在目前专用装置技术水平条件下，一般其功率下降 10% ~ 15%左右。这里所指动力不足是指 CNG 汽车以天然气作燃料时的动力性比同车以汽油为燃料时动力性下降太多。可按图 7-23 所示程序逐一诊断排除。

4. 加速性不好

根据对理想化油器特性和 CNG 混合器流量特性的分析，对 CNG 汽车而言，使用 CNG 为燃料的加速性能必然不及原车用汽油为燃料的工作情况，此处加速性不良主要是指由怠速加速到中、高速时，转速过渡不圆滑，急加速还可能熄火，或有放炮声和回火。可按图7-24所示程序逐一诊断排除。

5. 燃料经济性差

CNG 汽车燃料经济性差，有两种情况：一是改装后燃用汽油，油耗增大；其二是燃用 CNG 时，CNG 消耗量偏大，或气瓶内 CNG 使用不完，造成一次充气续驶里程下降，针对不同情况，应分别处理。可按图 7-25 所示程序逐一诊断排除。

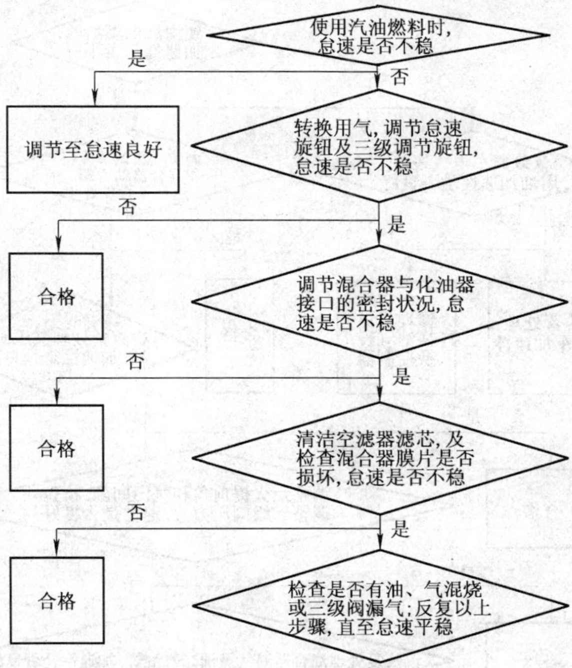

图 7-22　怠速不稳故障诊断程序

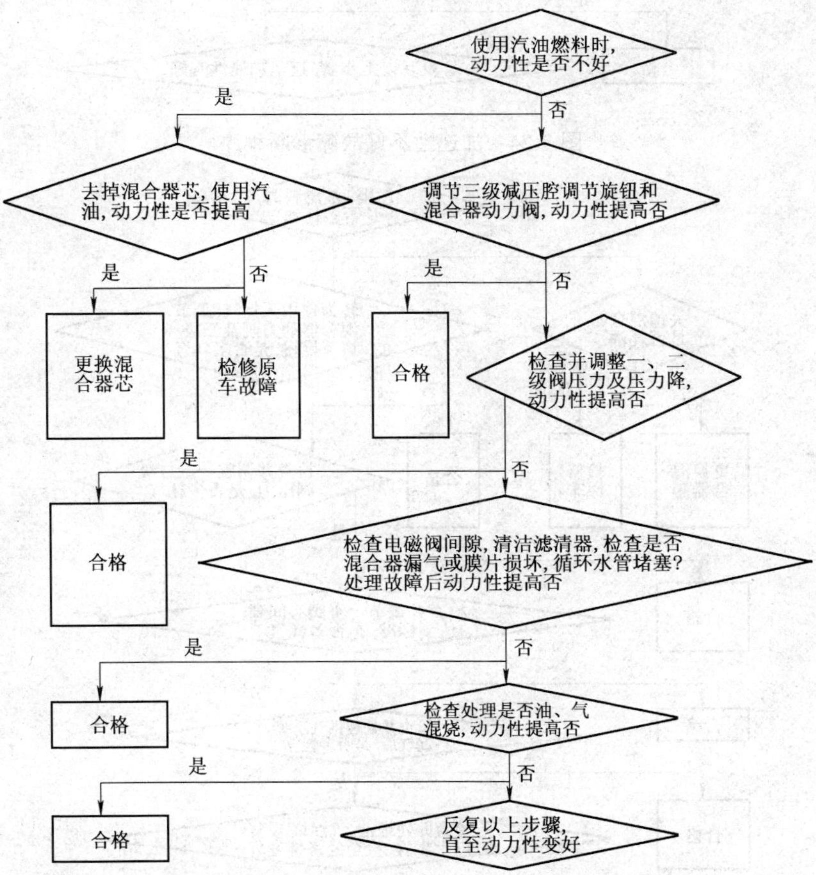

图 7-23　动力不足故障诊断程序

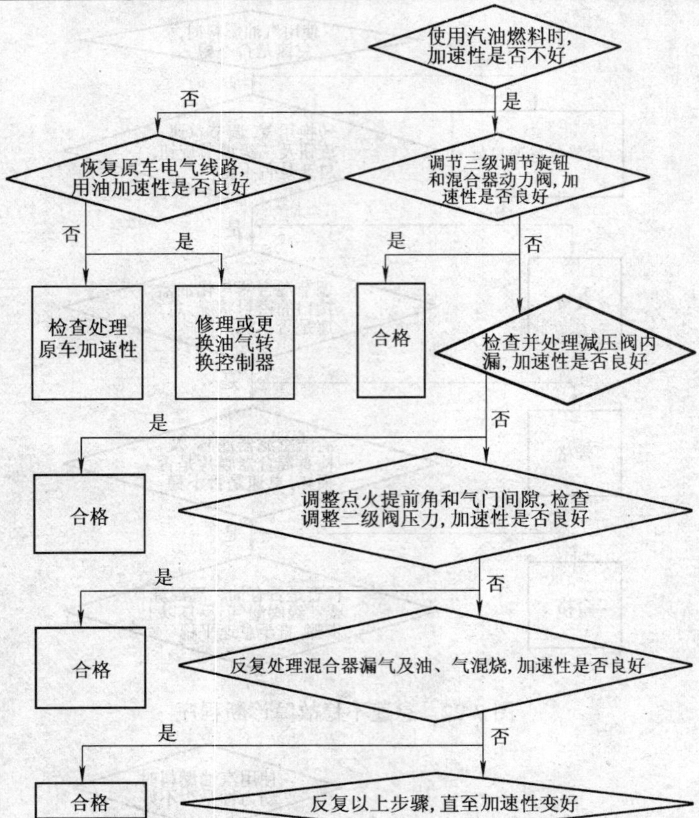

图 7-24　加速性不好故障诊断程序

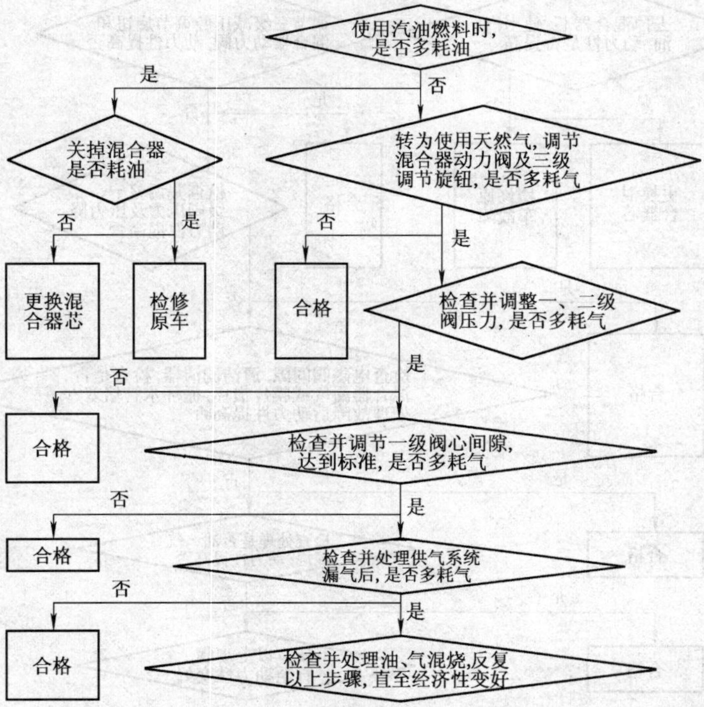

图 7-25　燃料经济性差故障诊断程序

6. 燃料转换控制电路检修

机电一体式 CNG 减压调节器，一般配有多个电磁阀气量显示电路以及点火正时调整电路。在使用中往往由于元件质量或操作不当而出现故障，需要诊断检修。可按图 7-26、图 7-27 所示程序诊断排除。

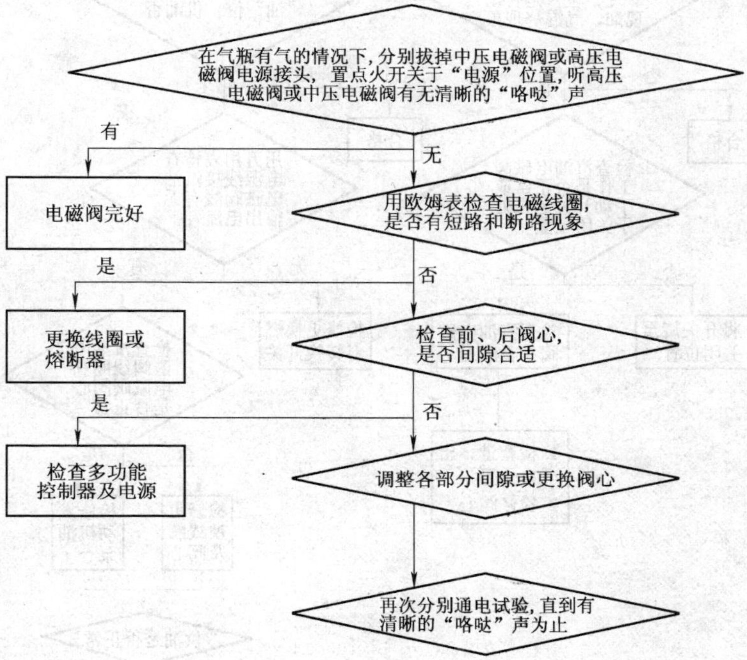

图 7-26　燃料转换控制器气路控制、气路元件检查流程

五、LPG 汽车常见故障分析与排除

1. 使用 LPG（Liquid Petrel Gas）液化石油气汽车时发动机起动困难

主要按下面方法进行分析与排除。

1）点火能量不足。检查点火系统各零部件，调整或更换失效零件，可用车用示波器检测点火高压及诊断故障部位。

2）点火正时不准。用正时枪测试点火时间，并予调整。

3）蓄电池电量不足，使点火能量不够，以及起动机转速过低。检查蓄电池电量、电液高度，不足者予以补充。检查、清洁电源线接头、桩头、接触情况，并予以清洁、紧固。

4）起动机故障。检修起动机，使之达到规定的输出转矩与转速。

5）空气滤清器过脏。清洁空滤器或更换空滤芯。

6）油气转换开关延时过长。调整燃气截止阀持续时间螺钉，使延时缩短。

7）高压管路堵塞。检查、清洁 LPG 电磁阀体下部的滤清器，检查 LPG 阀门流量控制连线是否开路或接触不良，如连线无故障则更换流量控制器。检查、清洁高压管路。检查减压器加热循环水温，须达正常值。

8）低压管路破损。作泄漏检查或检视，更换破损的部件。

9）低压管路弯折过度致使气路切断。检查、处理弯折过度处，保证气路畅通。

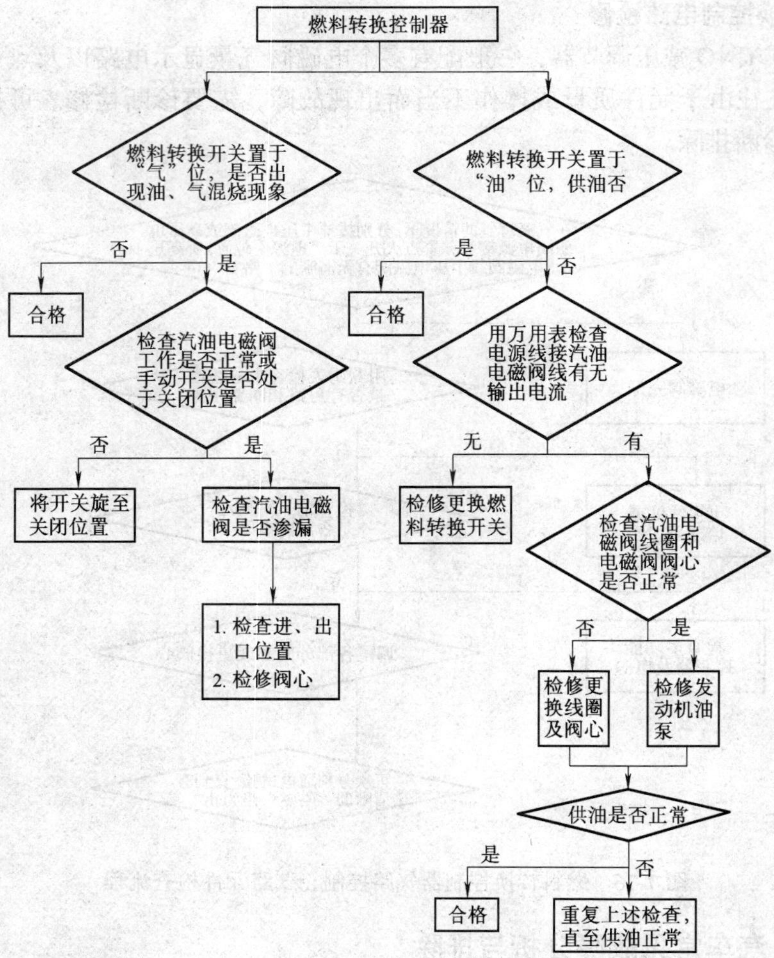

图 7-27 燃料转换控制器油路控制元件检查流程图

10）怠速调节阀与功率调节阀失调。按生产厂家规定规范重新调试。

2. 怠速不稳

主要原因有，原车基础故障包括：气门间隙变化；气门座漏气；气缸垫窜气；进气支管垫、化油器座、真空吸力管漏气；缸压不够或缸压差过大；水温过低；个别缸点火不良；个别分缸线漏电或电阻值过大等。应根据具体情况进行检查和修理。

LPG 系统故障包括：

1）混合气调整不当，过浓或过稀，应按原部件设计规范重新调整；

2）怠速调整不当，怠速转速过低，应重调怠速；

3）空滤器堵塞，进气量不足，应清洁空滤器或更换滤芯。

3. 发动机动力不足

发动机原机故障：如缸压不足，真空度不够，点火系统故障，蓄电池电量不足，空滤器堵塞等，应进行检查和修理。

LPG 系统故障有：

1）低压管路及元件有损坏，应检查低压管路、元件及泄漏，并修理。

2）功率调节阀失调，重新按原件技术要求调整。

3）点火时间失准，重新调整点火正时。

4）LPG 电磁阀过滤器堵塞，清洁或更换。

4. LPG 燃料消耗量过高

发动机基础性能不佳；汽车行驶阻力大，滑行性能差；发动机冷却液温度低，使减压器加热不良等，要及时进行检修。驾驶操作不当也会使燃料消耗量过高，要改善驾驶操作技术。

LPG 燃料系统故障有：

1）空滤器堵塞，应清洁空滤器或更换滤芯；

2）功率调节阀失调，要重新按原厂技术要求调整；

3）点火提前角失调，要重新检查、调整点火提前角。

5. 使用 LPG 时发动机工作不正常

主要原因是：组合阀上的手动截止阀关闭；LPG 电磁阀损坏；蒸发调节器上电磁阀损坏；电源电压过低，打不开电磁阀；系统电源熔丝（片）损坏；电源接线插（接）头接触不良；搭铁线接触不良；管路堵塞；LPG 电磁阀过滤器堵塞或 LPG 电磁阀内杂质过多；高压管路中有泄漏；低压管路有破损；汽油电磁阀关闭不严，形成油气共燃等。应进行检修和更换损坏的部件。

6. 蒸发器表面结霜使 LPG 不能正常工作

如果发动机冷却系统的冷却液不够（或冷却系统内混入空气），应添加冷却液，并排除系统中的空气；检查减压器循环水管路是否堵塞或损坏，检修或更换损坏件；暖车时间不够，要增长暖车时间。

7. 使用汽油时发动机工作不正常

按以下项目检修：

1）检修原车基础故障；

2）检查汽油电磁阀，如果损坏，应更换；

3）检查电源电压，如果过低，检修蓄电池及控制电路；

4）系统电源熔片（丝）熔断或接触不良，应检修或更换；

5）电源与电磁阀连线及插（接）头接触不良，应检修；

6）搭铁线接触不良，清洁和紧固；

7）汽油泵损坏，要更换；

8）LPG 电磁阀关闭不严，形成油气混烧，更换 LPG 电磁阀；

9）化油器进油滤芯堵塞，要拆洗。

六、LPG 汽车燃料系统维修中的基本调试程序

在维护或修理作业结束后，车辆应进行系统泄漏检查，系统安装状况及电源供电状况等基本检验，待检查、检验合格后，方可进行调试。

1. 初步调试

初步调试步骤如下：

1）加入 10L 的 LPG，打开多功能阀上的出液阀，在驾驶室内打开点火开关（不起动发

动机)。按动转换开关，分别至汽油、中间、LPG 三个不同位置。在发动机室内，用手按在汽油电磁阀和 LPG 电磁阀上，应听到轻微的阀动作响声和感到阀的相应动作。此时，证明接线正确，转换开关线路、电磁阀良好。

2）将汽油电磁阀下端的控制螺钉旋出（旋出为电磁阀能截止作用，旋进为直通无截止作用)。此时，电磁阀处于正常工作状态。

3）将转换开关放在使用汽油位置，打开点火开关时，显示汽油的红色指示灯亮，此时可起动发动机，应能正常起动。

2. 向 LPG 转换

起动发动机，加大节气门开度，使转速升高到 2000r/min，将转换开关按向 LPG 的一边，这时表示 LPG 供气的绿色指示灯亮，表明 LPG 已进入工作。但此时发动机因汽油和 LPG 同时进入发动机，混合气过浓，发动机转速应该下降，这说明 LPG 已能供气。此时应迅速将开关置于中间位置，显示器上红、绿灯均不亮，说明汽油和 LPG 均不供应，但由于化油器浮子室内仍有汽油，发动机仍以 2000r/mim 的转速运转，待转动 60s 左右转速突然下降时（此时浮子室内汽油已用完)，立即将转换开关按在 LPG 一边，发动机能继续运转。至此，LPG 切换完成，发动机处于使用 LPG 状态。

3. 功率调试

待发动机空载运转 10min 以后，冷却液温度上升至正常，发动机处于热机状态时，将发动机提速至 3000r/min。此时先将功率调节阀调节螺钉顺时针旋转，直至发动机转速有下降趋势时，然后再将调节螺钉逆向旋转，直至发动机转速上升，定出发动机转速上升和下降时的临界位置，然后再将调节螺钉逆时针转动 180°（半圈)。

4. 怠速调试

将化油器节气门保持一定开度（使发动机转速稳定在 1000r/min)，然后调节其上的怠速调节螺钉（先顺时针转动，再逆时针转动，随着调节螺钉的转动，发动机转速将随之变化)，将调节螺钉位置定在发动机转速最高位置。此时即为气化器怠速调节螺钉最佳位置，再将化油器节气门怠速螺钉调至标准怠速位置。

5. 排放调试

排放调试包括怠速排放调试和高速排放调试。

1）怠速排放调试。当发动机怠速为 800 ± 50r/min 时，排气排放指标（体积分数）为 $CO \leqslant 0.8\%$、$HC \leqslant 150 \times 10^{-6}$。若 CO 过大可调整化油器怠速螺钉调节，逆时针方向混合气浓，顺时针方向混合气稀。

2）高速排放调试。将发动机转速稳定在 3000r/min，测试排气排放指标（体积分数)，应为 $CO \leqslant 0.3\%$、$HC \leqslant 100 \times 10^{-6}$。若 CO 的体积分数超差，则可通过调节功率阀调节螺钉予以调整，逆时针方向混合气浓，顺时针方向混合气稀。

第五节 点火系统的故障诊断

点火系统是汽油发动机最重要的组成部分之一。汽油机在不同工况下工作时，需要按点火次序适时地供给强电火花，点燃混合气，燃烧并产生动力。点火系统技术状况不良甚至发生故障，会严重影响发动机的动力性、经济性和排放性，造成发动机无法正常工作。实践证明，点火系统在汽油机各机构中是故障率最高者之一，因此，快速、准确地检查和诊断汽油机点火系统故障，对保持汽车正常的技术状况是十分重要的，因此点火系统往往是诊断检测的重点对象。

现在的汽油机中大量使用的点火系统有三种：传统点火系统、电子点火系统和计算机控制点火系统。下面对这三种点火系统的故障诊断方法加以介绍。

一、传统点火系统的故障诊断

点火系统常见故障主要表现为无火、缺火，火花弱和点火不正时，将会造成发动机不能起动或运转不正常。

1. 发动机不能起动

先按喇叭或打开前照灯，确定电源供电是否正常。确知电源供电正常后，再判断故障是在高压电路还是在低压电路。打开发动机罩，拔出分电器中央高压线，使其距气缸体 4 ~ 6mm，接通点火开关，摇转曲轴，查看火花情况：

1）火花强。表示低压电路和点火线圈良好，故障在分电器和火花塞高压电路中。再从火花塞上端拆下高压线头，摇转曲轴对机体试火。如无火花，应检查分火头、分电器盖及高压分线是否漏电；有火花时，需检查点火正时和火花塞的工作情况。

2）无火花。表明低压电路有短路、断路或点火线圈、中央高压线有故障，可开、闭触点，观察电流表指针读数。若电流表指示放电 3 ~ 5A 并间歇摆动，则低压电路良好，表明故障发生在高压电路；若电流表指针不摆动，指示为零，表明低压电路有断路；若电流指示放电 3 ~ 5A 而不摆动或指示大电流放电，表示低压电路中有搭铁故障。

2. 发动机工作不正常

常见以下几种情况：

1）有一缸或几缸缺火。发动机如有一缸或几缸缺火就会运转不匀，排气管中排出黑烟并爆燃（俗称放炮）。产生的原因多为高压分线漏电或脱落，分电器盖漏电，凸轮磨损不均，火花塞工作不良或不工作，高压分线插错。

检查时应先找出缺火的气缸，再排除缺火的原因。方法是用螺纹旋具将火花塞接线柱逐个搭铁，听发动机运转的声音。如将某火花塞搭铁后，发动机转速无变化，表明该火花塞不工作；反之如发动机转速降低，则表明该火花塞工作良好。

一个缸不工作，应取下缺火气缸的火花塞上的高压分线，使线端距火花塞接线柱 3 ~ 4mm，在发动机工作时，该间隙中如有连续的火花且发动机运转随之均匀，表明火花塞积炭；无火花表明高压分线或配电器盖有故障。两个缸不工作时，应检查点火顺序是否正确。如有几个气缸同时不工作，应拔下配电器盖中央高压线做跳火试验。如有火，表示高压电供应正常，故障在配电器盖、高压分线或火花塞；如跳火断续，表明断电器凸轮、电容器或点火线圈有故障。

2）点火正时不当。若发动机不易起动，行驶无力，加速发闷，排气管放炮，发动机过热，应检查点火是否过迟，触点间隙是否偏小，分电器壳是否松动；若摇转曲轴起动时反转，加速时爆燃，应检查点火是否过早，触点间隙是否过大。

3）高速不良。发动机低、中速工作良好，高速时工作不平稳，排气管放炮并有断火现象，应检查触点间隙是否过大，触点臂弹簧张力是否过弱，火花塞间隙是否过大，点火线圈是否工作不良。

二、电子点火系统的故障诊断

当发动机不能起动或工作失常时，若怀疑故障在点火系统，应首先检查各个导线有无损坏、插接器接触是否良好、电源供电是否正常，然后再用跳火试验进行诊断，其方法是：

1）从分电器中央插座中拔出高压线，并使其端头和气缸体形成6~12mm的间隙（最好接一个火花塞）。

2）接通点火开关，用起动机带动发动机运转，此时可能出现两种情况：

① 间隙处没有火花产生。从点火线圈“—”接线柱拆下导线，然后把一根导线的一端接到点火线圈的负接线柱上，使其另一端短时间接地（注意时间不能超过3s，不然会烧坏点火线圈），然后断开。若间隙处无火花表明点火线圈损坏；

② 间隙处有兰白色很强的火花，说明故障发生在点火线圈之后。

把高压线装回分电器中央插孔，从火花塞上取下高压线，并在其插接孔内装一旧高压线，并使高压线一端和气缸体形成6~12mm的间隙，然后用起动机带动发动机运转。若间隙处无兰白色的火花或火花不正常，说明故障在分电器盖或分火头，如分电器盖和分火头产生裂纹或受潮等，否则故障在点火控制器或信号发生器；若间隙处有较强的兰白色的火花说明故障在火花塞。此法虽简单，但可较准确地判断出故障所在的部件。

无触点电子点火系的常见故障及排除方法如下。

1. 发动机不能起动

主要原因及排除方法：

1）点火系统无电压，检查蓄电池、点火开关和电线，按检查情况修理；

2）分电器内部电子控制组件搭铁线断开、松动或腐蚀，清洁、紧固或按需要修理；

3）初级绕组插接器没有完全插好，清洁并完全插好插接器；

4）点火线圈断开或短路，测试点火线圈，如损坏，则更换；

5）电子点火控制器、分电器盖破裂、转子分火头等损坏，应更换。

2. 发动机回火但不能起动

主要原因及排除方法：

1）点火正时不正确，检查正时，需要时调整；

2）分电器内潮湿（雨季冷车易发生），擦干盖和转子分火头；

3）分电器盖损坏，检查盖是否有接头松动、开裂或污迹，需要时清洁或更换；

4）点火高压阻尼线没按正确点火顺序连接，应按正确顺序连接点火高压阻尼线。

3. 发动机仅在点火开关位于起动位置时才运转

主要原因是：电阻线断开或电阻过大，应换1.35Ω电阻线或线束总成。

4. 点火开关断开后发动机继续运转

主要原因是：起动机电磁开关损坏、交流发电机报警灯电路的二极管短路，应更换电磁开关及二极管。

5. 发动机运转不稳定或发动机高速时缺火

主要原因及排除方法：

1）火花塞积炭或损坏。清洁并调整火花塞间隙，或更换。

2）高压阻尼线损坏（包括电子延时）。检查高压阻尼线，需要时更换。

3）点火提前系统故障。检查运转情况，需要时更换。

4）起动机电磁开关S接线柱短路。更换电磁开关。

5）触发轮销丢失。要重新装销。

6）高压阻尼线没按正确点火顺序连接。应按正确顺序连接。

7）连接点火的气缸间两火花塞高压阻尼线并排排列。应重新排列。

6. 燃油消耗过多

检查正时，需要时调整；检查点火提前系统运转情况，需要时更换。

7. 点火正时提前不稳定

检查真空提前装置运转情况，需要时更换；检查离心提前装置重块是否粘结，擦去脏物、锈蚀。

8. 真空不起作用

主要原因及排除方法：

1）真空提前装置故障。应更换真空提前装置。

2）真空提前装置调整螺钉逆时针转动过多。应顺时针转动螺钉，使提前角在规定范围内。

3）传感器线圈轴腐蚀。应清洁轴。

9. 运转间断

主要原因及排除方法：

1）电线接头松动或腐蚀，拧紧接头，去除腐蚀，加电器油脂；

2）传感器线圈故障，测试传感器线圈；

3）点火控制装置损坏，测试控制装置；

4）分电器搭铁插头转动，清洁并紧固搭铁接头；

5）分电器电线互相断路或搭铁，检查电线是否有破损、皱褶或烧坏；

6）触发轮销丢失，装销。

三、计算机控制点火系统故障诊断

计算机控制点火系统的故障检测与诊断步骤是：

1）应首先确定故障在计算机控制部分还是在高压电路部分，方法是从分电器盖上拔下中央高压线，并使其端部距离气缸体5~7mm，然后起动发动机，观察线端是否跳火。如有强烈的高压火花出现，说明故障在高压电路部分，可进一步检查分电器至各气缸的分火装置及火花塞等有无故障；如无火花或火花很弱，则说明包括点火线圈、点火器在内的计算机控制系统有故障，应予检查。

2）如果点火线圈的二次电路不能产生高压，则应在点火器点火信号输入端检查计算机提供的点火脉冲信号（IGt信号）是否正常。检查时可用示波器或万用表在发动机起动旋转时检查是否有5~10V的点火触发信号。如信号正常，则为点火器或点火线圈及其电路不良，而点火控制系统（点火计算机及有关传感器）基本正常。

3）如计算机提供的点火脉冲信号（IGt信号）不正常，则点火控制系统（点火计算机及有关传感器）有故障。应首先检查点火计算机及有关传感器工作电压是否符合要求，搭铁线是否出现断路或接触不良，再检查曲轴基准位置传感器（点火基准传感器）和曲轴转角与转速传感器及其有关电路是否正常，安装位置是否合适，连接导线和插接件有无不良，用万用表或示波器在发动机起动旋转时检查其是否能够产生足够的信号电压。如点火计算机及有关传感器工作电压符合要求，曲轴基准位置传感器（点火基准传感器）和曲轴转角与转速传感器及其有关电路也正常并能够产生足够的信号电压，则可初步认为点火计算机不良，可更换同型号点火计算机试验，以便进一步确认。但也不排除是防盗系统起作用而造成系统不点火，因此还应了解被检车辆的发动机是否有防盗系统。

4）若确认是点火控制系统故障，即点火控制系统及其有关传感器和电路发生故障，一般计算机自诊断系统的故障报警灯将会点亮，这时应充分发挥计算机自诊断系统的功能以便进一步缩小故障范围。若自诊断系统的故障报警灯没有点亮，则应该从其他方面查找故障原因。

计算机控制点火系统常见的故障主要有：发动机不点火，火花弱，点火正时不准，点火性能随工况变化等。

1. 发动机不点火

（1）现象　发动机不能起动且无任何着车迹象，无高压火花。

（2）原因　点火线圈、点火器损坏；曲轴基准位置传感器、点火基准传感器和曲轴转角与转速传感器及其电路不良；点火计算机本身故障。

（3）诊断方法　从分电器上拔出中央高压线对缸体做跳火试验。如有火花，说明点火线圈之前的电路、元件正常，则应检查分电器至各气缸的分火装置及高压线、火花塞等是否有故障；如无火花，检查点火线圈及“+”接线柱电源电压，如不正常，则检查电源电路，更换点火线圈；如正常，则检查点火器及其电源电压。如点火器不正常，则更换。如电源电压和点火器均正常，继续检查从点火 ECU 输出的 IGt 信号是否正常。如正常，则是点火 ECU 至点火器之间的电路存在问题；如 IGt 信号不正常，则检查曲轴位置传感器和曲轴转角与转速传感器及其电路。如传感器和电路不正常，则更换、检修；如正常则意味着点火 ECU 可能存在问题，更换后测试。

2. 火花弱

（1）现象　跳火试验高压火花弱，发动机起动困难，怠速不稳，排气冒黑烟，加速性及中高速性较差等。

（2）原因　点火器、点火线圈不良；高压线电阻过大；火花塞漏电或积炭；点火系统供电电压不足或搭铁不良等。

（3）诊断方法　本故障一般与点火控制系统关系较小，应重点检查点火器和点火线圈工作状况是否良好，供电电压是否正常，各插接件及导线连接是否牢固，点火器搭铁是否可靠；检测高压线电阻是否过大；清除火花塞积炭，更换漏电的火花塞。

3. 点火正时不准

（1）现象　发动机不易起动，怠速不稳；发动机动力不足，水温偏高；发动机易爆燃等。

（2）原因　初始点火提前角调整不当；点火基准传感器和曲轴转角与转速传感器不良或安装位置不正确。

（3）诊断方法　应首先检查初始点火提前角并按规定予以调整。影响发动机点火正时失准的主要部件是发动机点火基准传感器和曲轴转角与转速传感器，因此应特别检查信号转子是否有变形、歪斜，信号采集与输出部分安装有无不当，装置间隙是否合适等。

对于点火提前角控制系统故障，若故障灯已点亮，应先用本车的故障自诊断操作程序调出故障码，再根据故障码的含义，排除其故障。重点应检查发动机水温传感器、爆燃传感器。另外，进气管压力传感器、空气流量传感器、节气门位置传感器等不良时，也会造成点火正时不准。

4. 点火性能随工况变化

（1）现象　低速时工作正常，高速时失速；温度低时正常，温度高时不正常；刚起动时正常，工作一段时间后出现故障等。

（2）原因　点火基准传感器和曲轴转角与转速传感器等安装松动；电路连接器件接触不良；点火器热稳定性差；点火线圈局部损坏或击穿，高压线电阻过大等。

（3）诊断方法　检查各有关部件安装有无松动，电路连接是否牢固、可靠，点火器、点火线圈温度是否异常；检查或更换高压线、火花塞等。

第八章　底盘常见故障诊断

第一节　变速器的故障诊断

汽车发动机输出的转矩、转速变化范围通常较小，要适应频繁变化的行驶条件，就要改变发动机传到驱动轮上的转矩和转速，使汽车具有合适的驱动力和速度，保证发动机在最佳的工况范围内工作。同时还要在发动机不熄火状态下实现中断动力传递、在发动机旋转方向不变的条件下实现倒车行驶，就需要在传动系中设置变速系统——变速器。

一、变速器种类、结构及工作原理简介

现代汽车上装配的变速器类型多种多样。按传动比变化方式，汽车变速器可分为有级式、无级式和综合式；按操纵方式，还可分为手动变速器和自动变速器。

1. 手动变速器

手动变速器主要是以齿轮结构进行动力传递的变速装置，通常是由驾驶员手动操纵挡位的变换。其结构包括变速传动机构和操纵机构两部分。同时，为了缩短换挡时间，防止换挡时接合齿的冲击，现代汽车变速器上都装有锁环式或锁销式惯性同步器。

(1) 变速传动机构　它是由几组大小不等、齿数不同的齿轮装配在上下布置的两个轴上，齿轮间有接合套，可通过操纵装置操作接合套改变齿轮的连接配合形式，实现传动比和转动方向的改变。

(2) 变速器操纵机构　它主要由变速杆、拨叉、拨叉轴及锁止装置组成。变速器操纵机构应保证驾驶员能准确可靠地使变速器挂入所需要的任一挡位，并可随时使之退到空挡。锁止装置有自锁装置、互锁装置和倒挡锁装置。

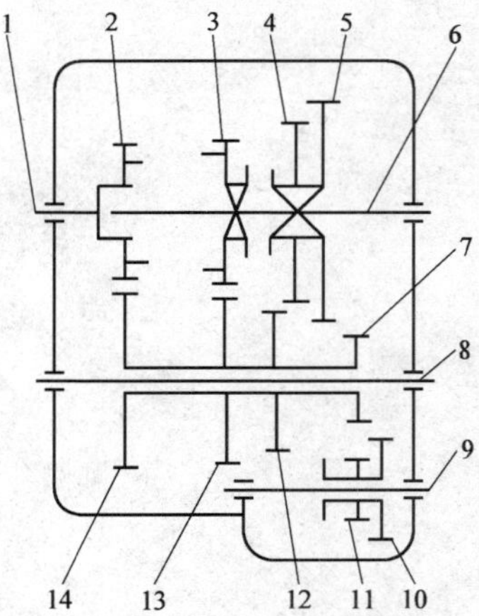

图 8-1　三轴四挡变速器传动原理图

1—输入轴　2、14—常啮合齿轮

3、4—滑动齿轮

5、7、10、11、12、13—齿轮

6—输出轴　8—中间轴　9—倒挡轴

变速器主要结构包括壳体、第一轴（输入轴）、第二轴（输出轴）、中间轴、倒挡轴、各挡齿轮和轴承等零件。图 8-1 所示为三轴四挡变速器齿轮传动的变速原理图。第一轴 1 的前端通过离合器与发动机曲轴相连，第二轴 6 后端通过凸缘与万向传动装置相连。齿轮 2 与第一轴制成一体，与齿轮 14 构成常啮合传动齿轮副。变速器处于空挡位置：输出轴 6 上没有齿轮与中间轴上的齿轮相啮合，所以输出轴不转动，没有转矩输出。变速器处于一挡位置：输出轴上的齿轮 5 与中间轴上的齿轮 7 相啮合，动力从输入轴的齿轮 2 经中间轴上的常啮合齿轮14和齿轮7传到齿轮5，从而传给输出轴。变

速器处于二挡位置：输出轴上的滑动齿轮 4 移动到与中间轴上的齿轮 12 相啮合，其动力的传动路线是齿轮 2→14→12→4。变速器处于三挡位置：滑动齿轮 3 与齿轮 13 相啮合，动力经齿轮 2→14→13→3 传到输出轴。变速器处于四挡（直接挡）位置：输出轴上滑动齿轮 3 左移，使啮合套与输入轴齿轮 2 啮合，动力直接由输入轴传到输出轴，此时的传动比为 1。变速器处于倒挡位置：倒挡轴 9 上的齿轮 10 被移到与中间轴上的齿轮 7 相啮合，同时倒挡轴上的齿轮 11 与输出轴上的齿轮 5 相啮合，此时动力的传动路线是齿轮 2→14→7→10→11→5，由于在动力传递路线中增加了一个齿轮副，则输出轴的旋转方向与输入轴相反，即可实现汽车的倒车行驶。

2. 自动变速器

随着现代汽车工业的快速发展，自动变速器在汽车上的应用越来越广泛。与手动变速器相比，自动变速器有以下几个优点：①消除了离合器操作和频繁换挡，使驾驶员操作简单、省力，提高了行车的安全性；②能自动适应汽车行驶阻力的变化，在一定范围内实现无级变速，提高了汽车的动力性和平均车速；③汽车起步、加速更加平稳，能吸收和衰减换挡过程中的振动与冲击，提高了乘座舒适性；④因采用了液力传动，发动机和传动系统是“弹性”连接，能缓冲接合冲击，减轻传动系统的负荷，有利于延长有关零件的使用寿命；⑤可避免因外界负荷突增而造成发动机熄火的现象，减少发动机起动次数，提高燃油经济性，降低汽车排放污染。

自动变速器种类很多，按变速器齿轮类型可分为普通齿轮式和行星齿轮式；按变速形式可分为有级变速式和无级变速式；按变速系统的控制方式可分为液控液力式、电控机械式（AMT）、电控液力式（ECT）和无级式（CVT）等。

典型的汽车电控液力式自动变速器主要由液力变矩器 1、行星齿轮变速器 2、液压控制系统 5、电子控制系统 4、变速器壳体 3 等几部分组成，如图 8-2 所示。

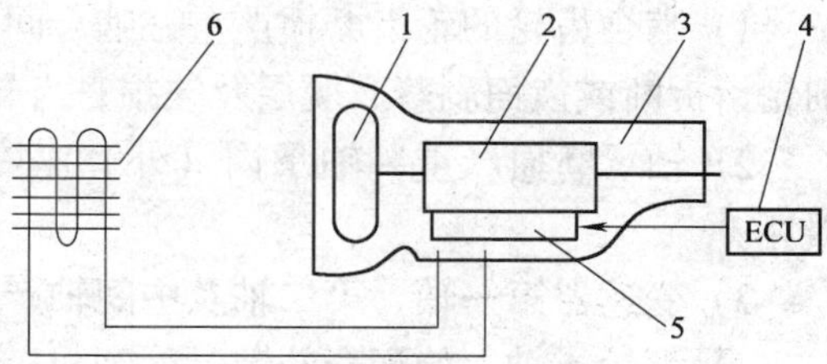

图 8-2　电控液力自动变速器

1—液力变矩器　2—行星齿轮变速器　3—壳体
4—电子控制系统　5—液压控制系统　6—油冷却系统

(1) 液力变矩器　它是自动变速器的重要组成部分，与发动机的曲轴相连，将发动机的动力传给行星齿轮变速器。由于液力变矩器以液体作为传动介质，因此实现了发动机与传动系统间的“软”连接，使传动机构的扭转振动得到进一步衰减，延长了发动机和传动系统零件的使用寿命。同时，液力变矩器在一定范围内能实现无级变速和变矩的功能。

(2) 行星齿轮变速器　它是自动变速器的变速传动机构，由行星齿轮机构和执行机构组成。行星齿轮机构由若干个行星排列构成，执行机构一般包括多片摩擦式离合器、制动器和单向离合器。自动变速器通过执行机构控制行星齿轮机构的工作，使其以不同路线传递动力，为前进挡提供不同的传动比，并提供倒挡和空挡。

(3) 液压控制系统　它是自动变速器的核心部分，能根据选挡操纵手柄的位置和各传感器发出的控制信号，将液压泵输出压力加以精确调节控制行星齿轮变速器执行机构的工作，实现自动换挡。同时，它还负责向润滑、冷却系统供油。

(4) 电子控制系统　它由传感器、执行器、各种控制开关和电控单元（ECU）组成。传感器将发动机和汽车的行驶参数转变为电信号，然后送给电控单元，电控单元收到这些信号后，根据设定的换挡规律实现自动换挡。

(5) 油冷却系统　它是在自动变速器的外部设置一个散热器，有的装在水箱处，有的装在自动变速器上，通过管路与阀板连接，用于散发自动变速器内液压油在工作中产生的热量。

二、手动变速器的故障诊断

手动机械式变速器常见的故障有异响、换挡困难和跳挡等。

1. 变速器异响

(1) 现象　变速器在工作过程中发出不正常的响声，如“呼隆、呼隆”声及尖锐、清脆的金属撞击声。

(2) 原因　变速器异响的根本原因是由于轴承磨损松旷、齿轮啮合失常或润滑不良所致。变速器轴承经常处在高转速、重负荷条件下工作，轴承滚动体与滚道容易产生严重的磨损、疲劳剥落、烧蚀或破碎等现象，致使轴承的轴向和径向间隙变大。当转速变化、负荷增加或润滑不良时，就会因滚动体与滚道间的相互撞击而产生异响；当齿轮严重磨损或轴承磨损松旷，导致两啮合齿轮中心线的相对位置发生变化时，齿轮的正常啮合间隙或啮合印痕受到破坏，这样的齿轮在高转速传递动力时，会发出不正常的金属撞击噪声。引起异响的具体原因如下：

1) 啮合齿轮的轮齿磨损严重，啮合间隙过大；齿轮内孔表面磨损严重，配合松旷；个别轮齿折断或齿面剥落、脱层及缺损；齿轮端面圆跳动或径向圆跳动超标。

2) 轴承磨损严重，轴承内（外）座圈与轴颈（孔）配合松动；轴承弹子碎裂、滚道损坏。

3) 变速器第一轴、第二轴及中间轴产生弯曲变形或其轴承松旷引起齿轮啮合间隙不当。

4) 齿轮或轴上的配合花键过度磨损。

5) 同步器磨损严重或损坏。

6) 变速器自锁装置损坏。

7) 变速器缺少专用润滑油或油质不符合要求。

(3) 诊断　变速器内部运动件较多，发出的声响比较复杂，因此在诊断变速器异响故障时，既要根据响声特征，又要根据异响出现的时机，正确地分析、判断异响发出的部位及产生异响的原因。其诊断方法如下：

1) 检查变速器内的专用润滑油，当油量不足或油质不符合要求时，换油再试，若异响消除，则故障为润滑不良所致。

2) 汽车在行驶时，若挂入任何挡位，变速器均发出一种无节奏的“呼隆、呼隆”的响声，且车速越快，响声越大。汽车空挡，离合器接合时，响声不减，而踏下离合器踏板，响声消失，则可诊断为第一轴轴承响。

3) 汽车在行驶时，若将变速杆挂入任何挡位都发出“呼隆、呼隆”的响声，而挂入空挡时不响，则可诊断为第二轴或中间轴轴承响。

4) 让发动机怠速运转，将变速器置于空挡，若变速器发出尖锐、清脆的金属撞击声，则多为常啮合齿轮响。若空挡不响，挂入某挡位时发响，则为该挡的换挡齿轮发响。

5) 汽车路试时，若齿轮的异响均匀而过大，则多为齿面磨损过甚、啮合间隙过大或花键配合间隙太大所致；若异响过大而不均匀，则多为齿面损伤、齿面变形、轮齿折断或齿轮轴变形所致。

6）若汽车路试挂挡时，经常发出齿轮的撞击声，则多为同步器损坏而丧失无冲击换挡功能所致；或为变速器自锁装置中换挡拨叉轴凹槽、钢球磨损严重及自锁弹簧疲劳、折断造成挂挡时越位所致。

2. 变速器换挡困难

（1）现象　变速器不能顺利地挂入挡位，挂挡时往往伴有齿轮撞击声。

（2）原因　变速器换挡困难的根本原因是汽车换挡时待啮合齿的圆周速度不相等，或换挡拨叉轴移动时的阻力过大。其具体原因如下：

1）离合器调整不当，使离合器分离不彻底。

2）变速杆弯曲变形及操纵机构调整不当。

3）换挡拨叉轴弯曲变形，换挡拨叉轴与其导向孔配合过紧或缺油严重锈蚀。

4）换挡拨叉弯扭变形与叉轴不垂直。

5）锁止装置弹簧的张力过大，其锁止钢球或锁销损坏。

6）同步器损坏。

（3）诊断　首先判断离合器是否能分离或分离是否彻底，在确定离合器工作正常的情况下，起动发动机进行汽车起步和路试的换挡试验：由低速挡顺序换到高速挡位，再由高速挡顺序换至低速挡位。若某挡位不能挂入或勉强挂入后又难以退出，或挂挡过程中有齿轮撞击声，则说明该挡位换挡困难。当变速器换挡困难时，可按下述方法诊断故障的具体原因如下：

1）检查变速杆是否弯曲变形，其操纵机构调整是否合适。

2）拆下变速器盖，检查变速叉轴的运动情况，以确定其叉轴是否弯曲变形，是否缺油锈蚀，是否与导向孔配合过紧。

3）检查自锁与互锁钢球是否损坏，其锁止弹簧是否张力过大。

4）检查换挡拨叉是否弯扭变形，换挡拨叉与其叉轴是否垂直。

5）如上述检查正常，对于装有同步器的变速器，应检查同步器是否损坏。锁环式同步器检查的主要内容有：同步器是否完整，同步器锁环内锥面螺旋槽、锁环的环齿、锁环的缺口是否磨损过度，同步器滑块的磨损情况及同步器弹簧张力是否过弱。

3. 变速器跳挡

（1）现象　汽车在行驶过程中，变速杆自动跳回空挡位置，换挡啮合副自动脱离啮合状态。此现象多发生在汽车重载、加速或爬坡时。

（2）原因　变速器跳挡的根本原因是换挡啮合副在动力传递时，产生较大的轴向作用力，使其啮合副脱离啮合位置；或变速器挂挡时，啮合副未能全齿长啮合，当汽车振动或变负荷行驶时，导致跳挡。其具体原因如下：

1）变速器自锁装置失效。自锁钢球磨损严重，自锁弹簧疲劳、折断，定位凹槽磨损严重或沿轴向磨损成沟槽。

2）换挡拨叉及其叉轴磨损严重，换挡拨叉与叉槽配合间隙过大。

3）换挡拨叉及其叉轴弯曲变形。

4）换挡齿轮、齿圈或齿套，在啮合部位沿齿长方向磨损成锥形。

5）变速器轴、轴承严重磨损松旷，壳体变形，啮合齿轮的轴线不平行或一、二轴不平行。

6）滑动齿轮与轴的花键磨损严重，配合间隙过大。

7）变速器轴的轴向间隙过大。

（3）诊断　汽车在中、高速行驶时，采用突然加、减速的方法，使齿轮承受较大的交变负荷，检查是否跳挡；或利用汽车上坡或平路高速行驶时的点制动，使变速器传递较大的负荷，检查是否跳挡。逐挡进行路试时，若变速杆在某挡自动跳回空挡，即诊断该挡跳挡。当变速器某挡跳挡时，可按下述方法诊断故障的具体原因如下：

1）用手扳动变速杆作挂、退挡的手感检查，若感觉阻力很小，甚至无钢球落入凹槽的感觉，则故障在自锁装置，如拨叉轴凹槽、钢球磨损严重或自锁弹簧疲劳、折断等。

2）若手感正常，则将变速杆重新挂入该挡，然后拆下变速器盖察看换挡齿轮的啮合情况。若齿轮未完全啮合，用手推动跳挡的齿轮或齿套能正确啮合，则故障为换挡拨叉弯曲、磨损过大或换挡拨叉固定螺栓松动所致。

3）若换挡齿轮啮合良好，则将换挡滑动齿轮或齿套退回空挡位置，检查其啮合部位是否磨成锥形。

4）若啮合部位正常，则应检查该挡相啮合齿轮的轴向间隙或径向间隙是否过大。

5）若上述均正常，则故障多为变速器轴与轴承严重磨损松旷、壳体变形、轴线不平行所致。

三、自动变速器的故障诊断

电子控制自动变速器由变速器机械系统、液压控制系统和电子控制系统组成。当自动变速器工作异常或出现故障时，应按一定的程序和步骤，通过对自动变速器的检测，确定故障存在的系统部位，然后按系统进行故障的诊断和排除。

1. 电控系统故障的诊断

自动变速器电子控制系统主要由电子控制单元 ECU、传感器及控制电磁阀组成。其传感器的作用是反映车速、节气门开度、操纵手柄位置及发动机冷却液温度等信息并以电信号的形式送给 ECU，而 ECU 则根据各种传感器发来的信号确定换挡时刻和锁止时刻，并相应地控制液压控制系统的电磁阀，从而实现对换挡时刻和锁止时刻的精确控制。因此，当电控系统出现故障时，其故障存在的部位应为传感器、ECU、控制电磁阀及其控制电路。现代汽车电子控制自动变速器都具有故障自诊断功能，当自动变速器电控系统出现故障时，自动变速器 ECU 自诊断系统能将其故障以故障码的形式存入电控单元存储器，以便于对故障的检测和诊断。故障诊断时维修人员应尽量利用系统的自诊断结论进行故障排除，当无故障码而故障又确实存在于电控系统时，则应根据故障现象进行故障诊断。

（1）利用汽车故障计算机诊断仪诊断　电子控制自动变速器电控系统的故障可以利用汽车故障计算机诊断仪诊断。汽车故障计算机诊断仪实际上是一个小型电子计算机，其软件存储有各种不同车型的电控单元及其控制系统的检测程序和数据资料，并配有各种专用的检测插头。诊断时，将诊断仪和汽车上的专用故障诊断插座连接，点火开关置于 ON 位置，输入汽车的型号和车辆识别码，诊断仪就能从软件中调出相应的检测程序，按检测人员的要求进行如下工作：

1）故障码的读取。按照一定的操作方式进入系统的自诊断模式，调出自动变速器的故障码。通过故障码的读取，可对自动变速器电控系统中大部分传感器及开关线路的短路、断路以及传感器或开关损坏所导致的无输出信号等故障进行诊断。

2）故障码的清除。当自动变速器电控系统故障排除后，应清除电控单元存储器中的故障码。其故障码的清除可通过汽车故障计算机诊断仪发出指令来进行，免除了人工清除故障码造成的许多麻烦。

3）电子控制系统工作过程的检测。诊断仪可对自动变速器电控单元及其控制电路、传感器、执行器及开关等进行检测，并可将电控单元的运行情况和各输入、输出电信号瞬时值，如各传感器的信号、电控单元的计算结果、控制模式以及向各执行器发出的控制信号等电路诊断参数在屏幕上显示出来，使自动变速器整个电控系统的工作情况一目了然。检测人员可将检测数据与标准值进行比较，从而准确地判断故障发生的部位。

4）对汽车进行模拟试验。通过诊断仪向电控单元发出指令，对汽车进行模拟试验，例如：模拟汽车加速、换挡等各种行驶状态，检测电子控制自动变速器的 ECU 发出的换挡控制、锁止控制、油压控制等各种控制信号是否正常；或模拟某个电磁阀工作，检查其性能是否正常等。这种功能特别适合于诊断自动变速器电控系统执行器及其控制电路的故障。

5）路试诊断。在汽车行驶过程中，利用汽车故障计算机诊断仪诊断故障效果较好。行驶时，诊断仪检查 ECU 发出换挡控制信号的时刻，可以准确地判断 ECU 的换挡控制是否正常。若换挡控制不正常，发出换挡信号的时刻太早、太迟或没有发出换挡信号，则说明控制系统的 ECU、传感器或控制电路有故障；若换挡控制信号正常，但 ECU 发出信号后自动变速器没有响应，则说明换挡电磁阀或控制电路有故障；若 ECU 发出换挡信号后自动变速器有响应，但出现打滑现象，则可以准确地判断出打滑的是哪一个挡位或哪一个换挡执行元件，从而有针对性地进行拆修。

（2）利用故障码表进行故障诊断　当无汽车故障计算机诊断仪时，可以利用人工方法进入电控系统的自诊断模式进行故障码的读取，然后根据故障码的含义进行故障诊断。

1）故障码的读取与清除。通常，不同公司的电子控制自动变速器故障码人工读取与清除方法不同，其故障码的含义也各不相同。下面以日本本田公司 BAXA 型自动变速器为例，说明其故障码的读取、清除方法及故障码的含义。

故障码的读取：在读取故障码之前，确保汽车蓄电池电压正常。其故障码的读取步骤如下：

① 用 SCS 短接接线器与位于驾驶席侧仪表板下的维修诊断插头连接，如图 8-3 所示。

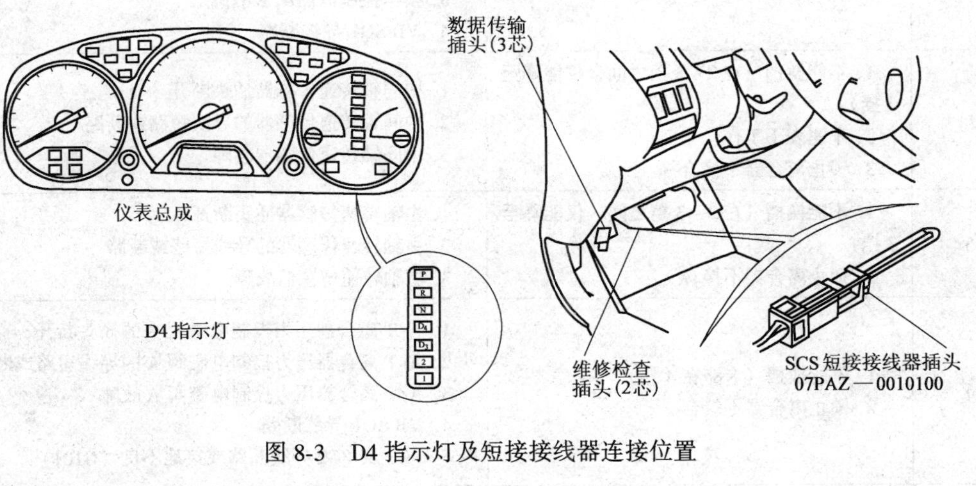

图 8-3　D4 指示灯及短接接线器连接位置

② 点火开关转至 ON 位置，观察 D4 指示灯。D4 指示灯将以闪烁频率来显示故障码（DTC）。其故障码的显示规律是：故障码的个位代码以短闪的形式显示，而十位故障码则以长闪的形式显示，一个长闪等于 10 个短闪。如图 8-4 所示的故障码分别为故障码 1、故障码 2、故障码 14。若电控系统出现多个故障，在显示出第一个故障码后，D4 指示灯则以新的闪烁规律显示下一个故障码，检查时可依次记下这些故障码。其故障码的含义如表 8-1 所列。

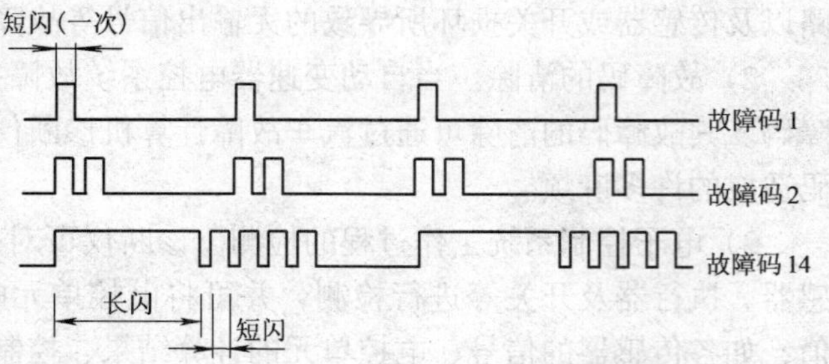

图 8-4　故障码读取示例

③ 点火开关转至 OFF 位置，拆去短接接线器。

表 8-1　BAXA 型自动变速器电控系统故障码表

诊断故障码	症　状	可能的原因
1	1. 锁止离合器不接合 2. 锁止离合器不分离 3. 不能换挡（卡滞在 4 挡）	1. 锁止控制电磁阀/换挡控制电磁阀 A 总成插头断开 2. 锁止控制电磁阀导线短路或断路 3. 锁止控制电磁阀故障 4. VB SOL 导线断路
5	1. 除 2 挡 3 挡外不能换挡 2. 锁止离合器不能接合	1. A/T 挡位位置开关导线短路 2. A/T 挡位位置开关故障
6	无特殊症状出现	1. A/T 挡位位置开关插头断开 2. A/T 挡位位置开关导线断路 3. A/T 挡位位置开关故障
7	不能换挡（卡滞在 4 挡）	1. 锁止控制电磁阀/换挡控制电磁阀 A 总成插头断开 2. 换挡控制电磁阀 A 的导线短路或断路 3. 换挡控制电磁阀 A 故障 4. VB SOL 导线断路
8	不能换挡（卡滞在 4 挡）	1. 换挡控制电磁阀 B 插头断开 2. 换挡控制电磁阀 B 导线短路或断路 3. 换挡控制电磁阀 B 故障 4. VB SOL 导线断路
9	1. 不能换挡（在 2～3 挡之间，仅能降至 3 挡） 2. 车速表不工作 3. 锁止离合器不接合	1. 中间轴转速传感器插头断开 2. 中间轴转速传感器的导线短路或断路 3. 中间轴转速传感器故障
15	1. 不能换挡（在 2～3 挡之间，仅能降至 3 挡） 2. 锁止离合器不接合	1. 主轴转速传感器插头断开 2. 主轴转速传感器的导线短路或断路 3. 主轴转速传感器故障
16	1. 不能换挡（卡滞在 4 挡） 2. 锁止离合器不接合	1. A/T 离合器压力控制电磁阀 A 的插头断开 2. A/T 离合器压力控制电磁阀 A 的导线短路或断路 3. A/T 离合器压力控制电磁阀 A 故障 4. VB SOL 导线断路 5. PG1 及 PG2 导线断路或接地不良（G101）

（续）

诊断故障码	症　状	可能的原因
22	不能换挡（卡滞在4挡）	1. 换挡控制电磁阀C的插头断开 2. 换挡控制电磁阀C的导线短路或断路 3. 换挡控制电磁阀C故障 4. VB SOL导线断路
23	1. 不能换挡（卡滞在4挡） 2. 锁止离合器不接合	1. A/T离合器压力控制电磁阀B的插头断开 2. A/T离合器压力控制电磁阀B的导线短路或断路 3. A/T离合器压力控制电磁阀B故障 4. VB SOL导线断路 5. PG1及PG2导线断路或接地不良（G101）
25	无特殊症状出现	1. 2挡离合器压力开关插头断开 2. 2挡离合器压力开关的导线短路或断路 3. 2挡离合器压力开关故障
26	无特殊症状出现	1. 3挡离合器压力开关插头断开 2. 3挡离合器压力开关导线短路或断路 3. 3挡离合器压力开关故障

故障码的清除：自动变速器电控系统故障排除后，应清除故障码，其步骤如下：

① 点火开关转至OFF位置。

② 从发动机盖下的熔丝/继电器盒中取下备用熔丝（7.5A），等候10s，即可清除故障码，然后重新安装备用熔丝（7.5A）。

③ 应重新设置收音机的预置频率和时钟。因为在拆下备用熔丝时，原收音机的预置频率和时钟的设置会自动取消。

2）利用故障码表进行诊断。读取故障码后，可根据故障码表，找出故障的症状及可能的原因，并进行故障的诊断和排除。

目前，在每种车型原车的维修手册中，对于电子控制自动变速器故障码中的故障都有故障的可能原因、部位和详细的故障诊断流程及诊断方法可查。因此，对于有这种资料的检测人员来说，利用故障码中提供的方法进行故障诊断，显然是最好的选择。这种方法就是利用随车自诊断系统读取的故障码，根据车型在其维修手册中查找故障码对应的故障、故障部位和检查方法，然后进行故障诊断，主要是对电路进行诊断。诊断时，要严格按照维修手册中方法、步骤进行。一般说来，目前自动变速器故障码表上的故障原因是一个范围，其故障到底是什么具体原因引起，其电控系统的自诊断无法确定。因此，每种故障码的真正故障诊断还是得依靠检测人员通过一些常用工具和电路的标准诊断参数，根据故障诊断流程及诊断方法来进行诊断。

（3）根据故障现象进行故障诊断　目前，电子控制自动变速器的自诊断系统还不能检测出电控系统中所有类型的故障，特别是部分执行器的故障以及传感器精度误差引起的故障。因此，在无故障码或不能取得故障码的情况下，对自动变速器电控系统的故障，则要根据故障现象进行故障分析，并通过检测工具和一定的检测手段以及被测车型的详细维修技术资料进行故障诊断。例如，在电子控制自动变速器控制电路中，其ECU插头的端子都有规定的测量条件及相应端子参数标准，当电控系统发生故障时，其测量参数将会发生变化，此时利用常用检测工具可测出其电压条件的变化，从而诊断故障；利用检测工具检测控制电路的短路、断路情况以及控制元件的性能参数，从而确定故障部位。

1）一般检查。一般检查主要是检查与电路有关的外表、直观、常出故障部位，而这些部位对自动变速器电控系统的正常工作影响较大。通过对这些部位的检查，有时可以迅速排除自动变速器电控系统的故障。其检查如下：

① 检查蓄电池电压，其电压应符合标准。

② 自动变速器电控系统外观检查，主要检查导线是否破裂、损坏，接线柱、插接器、接地线是否腐蚀、松动、接触不良。这些可通过万用表电阻挡检查导通状况，当系统工作时可通过万用表电压挡测量电压降以及目测来诊断。

③ 检查自动变速器电控系统的熔丝是否烧断，可用万用表进行精确检查。

2）传感器故障诊断。自动变速器 ECU 是依赖传感器提供的信号进行控制的，而一旦传感器损坏或工作不正常，则变速器电控系统将会工作失常，出现故障。因而传感器故障的诊断是电控系统故障诊断的重要一环。传感器故障可以用万用表诊断。检测时，利用专用的检测接线盒插孔可以快速诊断故障。

① 节气门位置传感器故障诊断。节气门位置传感器多为滑片电阻式电位计，其输出的信号取决于节气门的开度：当节气门关闭时，它传送给 ECU 很小的电压，当节气门逐渐开大时，其输出电压逐渐增加。节气门位置传感器常见的故障有：内部接触不良、信号线路短路或断路故障。故障诊断时，可使用指针式万用表，因为传感器电阻或电压随节气门位置的变化通过指针反应十分明显。节气门位置传感器有三线式和四线式的，但其故障的诊断方法基本相似，下面以三线式节气门位置传感器（图 8-5）为例说明其故障诊断的常规步骤。

a：检查节气门位置传感器。其方法是：点火开关置于 OFF 位置，拔开节气门位置传感器插头，使用万用表的电阻挡在 B、C 两端测量传感器电阻，并观察从缓缓踩下加速踏板直到踩到底时传感器电阻的变化及仪表指针的波动情况。检测时轻轻地拍一下传感器，若指针波动较大，说明传感器有故障。

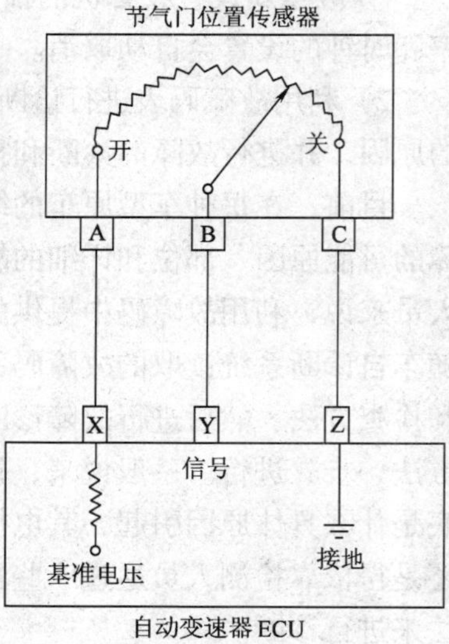

图 8-5　节气门位置传感器

各种节气门位置传感器都有其标准的电阻值，其电阻标准因车型不同而有所差异，通常在其维修手册中可查到。检测时，若电阻为∞，说明节气门位置传感器内部断路，应将其更换；若电阻值不正常，或加速踏板在缓缓踩下过程中，电阻值忽大忽小不连续变化，则说明节气门位置传感器内部接触不良，应将其更换；若电阻的测量值及其与节气门开度的变化规律符合其维修标准，则说明节气门位置传感器本身无故障。此时，可进行下一步诊断。

b：检查节气门位置传感器电源。其方法是：点火开关置于 ON 位置，用万用表的电压挡测量 3 孔插座的 X、Z 端子之间的电压，其标准电压可根据车型查其维修手册得到。

若测出的电压值为规定的数值，说明符合要求；若电压无或不正常，则故障可能在节气门位置传感器线路或自动变速器 ECU，可进行下一步诊断。

c：检查节气门位置传感器线路。其方法是：点火开关置于 OFF 位置，拔开自动变速器 ECU 插接器，再将点火开关转至 ON 位置，测量 ECU 节气门位置传感器基准电压输出端子 X 的对地电压，其基准电压应符合原车的标准。

若测得的电压为零或不正常，应检查 ECU 的电源，若 ECU 电源正常，则故障在自动变速器 ECU；若测得的电压在标准范围内，则说明故障在节气门位置传感器至自动变速器 ECU 之间的线路。此时，可用万用表对该段线路的短路或断路故障进行确诊。

② 变速器输入轴、输出轴转速传感器故障诊断。自动变速器的转速传感器多为磁电式传感器，其常见的故障是：传感器感应线圈短路或断路；传感器信号线短路或断路。自动变速器输入轴、输出轴转速传感器检测信号的原理相同，其结构及参数因车型不同而略有差异，但对其故障的诊断方法却基本相同，下面以输出轴转速传感器为例说明其常规诊断步骤。

a：检查传感器的动态信号。方法是：将汽车驱动桥用举升装置举起，在自动变速器 ECU 相应传感器信号端子之间接上电压表，使发动机运转，将操纵手柄置于 D 位，若电压表指针摆动，其电压在 0.5V 以上（电压随车速上升而增大），说明传感器有输出脉冲，其工作正常；若无电压或信号太弱，则进行下一步诊断。

b：检查转速传感器。其方法是：点火开关置于 OFF 位置，拔出转速传感器的两芯插头，然后用万用表电阻挡测量传感器两端子之间的电阻。传感器电阻的标准通常是几百欧到几千欧不等，因车型而异，其标准可通过维修手册查得。

若测出的电阻值为零，说明传感器有短路故障，若电阻值为∞，说明存在断路故障，只要电阻值不符合标准，均应更换传感器。若测量值符合标准，则说明传感器本身电路无故障，但此时无动态信号，可能是传感器安装不当或传感器转子与磁极的间隙为零所致，也可能是传感器与自动变速器 ECU 端子之间线路的短路或断路故障引起，这可通过万用表对转速传感器信号电路进行检查而确诊。

转速传感器还有多种型式，通常可根据其工作原理来制定诊断方法。对于弹簧式转速传感器，其故障的诊断方法是：用万用表电阻挡测量传感器工作时簧片触点的开关情况，从而检查传感器是否工作正常。

③ 温度传感器故障诊断。向自动变速器 ECU 发送温度信号的温度传感器（如发动机冷却液温度传感器、自动变速器油温传感器）其工作原理相同，它们的敏感元件均是负温度系数的热敏电阻，其常见的故障是：传感器内部断路；电阻特性不良；传感器信号电路短路或断路故障。对它们的诊断方法基本相同，下面以发动机冷却液温度传感器为例说明其常规诊断步骤：

a：检查发动机冷却液温度传感器。其方法是：点火开关置于 OFF 位置，拔出发动机冷却液温度传感器的 2 芯插头，拆下发动机冷却液温度传感器，再按图 8-6a 所示方法置于加满水的烧杯中，然后将水加热，并同时测量在不同温度下传感器两接线端之间的电阻；最后将测量的电阻值与标准值进行比较。其标准的电阻随温度变化的曲线如图 8-6b 所示。

若测出的电阻与温度的变化不符合标准，则说明发动机冷却液温度传感器有故障；若测量值符合标准温度，则发动机冷却液温度传感器正常，故障可能在传感器线路或自动变速器 ECU，可进行下一步诊断。

b：检查传感器线路。其方法是：点火开关置于ON位置，测量发动机冷却液温度传感器插头电源两端子电压，所测值应符合标准。

若无电压或电压过低，则应检查传感器与ECU之间的线路。若线路正常，则故障在自动变速器ECU或其电源。

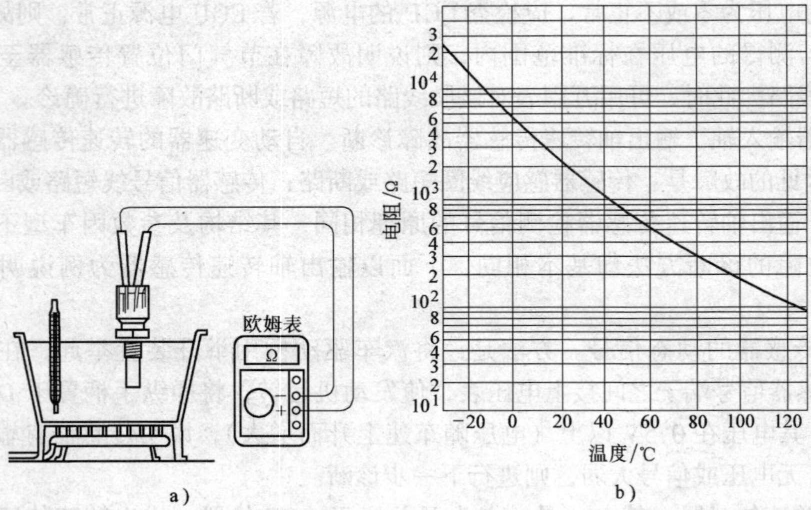

图8-6 发动机冷却液温度传感器故障诊断

a）发动机冷却液温度传感器检测方法 b）标准电阻温度特性曲线

3）控制电磁阀故障诊断。自动变速器ECU是通过对各种控制电磁阀的通、断电，使其产生动作从而改变液压系统中的控制油路或控制压力的。因而控制电磁阀产生故障时，其自动变速器不能正常工作。导致控制电磁阀不能正常工作的主要原因有：电磁阀线圈短路或断路；电磁阀阀心卡滞；电磁阀电源或控制信号异常。自动变速器控制电磁阀的类型有脉冲式（如压力调节电磁阀）和开关式（如换挡电磁阀）两种，尽管它们的工作方式有所不同，但对其故障的诊断方法却基本相似，下面以开关式电磁阀为例说明其常规诊断步骤。

① 检查电磁阀的电阻。其方法是：点火开关置于OFF位置，拔开电磁阀插头，测量电磁阀电阻，其标准电阻因车型而异，范围一般为10~40Ω，通常在维修手册中可查到。

若电阻值不正常，说明电磁阀存在短路或断路故障；若电阻值符合标准，则进行下一步诊断。

② 检查电磁阀的动作。其方法是：将蓄电池电源串联一个20A的熔丝，并按照规定的极性将电磁阀的两端子与蓄电池电源正、负极作通电与断电的测试，注意是否听到“咔嗒”声。

若无声音，则表示电磁阀不能动作，原因是卡滞或损坏，存在机械故障；若有“咔嗒”声，动作灵敏，则表示电磁阀的力学性能正常，其电磁阀本身无机、电故障，可进行下一步诊断。

③ 检查电磁阀插头电源。其方法是：点火开关置于ON位置，测量换挡电磁阀插头电源端子的对地电压，其标准电压应为蓄电池电压。

若电压符合标准，则故障可能在ECU或电磁阀的控制信号不正常；若无电压或电压很低，则进行下一步诊断。

④ 检查电磁阀线路。其方法是：点火开关置于 OFF 位置，拔开自动变速器 ECU 插接器，再将点火开关置于 ON 位置，测量 ECU 用来控制其电磁阀的端子对地电压，应为蓄电池电压。

若电压无或很低，则应检查 ECU 电源，若 ECU 电源正常，则需更换 ECU 后再进行重试；若电压正常，则电磁阀至 ECU 之间的线路存在短路或断路故障。

⑤ 路试检查。当上述诊断正常或排除故障后，可进行路试检查。有的电磁阀在小节气门开度时工作很好，但当压力增加后会渗漏。路试中，自动变速器若在小节气门开度时换挡优良，而在重载或节气门全开时换挡粗暴，则电磁阀可能存在渗漏故障。

需要注意的是，脉冲式电磁阀由于其线圈电阻较小（约为 1～6Ω），因而在进行电磁阀的动作检查时，应将蓄电池电源串联一个 8～10W 的灯泡，不可直接与蓄电池电源相连，否则会烧毁电磁阀线圈。

4）自动变速器 ECU 故障诊断。ECU 通常具有较高的工作可靠性，出故障的概率较小，但 ECU 出故障时将导致自动变速器电子控制系统完全失常。ECU 故障诊断的常用方法如下：

① 利用 ECU 端子标准参数进行诊断。ECU 端子标准参数，是指自动变速器处于正常工作状态时，在规定的测量条件下，其 ECU 各端子具有的电压值。利用 ECU 端子的标准参数进行诊断，就是通过测量 ECU 各端子的工作电压来判断 ECU 工作是否正常的一种方法。通常 ECU 端子的标准参数，由原厂提供，各种车型的标准参数也不尽相同。因此，利用这种方法诊断，需要有详细的技术资料为依据。为了便于诊断，这些资料应包括：被测车型的 ECU 各端子标准参数、电路图及检测规范。其诊断方法如下：

a：点火开关置于 ON 位置。

b：按照规定的测量条件，操作自动变速器。

c：用电压表测试笔从 ECU 插按器背部（即线束侧）插入，测试各端子与接地线间的电压。

将测试值与各自相应的标准值进行比较从而诊断故障，若在检测中发现某一端子的实际工作电压与标准值不符，则表明 ECU 或控制电路存在故障；通过检测，若输入传感器、开关部分、执行器及控制线路正常，则表明 ECU 存在故障。在测试 ECU 端子的工作电压时应注意：检测前应将各插头、ECU 电源确切可靠地连接，并确保蓄电池电压正常；必须使用高阻抗的电压表，低阻抗的电压表可能会损坏 ECU。

② 通过比较法诊断。所谓比较法是指利用性能良好的同型号自动变速器 ECU 替换可疑 ECU 而进行故障诊断的一种方法。替换后，若控制电路的工作状态由异常变为正常，则表示原 ECU 有故障；若换上良好的 ECU 之后，其电控系统仍然工作不正常，则原 ECU 可能无故障。该法是诊断 ECU 的主要方法，在实际检测中得到了广泛的应用。

③ 通过检测 ECU 输出信号诊断。若 ECU 的输入信号正常而输出信号不正常，则 ECU 可能存在故障。ECU 输出信号可通过万用表进行检测，现以丰田汽车电子控制自动变速器为例说明 ECU 输出的换挡控制信号的检测方法：

a：起动发动机并运转至正常工作温度（发动机冷却液温度大于 80℃）。

b：将超速挡开关置于 ON 位置。

c：按下模式选择开关，使之位于“NORM（普通）”方式。

d: 将万用表（直流电压挡）的正极测笔接 T_T 插孔，负极测笔插 E_1 插孔（如图 8-7 所示）。

e: 将换挡操纵手柄置于 D 位，踩下加速踏板，让汽车加速行驶。

f: 路试车速超过 10km/h 后，注意车身的轻微振动（意味着换挡），并观察万用表的指示情况，记下换挡时万用表指示的电压，即换挡信号。

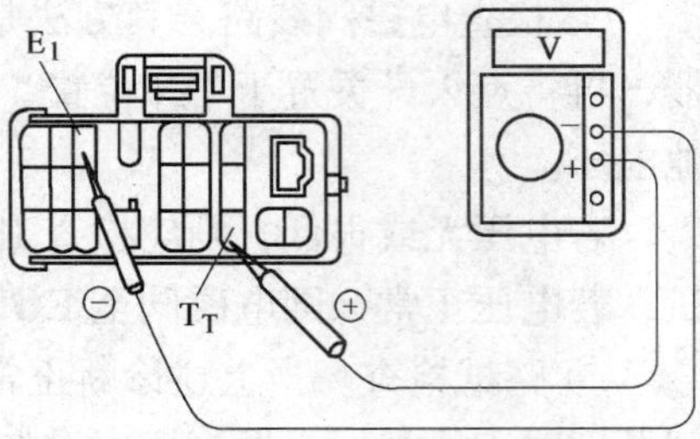

图 8-7　在故障检测插座上测电压

正常情况下，ECU 发出的换挡信号电压与换挡的挡位具有严格的对应关系，见表 8-2。其规律是：随着挡位的升高，万用表的指示电压将作阶跃性增大，每次电压增大的时刻即为 ECU 发出升挡控制信号的时刻。若换挡时测出的信号电压与规定的标准电压不符，则说明换挡控制信号不正常。若 ECU 输入信号正常，则可能 ECU 存在故障或控制电路存在故障。

表 8-2　换挡信号电压与换挡挡位的标准关系

换挡挡位	换挡信号电压/V
1挡	0
2挡	2
2挡、锁止离合器接合	3
3挡	4
3挡、锁止离合器接合	5
4挡	6
4挡、锁止离合器接合	7

2. 机械及液压控制系统故障的诊断

在确认自动变速器电子控制系统无故障后，而自动变速器仍然不能正常工作，则表明机械或液压控制系统存在故障。机械及液压控制系统的故障多集中在液压控制机构的堵、漏、卡和执行元件的磨损、失调等方面。通常，其故障可通过机械试验，即失速试验、液压试验、时滞试验及道路试验加以区分和诊断。

尽管每种车型的电子控制自动变速器的具体结构有所差异，但它们的工作原理及控制方法是基本相同的，造成每种故障的原因，特别是一些常见故障的原因，都具有一定的范围。因此可通过参考常见故障的诊断方法来进行各种故障诊断。通常将自动变速器机械及液压控制系统常见故障的诊断方法制成诊断表，人们可参考故障诊断表进行故障诊断。各种车型自动变速器的诊断表可由原车维修手册提供。只要根据不同车型、不同故障来灵活运用故障诊断表，就可以缩小故障的诊断范围，减少故障的诊断时间，提高故障的诊断效率。

有些机械或液压控制系统故障可能有多种原因引起或者说有多个产生故障的部位，其故障的诊断通常比较复杂，因而要做到真正的确诊故障，必须要熟悉其结构、原理、诊断标准及故障机理分析。

第二节　制动系统的故障诊断

汽车制动系统是保障汽车行车安全，充分发挥汽车动力性，提高汽车运用效率和运输生产率的必要装置。随着汽车速度的不断提高和对安全性要求的增强，汽车上必须装有制动性能和制动稳定性良好、工作可靠、操纵轻便的制动系统。

一、制动系统的类型、结构和组成

汽车上的制动系统有多种分类方式。按功用可分为行车制动系统、驻车制动系统、第二制动系统和辅助制动系统；按制动能源可分为人力制动系统、动力制动系统和伺服制动系统；按制动能量的传输方式还可分为机械式、液压式、气压式和电磁式等。

制动系统一般由供能装置、控制装置、传动装置、执行装置（又称制动器有鼓式和盘式两种）四个基本部分组成。较为完善的制动系统还具有制动力调节装置、报警装置、压力保护装置等附加装置。

此外，随着电子技术的发展和微型电子计算机在汽车上的运用，20 世纪 90 年代以后，电子控制的汽车防抱死制动系统（ABS）应用得越来越多，ABS 的广泛应用，全面提高了汽车的制动性能。

1. 气压制动系统

气压制动系统是一种动力制动系统，气压制动系统的制动力源是压缩空气，驾驶员通过制动踏板操纵气压控制元件，由这些元件打开或关闭气压回路，给制动器提供动力。目前汽车上使用的气压制动系统一般采用双管路气压传动装置，即前、后桥的制动回路相互独立，保证其中一个回路发生故障时，另一回路仍能继续工作，以提高汽车的行驶安全性。

气压制动系统通常由空气压缩机、储气筒、调压阀、制动控制阀、制动气室以及其他辅助装置及管路等组成。东风 EQ 1090 型汽车制动系统如图 8-8 所示。

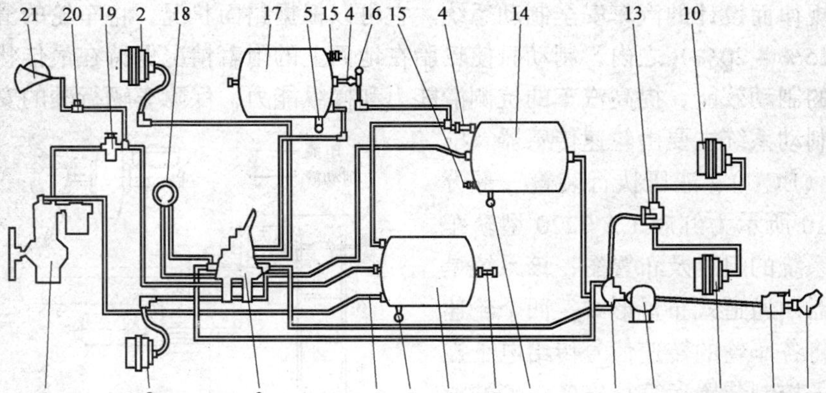

图 8-8　东风 EQ 1090 型汽车制动系统示意图

1—空气压缩机　2—前制动气室　3—并列双腔式制动阀　4—储气筒单向阀　5—防水阀　6—湿储气筒　7—溢流阀　8—梭阀　9—挂车制动阀　10—后制动气室　11—挂车分离开关　12—连接头　13—快放阀　14—主储气筒（供前制动器）　15—低压报警器　16—取气阀　17—主储气筒（供后制动器）　18—双针气压表　19—气压调节阀　20—气喇叭开关　21—气喇叭

2. 液压制动系统

液压制动系统是利用制动液作为传力介质传递制动力的。在现代汽车上，较多采用液压伺服制动系统，伺服制动系统是在人力液压制动系统的基础上加装一套加力装置，即兼用人力和发动机动力的制动系统。伺服制动系统有多种类型，常用的有真空增压式液压制动系统、真空助力式液压制动系统、气压增压式液压制动系统等。

图 8-9 所示为真空增压式液压制动装置的管路布置示意图，主要由车轮制动器、制动主缸、辅助缸、加力气室、真空筒等组成。其制动液压主缸由制动踏板控制，用油管与真空增压器的辅助缸相连。真空增压器辅助缸的出油管与双活塞安全缸进油口相连，安装在气缸的出油管分别与前后轮缸相连，发动机进气支管通过单向阀与真空筒相连，真空筒则与真空增压器的加力气室相连。

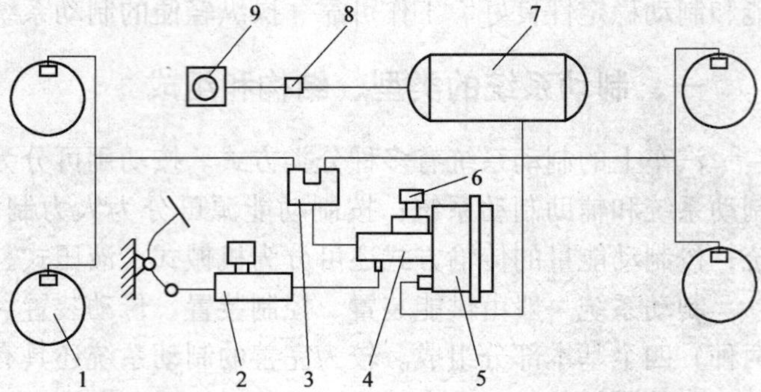

图 8-9 真空增压式液压制动系统示意图

1—车轮制动器 2—制动主缸 3—双活塞安全缸 4—辅助缸 5—加力气室 6—控制阀 7—真空筒 8—单向阀 9—进气管

制动时，驾驶员踩下制动踏板，自主缸压出的油液进入辅助缸，由此一路进入前后制动轮缸，另一路进入真空增压器上的控制阀，使控制阀打开真空增压器的加力气室，这时由于发动机进气支管产生的真空度，使真空增压器加力气室中的推杆推动辅助缸中的活塞，将制动液一起压往前、后轮缸。当真空增压器失效时，从液压制动主缸输出的油液仍能通过辅助缸进入前后制动轮缸，整个液压制动系统仍能工作，只是所需踏板力要大一些。

3. 防抱死制动系统

防抱死制动系统（ABS）是根据汽车在不同的车轮滑移率下所对应的轮胎与地面间附着系数的变化规律而设计的汽车安全制动系统。它可以根据路面状况，将车轮的滑移率控制在某一范围（15%～20%）之内，制动时使轮胎在地面上的附着情况保持在最佳状态，从而充分发挥汽车的制动效能，提高汽车的抗侧滑能力和操纵能力，保障车辆行驶的安全性。

防抱死制动系统主要由轮速传感器、电子控制装置（ECU）、液压执行装置三部分构成。图 8-10 所示为红旗 CA 7220 型轿车防抱死制动系统的组成及布置图，该系统是四轮速传感器四通道式布置形式。四个轮速传感器分别将各车轮的转速信号传给电子控制装置。电子控制装置运算得出各车轮的滑移率，与存储于控制装置内的最佳滑移率进行比较分析，依据比较结果，对液压执行装置发出指令，调节各轮缸制动液压。液压执行装置主要是安装在制动油路中的制动液压调节器，它可以根据电子控制装置发来的指令，控制液压调节器中电磁阀的动作，适时调节制动系管路中的液压，防止制动车轮抱死。

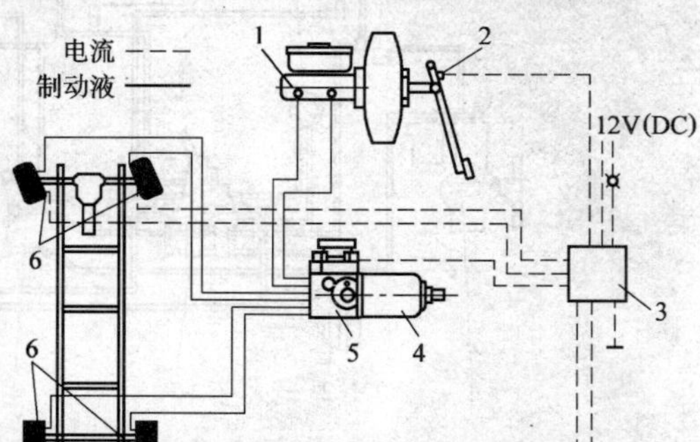

图 8-10 红旗 CA 7220 型轿车防抱死制动系统（ABS）的组成及布置

1—制动主缸 2—制动灯开关 3—电子控制装置（ECU） 4—电动机 5—液压执行装置 6—轮速传感器

图 8-11 为制动液压调节器作用于单一车轮的工作原理示意图，制动液压调节过程如下：

（1）常规制动过程（图 8-11a） ABS 没有参与控制，电磁阀不通电，柱塞处于图示的最下方位置，主缸与轮缸的油路相通，主缸可随时控制制动油压的增减。

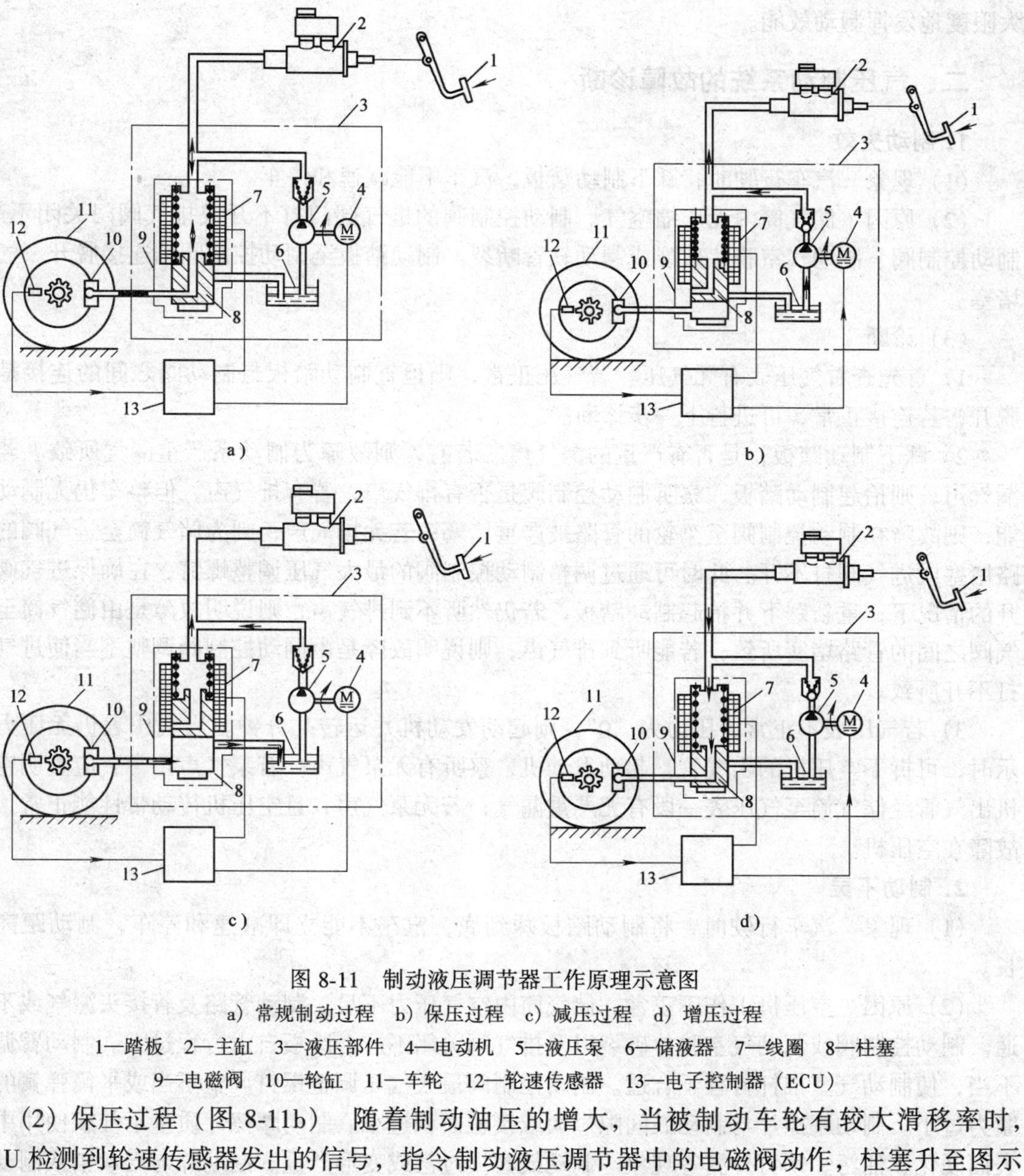

图 8-11　制动液压调节器工作原理示意图

a）常规制动过程　b）保压过程　c）减压过程　d）增压过程

1—踏板　2—主缸　3—液压部件　4—电动机　5—液压泵　6—储液器　7—线圈　8—柱塞　9—电磁阀　10—轮缸　11—车轮　12—轮速传感器　13—电子控制器（ECU）

（2）保压过程（图 8-11b）　随着制动油压的增大，当被制动车轮有较大滑移率时，ECU 检测到轮速传感器发出的信号，指令制动液压调节器中的电磁阀动作，柱塞升至图示位置，主缸通向轮缸的通道被切断，轮缸内的油压保持不变。

（3）减压过程（图 8-11c）　制动压力保持不变时，如果车轮的滑移率进一步增大且有抱死趋势时，ECU 指令电磁阀使柱塞移至最上方的图示位置，轮缸和储液器连通，轮缸压力下降，有抱死趋势的车轮被释放。与此同时，电动液压泵开始起动，将流回储液器的制动液加压后送入制动主缸。

（4）增压过程（图 8-11d）　减压过程会使车轮转速上升，当车轮转速增加到一定值后，ECU 使电磁阀断电，柱塞下降到初始位置，主缸与轮缸油路再次相通，轮缸的油压回升，使制动压力增加，车轮转速又降低。这样反复循环地控制，压力波动式进行调整，工作频率在 5 ~ 10 次/s，将车轮滑移率控制在 20% 左右，使各车轮处于不抱死的临界状态，从而最大限度地发挥制动效能。

二、气压制动系统的故障诊断

1. 制动失效

(1) 现象 汽车行驶时，踩下制动踏板，汽车不能减速和停车。

(2) 原因 储气筒内无压缩空气。制动控制阀的进气阀门打不开或排气阀门关闭不严。制动控制阀、制动气室膜片破裂或制动软管断裂。制动踏板至制动控制阀的连接脱开。气管堵塞。

(3) 诊断

1) 首先查看气压表有无气压。若气压正常，则检查制动踏板与制动阀之间的连接是否脱开，若连接正常，可进行下一步诊断。

2) 踩下制动踏板，是否有严重的漏气声。若有，则故障为制动系严重漏气所致。若无漏气声，则抬起制动踏板，察听制动控制阀是否有排气声，若有排气声，但整车仍无制动效能，则故障在制动控制阀至车轮的管路被严重堵塞；若无排气声，则为储气筒至进气阀的管路堵塞或进气阀打不开。此时可通过调整制动控制阀的最大气压调整螺钉，在确保进气阀打开的情况下，重新踩下并抬起制动踏板，若仍然听不到排气声，则说明故障是由储气筒至进气阀之间的管路堵塞所致；若能听到排气声，则说明故障是由制动控制阀调整不当使进气阀打不开所致。

3) 若气压表不正常，压力为“0”，则起动发动机并运转几分钟。当气压表仍无压力指示时，可拆下空压机的出气管，起动发动机，察听有无泵气声。若泵气声正常，应查明空压机出气管经储气筒至气压表一段有无严重漏气；若无泵气声，且空压机传动带性能正常，则故障在空压机。

2. 制动不灵

(1) 现象 汽车行驶时，将制动踏板踩到底，汽车不能立即减速和停车，制动距离过长。

(2) 原因 空压机工作不正常，储气筒内空气压力不足。制动管路及管接头漏气或不畅通。制动控制阀或制动气室膜片破裂以及排气阀关闭不严。踏板自由行程过大。制动臂调整不当，使制动气室推杆行程不合适。制动控制阀最大气压调整螺钉调整不当或平衡弹簧的预紧力过小。制动摩擦片与制动鼓间隙过大或接触面积过小。制动摩擦片质量不佳或使用中有表面硬化、油污、铆钉外露等现象。制动鼓磨损过甚或变形严重。制动蹄与支承销或制动凸轮轴与其支承套锈蚀或卡滞。

(3) 诊断

1) 先让发动机中速运转数分钟，再观察驾驶室内气压表读数能否达到标准。如气压不足，应检查空压机传动带是否太松，空压机排气阀关闭是否严密以及空压机至储气筒之间的管道是否被堵塞或接头漏气。

2) 若气压表正常，但发动机熄火后，气压自动下降，应检查制动控制阀是否漏气、制动阀至空压机之间的制动管路是否漏气。

3) 若气压表读数正常，发动机熄火后，气压也能保持正常，但踩下制动踏板后，气压不断下降，则为控制阀至各制动气室之间有漏气之处，如制动控制阀排气阀关闭不严、管路接头漏气、制动气室膜片破裂漏气等，可根据漏气声判断故障所在。

4）若气压表读数正常，但将制动踏板踩到底时，气压表的指示气压下降太少，说明制动控制阀的进气阀打开程度太小或平衡弹簧预紧力太小。检查并调整制动控制阀的最大气压调整螺钉。调整后若情况有所好转，则故障在该调整螺钉调控不当；若气压下降还是太少，则故障在平衡弹簧预紧力太小。

5）若上述检查调整均正常，但制动效果仍然不好，则应检查制动踏板自由行程是否过大，检查气室推杆动作是否良好，检查制动器摩擦片与制动鼓之间间隙是否过大。经过这些检查及调整后，其车辆制动不灵现象依然存在，则故障是由车轮制动器内部所致，须解体后方能确定故障部位。

三、液压制动系统的故障诊断

1. 制动失效

（1）现象 汽车行驶时，踩下制动踏板，汽车不能减速和停车。

（2）原因 制动主缸内无制动液或制动液严重不足。制动主缸皮碗踏翻或损坏。制动管路破裂或接头处严重泄漏。制动踏板至主缸的连接部位脱落。

（3）诊断

1）踩下制动踏板，如无连接感，则制动踏板至主缸之间的连接脱开。在车下检视，即可发现脱开部位。

2）连续踩几下制动踏板，踏板不升高，同时又感到无阻力，应先检查制动主缸是否缺制动液，再检查前、后制动管路有无漏液和损坏部位，通常根据油迹可诊断故障所在。

3）踩下制动踏板，稍有阻力感，则多为主缸无制动液或缺制动液所致。

4）踩下制动踏板，有阻力感，但踏板位置保持不住，有明显的下沉现象，则多为主缸皮碗破裂所致。

5）如上述情况良好，则故障可能是主缸皮碗踩翻或损坏，可分解制动主缸确诊。

2. 制动不灵

（1）现象 汽车行驶时，将制动踏板踩到底，汽车不能立即减速和停车，制动距离过长。

（2）原因 制动踏板自由行程过大。制动管路和轮缸内有空气。制动管路或管路接头漏油。制动主缸、轮缸的皮碗、活塞、缸壁磨损过甚。制动主缸、轮缸的皮碗老化、发粘、发胀，使制动时阻滞力大。制动主缸阀门损坏或补偿孔、通气孔堵塞。制动摩擦片与制动鼓（盘）的间隙过大或接触不良。制动摩擦片硬化、铆钉外露或有油污。制动鼓（盘）磨损过甚或制动时变形严重。增压器、助力器效能不佳或失效。

（3）诊断

1）检查储液罐的制动液是否太少或无制动液。若制动液过少，说明制动系统内可能有漏液故障，加满制动液后再诊断。

2）连续踩几下制动踏板，踏板位置能逐渐升高，但升高后不抬脚继续踩，感到有弹力，则说明制动液压系统内有空气。

3）一脚制动不灵，连踩几脚制动踏板，踏板位置逐渐升高并且效果良好，说明踏板自由行程过大或制动摩擦片与制动鼓（盘）间隙过大。

4）连续踩几下制动踏板，踏板位置能逐渐升高，但升高后不抬脚继续踩，踏板无弹力感且下沉至很低位置，说明制动液压系统中有漏油之处，可能是制动主缸、轮缸、管路、管路接头漏油或制动主缸、轮缸磨损严重，皮碗破裂损坏或密封不良。

5）当踩下制动踏板时，踏板位置很低，再踩几下踏板，位置还不能升高，一般为主缸通气孔或补偿孔堵塞。

6）当踏下制动踏板时，踏板高度合乎要求，也深感有力且不下沉，但制动效果不好，则为车轮制动器故障，多为摩擦片硬化、铆钉头露出、摩擦片油污、制功鼓（盘）磨损及变形引起；若踏板高度合适，但踩踏板时感到很硬，则故障可能是制动液太稠、管路内壁积垢太厚、油管凹瘪、软管内孔不畅通或增压器、助力器效能不佳所致。

3. 制动跑偏

（1）现象　汽车在平路上制动时，在转向盘居中情况下，自动向左或向右偏驶，紧急制动时尤为严重。

（2）原因　左、右轮制动摩擦片与制动鼓（盘）间隙不同。左、右轮制动摩擦片与制动鼓（盘）接触面积相差过大。左、右轮制动摩擦片材质各异、新旧程度不同或安装修复质量不一样。左、右轮制动蹄回位弹簧拉力相差过大。左、右车轮气压不一致、直径有差异、轮胎新旧不一及磨损程度不同。个别轮缸活塞运动不灵活、皮碗发胀、油管堵塞或有空气。个别车轮摩擦片油污、硬化或铆钉外露。车身变形以及前、后车轴不平行或两边钢板弹簧刚度不等。

（3）诊断

1）进行路试。先进行减速制动，若汽车向左跑偏，则说明右边车轮制动迟缓或制动力不足；若汽车向右跑偏，则说明左边车轮有故障。再进行紧急制动，并观察车轮抱死后在地面上的印迹。若同一轴两边车轮印迹不能同时发生，其中印迹短的车轮为制动迟缓，印迹轻的为制动力不足。

2）找出制动迟缓或制动力不足的车轮后，应仔细检查该轮制动管路有无碰瘪、漏油的现象，检查该轮的轮胎气压是否正常，轮胎磨损是否严重。

3）若上述目检正常，则可对该轮轮缸进行放气。放气时若发现有空气或放完后制动跑偏现象消除，则故障在该轮轮缸内或管路内有气阻。

4）若无气阻现象，则检查并调整该轮制动摩擦片与制动鼓（盘）之间的间隙。调整后若制动跑偏现象消除，则说明故障在该轮的制动器间隙调整不当。

5）若上述制动器间隙符合要求，则应分解制动器及轮缸检查制动器的技术状况、轮缸活塞和皮碗的形态以及油管是否畅通，以确诊故障部位。

6）若上述均正常，而故障现象依存，则说明制动跑偏的故障不在制动系统本身，而故障可能是由车身变形或其他系统（悬架系统、转向机构、行驶系统）的工作条件恶化所致。

4. 制动拖滞

（1）现象　抬起制动踏板时，全部或个别车轮的制动作用不能解除或解除缓慢，致使汽车起步困难或行驶无力，制动鼓发热。

（2）原因　制动踏板无自由行程。制动踏板回位弹簧脱落、拉断、过软或踏板轴锈蚀、卡住而回位困难。制动主缸、轮缸皮碗发胀、发粘或活塞移动不灵活。主缸活塞回位弹簧折断，预紧力太小。制动鼓严重变形，制动摩擦片与制动鼓间隙过小，制动蹄回位弹簧过软。

制动油管碰瘪、堵塞或制动液太脏、太稠而使回油困难。真空助力器的空气阀漏气。

（3）诊断

1）汽车行驶一段里程后，用手触摸各车轮制动鼓。若个别车轮制动鼓发热，则故障在车轮制动器；若全部车轮的制动鼓都发热，则进行下一步诊断。

2）全部制动鼓发热时，应首先检查制动踏板自由行程。若自由行程符合要求，则检查制动主缸。可将主缸储液罐盖打开，并连续踩下和放松制动踏板，看其能否回液。若不能回液，说明回油孔堵塞；若回液缓慢，说明皮碗，橡胶圈发胀或回位弹簧无力，则故障在制动主缸。同时还应观察制动踏板的回位情况，若制动踏板不能迅速回位，说明回位弹簧过软或折断。若制动主缸回液正常且制动踏板回位正常，则进行下一步诊断。

3）做车轮转动试验。松开制动踏板，让各车轮悬空并用手转动车轮，若各轮的转动阻力很大，则说明故障在各轮制动摩擦片与制动鼓（盘）间隙过小或调整不当；若各轮的转动阻力较小处于正常，则对采用真空助力器的制动系统，可将汽车变速器置于空挡，使发动机处于怠速运转，在松开制动踏板的情况下，再次用手转动车轮，若此时阻力增大，则说明汽车制动拖滞的故障是由真空助力器的空气阀漏气所致。

4）若故障在单个车轮制动器，则应先拧松该制动器放气螺钉，若制动液急速喷出，制动蹄回位，则为油管堵塞致使轮缸不能回液所致。若制动蹄仍不能回位，则应调整摩擦片与制动鼓之间的间隙。

5）经上述检查调整均无效，则应拆下制动器检查轮缸活塞、皮碗、回位弹簧、制动鼓、制动摩擦片状况以及制动蹄片支承销的活动情况。

四、防抱死制动系统的故障诊断

汽车防抱死制动系统（Anti-Lock Brake System——ABS），是提高汽车行驶安全性的重要装置。它能使汽车紧急制动时，在大多数道路条件下，防止车轮抱死以获取最大制动力，并保持行驶方向的稳定性和转向时良好的操纵性。

ABS 由电子控制器（ABS ECU）、ABS 执行器、车速传感器和 ABS 报警灯等组成。其中，ABS 执行器由主继电器、泵马达继电器和三位电磁阀等组成。汽车紧急制动时，电子控制器能计算车轮的旋转速度并换算成车速，然后判断路面和轮胎的状况，使 ABS 执行器动作，把最适宜的制动液压力供给每个车轮制动器，避免车轮抱死，使车轮与地面的滑移率保持在最佳范围（15%～20%）之内，以达到最大制动效能。

1. ABS 防抱死制动系统故障检测与诊断的一般程序

ABS 防抱死制动系统故障检测与诊断的一般程序如图 8-12 所示。

2. ABS 防抱死系统故障检测与诊断的基本方法

（1）初步检查　初步检查是在 ABS 出现明显故障或感觉系统工作不正常时首先采用的检测方法。初步检查的主要内容包括直观检查和试车检查。

1）直观检查

① 检查驻车制动是否完全释放。

② 检查制动储液罐液面是否符合规定。

③ 检查所有的制动管路有无损坏变形和泄漏迹象。

④ 检查 ABS 的所有熔丝是否完好，导线是否破损，插座是否牢固。

⑤ 检查蓄电池容量和电压是否符合规定，正负极导线的连接是否可靠。

⑥ 检查 ABS ECU 插接器连接是否牢靠。

⑦ 检查电路连接处是否腐蚀、损坏、松脱或接触不良，ABS 的各接地线接地是否可靠。

⑧ 检查轮胎磨损是否严重。

⑨ 检查车轮转动有无阻滞，轮毂轴承间隙是否正常。

上述检查正常或经调整正常后，进入试车检查。

2）试车检查。通过路试检查，评价汽车的制动性能及 ABS 的工作情况，并确认故障症状。试车检查的方法是先以 30km/h 的车速减速制动使其停车，然后以 40km/h 的车速紧急制动，观察制动过程中发生的现象。

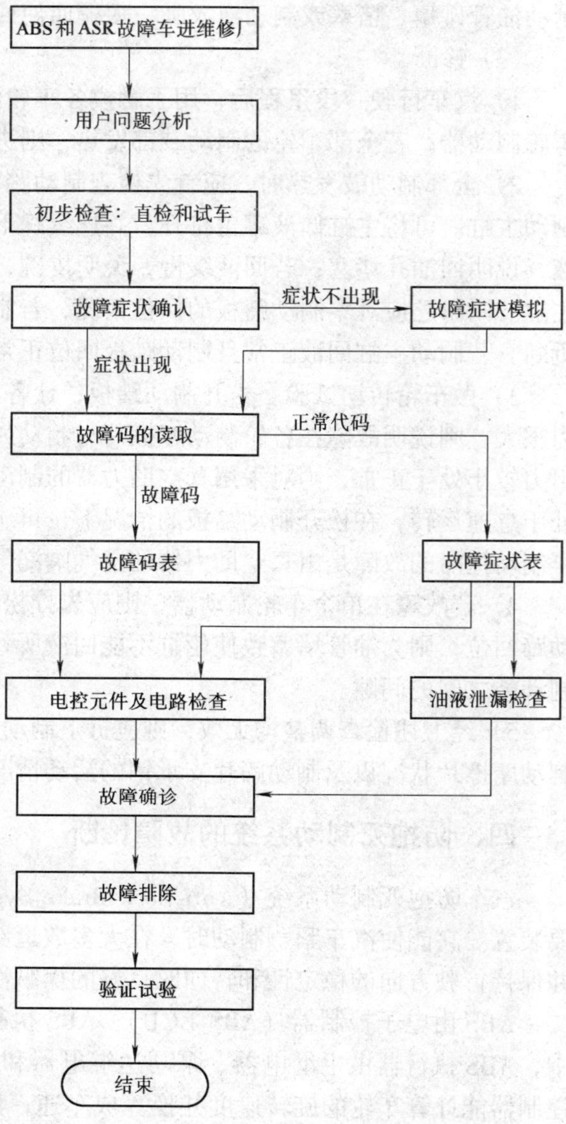

图 8-12　ABS 检测与诊断的一般程序

① 根据故障指示灯判断故障。正常情况下，在点火开关置于 ON 位置时，ABS 故障指示灯应闪亮 4s 左右时间（因车型而异）再熄灭，而制动指示灯不亮；当点火开关置于 ON 位置而起动发动机时，两个灯均应亮，而起动完毕，制动指示灯应立即熄灭，而 ABS 故障指示灯应点亮 4s 左右。在试车期间及停车过程中，两个灯均应保持熄灭。若任一指示灯亮，则应注意引起指示灯变亮的条件。若 ABS 故障指示灯点亮，则表明 ABS 有故障；若制动指示灯变亮，则表明常规制动系统存在故障，如液位过低等。

② 根据制动的轮胎印迹判断故障。试车紧急制动时，若在路面上留下拖印痕迹，则说明 ABS 存在车轮抱死故障。

③ 根据制动时汽车的方向稳定性判断。试车时减速制动，汽车直线行驶，而紧急制动时有跑偏甚至侧滑现象，说明 ABS 存在故障；若试车时减速制动，有跑偏现象，多为常规制动系统故障。

④ 根据制动踏板的感觉判断故障。发动机起动后，踩下制动踏板，制动踏板有反弹现象，说明 ABS 在工作，其踏板反弹是因 ABS 油泵运转时，储液器油液被压抽到制动主缸引起的。试车时，当踩下制动踏板时，感到有轻微的振动现象，表明 ABS 在工作，其踏板振动是因制动系统轮缸的油压经历着减压—保压—增压的循环过程引起的。否则，说明 ABS

发生了故障。

（2）ABS故障自诊断　在电子控制的ABS中，一般都具有故障自诊断功能。系统工作时，其电控单元ECU能对电控系统中的有关电器元件进行测试，当ECU发现系统存在故障时，一方面使ABS故障指示灯点亮，中断ABS工作，另一方面会将故障信息以故障码的形式存入存储器中。进入自诊断模式读取故障码的方法有以下三种：

1）借助专用诊断测试仪读取故障码。借助专用诊断测试仪（或解码器）与ABS故障诊断通信接口相连，按照一定的操作规程，通过与系统ECU双向通信，从测试仪的显示器或指示灯上显示故障码或故障信息，检测人员可根据各种车型的故障码表，确定故障的基本情况。

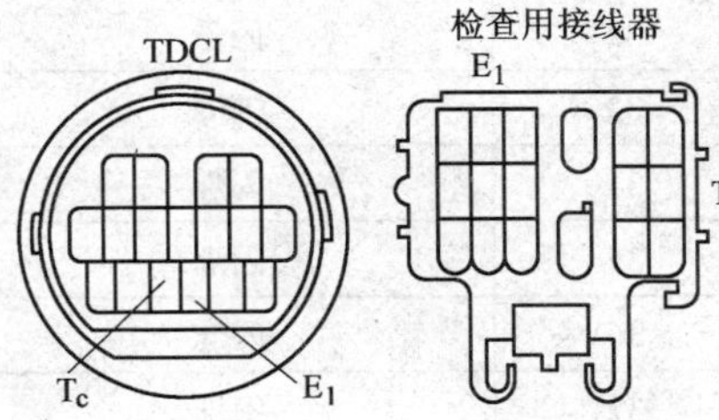

图 8-13　TDCL和检查用接线器

2）连接自诊断起动电路读取故障码。ABS中设有自诊断插座，检测人员可按规定的操作，跨接诊断插座中的相应端子，根据故障指示灯的闪烁规律，读取故障码。

3）利用汽车仪表板上的信息显示系统读取故障码。有的汽车仪表板上具有驾驶员信息系统，检测人员可按一定的自诊断操作程序，从信息显示屏上显示防抱死制动系统的故障码或故障信息。

下面以丰田凌志LS 400型轿车为例说明通过读取故障码诊断ABS故障的方法。

① 点火开关转至ON位置，脱开维修接线器接头。

② 用跨接线连接故障诊断通信连接器TDCL或接线器的端子 T_c 和 E_1，如图8-13所示。

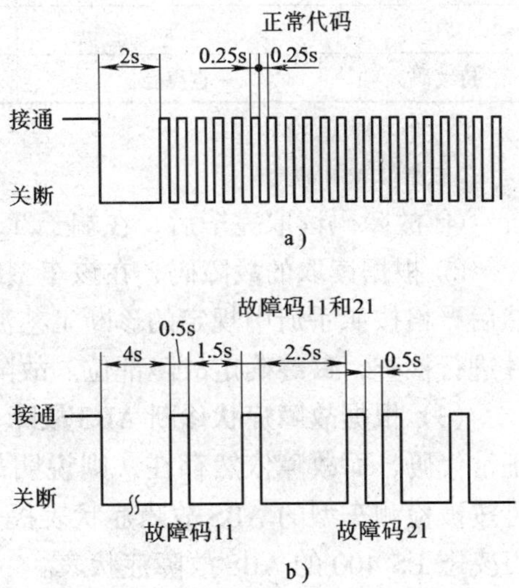

图 8-14　正常代码与故障码闪烁方式实例
a）正常代码　b）故障码 11 与 21

③ ABS故障指示灯则以闪烁的频率显示故障码。其正常代码及故障码的闪烁规律如图8-14所示，若有两个或更多故障码，则数字最小的故障码首先显示。ABS故障码的含义如表8-3所示。

表 8-3　ABS故障码表

故障码	ABS指示灯	故障诊断
11	闪烁	ABS电磁继电器电路开路
12	闪烁	ABS电磁继电器电路短路
13	闪烁	制动泵电动机继电器电路开路
14	闪烁	制动泵电动机继电器电路短路
21	闪烁	前右轮三位电磁阀电路开路或短路
22	闪烁	前左轮三位电磁阀电路开路或短路
23	闪烁	后右轮三位电磁阀电路[①]（或后轮电磁阀电路）开路或短路

（续）

故 障 码	ABS指示灯	故 障 诊 断
24	闪烁	后左轮三位电磁阀电路开路或短路
31	闪烁	前右轮车速传感器信号出错
32	闪烁	前左轮车速传感器信号出错
33	闪烁	后右轮车速传感器信号出错
34	闪烁	后左轮车速传感器信号出错
35	闪烁	前左或后右车速传感器电路开路
36	闪烁	前右或后左车速传感器电路开路
37	闪烁	前车速传感器转子故障
41	闪烁	蓄电池电压过低或过高
43	闪烁	ASR控制系统失灵②
51	闪烁	制动泵电动机闭锁
持续码	一直点亮	ABS ECU失灵

① 仅指不带ASR的汽车。

② 仅指带ASR的汽车。

④ 故障码读取完毕后，在端子 T_c 和 E_1 上取下跨接线，将点火开关置于OFF位置。

⑤ 根据读取的故障码，在该车型维修手册中查出故障码所代表的故障现象和故障原因，然后严格按照手册中规定的诊断工艺流程、方法和步骤进行诊断，主要是对电路及其电控元件进行检查，最终确定故障部位。故障排除后，应对ABS ECU内存储的故障码进行清除。

（3）根据故障症状诊断ABS故障　当用ABS自诊断系统诊断时，ABS故障指示灯显示正常代码，而故障依然存在，则说明故障出现在ABS自诊断系统检测的范围之外。此时，可按被检测车型的ABS故障症状表提供的线索及故障诊断流程进行故障诊断，表8-4为丰田凌志LS 400的ABS故障症状表。

表8-4　ABS故障症状表

故 障 症 状	诊 断 步 骤
ABS不工作	1. 检查故障码，再次确认输出的是正常代码 2. 检查电源电路 3. 检查车速传感器电路 4. 用检测仪检查ABS执行器，若不正常，则检查液压系统是否漏油 若1～4步都正常而故障依然存在，则更换ABS ECU
ABS功能减弱	1. 检查故障码，再次确认输出的是正常代码 2. 检查车速传感器电路 3. 检查制动灯开关电路 4. 用检测仪检查ABS执行器，如果不正常，则检查液压系统是否漏油 若1～4步都正常而故障依然存在，则更换ABS ECU

（4）根据故障指示灯诊断ABS故障　当ABS不具备故障自诊断功能时，可利用ABS故障指示灯诊断。首先根据路试时ABS故障指示灯的点亮情况及制动踏板动作反应等现象初步诊断故障。然后，依据该ABS维修手册中说明的故障指示灯亮、熄及相应的故障原因、

检测部位、故障诊断表，通过检测工具对 ABS 电路及电控元件进行故障诊断。

（5）利用检测工具诊断 ABS 故障　利用检测工具诊断是指利用专用诊断测试仪或万用表等工具，对 ABS 的电路和电控元件进行测试，从而诊断故障的一种方法。它是在自诊断及其他粗略诊断的基础上进行的深入检测，是最终确诊故障的方法。

1）ABS ECU 端子及电路参数的检测与故障诊断。ABS ECU 端子及电路都有规定的测量条件及相应的端子参数标准。当 ABS 出现故障时，其测量参数将会发生变化。此时，可通过检测工具测量其端子及相应的电路参数，与维修手册中的标准值比较进行故障诊断。诊断时，一般可通过插接器，检查 ABS 电控系统各有关电路的电压、电阻或导通情况，然后根据资料提供的故障诊断表诊断其故障部位。其常用的检查方法如下：

① 在 ABS ECU 插接器连接的状态下，按照规定的检测条件，用高阻抗电压表测量 ABS ECU 各端子的对地电压，如图 8-15a 所示。所测的电压值应在标准范围内，否则说明 ABS ECU、电控元件或电路有故障。

② 断开 ABS ECU 插接器，在线束侧接头上检测有关端子之间的电阻值或导通情况，如图 8-15b 所示。若所测的电阻值或导通情况与规定的标准不符，则说明某电路或电控元件存在故障。

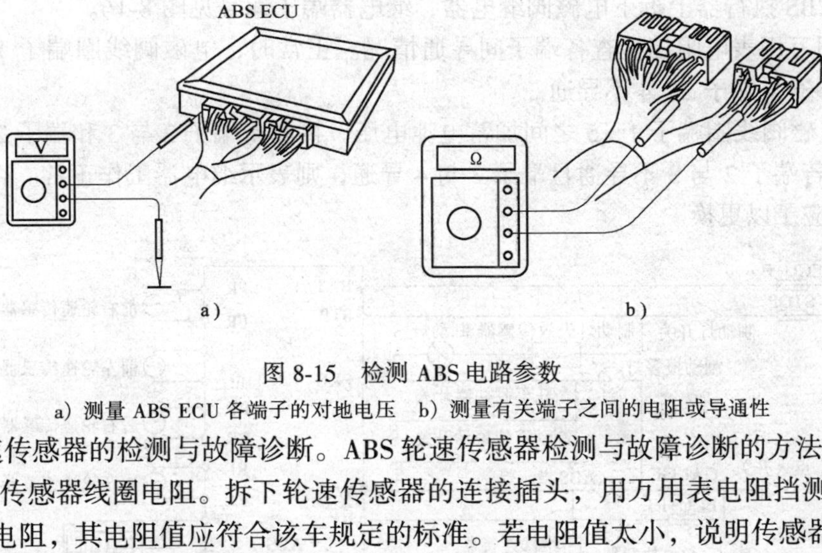

图 8-15　检测 ABS 电路参数

a）测量 ABS ECU 各端子的对地电压　b）测量有关端子之间的电阻或导通性

2）轮速传感器的检测与故障诊断。ABS 轮速传感器检测与故障诊断的方法如下：

① 测量传感器线圈电阻。拆下轮速传感器的连接插头，用万用表电阻挡测量传感器两端子之间的电阻，其电阻值应符合该车规定的标准。若电阻值太小，说明传感器线圈有短路故障；若电阻值为∞，则说明传感器线圈有断路故障。

② 检查传感器端子与车身的导通情况。用万用表电阻挡测量每个端子与车身的导通情况，正常时电阻值为∞，不导通。若某端子与车身导通，说明传感器线圈有搭铁故障。

③ 检查传感器转子齿圈。检查传感器与转子齿圈的技术状况和安装情况，转子齿圈不应有缺齿、裂纹现象，齿数应符合规定要求；传感器与转子的安装位置应正确，安装牢靠；传感器与齿顶应有适当的间隙，其标准间隙约为 1mm，齿圈的齿与齿之间、齿顶与传感器之间不能被脏物或铁屑堵塞。

④ 检查传感器输出信号。检查时，将示波器连接在轮速传感器端子上，用举升器将汽车顶起，起动发动机并带动车轮旋转或转动车轮，使传感器转子以一定的速度旋转，检查传感器的输出波形，若传感器波形的波幅符合规定值，则说明传感器无故障；若无输出信号或

输出信号波幅太小，则说明传感器存在磁铁退磁或传感器安装不当等故障。

若上述检查均正常，但传感器仍然不能正常工作，则故障在 ABS ECU 与各轮速传感器之间的配线和插接器上。此时可用万用表检查其配线是否短路、断路或插接器松动、接触不良等故障。

3）继电器的检测与故障诊断。ABS 继电器的连接控制情况如图 8-16 所示，其制动泵电动机继电器为常开继电器，当 ABS ECU 控制继电器使常开触点闭合时，制动泵电动机则高速运转；电磁阀继电器有一常闭触点和一常开触点，当常开触点闭合时，则常闭触点打开，此时给电磁阀供电。根据触点的闭合及打开情况可进行故障诊断。

① 制动泵电动机继电器故障诊断

a：从 ABS 执行器上拆下制动泵电动机继电器，继电器端子编号见图 8-16。

b：使用万用表电阻挡检查各对端子之间是否导通。正常时，端子 6 与 9 应导通，而触点端子 8 与 7 应不导通。

c：在电磁线圈端子 6、9 之间加蓄电池电压时，测量端子 8 与 7 的导通情况。正常时，端子 8 与 7 应导通；若不导通，则说明继电器存在故障，应予以更换。

② 电磁阀继电器故障诊断

a：从 ABS 执行器上拆下电磁阀继电器，继电器端子编号见图 8-16。

b：使用万用表电阻挡检查各端子间导通情况。正常时，电磁阀线圈端子 1、5 应导通，端子 2、3 导通，端子 2、4 不导通。

c：在电磁阀线圈端子 1、5 之间加蓄电池电压，再测量端子 2 与 3 和端子 2 与 4 之间的导通情况。若端子 2 与 3 不导通且端子 2 与 4 导通，则表示继电器工作正常。否则，继电器存在故障，应予以更换。

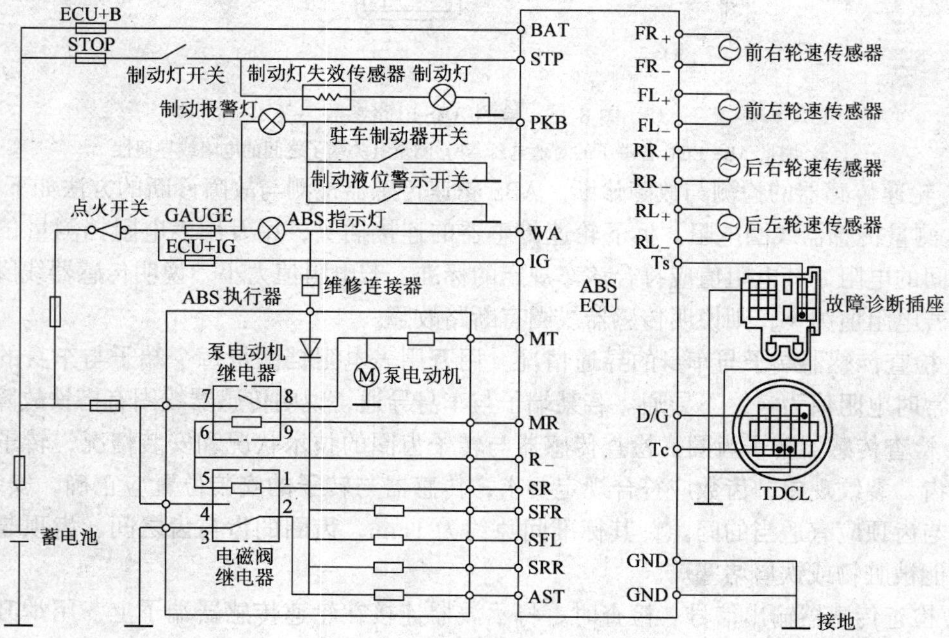

图 8-16 ABS 电路图

4）ABS ECU 的故障诊断

① 利用 ABS ECU 本身的自诊断功能进行故障诊断。

② 利用高阻抗万用表测量其插接器上相关端子的电位参数并与标准值比较进行故障诊断。

③ 利用代替法进行故障诊断。即拆下原 ABS ECU，换上正常的同型号 ABS ECU 进行检查，此时若 ABS 工作恢复正常，则表明原 ABS ECU 有故障。

3. ABS 故障检测与诊断的注意事项

1）要确保常规制动系统工作正常。

2）点火开关处于 ON 位置时，不要拆装系统中的线束插头和电器元件，以免损坏 ABS ECU。

3）对于带有高压蓄能器的 ABS，维修前应首先泄压，使蓄能器中的高压制动液完全释放，以免高压制动液喷出伤人。释放蓄能器高压制动液的方法是：先将点火开关置于 OFF 位置，然后反复踩、放制动踏板，直至制动踏板变得很硬为止。

4）若拆下或更换任何一个制动系统的液压机件和油管，必须给液压系统放气，其放气方法及放气顺序与常规制动系统不同，应按照维修手册中规定的方法和顺序进行。

5）制动液压系统没有完全装好时，不能将点火开关置于 ON 位置，以免电动泵通电泵油。

现代轿车制动系统中常配备的是 ABS/ASR 装置。ASR 是驱动轮防滑转系统，也称驱动力控制系统，英文缩写为 TRC。ASR 系统是防止驱动轮滑转的装置，而 ABS 是防止车轮制动时抱死滑移的装置，两者都是对车轮的滑动率进行控制，因此常将 ABS 和 ASR 组合在一起，构成具有制动防抱死和驱动防滑转功能的防滑控制系统。ASR 系统与 ABS 在结构上类似，且两者共用一个 ECU 和轮速传感器，所以两系统的检测与故障诊断往往是同时进行的。

第三节　转向系统的故障诊断

汽车行驶过程中，需要经常改变行驶方向，汽车转向是通过转向轮偏转一定角度来实现的。汽车按驾驶员的操纵使转向轮偏转以实现转向行驶的一整套机构，称为汽车转向系统。转向系统出现故障将直接影响到汽车行驶的安全性和稳定性。

一、转向系统的类型、结构和组成

转向系统分为机械转向系统和动力转向系统两种基本类型。汽车转向系统一般由转向操纵机构、转向传动机构和转向器三部分构成。

1. 机械转向系统

机械转向系统的结构如图 8-17 所示。转向操纵机构由转向盘、转向传动轴等组成；转向传动机构由转向节、转向节臂和转向拉杆等组成；转向器一般采用齿轮齿条式的结构。汽车转向时，驾驶员转动转向盘，通过转向传动轴带动转向器中的齿轮一起转动，使转向器中的齿条横向移动；齿条带动左、右转向横拉杆移动，并使与横拉杆相连的转向节臂转动；转向节臂与转向节固定在一起，转向节上装有转向轮，于是转向轮被带动偏转，使汽车改变行驶方向。

2. 动力转向系统

动力转向系统是在机械转向装置的基础上，加装一套转向助力装置而形成的转向系统。按助力来源的不同可分为气压式、液压式和电动式三种，其中液压式动力转向系统在现代轿车上应用较为广泛。动力转向系统在保证转向灵敏性的前提下，有效地提高转向操纵的轻便性和响应特性，减小对转向盘的冲击，保证高速行车的安全。

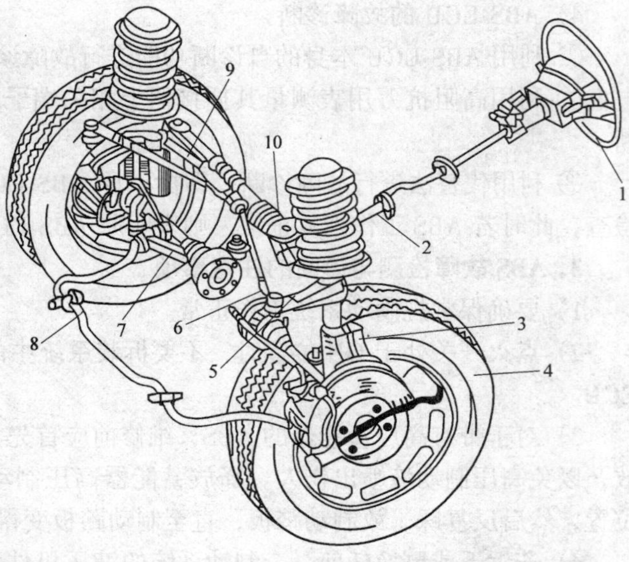

图 8-17 机械转向系示意图

1—转向盘 2—转向传动轴 3—转向节 4—车轮 5—转向节臂 6—右横拉杆 7—下控制臂 8—横向稳定杆 9—转向减振器 10—转向器

近年来，随着微机在汽车上的广泛应用，通常采用微机来控制动力转向系统。电子控制动力转向系统（简称 EPS），能随转向条件的不同来控制转向助力。在停车和低速行驶转向或快速转向时有较大的助力以保证转向轻便；在中高速转向时有较小的助力以保证路感。

（1）液压式动力转向系统 液压动力转向系统由动力转向器、储液罐、叶片式液压泵、进回油管及横拉杆等组成。液压动力转向系统在汽车上的布置见图 8-18，工作原理见图 8-19。

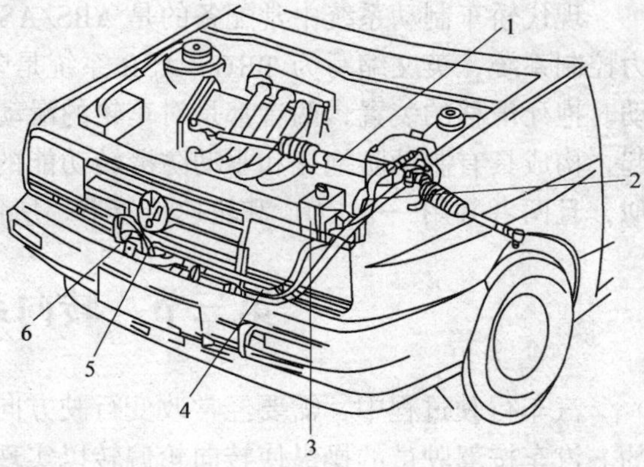

图 8-18 液压动力转向系统在汽车上的布置

1—动力转向器总成 2—高压油管 3—储油罐 4—回油管 5—吸油管 6—液压泵

发动机工作时，带动叶片泵旋转，把液压油从储油罐泵入转向器阀体。动力转向器的分配阀为旋转阀，由其上装有扭杆的小齿轮、阀套及阀心组成。阀心上有经过磨削加工的控制槽，并通过一个销子与连在小齿轮上的扭杆相连。阀心上端部通过花键与转向轴下端的万向节叉相连。旋转阀有四个通道，当驾驶员转动转向盘进行转向时，阀心上控制槽接通通向助力油缸的通道，使之产生转向助力作用；而当不转向时，液压油流经阀体返回储油箱。由于阀心下端与转向小齿轮相连，因此当转向助力失效后，小齿轮仍可带动齿条以实现汽车的机械转向。

（2）电子控制液压动力转向系统 电控液压动力转向系统是在传统的液压动力转向系统的基础上增设了控制液体流量的电磁阀、车速传感器和电控单元等，如图 8-20 所示。电控单元根据检测到的车速信号，控制电磁阀，使转向动力实现连续可调，从而满足高、低速时的转向助力要求。

二、机械转向系统的常见故障诊断

机械转向系统的常见故障有转向沉重和转向不灵敏等，下面以汽车上广泛采用的齿轮齿条式机械转向系统为例，说明其常见故障的诊断方法。

1. 转向沉重

（1）现象　汽车转向时，转动转向盘感到沉重费力。

（2）原因　转向器齿轮与齿条啮合间隙过小或齿轮、齿条损坏；齿条顶块调节过紧；转向器齿条弯曲严重；转向器齿轮轴轴承卡滞或损坏；转向器壳体严重变形；转向器、转向轴、万向节、转向拉杆球头润滑不良或调节过紧；转向轴或转向柱管弯曲变形严重；转向节止推轴承缺油或损坏；主销内倾、后倾角变大或前束不符合要求；车架、前梁或前悬架变形而导致前轮定位失准；前轮胎压不足，转向阻力过大。

（3）诊断

1）顶起汽车前部，使两前轮悬空，转动转向盘，若感到转向轻便，则故障可能在前轮、前桥或前悬架。因为顶起前桥后，车轮与路面不再接触而无转向阻力。此时应仔细检查前轮气压是否过低，前轴有无变形，前悬架杆件是否变形损坏，必要时还应检查前轮定位中的主销后倾、主销内倾与前轮前束值。

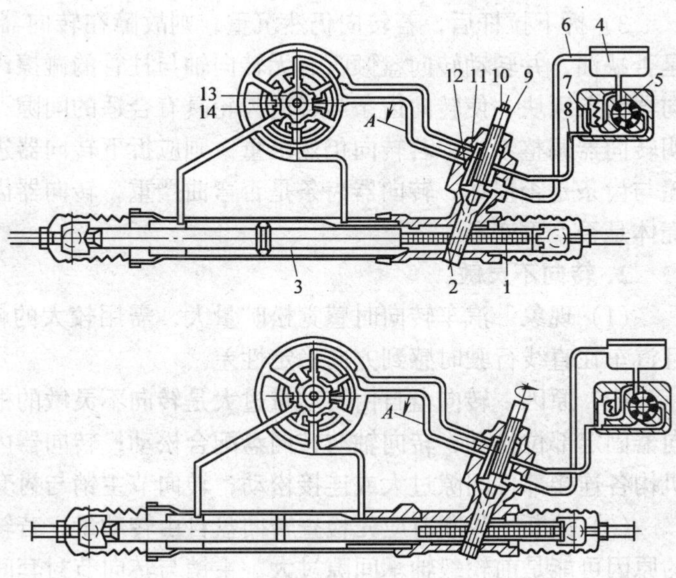

图 8-19　液压动力转向系统工作原理示意图

1—齿条　2—小齿轮　3—工作油缸　4—储油罐　5—液压泵　6—回油管　7—溢流阀　8—高压油管　9—转向轴　10—扭力杆　11、12—径向切槽　13—阀心　14—阀套

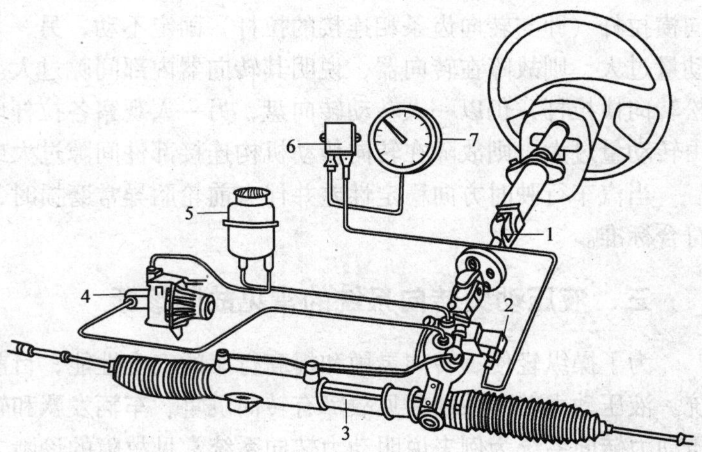

图 8-20　电子控制液压动力转向系统

1—万向节　2—车速传感器　3—齿轮齿条式转向器　4—液压泵　5—储油罐　6—电控单元　7—车速表

2）顶起汽车前部，如转向仍感沉重，则说明故障在转向器和转向传动机构。此时，将转向横拉杆从转向节臂上拆下，转动转向盘。若用手指将转向盘从一个极限位置转到另一个极限位置，感到轻便灵活，则故障在横拉杆至前轮的连接及支承部位，应检查各球头销是否装配过紧或推力轴承是否缺油、损坏。检查时，可用手扳动两前轮做左右转向动作来感受其阻力的大小。

3）拆下拉杆后，若转向仍然沉重，则故障在转向器或转向柱管。此时，可检查转向器是否缺油，并转动转向盘倾听有无转向轴与柱管的碰擦声以确定转向柱管是否弯曲；调整转向器齿条顶块，使转向齿条与转向齿轮具有合适的间隙，再转动转向盘，若轻便灵活，则说明转向器调整不当；若转向仍然沉重，则应拆下转向器进行检查。此时应重点察看转向器齿轮与齿条是否损坏，转向器齿条是否弯曲严重，转向器齿轮轴轴承是否卡滞或损坏，转向器壳体是否严重变形。

2. 转向不灵敏

(1) 现象　汽车转向时感觉松旷量大，需用较大的幅度转动转向盘，方能使汽车转向，且汽车在直线行驶时感到方向稳定性差。

(2) 原因　转向盘自由转动量过大是转向不灵敏的根本原因，其故障的具体原因有：转向器固定部位松动；转向轴与转向盘配合松动；转向器内齿轮与齿条的啮合间隙过大；转向机构各连接部件间隙过大或连接松动；转向节主销与衬套磨损松旷；前轮毂轴承间隙过大。

(3) 诊断　诊断时应先检查转向盘自由转动量，若转向盘自由转动的角度正常，则故障的原因可能是前轮毂轴承间隙过大、主销与转向节衬套间隙过大，此时应架起前桥用手扳动前轮检查前轮毂轴承间隙、转向节主销与衬套的配合间隙，以确诊故障部位；若转向盘自由转动的角度过大（超标），则故障的原因在转向器内部或转向传动机构，此时应采取分段检查法以确定故障的具体位置。

分段检查时，先检查转向盘至转向器之间的连接是否松旷。如果正常，再由一人抓紧转向横拉杆（即与转向齿条相连接的拉杆）固定不动，另一人转动转向盘试验，若感到自由转动量过大，则故障在转向器，说明其转向器内部间隙过大。若转向盘自由转动量不大，则放松转向横拉杆，仍以一人转动转向盘，另一人观察各拉杆球头销是否松旷，此时若转向盘自由转动量过大，则故障在转向传动机构连接部件间隙过大或连接松动。

当汽车行驶时方向稳定性差并伴有前轮胎异常磨损时，还应检查前轮定位值，看其是否符合标准。

三、液压动力转向系统的常见故障诊断

为了操纵轻便、转向灵敏和提高行车的安全性能，目前大多数汽车都采用了动力转向系统。液压动力转向系统常见故障有转向沉重、车辆发飘和转向噪声等。下面以齿轮齿条式液压动力转向系统为例来说明动力转向系统常见故障的诊断方法。

故障诊断的重点为液压助力系统，机械转向系统的诊断可参照前述内容。

1. 转向沉重

(1) 现象　装有动力转向的汽车，在行驶中仍感到转向困难、沉重费力。

(2) 原因　主要是因液压转向助力系统失效或助力不足、机械传动机构损坏或调整不当所致。其具体原因有：储液罐缺油或油液高度低于规定要求；各油管接头处密封不良，有泄漏现象；转向液压回路中渗入空气；油管变形、油路堵塞；动力转向泵传动带张紧力不足，传动带打滑；动力转向泵内部磨损、泄漏严重，使动力转向泵输出压力达不到标准；动力转向泵内调压阀失效，使输出压力过低；转向控制阀、动力液压缸内部泄漏；转向齿轮机构损坏或调整不当。

(3) 诊断

1）检查轮胎气压是否正常，按规定气压充气。

2）检查转向液压系统各油管接头是否泄漏，检查油管有无损坏、变形或裂纹。一旦发现油管有缺陷应予以更换；若油管接头泄漏，应予以拧紧，必要时更换油管重接。

3）检查储液罐内的油液质量和液面高度。若油液变质应重新更换规定油液；若液面低于规定高度，则应找出油液液面过低的原因，重新加油使液面达到规定高度。

4）检查油路中是否渗入空气。若发现储液罐中油液有气泡时，说明油路中有空气渗入，此时应检查系统内进入空气的原因。检查是否有油管接头松动、油管裂纹、密封件损坏、储液罐液面过低等情况并排除故障，然后对液压系统进行排气操作，最后加注转向液至规定的液面高度。

5）检查动力转向泵传动带的张紧程度，以及其是否打滑或损坏。如有问题应按规定调整传动带张紧度或更换新传动带。

6）就车重检。将转向盘向左、右极限位置来回转动，如果转向轻便，说明故障已经排除；如果左、右转向仍然沉重，则故障可能在动力转向泵、动力液压缸或转向传动机构；如果左、右转向助力不同，则故障可能在转向控制阀。

7）检测动力转向泵输出油压以确诊故障所在部位。检测前将与规定油压相适应的压力表（带阀门）连接在动力转向泵压力输出口与转向控制阀压力输入油管之间（见图 8-21）。检测时，打开压力表阀门至全开，起动发动机使其怠速运转，转动转向盘至左极限位置或右极限位置，测量动力转向泵的输出油压。这时，若油压达不到原厂规定的压力，且在逐步关闭压力表阀门时，油压也不能提高，则说明动力转向油泵有故障；若油压未达到原厂的规定值，但在逐步关闭压力表阀门时油压有所提高，油压可达到规定值，则说明转向油泵良好，故障在转向控制阀或动力液压缸，若检测时油压正常，则故障在转向传动机构。

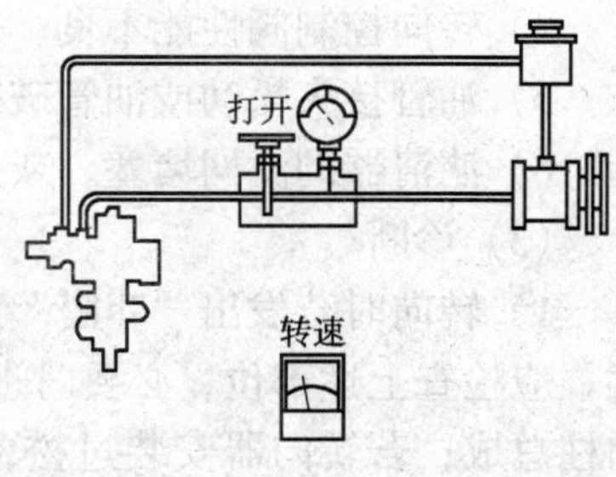

图 8-21　动力转向泵输出压力检测

8）检查转向传动机构。转动转向盘，察看与转向柱轴相关的零部件是否转动灵活，察看万向节、各传动杆件球头连接部位是否过紧，察看转向节推力轴承是否缺油或损坏，发现问题应予以调整或更换重装；检查转向齿轮齿条机构，调整齿条顶块的压紧力，使齿条与齿轮的侧向间隙合适，保证齿条移动自如，对于弯曲的齿条应予以更换。

2. 车辆发飘

（1）现象　车辆发飘是指转向盘居中时，汽车向前行驶过程中从一侧飘向另一侧的现象。发飘的汽车直线行驶时，难以保证向正前方向行驶而总向一边跑偏。

（2）原因　转向控制阀扭力杆弹簧损坏或太软，难以克服转向器逆传动阻力，使控制阀不能及时回位；因油液脏污使阀心与阀套运动受到阻滞；转向控制阀阀心偏离中间位置，或虽然在中间位置但与阀套槽肩的缝隙大小不一致；转向传动机构连接处间隙过大，或连接件松动、磨损过甚；车轮定位不当；轮胎压力或尺寸不正确。

（3）诊断

1）首先应检查转向传动机构的连接件是否松动、各部间隙是否过大、传动机构是否松旷，排除转向传动机构的故障。

2）检查轮胎尺寸，调节轮胎气压。

3）检查油液是否脏污。对于新车或大修后的车辆，由于不认真执行走合维护的换油规定，易使油液脏污，对于脏污的油液应进行更换。

4）检查转向控制阀。在不起动发动机的情况下转动转向盘，凭手感判断转向控制阀是否开启或运动自如，如有怀疑，应进行拆卸检查。

5）经以上检查若车辆仍然发飘，则应检查悬架元件是否损坏、车轮定位是否正确、车轮转动是否阻滞，以确诊故障所在。

3. 转向噪声

（1）现象　汽车转向时出现过大的噪声。

（2）原因　汽车转向时，转向系统有一定的噪声是正常现象，在发动机冷起动（环境温度在 -20℃以下）时，开始 2~3min 转向泵有噪声也是正常现象，但噪声过大或影响汽车转向性能时，噪声就应视为故障。噪声故障的原因主要有如下几方面：

1）转向传动机构松动导致转向噪声过大。

2）动力转向泵损坏或磨损严重。

3）动力转向泵传动带轮松动或打滑引起噪声过大。

4）转向控制阀性能不良。

5）油管接头松动或油管破裂，使液压系统渗入空气导致噪声过大。

6）滤清器的滤网堵塞，或是液压回路中沉积物过多。

（3）诊断

1）转向时若发出"咔嗒"声，则可能是转向柱轴接头松动、横拉杆松动或球形接头松动，应检查上述部位，必要时进行紧固或更换损坏部件。若转向柱轴摆动严重，则应更换转向柱总成；若转向器安装过松，则应进行紧固，对连接处的润滑部位进行必要的润滑。另外，转向泵带轮松动也会发出"咔嗒"声，所以还应检查转向泵带轮是否松动，必要时拧紧或更换，以消除其噪声故障。

2）转向时若发出"嘎嘎"声，且转向盘从一端极限位置转到另一端极限位置时，噪声更大，则可能是动力转向泵传动带打滑所致。此时可检查传动带松紧程度及磨损情况，视需要张紧或更换传动带。

3）转向时若转向泵发出"咯咯"声，则可能是转向油液中有气泡，致使油液流动时产生气动噪声。此时首先应检查油面高度，若液位过低，则应向储液罐加油液到正确位置，并检查、排除泄漏故障。然后检查软管是否破损或卡箍是否松脱，导致空气进入系统，视必要进行更换。且将空气从动力转向系统中排出，以消除气动噪声。若转向泵发出"嘶嘶"的尖叫声，而液压系统无渗入空气现象，且传动带张紧度正常，则说明油路中有堵塞处或转向泵严重磨损及损坏，应予以修复或更换。

4）当转向盘处于极限位置或原地慢慢转动转向盘时转向器发出"嘶嘶"声且异响严重，则可能是转向控制阀性能不良，应更换控制阀进行对比检查，以确诊故障。

四、电子控制动力转向系统的故障检测与诊断

电子控制动力转向系统，是在普通动力转向系统的基础上，以车载微机的应用为条件发展起来的。这里主要介绍电控液压动力转向系统的故障检测与诊断。

故障诊断的重点为电子控制系统，机械及油路的故障诊断可参照普通动力转向部分

进行。

1. 电控系统的故障自诊断

电子控制动力转向系统一般具有故障自诊断功能，以监测系统的工作情况，诊断系统故障。当电控系统出现故障时，其普通转向系统仍能正常工作，但电控系统将停止转向助力的控制。同时，电子控制单元将其故障信息以故障码的形式储存于存储器内。检修时，可利用故障自诊断功能快速、准确地确定故障类型和故障部位。通常是通过专用解码器或人工方法读取故障码，然后根据故障码的相应内容快速诊断故障。不同车型，其故障码的含义也各不相同，表 8-5 例举了三菱轿车电子控制动力转向系统（EPS）的部分故障码及其含义。

表 8-5　三菱轿车电子控制动力转向系统故障码表

故障码	诊断结论
11	EPS 主计算机电源不良
12	VSS 车速信号不良
13	EPS 电磁阀工作不良
14	EPS 主计算机故障

2. 电控系统的故障诊断

以皇冠轿车电子控制动力转向系统为例说明其电控部分的故障诊断，图 8-22 为该车动力转向系统的控制电路和 ECU 插接器示意图。

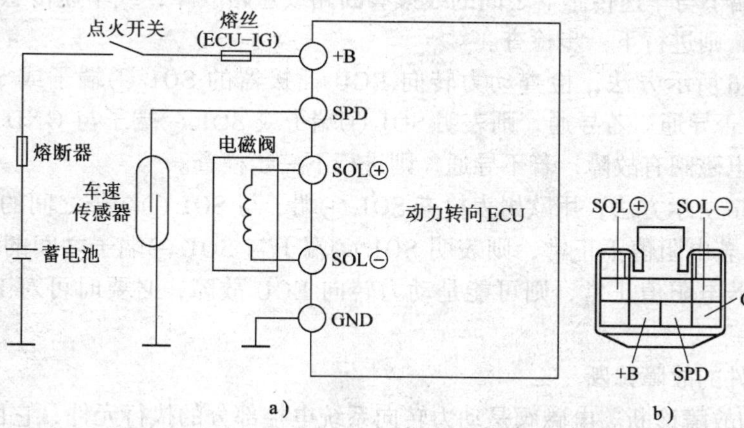

图 8-22　电子控制动力转向系统控制电路及 ECU 插接器
a）控制电路　b）ECU 插接器

（1）电控系统的故障诊断

1）现象

① 怠速或低速行车时转向沉重。

② 高速行驶时转向太灵敏。

2）原因

① 动力转向系统机械及油路故障。

② 动力转向的 ECU-IG 熔丝烧毁。

③ 动力转向的 ECU 插接器接触不良。

④ 车速传感器线束有断路或短路故障。

⑤ 动力转向电磁阀线圈有断路或短路故障。

⑥ 动力转向 ECU 故障。

3）诊断

① 首先应检查转向系统的机械及油路故障，如轮胎气压、前轮定位、悬架与转向连接件之间的连接情况，以及动力转向泵的输出油压等，检查正常或排除以上故障后仍不能消除故障现象，则进行下一步检查。

② 点火开关置于 ON 位置，检查 ECU-IG 熔丝是否完好。若熔丝烧毁，应更换熔丝重新检查。如果熔丝再次烧毁，则表明熔丝与动力转向 ECU 的 + B 端子之间的电路有搭铁故障；若熔丝完好，则进行下一步检查。

③ 拔下动力转向 ECU 插接器，按图 8-23a 所示方法，检查动力转向 ECU 插接器的 + B 端子与车身搭铁处之间的电压是否为正常值（10 ~ 14V）。若无电压，则表明 ECU-IG 熔丝与 ECU 的 + B 端子之间的线束有断路故障；若电压正常，则进行下一步检查。

④ 按图 8-23b 所示方法，检查动力转向 ECU 插接器的 GND 端子与车身搭铁处之间的电阻是否为零。若电阻不为零，则表明 ECU 插接器的 GND 端子与车身搭铁处之间线束断路或接触不良；若电阻为零，则进行下一步检查。

⑤ 顶起汽车一侧前轮并使之转动，用欧姆表测量 ECU 插接器的 SPD 端子和 GND 端子之间的电阻（图 8-23c）。在车轮转动时，其正常的电阻值应在 0 ~ ∞之间交替变化，否则说明 ECU 的 SPD 端子与车速传感器之间的线束有断路或短路故障，或车速传感器有故障。若其电阻变化正常，则进行下一步检查。

⑥ 按图 8-23d 所示方法，检查动力转向 ECU 插接器的 SOL ⊕端子或 SOL ⊖端子与 GND 端子之间是否导通。若导通，则表明 SOL ⊕端子或 SOL ⊖端子与 GND 端子之间的线路发生短路，或电磁阀有故障；若不导通，则进行下一步检查。

⑦ 按图 8-23e 所示方法，用欧姆表检查 SOL ⊕端子与 SOL ⊖端子之间的电阻，其正常值应为 6 ~ 11Ω。若电阻值不正常，则表明 SOL ⊕端子与 SOL ⊖端子之间的线路有断路或电磁阀有故障；若电阻值正常，则可能是动力转向 ECU 故障，必要时可对 ECU 进行更换检查。

（2）电控部件的故障诊断

1）电磁阀的故障诊断。电磁阀是动力转向系统电控部分的执行元件，它由线圈、针阀、弹簧和油孔等组成。电磁阀的旁通面积由针阀的开启程度决定，当电磁阀的针阀开启时，油道中的电磁阀起旁路作用，致使转向助力发生变化。电磁阀针阀的开启程度由动力转向的 ECU 依据车速传感器的信号进行控制。车速越高，流过电磁阀电磁线圈的平均电流越大，则电磁阀针阀的开启程度就越大，旁路液压油的流量也就越大，从而使液压转向助力减少，以适应转向的要求。

因此，电磁阀工作状况的好坏直接关系到电子控制动力转向系统的性能。电磁阀的常见故障是电磁线圈短路或断路及针阀的位置不当。其故障诊断的步骤如下：

① 检测电磁阀电磁线圈的电阻。拆下线束插接器，然后用欧姆表测量两端子之间的电阻。其阻值应为 6 ~ 11Ω。否则，电磁阀存在故障，应予以更换。

② 检测电磁阀的工作情况。从转向器上拆下电磁阀，然后将蓄电池正极接电磁阀 SOL⊕端子，负极接 SOL⊖端子，此时电磁阀的针阀应缩回 2mm。否则，电磁阀存在故障，

应予以更换。

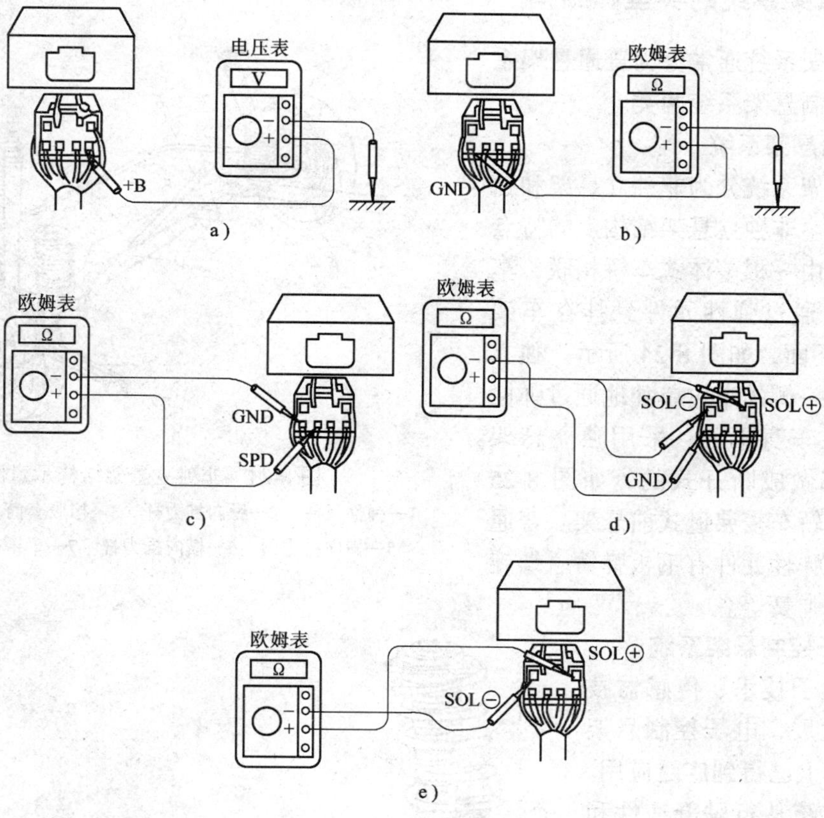

图 8-23　电控系统故障检查

a）检查 + B 端子与车身搭铁处之间电压　b）检查 GND 端子与车身搭铁处之间电阻

c）检查 SPD 端子与 GND 端子之间电阻　d）检查 SOL⊕端子或 SOL⊖端子与 GND 端子之间电阻

e）检查 SOL⊕端子与 SOL⊖端子之间电阻

2）电控单元 ECU 的故障诊断。电控单元 ECU 是电控系统的核心部件，它的损坏将会导致系统功能完全丧失。其故障诊断的步骤如下：

① 顶起汽车并稳固地支承，拆下 ECU，起动发动机。

② 在不拔下 ECU 插接器，发动机怠速运转的情况下，用电压表测量 ECU 的 SOL⊖端子和 GND 端子之间的电压。然后，挂挡使车轮以 60km/h 的车速转动，再次测量 ECU 的 SOL⊖端子与 GND 端子之间的电压，电压应比原来增加 0.07～0.22V。若上述测量无电压，则应更换 ECU 重试，以便确诊。

第四节　悬架系统的故障诊断

悬架系统是车架（或承载式车身）与车桥（或车轮）之间的一切传力连接装置的总称。悬架系统主要由弹性元件、减振器和导向机构三部分构成。悬架系统实现了对车身和车架的弹性支承，因此当汽车在路面上行驶时，可降低车身和车架的振动，从而改善汽车的行驶平顺性、操纵稳定性和乘坐舒适性。

一、悬架系统的类型和结构

汽车悬架系统通常分为普通悬架系统和电子控制悬架系统两类。

1. 普通悬架系统

普通悬架系统分为非独立悬架和独立悬架两种。非独立悬架结构上的特点是两侧车轮由一根整体式车桥相联，车轮连同车桥通过弹性元件悬挂在车架（或车身）下面，如图 8-24 所示。独立悬架则是每一侧的车轮单独地通过弹性元件悬挂在车身下面，采用独立悬架时，车桥都做成断开式的，如图 8-25 所示的富康轿车麦弗逊式前悬架。普通悬架常用的弹性元件有钢板弹簧、螺旋弹簧、扭杆弹簧等。

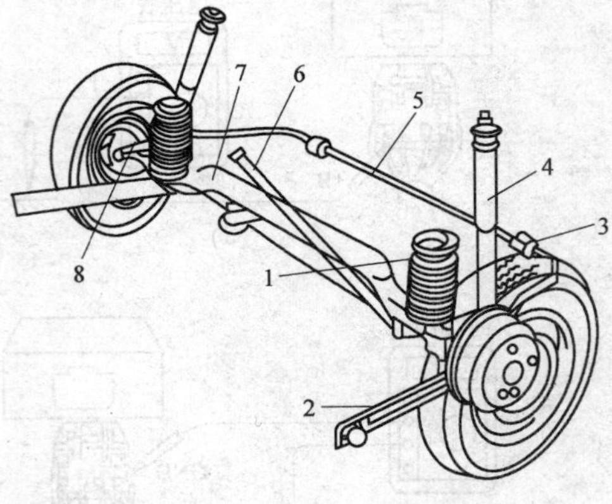

图 8-24　非独立悬架结构示意图

1—弹性元件　2—纵向推力杆　3—橡胶套筒　4—减振器　5—横向稳定器　6—横向推力杆　7—车桥　8—支杆

2. 电子控制悬架系统

随着电子技术、传感器技术的飞速发展，电子控制悬架系统在汽车上已得到广泛应用。电控悬架系统从行驶舒适性和安全性出发，使悬架的弹簧刚度和减振器的阻尼系数随汽车行驶状况的变化而调至最佳状态，同时悬架系统还可根据车辆负载情况及汽车运行工况自动调整车身高度，以保证汽车正常行驶所需高度及操纵稳定性。

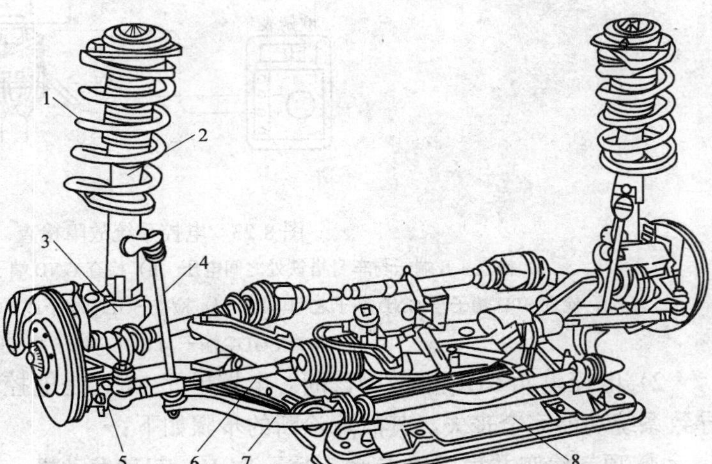

图 8-25　富康轿车的前悬架

1—螺旋弹簧　2—筒式减振器　3—转向节　4—连接杆　5—球头销　6—下摆臂　7—横向稳定杆　8—前托架

电子控制悬架系统分为主动悬架系统和半主动悬架系统两种。

（1）半主动悬架　半主动悬架系统只能对悬架元件中的弹簧刚度或减振器阻尼系数之一进行调节，通常采用调节减振器的阻尼系数法。半主动悬架主要由调节控制阀、控制器和反馈调节器等组成。由于所消耗的功率小，所以不必外加能源装置。图 8-26 所示为无级式半主动悬架结构简图。微处理机 3 从速度、位移、加速度等传感器处接收信号，计算出系统相应的阻尼值，并发出控制指令到步进电动机 2，经阀杆 4 调节阀门 5，使其改变节流孔的通道截面积，从而改变系统的阻尼。

（2）主动悬架　主动悬架系统能根据汽车行驶状况的变化，改变悬架系统的刚度、减振器的阻尼及车身高度等参数。结构上比半主动悬架多一个能源装置，但工作原理与半主动悬架基本相同。目前，主动悬架主要有由电磁阀驱动的油气悬架和由步进电动机驱动的空气悬架两种。电子控制主动式空气悬架布置形式如图 8-27 所示，主要由信号输入装置、悬架刚度及减振器阻尼调节装置、车身高度调节装置及悬架电控单元 ECU 组成。

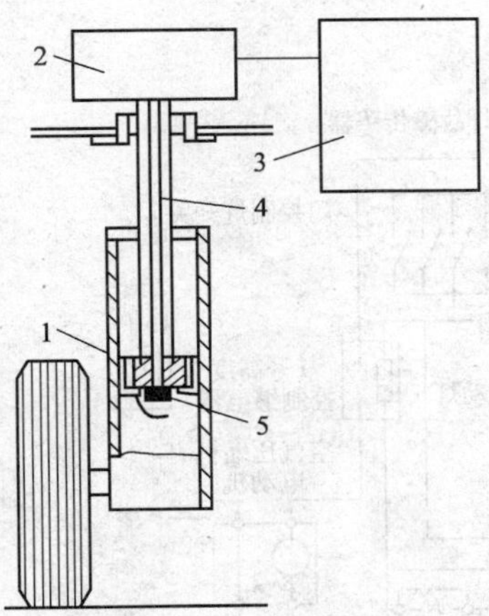

图 8-26　无级半主动悬架结构简图

1—节流孔　2—步进电动机

3—微处理机　4—阀杆　5—阀门

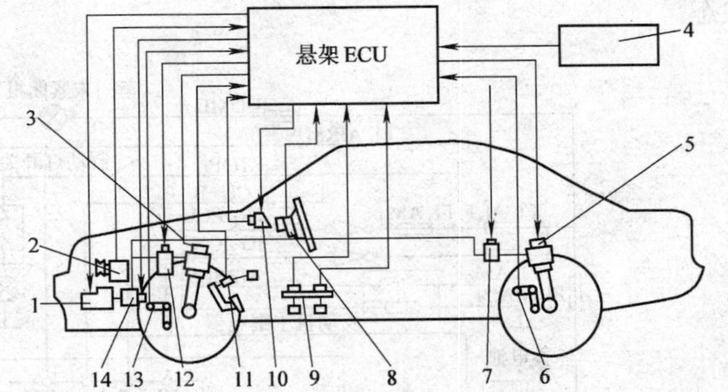

图 8-27　电子控制主动式空气悬架布置示意图

1—空压机　2—发动机 IC 调节器　3—前悬架控制执行器

4—节气门开度传感器　5—后悬架控制执行器　6—后车身高度传感器

7—2 号高度控制阀　8—转向盘转角传感器　9—悬架控制开关

10—车高指示灯、LRC 指示灯、1 号车速传感器　11—制动灯开关

12—1 号高度控制阀　13—前车身高度传感器　14—干燥器与排气阀

二、普通悬架系统的常见故障诊断

普通悬架系统常见的故障现象有汽车行驶中跳跃、乘坐舒适性差、前轮定位失准、轮胎异常磨损、汽车行驶时前轮摆振、转向时车身剧烈晃动、制动时跑偏或侧滑等。悬架系统故障的主要原因有减振器失效：漏油、缺油；弹簧元件损伤：裂纹、折断、左右弹簧张力不等；导向装置杆件损坏：变形、连接处橡胶衬套老化或破损、连接部位磨损间隙增大以及悬架系统构件与车体连接螺栓松动等。诊断时，可通过人工外观检视和按压车体的方法直接进行故障的诊断，确诊的故障部件应予以更换。由于这些故障现象前面已有所述及，本节将主要介绍电子控制悬架系统电控部分的检测与诊断。

三、电子控制悬架系统的故障检测与诊断

图 8-28 所示为凌志 LS 400 轿车电子控制空气悬架系统线路图。该控制系统主要由空气弹簧、阻尼力可调减振器、悬架电子控制单元（ECU）、高度传感器、转向盘转角传感器、节气门位置传感器、悬架控制执行器、高度控制阀、排气电磁阀、高度控制开关、悬架控制开关、空气压缩机等组成。该悬架有两套控制系统：一是弹簧刚度和减振器阻尼力控制系统，它能根据汽车行驶状况，自动调整弹簧刚度和减振器的阻尼力，从而选择最佳的空气弹簧刚度和减振器阻尼特性的组合，以获得良好的舒适性和操纵稳定性。这套系统的 LRC 开关用于选择空气弹簧和减振器的工作模式。当 LRC 开关处于“SPORT”位置时，系统进入“高速行驶自动控制”；当 LRC 开关处于“NORM”位置时，系统对悬架的刚度、阻尼力进行“常规值自动控制”。二是汽车高度控制系统，它能根据车内乘员人数和装载质量以及车

速的高低，自动调节车身高度。这套系统的高度控制 ON/OFF 开关和高度控制开关，用于选择车身高度控制的工作模式。当高度控制开关处于 OFF 位置时，系统不执行车身高度控制；当其处于 ON 位置，高度控制开关处于“HIGH”位置时，系统对车身高度进行“高值自动控制”，而高度控制开关处于“NORM”位置时，车身高度则进入“常规值自动控制”状态。

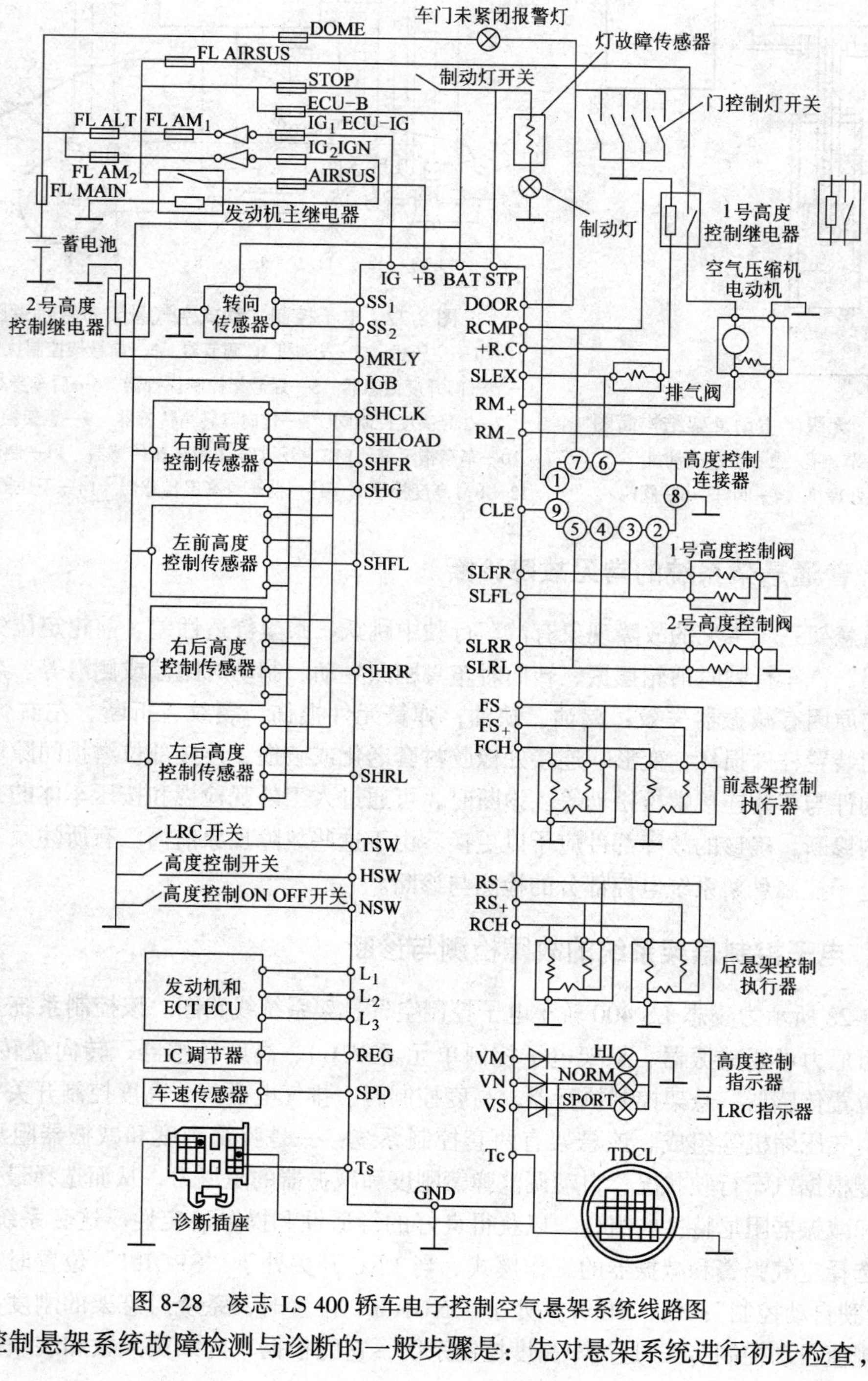

图 8-28 凌志 LS 400 轿车电子控制空气悬架系统线路图

电子控制悬架系统故障检测与诊断的一般步骤是：先对悬架系统进行初步检查，然后利用悬架系统 ECU 进行故障自诊断以确定故障部位，最后针对故障部位，利用检测工具根据汽车维修手册提供的诊断参数及推荐步骤对故障进行诊断和排除。不同车型的电控悬架系统，由于结构和控制方式的不同，其故障自诊断方法也略有差异。下面以凌志 LS 400 轿车电子控制空气悬架系统为例介绍其故障检测与诊断的方法。

1. 利用指示灯对系统进行初步诊断

指示灯的状态（亮、熄、闪烁及其闪烁频率）与系统所处的工况有关。因此，利用指示灯可对系统工况进行初检。

1）当点火开关置于 ON 位置时，若高度控制“NORM”指示灯以 1s 的间隔闪烁，则表明悬架控制系统有故障。当故障出在 ECU 本身时，两个高度指示灯都熄灭。

2）当点火开关置于 ON 位置时，其“SPORT”、“NORM”、“HI”指示灯不亮，说明故障可能在汽车高度控制供电电路、LRC 开关电路或指示灯电路。

3）当点火开关置于 ON 位置时，其“SPORT”、“NORM”、“HI”指示灯亮 2s，然后全部熄灭，说明故障可能在悬架控制执行器供电电路。

4）当接通点火开关、LRC 开关拨到“NORM”侧时，“SPORT”指示灯仍然亮着，说明故障可能在 LRC 开关电路。

5）当发动机运转时，将高度控制开关拨到“NORM”侧，“HI”指示灯仍然亮着，说明故障可能在高度控制开关电路。

6）将点火开关转至 ON 位置，用跨接线连接 TDCL 连接器端子 T_s 和 E_1，按表 8-6 中检测项目和对应的操作方法，分别在发动机停转和运转状态下，观察高度控制“NORM”指示灯的状态，若观察结果如表中相同，则系统正常；若某项观察结果和表 8-6 中不同，则该项目的控制电路可能存在故障。

表 8-6　高度控制“NORM”指示灯检测表

检查项目	操作方法 1	“NORM”指示灯		操作方法 2	“NORM”指示灯	
		停机	运转		停机	运转
转向传感器	转向盘居中	闪烁	常亮	转向盘转角 45°以上	常亮	闪烁
制动灯开关	松开制动踏板	闪烁	常亮	踩下制动踏板	常亮	闪烁
门控灯开关	所有车门关闭	闪烁	常亮	所有车门打开	常亮	闪烁
节气门位置传感器	松开加速踏板	闪烁	常亮	加速踏板踩到底	常亮	闪烁
高度控制开关	置于“NORM”位	闪烁	常亮	置于“HIGH”位	常亮	闪烁
LRC 开关	置于“NORM”位	闪烁	常亮	置于“SPORT”位	常亮	闪烁
高度控制 ON/OFF 开关	置于“ON”位	闪烁	常亮	置于“OFF”位	常亮	闪烁

注：表中“NORM”指示灯闪烁是指以 0.25s 的间隔方式闪烁。

2. 故障自诊断

进行自诊断时，首先应通过一定程序或利用解码器使系统进入自诊断状态，然后读取故障码。故障排除后，还应将存储器内的故障码清除。

1）人工读取故障码的方法：

① 将点火开关转到“ON”位置。

② 用跨接线短接 TDCL 插座或检查连接器中的 T_c 端子和 E_1 端子。

③ 将高度控制 ON/OFF 开关置于“ON”位置。

④ 根据仪表板上高度控制“NORM”指示灯的闪烁情况读取故障码。

⑤ 故障码读取完毕后，脱开 T_c 端子和 E_1 端子之间的跨接线。

2）读取故障码后，可根据各种车型提供的故障码含义诊断其故障。

3）系统故障排除后应清除存储器内的故障码，清除方法有以下两种：

① 在点火开关置于 OFF 的情况下，用跨接线将高度控制连接器端子 8 与 9（参见图 8-28）短接，同时使检查接线器的端子 T_s 和端子 E_1 短接。保持这一状态 10s 以上，然后将点火开关转至 ON 位置并脱开以上各端子。

② 在点火开关置于 OFF 的情况下，拆下 1 号接线盒中的 ECU-B 熔丝（参见图 8-28）10s 以上。

3. 故障的检修

对于初步诊断及自诊断确定的故障，还应进行详细的检测，以便查出故障的确切位置和原因。检测时应使用要求的检测工具，并按汽车维修手册提供的方法和步骤进行。有时一个故障是由多个原因引起的，应根据维修手册中提供的故障症状表的顺序逐一进行检测。对系统进行检查、修理并清除故障码后，应对系统运行进行路试，然后再通过观察指示灯确定是否还有故障。若系统还存在故障，应重新检修。

4. 汽车高度调整功能的检测

将汽车停放在水平地面上，轮胎气压正常，然后按以下步骤进行检测。

1）将汽车处于“NORM”高度调整状态下。

2）用专用工具检查汽车高度。

3）起动发动机，将高度控制开关从“NORM”位置切换到“HIGH”位置。

4）检测完成高度调整所需的时间和汽车高度变化量。其正常调整时间：从操作高度控制开关至压缩机起动约需 2s；从压缩机起动至高度调整完毕约需 20 ~ 40s。汽车高度调整的正常变化量为 10 ~ 30mm。

5）起动发动机，将高度控制开关从“HIGH”位置切换到“NORM”位置，并检测高度调整所需的时间和汽车高度变化量。车身高度下降调整的时间及高度的变化量与车身高度上升调整时的情况应基本相同。否则，说明汽车高度调整系统性能不良或系统内存在故障。

附 录

机动车安全检验记录单

××××机动车安全检测站　　代号：×××　　检测流水号：×××

号牌（自编）号		车　主			
号牌种类		车辆类型		前照灯制	
厂牌型号		燃料类别		检验类别	
发动机号		驱动形式		检测项目	
VIN（或车架）号		驻车轴		登录员	
出厂年月		初次登记日期		检验日期	

台试检测数据　　引车员：

代号	项目		轮（轴）重/kg		最大制动力/daN		过程差最大差值点/daN		制动率（%）	不平衡率（%）	阻滞率（%）		单项判定	项目判定	单项次数
			左	右	左	右	左	右			左	右			
B	制动	一轴													
		二轴													
		三轴													
		四轴													
		驻车													
		整车													

代号		项目	远光光强度/cd	远光偏移 垂直/（cm·dam^{-1}）	远光偏移 水平/（cm·dam^{-1}）	近光偏移 垂直/（cm·dam^{-1}）	近光偏移 水平/（cm·dam^{-1}）	灯中心高/mm		
H	前照灯	左外灯								
		左内灯								
		右内灯								
		右外灯								

代号		项目							
X	排放	高怠速	CO（%）	HC（10^{-6}）	判定	怠速	CO（%）	HC（10^{-6}）	判定
		加速模拟工况	CO（%）	HC（10^{-6}）	NO（10^{-6}）				判定
		光吸收系数/m^{-1}		烟度/R_b			平均值		
N	喇叭声级								dB（A）
S	车速表								km/h
A	侧滑								m/km

路试制动性能

制动距离/m			检验员	
MFDD/（m·s^{-2}）		协调时间/s	检验员	
制动稳定性			检验员	

人工检验结果

1	外观检查不合格项		检验员	
2	底盘动态检验不合格项		检验员	
3	地沟检查不合格项		检验员	
	主任检验员意见及签章		整车判定/总不合格次数	
			单位盖章	
	备　　注			

标记说明：○：合格　　×：不合格　　—：未检　　※：车轮抱死

参考文献

[1] 黄海波．燃气汽车结构原理与维修［M］．北京：机械工业出版社，2002.
[2] 陈焕江．汽车检测与诊断：上［M］．北京：机械工业出版社，2001.
[3] 陈焕江．汽车检测与诊断：下［M］．北京：机械工业出版社，2002.
[4] 黄虎，夏令伟．现代汽车维修［M］．上海：上海交通大学出版社，2001.
[5] 张建俊．汽车诊断与检测技术［M］．2版．北京：人民交通出版社，2003.
[6] 张建俊．汽车检测设备应用技术［M］．北京：机械工业出版社，2002.
[7] 吕传章．汽车维修与检测诊断［M］．北京：人民交通出版社，2001.
[8] 赵英勋，刘明．汽车检测与诊断技术［M］．北京：机械工业出版社，2003.
[9] 臧杰，阎岩．汽车构造．上［M］．北京：机械工业出版社，2005.
[10] 臧杰，阎岩．汽车构造．下［M］．北京：机械工业出版社，2005.
[11] 胡向东，刘京诚．传感技术［M］．重庆：重庆大学出版社，2006.
[12] 陈盛象．汽车电气设备修理［M］．北京：机械工业出版社，2000.
[13] 付百学．汽车电子控制技术：下［M］．北京：机械工业出版社，2000.
[14] 冯崇毅．汽车电子控制技术：上［M］．北京：机械工业出版社，2001.

《汽车检测与故障诊断》信息反馈表

尊敬的老师：

您好！感谢您多年来对机械工业出版社的支持和厚爱！为了进一步提高我社教材的出版质量，更好地为我国高等教育发展服务，欢迎您对我社的教材多提宝贵意见和建议。另外，如果您在教学中选用了本书，欢迎您对本书提出修改建议和意见。

一、基本信息

姓名：________性别：_______职称：_______职务：________________

邮编：________地址：____

任教课程：______________电话：____—_________（H）________（O）

电子邮件：______________________________手机：________________

二、您对本书的意见和建议

（欢迎您指出本书的疏误之处）

三、您对我们的其他意见和建议

请与我们联系：

100037　北京百万庄大街 22 号·机械工业出版社·高教分社　赵编辑　冯编辑　收

Tel：010—8837 9712，8837 9715（O），6899 4030（Fax）

E-mail:ainingzhao@sohu.com,fcs8888@sohu.com